SOUVENIRS

DE JEUNESSE.

Poitiers.—Typ. de A. DUPRÉ.

SOUVENIRS

DE JEUNESSE

SUIVIS DE

MADEMOISELLE DE MARSAN

ET

LA NEUVAINE DE LA CHANDELEUR

PAR CHARLES NODIER

DE L'ACADÉMIE FRANÇAISE.

———

CINQUIÈME ÉDITION.

———

———

PARIS

CHARPENTIER, LIBRAIRE-ÉDITEUR

17, RUE DE LILLE.

—

1850.

AVIS SUR CETTE ÉDITION.

———

Les morceaux qui composent ce volume, c'est-à-dire, — *Souvenirs de jeunesse*, — *Mademoiselle de Marsan*, — la *Neuvaine de la Chandeleur*, — ont été publiés isolément à plusieurs années d'intervalle, soit en volumes, soit en articles. Ils se trouvent ici réunis tous trois pour la première fois, et ce n'est point au hasard, car ils sont liés entre eux par une même pensée, et ils forment la partie la plus intime et la plus personnelle des œuvres purement littéraires de Nodier, études psychologiques, nouvelles ou romans.

Dans les *Contes*, dans *Jean Sbogar*, *Inès de Las Sierras*, la *Fée aux Miettes*, etc., tout en se montrant toujours un observateur plein de finesse, un rêveur plein de sensibilité, Nodier est surtout un homme d'imagination. Il court d'Espagne en Dalmatie, des montagnes du Jura aux montagnes de l'Écosse, partout enfin où le pousse le caprice de son esprit ouvert à tant d'impressions diverses. Charmé de tenir suspendu à ses lèvres de conteur ce public qui l'aime et l'écoute sans se lasser, il passe tour à tour des fictions du monde réel aux fictions du monde fantastique, et prend pour théâtre les domaines sans limites de sa fantaisie.

Ici, au contraire, il se renferme dans son cœur, s'arrête et se repose au milieu de sa vie, comme pour évoquer, en les embellissant encore, tous les enchantements de sa jeunesse. Il semble que dans ces pages où l'on sent battre son cœur, il ait recueilli et fixé ses plus vives émotions, ses joies les plus douces et les plus sérieuses; il semble qu'il ait pro-

1*

digué ses plus fraîches couleurs pour peindre ces portraits charmants, *Séraphine*, *Amélie*, *Diane*, *Cécile*.

Réunis aujourd'hui dans un même cadre, ces portraits forment une galerie complète, et quand on les embrasse dans leur ensemble et d'un même coup d'œil, on reconnaît que cette dispersion qu'on a reprochée à Nodier est plus apparente que réelle, et que souvent elle tient uniquement aux hasards de la publication. Tel volume, après dix ans, se complète par un article de revue, tel article par une préface ou un feuilleton. Il s'agit de chercher et de lire. La donnée générale est plus persistante, l'unité plus sensible qu'on ne le croit au premier abord, et il est facile d'assortir dans un même écrin toutes ces perles semées au hasard. Chaque œuvre vient naturellement retrouver sa place. On en a la preuve par la composition même de ce volume.

Séparés par le mode et la date de la publication, les *Souvenirs*, *Mademoiselle de Marsan*, *la Neuvaine de la Chandeleur*, se rapprochent et se complètent par les sentiments qui dominent de la première à la dernière page, c'est-à-dire l'adoration idéale de la beauté de la femme et de la beauté de la nature, et le regret de la jeunesse rendu plus vif par le désenchantement de l'âge mûr. Nodier nous a donné dans ces pages l'idylle entière de ses belles années. *Séraphine*, *Thérèse*, *Clémentine*, *Amélie*, sont les sœurs de *Diane de Marsan*, comme *Cécile Savernier*, la rêveuse fiancée de la *Neuvaine*. C'est toujours *Maxime*, le héros des *Souvenirs*, qui est le héros de ces amours; et ces amours elles-mêmes se touchent, pour parler la belle langue de Nodier, « comme des nids placés sur les mêmes rameaux, comme des fleurs écloses sur les mêmes tiges. »

AVERTISSEMENT DE L'AUTEUR.

Je ne dirai pas comment ces *Mémoires* [1] sont tombés entre mes mains, et quelle secrète sympathie de sentiments ou d'aventures m'a prévenu en faveur de l'auteur, au point de me faire oublier le soin de mes propres études pour prendre le temps de recoudre quelques lambeaux de son journal. Le mystère d'une impression aussi intime n'est pas une de ces idées qui se révèlent avec des mots, et, quand je parviendrais à le faire comprendre, il ne me justifierait pas auprès des lecteurs qui ne sont pas disposés à goûter mon entreprise. Ce que je leur dois avant tout, pour ne pas les tromper dans leur attente, c'est l'aveu du peu d'importance des souvenirs personnels dont Maxime Odin se plaît à charmer aujourd'hui les ennuis désormais incurables d'une vie désabusée, et que je recueille presque au hasard dans ses tablettes. Jeune, c'était un de ces hommes d'émotions, qui ne vivent, au milieu de notre société artificielle et de nos mœurs de convention, que par le cœur et par la pensée; qui arrivent dépaysés dans le monde, étrangers à la langue qu'on y parle, à la loi des nécessités qu'on y subit, à la destinée qu'on s'y fait; et qui, après avoir inutilement prodigué autour d'eux les expansions

---

[1] La première édition de cet ouvrage parut sous le titre de *Mémoires de Maxime Odin*; les suivantes, sous celui de *Souvenirs de Jeunesse*, que nous avons conservé.

d'une sensibilité crédule, finissent par se composer, bon gré mal gré, une espèce de solitude où ils emportent leurs illusions à défaut de réalités. L'état qui résulte de cette aberration volontaire est ce qu'on appelle la vie romanesque, et j'ai entendu dire souvent qu'elle n'était pas sans douceurs. Il a du moins cela d'avantageux qu'il se concilie à merveille avec l'indépendance, et qu'il peut se passer d'aliments extérieurs, ou plutôt que tout est bon pour lui en tenir lieu. L'imagination, condamnée à chercher incessamment le type qu'elle s'est formé, ne trouverait à la fin que le désespoir. Elle n'a qu'un moyen de le posséder dans toute sa perfection idéale, et ce moyen, qui serait trop commode si la nature l'avait mis à la portée de toutes les organisations, consiste à imprimer ce type de fantaisie au premier objet venu. Voilà un homme qui vous montre sa main pleine de sable, et qui vous dit : Qu'est-ce que cela? — C'est du sable, répondez-vous. — Erreur grossière! il y voit des rubis, des saphirs, des topazes, des émeraudes, et ce qu'il voit y est réellement pour lui, parce qu'il regarde avec un prisme. Si Dieu est solitaire, ce qu'on ne peut se dispenser de croire sans faire tort du principal à son éternelle et suprême béatitude, je suppose que c'est ainsi qu'il doit voir et qu'il doit aimer les créatures qui procèdent de lui.

L'homme romanesque n'est donc pas celui dont l'existence est variée par le plus grand nombre possible d'événements extraordinaires. Il en arrive presque toujours tout autrement. C'est celui en qui les événements les plus simples eux-mêmes développent les plus vives sensations; celui dont l'âme, indifféremment avide de troubles et de voluptés, ne se lasse jamais de ces alternatives extrêmes; celui que tout émeut, et qui exerce sur tout ce qui l'émeut l'inépuisable faculté de jouir et de souffrir, sans soumettre ni ses craintes, ni ses espérances, ni ses peines, ni ses plaisirs, au jugement de la raison. S'il écrit, ne demandez pas à son livre les scènes à effet du drame, les habiles combinaisons du roman, le merveilleux des fictions fantastiques ; n'y cherchez pas un plan, une méthode, un système littéraire, un style arrêté ; il n'entend rien à tout cela. Il ne sait de l'univers que ce qu'il a senti. Sa vie, c'étaient ses affections ; son génie, c'est son cœur. Ses esquisses n'auront qu'un mérite très-relatif, la vérité ; non pas la vérité positive, la vérité des indifférents et des sages, la vérité des penseurs et des pédants, mais toute la vérité que peut comporter sa nature. Il se gardera bien d'y ajouter, d'en retrancher un seul détail. Ce serait autre chose, ce ne serait plus lui. Ce qui le charme dans ses souvenirs, c'est que ce sont des souvenirs, et la plus séduisante des inventions du poëte ne le distrairait point de ces souvenirs tout simples, tout vulgaires, qu'on n'inventerait pas, et qui ne valent pas la peine d'être inventés.

Mais ce qui ne vaut pas la peine d'être inventé vaut-il la peine d'être lu ?

C'est ce qui vous reste à décider, et ne perdez pas de temps, car il va parler lui-même.

SÉRAPHINE.

—

Le plus doux privilége que la nature ait accordé à l'homme qui vieillit, c'est celui de se ressaisir avec une extrême facilité des impressions de l'enfance. A cet âge de repos, le cours de la vie ressemble à celui d'un ruisseau que sa pente rapproche, à travers mille détours, des environs de sa source, et qui, libre enfin de tous les obstacles qui ont embarrassé son voyage inutile, vainqueur des rochers qui l'ont brisé à son passage, pur de l'écume des torrents qui a troublé ses eaux, se déroule et s'aplanit tout à coup pour répéter une fois encore, avant de disparaître, les premiers ombrages qui se soient mirés à ses bords. A le voir ainsi, calme et transparent, réfléchir à sa surface immobile les mêmes arbres et les mêmes rivages, on se demanderait volontiers de quel côté il commence et de quel côté il finit. Il faut qu'un rameau de saule, dont l'orage de la veille lui a confié les débris, flotte un moment sous vos yeux, pour vous faire reconnaître l'endroit vers lequel son penchant l'entraîne. Demain le fleuve qui l'attend à quelques pas l'aura emporté avec lui, et ce sera pour jamais.

Tous les intermédiaires s'effacent ainsi dans les souvenirs de la vieillesse, reposée des passions orageuses et des espérances déçues, quand les longs voyages de la pensée ramènent l'homme, de circuits en circuits, parmi la verdure et les fleurs de son riant berceau. Cette volupté, j'en suis témoin, est une des plus vives de l'âme, mais elle dure

peu, et c'est la seule d'ailleurs que puissent envier à ceux
qui ont eu le malheur de vivre longtemps ceux qui ont le
bonheur de mourir jeunes.

A l'âge de douze ans, j'avais achevé les études superfi-
cielles des enfants, et par conséquent je ne savais rien;
mais j'avais heureusement appris ce qu'on apprend rarement au collége : c'est que je ne savais rien, et que la plupart des savants eux-mêmes ne savaient pas grand'chose.
J'étais si avide d'instruction, qu'il m'est souvent arrivé
d'épeler avec effort l'alphabet d'une langue inconnue, pour
me mettre en état de lire des livres que je ne comprenais
pas [1]; et dans d'autres circonstances que celles où j'ai
vécu, cette vague et stérile curiosité serait devenue peut-
être une aptitude. Mais de tous les alphabets écrits ou ra-
tionnels que j'essayais de déchiffrer, il n'y en avait point
qui m'inspirât autant de ferveur que celui de la nature.
Il me semblait déjà, car je n'ai pas changé d'opinion, que
l'étude approfondie des faits de la création était plus digne
qu'aucune autre d'exercer une saine intelligence, et que
le reste n'était guère bon qu'à occuper les loisirs futiles ou
extravagants des peuples dégénérés. Un séjour de quelques
semaines chez un bon ministre de Vindenheim en Alsace,
fort amateur de papillons, m'avait aidé à soulever le voile
le plus grossier de cette belle Isis dont les secrets délicieux
devaient mêler tant de charmes, quelques années après,
aux misères de mon exil. J'étais rentré dans mes montagnes, le filet de gaze à la main, la boîte de fer-blanc
doublée de liége dans la poche, la loupe et la pelote en
sautoir, riche et fier de quelques lambeaux d'une nomen-
clature hasardée qui m'initiait du moins au langage d'un
autre univers, où je pourrais marcher le cœur libre, la

---

[1] Cette précocité de Nodier, cette passion d'enfant pour la lecture, sont
attestées par les témoignages de toutes les personnes qui l'ont connu. « La
première fois que je le vis, dit M. Weiss, il avait huit ans, et portait sous
son bras un volume de Montaigne. »

(Note de l'éditeur.)

tête haute et les coudées franches, avec plus d'indépendance que ne m'en promettait le monde factice des
hommes. Quand on n'est pas organisé de manière à vivre
avec eux, on en reçoit la révélation de bonne heure, et
quiconque a reçu cette révélation sans lui obéir ne doit
s'en prendre qu'à lui de ses infortunes. Il a été le seul ar-
tisan de sa mauvaise destinée.

Il y avait alors dans ma ville natale un homme d'une
quarantaine d'années qui s'appelait M. de C... [1], et qu'au
temps dont je parle on appelait plus communément le citoyen Justin, du nom de son patron, parce que la révolution lui avait ôté celui de son père. C'était un ancien officier du génie, qui avait passé sa vie en études scientifiques,
et qui dépensait sa fortune en bonnes œuvres. Simple et
austère dans ses mœurs, doux et affectueux dans ses relations, inflexible dans ses principes, mais tolérant par caractère, bienveillant pour tout le monde; capable de tout ce
qui est bon, digne de tout ce qui est grand, et modeste jusqu'à la timidité au milieu des trésors de savoir qu'avait amassés sa patience ou devinés son génie; discutant peu, ne pé-
rorant pas, ne contestant jamais; toujours prêt à éclairer
l'ignorance, à ménager l'erreur, à respecter la conviction, à
compatir à la folie, il vous aurait rappelé Platon, Fénélon

---

[1] M. de Chantrans. Voici ce que dit à ce sujet M. Mérimée : « Parmi les
hommes qui exercèrent sur l'enfance de Charles Nodier la plus grande et la
plus utile influence, je ne dois point oublier un vieux gentilhomme, officier
du génie, homme d'esprit, de savoir, véritable philosophe pratique à la manière de Xénophon. A Besançon encore, on ne parle de lui qu'avec attendrissement. M de Chantrans, c'était son nom, avait remarqué les dispositions
singulières du jeune Charles, et prenait plaisir à les cultiver. Il lui prêtait
des livres, il satisfaisait à son inquiète curiosité, et, dans de longues promenades, il développait chez l'enfant le talent inné de l'observation, en lui in-
spirant un goût précoce pour l'étude de l'histoire naturelle. M. Nodier a
fait, dans *Séraphine*, un portrait délicieux de ce sage, qu'il chérit toute sa
vie, portrait d'une ressemblance achevée, et le seul, m'a-t-on dit, qu'il n'ait
pu embellir. »

(Disc. de M. Mérimée à l'Académie, le 6 fév. 1845, p. 6 et 7.)

(Note de l'éditeur.)

ou Malesherbes; mais je ne le compare à personne : les comparaisons lui feraient tort. Le vulgaire soupçonnait qu'il était fort versé dans la médecine, parce qu'on le voyait le premier et le dernier au chevet des pauvres malades, et qu'il était à son aise, parce qu'il fournissait les remèdes ; mais on le croyait aussi un peu bizarre, parce qu'il était, avec moi, le seul du pays qui se promenât dans la campagne, armé d'un filet de gaze, et qui en fauchât légèrement la cime des hautes herbes sans les endommager, pour leur ravir quelques mouches aux écailles dorées, dont personne ne pouvait s'expliquer l'usage. Cette analogie de goûts rapprocha bientôt nos âges si éloignés. Le hasard voulait qu'il eût été l'ami de mon père, et je ne tardai pas à trouver en lui un autre père dont le mien fut un moment jaloux; mais ils s'entendirent mieux pour mon bonheur que les deux mères du jugement de Salomon. Ils se partagèrent ma vie pour l'embellir tous les deux. — Il le fallait. Il arriva une terrible loi, de je ne sais plus quel jour de floréal, qui exilait les nobles des villes de guerre, et le plus sage des sages avait le tort irréparable d'être noble. Depuis que cette funeste nouvelle s'était répandue, je ne vivais plus; je n'embrassais plus mon pauvre père sans le noyer de mes larmes, parce que mon ami s'en allait. « Console-toi, me dit-il un jour; il ne va pas loin. J'ai obtenu qu'il ne se retirât qu'à trois lieues, j'ai consenti à te laisser partir avec lui, et, avec tes jambes de cerf, tu pourras venir m'embrasser sans pleurer une ou deux fois la semaine. » Je crus que je mourrais de joie, car il me semblait comme cela ne les quitter ni l'un ni l'autre. Nous partîmes donc ; le peuple murmurait sur notre passage : Voilà encore des nobles qui s'en vont! — Et c'est l'unique fois de ma vie que j'aie pris plaisir à entendre dire que j'étais noble. Nous allâmes habiter un joli village éparpillé sur les deux bords d'une petite rivière qu'on appelait le *Biez*, suivant l'usage du pays, et qui était garnie de côté et d'autre d'un rang pressé de jeunes peu-

pliers. Ils doivent avoir bien grandi ! Notre maison était,
dans sa simplicité, la plus magnifique de la commune, et
l'appartement que nous occupions au premier et dernier
étage aurait fait envie à dix rois que j'ai rencontrés depuis dans les plus méchantes auberges de l'Europe. Il se
composait de deux chambres enduites d'un plâtre blanc et
poli, dont la propreté charmait la vue. Celle du citoyen
Justin, qui était la plus grande, comme de raison, ne
manquait pas d'un certain luxe d'ameublement, quoique
le principal s'y réduisît à une couchette de paille (il n'a-
vait jamais d'autre lit, et je me suis fort bien trouvé dès
lors d'avoir contracté près de lui cette habitude), à deux
fortes chaises de bois de noyer, et à deux grandes tables
de la même matière et du même travail, cirées comme
des parquets et luisantes comme des miroirs. La première,
qui avait au moins cinq pieds de diamètre, occupait de sa
vaste circonférence le milieu du superbe salon dont je
commence la description avec un sentiment si vif et si
présent des localités, que j'en reconnaîtrais tous les détails à tâtons, si j'y étais transporté de nuit par la ba-
guette d'une bonne fée, quoiqu'il y ait aujourd'hui, 12 octobre 1831, trente-sept ans, jour pour jour, que j'y ai
laissé, à peu de chose près, la petite part de bonheur sans
mélange qui devait m'échoir sur la terre. Celle-là portait
tous nos ustensiles de travail et d'observation journalière,
les presses, les pinces, les scalpels, les ciseaux, les poin-
çons, les loupes, les lentilles, les microscopes, les étoupes,
les yeux d'émail, le fil de fer, les épingles, les goupilles,
le papier gris, les acides et les briquets, pièces indispensables, s'il en fut jamais, d'un équipage de naturaliste ;
c'est là qu'on analysait, qu'on disséquait, qu'on empail-
lait les animaux; c'est là que l'on comptait les articles du
tarse ou les parties de la bouche d'un insecte imperceptible à l'œil nu, les étamines ou les divisions du stigmate
d'un végétal, nain de l'empire de Flore; c'est là qu'après
les avoir desséchées, on étendait les plantes avec une mi-

nutieuse précaution sur les blancs feuillets où elles devaient revivre pour la science, et qu'on assujettissait leurs pédoncules et leurs rameaux sous de légères bandelettes fixées à la gomme arabique, en prenant garde de faire valoir leurs parties les mieux caractérisées, et de ne pas altérer leur port et leur physionomie; c'est là qu'on essayait les pierres au contact des houppes nerveuses les plus développées de notre organisme, au choc du fer, aux sympathies de l'aimant, au jeu sensible des affinités, à l'effervescence et aux décompositions que produisent les réactifs : c'était le modeste laboratoire où venaient se révéler l'un après l'autre tous les secrets de la nature.

Sur la paroi du fond, car je suis bien décidé à ne vous faire grâce d'aucun détail, était la couchette dont je vous ai parlé, flanquée de nos deux fauteuils de cérémonie, terminée au pied par le mobilier exigu d'une toilette philosophique, et appuyée sur l'arsenal de nos grandes expéditions, freloches de toutes les dimensions, de toutes les formes et de toutes couleurs, outils à fouir, outils à saper, pieux à sauter les ravins, gaules à frapper les ramées. Il n'y manquait qu'un fusil, mais c'était une arme interdite aux naturalistes suspects, et les nôtres n'inspiraient déjà que trop de défiance dans les mains d'un philosophe et d'un enfant. Dessous gisaient le marteau à rompre le roc et la pointe à déchausser les racines. Deux bâtons légers mais noueux, contre les loups et les serpents, complétaient ce formidable appareil de guerre. Je puis vous assurer que cela était terrible à voir.

La muraille de la droite ouvrait son unique fenêtre sur une source murmurante qui allait mourir dans le Biez, en bondissant sur les cailloux, et dont je crois entendre encore le fracas mélodieux. Dans la partie de l'appartement qui précédait cette croisée, nous avions assis sur des consoles trois gracieuses tablettes dont la première ou l'inférieure supportait les boîtes de chenilles et de chrysalides, fermées de fins réseaux, qui étaient confiées à mes soins

particuliers, et la seconde, les planchettes polies où nous
étalions nos papillons, sous des plaques de verre qui contenaient leurs ailes sans les froisser. La dernière était garnie de flacons bouchés à l'émeri, qui renfermaient le
camphre destiné à saupoudrer tous les soirs nos boîtes de
chasse, l'alcali volatil contre la piqûre des frelons et la
morsure des vipères, et l'esprit de vin conservateur des
reptiles et des petits ovipares. Une armoire pratiquée tout
auprès, et dont le citoyen Justin portait toujours la clef,
était réservée pour les trésors cent fois plus précieux de
la pharmacie domestique.

L'autre côté de la croisée était occupé par notre seconde
table, dont je n'ai encore rien dit, quoiqu'elle en
valût bien la peine ; mais j'ai cru devoir sacrifier l'ordre
logique à l'ordre descriptif dans cette topographie vraiment spéciale qu'on ne refera pas après moi, car je suis
le seul qui m'en souvienne sur la terre, à moins que M. de
C... n'ait conservé à quatre-vingts ans quelque mémoire
de ces jours d'exil, qui furent pour moi des jours d'ineffables délices. Je ne savais pas même qu'il souffrait, et
son attentive bonté me dissimulait, sous une humeur
douce et riante, des chagrins qui auraient empoisonné
mon bonheur ! — Cette table était bien longue, à l'idée
que je m'en fais aujourd'hui. Toutes nos académies dé-
truites par un vandalisme brutal mais naïf, et qui avait
au moins cette excuse de l'inexpérience qu'il n'aura plus,
y siégeaient à mes yeux dans une seule personne. Un
homme de génie écrivait là ces pages admirables, dont
quelques rares amis ont reçu la confidence, tirées à dix
ou douze exemplaires, et qu'ignorera la postérité qui ne
pourrait plus les entendre. Devant lui, ses livres favoris
étaient amassés sur trois rayons, dont le premier avait
peine à contenir nos auteurs usuels, le *Systema Naturæ*,
le grave Fabricius, le bon Geoffroy, l'ingénieux Bergmann, Lavoisier, Fourcroy, Bertholet, Maquer l'éclec-
tique, et Bernardin de Saint-Pierre le poëte. Au-dessus

étaient rangés une bonne édition d'Horace, un gros Sénèque le philosophe, que je ne lus pas alors, les *Essais de Montaigne*, que je lus deux fois de suite, et quelques volumes dépareillés du Plutarque d'Amyot, que je lisais toujours. Plus haut, il y avait une grande *Gerusalemme liberata*, dont je n'ai jamais trop fatigué les marges somptueuses; un *Ariosto*, qui me fit aimer l'italien; un *Don Quichotte* espagnol, que je devinais à défaut de comprendre, et cinq ou six tragédies de Shakspeare, qui me transportaient d'enthousiasme, quand le citoyen Justin me les traduisait, au courant de sa lecture, dans nos moments de récréation. — Je n'oublierai pas qu'il avait profité d'un espace vide pour y glisser son carton de dessins, et qu'à l'extérieur il avait suspendu son violon.

En face du lit de mon ami était pratiquée notre seconde croisée, qui avait jour sur le Biez, et d'où l'on suivait au loin ses détours, entre des fabriques charmantes et des îlots de verdure, jusqu'aux lieux où son cours aboutissait à un point brillant qui tremblait longtemps comme un météore, et finissait par s'éteindre sous les rayons du soleil. — Mais c'était à la cloison de gauche que nous avions rassemblé peu à peu toutes les merveilles de notre exhibition, les oiseaux perchés sur leurs baguettes, dans la vivacité de leurs attitudes naturelles, et auxquels il ne manquait qu'un ramage pour figurer une volière vivante; les papillons, déployés dans de beaux cadres d'or que nous avions apportés de la ville, et dont l'éclat de leurs ailes effaçait la splendeur; le serpent à la bouche béante, qui défendait notre porte comme le dragon des Hespérides, et les chauves-souris, qui plongeaient leurs regards pétrifiants comme celui des Gorgones, du haut de son chambranle de sapin. Le musée de ce village, quand j'y pense, aurait fait envie à plus d'une ville; mais ce qu'il y a de plus certain, c'est que son Aristote méritait un autre Alexandre.

Notre journée d'investigations commençait régulièrement à midi, après le repas du matin, et durait jusqu'à la nuit; car nous étions d'intrépides marcheurs. Nous allions et nous revenions en courant, moi, questionnant sur tout ce qui se rencontrait; lui, répondant toujours et à tout par des solutions claires, ingénieuses et faciles à retenir. Il n'y avait pas un fait naturel qui ne fournît matière à une leçon, pas une leçon qui ne fît sur moi l'effet d'un plaisir nouveau et inattendu. C'était un cours d'études encyclopédiques mis en action, et je suis sûr maintenant que tout autre que moi en aurait tiré grand profit; mais mon imagination était trop mobile pour n'être pas oublieuse. Arrivés aux champs ou aux forêts, nous entrions en chasse, et, comme mes collections se commençaient à peine, chaque pas me procurait une découverte; je marchais en pays conquis.

Il n'y a point d'expression pour rendre la joie de ces innocentes usurpations de la science sur la nature rebelle et mystérieuse, et ceux qui ne l'ont pas goûtée auront peut-être quelque peine à la concevoir. Encore aujourd'hui, je me prends quelquefois à frémir d'un voluptueux saisissement en me rappelant la vue du premier *carabus auronitens* qui me soit apparu dans l'ombre humide que portait le tronc d'un vieux chêne renversé, sous lequel il reposait éblouissant comme une escarboucle tombée de l'aigrette du Mogol. Prenez garde à son nom, s'il vous plaît : c'était le *carabus auronitens* lui-même! Je me souviens qu'il me fascina un moment de sa lumière, et que ma main tremblait d'une telle émotion, qu'il fallut m'y reprendre à plusieurs fois pour m'en emparer. Que les enfants sont heureux, et que les hommes sont à plaindre, quand il ne leur reste pas assez de sagesse pour se refaire enfants! Il n'en est pas de même des autres joies de la vie, lorsqu'elle a péniblement acquis la douloureuse expérience de leur instabilité. J'en ai beaucoup cherché depuis l'âge de vingt ans; j'en ai goûté beaucoup qui faisaient envie aux plus fortunés: pas une seule cependant

que m'a bouche n'accueillît d'un sourire amer, et qui ne
pénétrât mon cœur d'une angoisse de désespoir. Que de
larmes brûlantes j'ai versées dans les extases du bonheur,
qui ont été comptées pour des larmes de ravissement,
parce qu'elles n'étaient pas comprises! Faites comprendre,
si vous le pouvez, à une âme éperdue d'amour, qu'il est
un moment de vos jours passés dont sa tendresse ne peut
combler le vide éternel, et que cette minute, dont la ri-
valité impérieuse et triomphante éclipse tous vos plaisirs,
est celle où vous avez trouvé le *carabus auronitens!* Il
n'y a pourtant rien de plus vrai.

Les jours de pluie ou de neige, car en 1794 il y eut
dans nos montagnes de la neige à la fin de mai, nous
passions le temps à régler la disposition du riche mobilier dont je viens de dresser l'inventaire, ou bien
nous lisions alternativement; et, dans nos leçons comme
dans nos promenades, chaque fait avait son instruction.
Chaque heure avait aussi son emploi; et rien n'est plus
propre à enlever au travail sa physionomie sévère que
la variété des études. Les mathématiques nous délassaient
de la chimie, et les beaux-arts des sciences. Je m'entre-
tenais avec facilité dans le souvenir tout récent de mes
études latines par la lecture assidue et passionnée de nos
méthodistes, qui avait pris tant d'empire sur mes pensées,
que je n'en concevais pas une seule sans qu'elle vînt à se
formuler subitement en phrases concises et descriptives,
hérissées d'ablatifs, comme celle de Linné; et si je m'étais
reconnu depuis ce don caractéristique du talent qu'on appelle le style, je n'aurais pas été embarrassé à en expliquer
les qualités et les défauts par ces premières habitudes de
ma laborieuse enfance. Il serait peut-être plein, précis,
pittoresque, propre à faire valoir les idées par leurs aspects saillants, mais trop chargé de termes techniques et
de figures verbales; abondant en épithètes justes, mais
qui n'expriment souvent que des nuances; étranglé comme
une proposition arithmétique, toutes les fois que j'essaye

d'y faire entrer l'expression sous une forme puissante; complexe et diffus comme une amplification, quand je sens le besoin de l'étendre et de le développer; obscur pour être court, ou pâle pour être clair, mais rappelant partout l'aphorisme dans le tour, et le latinisme dans la parole; un mauvais style enfin, si c'était un style, et il n'y a pas dix hommes par siècle qui aient un style à eux; mais un style sorti, tel qu'il est, de ma singulière éducation, et que les circonstances ne m'ont pas permis de modifier depuis. Cela, c'est le dernier instrument d'une existence qui n'a pas eu le choix; et je le jette au rebut sans regret, quoique je n'aie plus ni le temps ni la force d'en changer.

Les matinées étaient à moi. C'est le temps où le citoyen Justin allait vaquer à l'arpentage de la commune, visiter ses pauvres, soigner ses malades, ou prêter aux cultivateurs des environs le secours de ses lumières agronomiques. Il lui restait à peine une heure avant midi pour reconnaître les espèces qu'il avait recueillies la veille, observer sous la lentille du microscope l'économie intérieure de ces républiques d'animalcules inconnus jusqu'à lui, qu'il avait découvertes dans les *conferves* et les *byssus*, ou ajouter quelques lignes à sa correspondance hebdomadaire avec la société Philomatique de Paris, seule dépositaire alors de toutes ces brillantes acquisitions des sciences physiques, dont l'Institut a recueilli l'héritage. Mon ministère particulier se bornait à pousser des reconnaissances autour du village, sur tous les points où quelque accident favorable à de certains développements nous promettait une abondante récolte de genres nouveaux. Je savais à ne pas m'y tromper le petit bouquet d'aunes ou de bouleaux qui balançait à ses feuilles tremblantes des *eumolpes* bleus comme le saphir et des *chrysomèles* vertes comme l'émeraude; la jolie coudraie qu'affectionnaient ces élégants *attelabes* d'un rouge de laque, si semblables aux graines d'Amérique dont les sauvages font des colliers; la plantation de jeunes saules où le grand *capricorne* musqué venait déployer les richesses de son armure d'aventurine, et répandre ses parfums d'ambre et de rose ; la flaque d'eau voilée de nénuphars aux larges tulipes et de petites renoncules aux boutons d'argent, où nageait le *ditique* aplati comme un bac, et du fond de laquelle l'*hydrophile* s'élevait sur son dos arrondi comme une carène, tandis qu'une peuplade entière de *donacies* faisaient jouer les reflets de tous les métaux sur leurs étuis resplendissants, à travers les feuilles des iris et des ménianthes. Je savais le chêne où les *cerfs-volants* vivaient en tribu, et le hêtre, à l'écorce d'un blanc soyeux, où gravissaient lourdement les *priones* géants. Il y a quelque chose de merveilleusement doux dans cette étude de la nature, qui attache un nom à tous les êtres, une pensée à tous les noms, une affection et des souvenirs à toutes les pensées ; et l'homme qui n'a pas pénétré dans la grâce de ces mystères a peut-être manqué d'un sens pour goûter la vie. Les nomenclatures elles-mêmes, œuvre d'un génie tout poétique, et qui sont probablement la dernière poésie du genre humain, ont un charme inexprimable à cet âge d'imagination où la fable et l'histoire n'ont pas encore perdu leur prestige. Voyez-vous ces brillantes familles de papillons, qui ne sont que des papillons pour le vulgaire? C'est une féerie complète d'enchantements et de métempsycoses pour l'enfant d'un esprit un peu cultivé, qui les poursuit de son léger réseau. Ceux-là sont les *chevaliers grecs* et *troyens*. A sa cotte de mailles échiquetée de jaune et de noir, vous reconnaissez le prudent *Machaon,* fils presque divin du divin Esculape, et fidèle, comme autrefois, au culte des plantes qui recèlent de précieux spécifiques pour les maladies et les blessures : il ne manquera pas de s'arrêter sur le fenouil. Si vous descendez aux pacages, ne vous étonnez pas de la simplicité de leurs habitants. Ces papillons sont des *bergers*, et la nature n'a fait pour eux que les frais d'un vêtement rustique. C'est *Tytire*, c'est *Myrtil*, c'est *Corydon*. Un seul se distingue parmi eux à l'éclat de son manteau d'azur, sous lequel rayonnent des yeux innombrables comme les astres de la nuit dans un ciel étoilé; mais c'est le roi des pâturages, c'est *Argus*, qui veille toujours à la garde des troupeaux. Avez-vous franchi d'un pas curieux la lisière des bois, défendue par *Silène* et les *satyres :* voici la bande des *sylvains*, qui s'égarent au milieu des solitudes, et les *nymphes*, encore plus légères, qui se jouent de votre poursuite, laissent bientôt un ruisseau entre elles et vous, et disparaissent, comme Lycoris, sans redouter d'être vues, derrière les arbrisseaux du rivage opposé. Tentez-vous le sommet des montagnes les plus élevées : vous n'aurez pas de peine à vous y rappeler l'Olympe et le Parnasse; car vous y trouverez les *héliconiens* et les *dieux : Mars*, qui se distingue à sa cuirasse d'acier bruni, frappée par le soleil de glacis transparents et variés; *Vulcain*, flamboyant de lingots d'un rouge ardent comme le fer dans la fournaise, ou bien *Apollon* dans son plus superbe appareil, livrant aux airs sa robe d'un blanc de neige, relevée de bandelettes de pourpre. Je jouissais avec un enthousiasme que je ne pourrais plus exprimer de toutes ces ravissantes harmonies; mais je ne jouissais de rien au monde autant que de ma propre existence. On a peint toutes les voluptés intimes de l'âme; je regrette qu'on n'ait pas décrit la volupté immense qui saisit un cœur de douze ans, formé par un peu d'instruction et par beaucoup de sensibilité à la connaissance du monde vivant, et s'emparant de lui comme d'un apanage, dans une belle matinée de printemps. C'est ainsi qu'Adam dut voir le monde fait pour lui, quand il s'éveilla d'un sommeil d'enfant au souffle de son Créateur. Oh! que la terre me paraissait belle! oh! comme je suspendais mon haleine pour écouter l'air des bois et les bruits du ruisseau! Que j'aimais le pépiement des oiseaux sous la feuillée et le bourdonnement des abeilles autour des fleurs! et j'étais là, comme une autre abeille, caressant du regard toutes les fleurs qu'elles caressaient, et je nommais toutes ces fleurs, car je les connaissais toutes par leur nom, soit qu'elles s'arrondissent en ombelles tremblantes, soit qu'elles s'épanouissent en coupes ou retombassent en grelots, soit qu'elles émaillassent le gazon, comme de petites étoiles tombées du firmament. Les cheveux abandonnés au vent, je courais pour me convaincre de ma vie et de ma liberté ; je perçais les buissons, je franchissais les fossés, j'escaladais les talus, je bondissais, je criais, je riais, je pleurais de joie, et puis je tombais d'une fatigue pleine de délices, je me roulais sur les pelouses élastiques et embaumées, je m'enivrais de leurs émanations, et, couché, j'embrassais l'horizon bleu d'un regard sans envie, en lui disant avec une conviction qui ne se retrouve jamais : « Tu n'es pas plus pur et plus paisible que moi!... » — C'était pourtant moi qui pensais cela!... —

Dieu tout-puissant! que vous ai-je fait pour ne pas me rendre, au prix de ce qui me reste de vie, une de ces minutes de mon enfance! Hélas! tout homme qui a éprouvé comme moi l'illusion du premier bonheur et des premières espérances, a subi, sans l'avoir mérité, le châtiment du premier coupable. Nous aussi nous avons perdu un paradis!

Le dimanche, c'était autre chose. Tout en chassant, tout en herborisant, tout en devisant, nous allions visiter nos voisins, causer histoire avec un vieux rentier goutteux qui s'était sagement réfugié au village contre les tempêtes de la ville, et qui savait sur l'ongle toutes les alliances de toutes les familles princières, depuis Robert le Fort et Gontran le Riche ; causer botanique et matière médicale avec un brave chirurgien qui estropiait intrépidement la langue des sciences naturelles (heureux ses malades s'il n'avait estropié que cela!) ; causer économie politique avec un gros fermier qui avait fait une fortune considérable aux affaires, et qui était tout fier, dans son patriotisme de publicain, de frayer de temps en temps avec le patriciat tombé en roture. Je me souviens que celui-ci avait une fille de vingt ans, d'une beauté remarquable, élevée aux beaux-arts et au beau monde, nourrie de toute la belle prose et de toute la belle poésie de l'an II de la république, et si romanesque, si sentimentale, si nerveuse, que je l'ai regardée longtemps comme une exception. Cinq ou six ans après, je m'aperçus que l'exception n'était pas là : elle était déjà dans les cœurs naturels et simples qui sentent plus qu'ils ne peuvent exprimer, et qui ne font pas étalage de leurs émotions.

Mais nos visites de prédilection étaient pour un vieux château éloigné tout au plus d'une lieue du village que nous habitions, et qui se trouvait, par un heureux hasard, sur la route de nos excursions familières. Il est vrai qu'au bout de quelque temps ce hasard était devenu si infaillible et si régulier, qu'on aurait pu y voir l'effet d'un plan prémédité. Le voyage en valait la peine. Là résidaient trois aimables sœurs, exilées, comme M. de C..., pour le crime de leur naissance, et qui composaient, avec un vieux domestique et une petite négresse fort éveillée, toute la population du vénérable manoir. Je ne parlerai pas des deux aînées, qui m'occupaient très-peu, quoiqu'elles fussent charmantes, et que je n'occupais pas du tout. La plus jeune s'appelait Séraphine; elle avait près de quatorze ans, ce qui suffisait pour lui donner sur moi tout l'ascendant d'une grande fille sur un petit garçon; mais la nature avait pourvu à la compensation de nos âges par la délicatesse de sa constitution fragile et par le développement prématuré de mon organisation déjà presque adolescente. L'habitude d'un exercice actif et stimulant qui fortifiait tous les jours mon enfance robuste ; la pratique des rudes travaux de la marche, de la course et de l'escalade, par vaux, par monts et par rochers; l'assiduité des études obstinées, qui imprime à la pensée un caractère viril dont les facultés physiques subissent l'influence, m'avaient donné sur les enfants même de la campagne, ordinairement si supérieurs à nous, un avantage prononcé de vigueur, d'a-

dresse et d'audace. Je n'étais pas redouté ; cette triste gloire
empoisonnerait tous les souvenirs de ma vie ; mais on
s'appuyait volontiers de mon amitié, parce que la faiblesse
et la timidité sont portées d'une affection d'instinct vers le
courage et la force. Comme je ne manquais pas de vanité,
et je m'aperçois à la complaisance avec laquelle je reviens
sur ces détails que je ne suis pas complétement guéri de
cette honteuse infirmité de l'esprit, je prenais plaisir à
multiplier, surtout devant les femmes, et sans savoir pourquoi, les aventureux exploits de mon habileté gymnastique.
Elles aiment la témérité. Quand on les étonne on les intéresse, et quand on les intéresse on est bien près de leur
plaire. J'ai compris tout cela depuis.

Les liaisons de cet âge sont bientôt faites ; il est sans défiance, parce qu'il est sans expérience. Il faut avoir surpris
quelque mauvaise pensée dans son cœur pour en soupçon-
ner dans celui des autres. Après nous être vus deux fois,
Séraphine et moi, nous aurions voulu ne plus nous quitter. Nos plaisirs étaient si purs, nos entretiens étaient si
doux, nous pleurions ensemble avec tant d'abandon, et il
est si doux de pleurer ! C'est qu'elle avait bien du chagrin !
Sa mère était en prison à dix lieues, son père en prison à
cinquante ; de ses quatre frères, il y en avait trois proscrits, errants, sans ressources, en trois pays différents de
l'Europe ; l'autre était détenu à Paris sous le couteau du
tribunal qui avait égorgé dix de ses parents ; et autour
d'elle rugissait chaque jour une populace armée de piques
et de brandons d'incendie, qui la menaçait elle-même,
pauvre jeune fille craintive et sans défense, dont les grâces
touchantes auraient apprivoisé des panthères affamées ! —
Va, va, lui disais-je, console-toi ! le règne des assassins ne
sera pas long. Ma famille est républicaine, mais je me
ferai aristocrate pour te venger ! Je ne suis pas loin du moment de manier, comme un autre, une épée ou un poignard, et puisqu'il faut du sang, je verserai sans pitié
le sang de tes ennemis !—Ne parle pas comme cela ! me ré-

pondait Séraphine ; je serais plus malheureuse encore si
je craignais de te voir devenir méchant. Les méchants sont
plus à plaindre que nous ! Continue à bien acquérir du
savoir et de la réputation , et quand tu seras assez grand
pour te faire écouter de ces messieurs les patriotes, fais ce
que tu pourras pour empêcher qu'on ne nous tue, car si
on me tue aussi, quelle est la femme qui t'aimera jamais
autant que moi ! —

Ce besoin d'être ensemble était devenu si vif, qu'il absorbait toutes nos pensées. C'était l'objet , le but , la vie
de notre vie ; et jamais l'un de nous deux n'arrivait jusqu'à
l'autre sans trouver l'autre qui le cherchât. Quand je
descendais de la montagne, j'étais sûr de voir de loin son
voile blanc qui flottait à l'air, ou son chapeau de paille
qui volait au hasard, sans qu'elle s'arrêtât pour reconnaître l'endroit où il irait tomber, pendant qu'elle courait
à ma rencontre. Mais que je lui épargnais des détours en
me précipitant au-devant d'elle, fendant les terres la-
bourées, sautant les haies, écartant les broussailles , dé-
busquant d'un taillis au moment où elle me cherchait
encore derrière ! et je n'aurais pas allongé ma course d'un
pas pour éviter un fossé de dix pieds de largeur. La terre
élastique obéissait à mon essor comme la raquette au
volant, et j'arrivais, si preste et si joyeux, les bras autour
de son cou et les lèvres sur sa joue, qu'elle n'avait pas le
temps de s'effrayer. Le temps se passait trop vite, hélas !
de mon côté en lutineries innocentes, du sien, en cau-
series tendres et sérieuses. Mon expansion étourdie se
contraignait alors, parce que je me rappelais que Séraphine était triste, et qu'elle ne pouvait s'associer sans
effort aux turbulentes saillies de ma joie et de mon bonheur sans souci. Mes idées , si riantes et si frivoles, se
façonnaient peu à peu, au contraire, aux habitudes de sa
mélancolie, et de ces deux éléments incompatibles en
apparence il se formait en moi une combinaison étrange
de caractère, qui a tour à tour assombri ma jeunesse de

sympathies douloureuses, et égayé mon âge mûr des instincts et des goûts d'un enfant. Tous les développements de mon âme datent de ces jours éloignés. Je n'ai rien acquis ni rien perdu; mais, si j'étais mort en ce temps-là, ma vie n'aurait pas été moins complète. La vie est complète quand on a aimé une fois.

Il faut cependant que je m'explique sur cet amour, auquel le perfectionnement de notre langue et de nos mœurs n'a pas encore donné un nom. Rien ne ressemble moins à l'amour comme les hommes le comprennent, et c'est cependant un sentiment très-distinct des affections de la famille et des amitiés de collége. Cette différence, je la sentais sans l'expliquer. Je l'avouerai, comme si j'écrivais encore sous l'empire de mes idées de douze ans, je m'étais fait une singulière opinion de l'amour des romanciers et des poëtes, que j'avais lus avec avidité, dans la ferme persuasion que les passions qu'ils décrivaient si bien étaient des fictions comme leurs sujets et leurs fables. Je le prenais pour une image fantastique des émotions simples de deux époux qui s'étaient aimés enfants, comme j'aimais Séraphine, et comme j'en étais aimé, qui se trouvaient heureux de passer leur vie ensemble, et auxquels le mariage accordait le délicieux privilége de prolonger le charme de cette douce intimité jusque dans les mystères de la nuit et la solitude du sommeil. J'admirais comment, de cette effusion de tendresse qui confondait en un seul deux êtres bien assortis, résultait l'existence d'un être nouveau, éclos sous des caresses et des baisers, fruit d'harmonie et d'amour; et je voyais dans ce phénomène moral, qui entretenait à jamais la reproduction d'une espèce vierge, le signe le plus évident de la supériorité de l'homme sur les animaux. Je n'ai pas la prétention d'avoir inventé en ce temps-là une *conjugalité* plus solennelle que celle de Dieu, mais c'est celle que je m'étais faite, et les bonheurs de la jeunesse ne m'ont rien appris qui me consolât d'en avoir perdu l'illusion. Que dis-je? le regret

de mon erreur a survécu à ces fiévreuses réalités du plaisir
qui enivrent les sens aux dépens de l'ivresse de l'âme, et
qui la précipitent des hauteurs du ciel dans les misères de
la volupté. Que de fois j'ai redouté d'être heureux comme
les autres dans l'accomplissement de mes désirs, heureux
que j'étais dans l'enchantement de mes espérances! Aujourd'hui même, il n'y a pas une de mes larmes d'amant
qui ne m'ait laissé de meilleurs souvenirs que tous ces
ravissements d'un bonheur sans lendemain, sur lesquels
retombent les tristes convictions de la vie, comme le
rideau d'un spectacle fini, comme l'obscurité de la nuit
sur un feu d'artifice éteint. C'est probablement dans ce
sens qu'on a dit que la première inclination était la
meilleure. Son charme est dans son ignorance [1].

J'aimais ainsi Séraphine avec la naïveté d'une impression toute idéale, toute poétique, et dont l'innocence
devait avoir quelque chose de l'amour des anges. Aussi
pure que moi, je suppose que Séraphine était un peu plus
savante, et on vient de voir que cela n'était pas difficile.
Elle était mon aînée de près de deux ans, elle était femme,
elle vivait depuis le berceau dans le monde que je n'avais
fait qu'entrevoir. Sa conversation ingénue me laissait
souvent des doutes vagues à travers lesquels j'avais peine
à retrouver le fil égaré de ma doctrine. Je méditais seul
sur ce que je n'avais pas compris; mais je ne méditais
pas longtemps, parce que je n'étais pas curieux, parce que
je croyais fermement dans mes idées, et surtout parce que
j'aimais mieux penser à elle que de perdre le temps à me
bâtir des systèmes inutiles. Elle était partout avec moi; je
savais la faire entrer dans tous mes entretiens, la lier
en souvenir ou en projet à toutes mes actions, la rame-

[1] On peut rapprocher de ce passage, si plein de grâce et de fraîcheur, le
remarquable morceau de Nodier : *De l'amour, et de son influence, comme
sentiment, sur la société actuelle.* Les sentiments du poëte seront de la sorte
lucidés et complétés par la délicate analyse du penseur.

(Note de l'éditeur.)

3*

ner dans tous mes songes. Rêver toujours, et ne rêver
que d'elle, c'était un bienfait de mon sommeil, une faculté
que j'avais, que j'ai conservée longtemps, et qui m'a
dédommagé de bien des douleurs! J'étais parvenu à fixer
dans mon esprit une des scènes les plus communes de nos
jolies matinées : celle-là m'est aussi présente que si j'y étais
encore. Après m'être fatigué deux heures à la chercher
où elle n'était pas, je tombais ordinairement de lassitude
sur le canapé du salon, et je feignais de dormir pour la
piquer de mon indifférence ou ne pas la contrarier dans
sa malice. Elle arrivait alors, légèrement soulevée sur la
pointe des pieds, allongeant ses pas suspendus avec précaution, frissonnant au bruit du parquet avant qu'il eût
gémi, et une corbeille au bras, ses cheveux s'échappant de
toutes parts en ondes dorées sous le chapeau de paille mal
attaché qui ne les contenait plus, la tête un peu penchée
sur l'épaule, l'œil fixe et craintif, la bouche entr'ouverte,
le bras étendu pour gagner de l'espace; elle promenait doucement sur mes lèvres un bouquet de cerises moins vermeil-
les que les siennes. Je la voyais toujours ainsi, blanche
mais animée, charmante de ses grâces et de son émotion
d'enfant, arrêtant sur moi ses rondes prunelles d'un bleu
transparent comme le cristal, qui plongeaient des regards
de feu à travers mes paupières demi-closes pour surprendre
à propos le moment de mon réveil, et me caressant tout
près de son haleine de fleurs comme pour me défier de
l'embrasser : c'était là que je l'attendais, et quand elle
pensait à fuir, elle était prise. Alors c'étaient des cris,
des gémissements, des bouderies à n'en pas finir; c'étaient
les sœurs qui arrivaient au secours; c'était Lila, sa petite
Africaine, qui m'arrachait les cheveux et qui me menaçait
les yeux. Un baiser de plus payait les frais de sa rançon;
mais elle me détestait pendant une heure au moins; et je
m'en allais, je revenais, je pleurais, je demandais pardon,
je ne l'obtenais pas, je repartais encore en courant vers
le canal pour m'y précipiter dans un abîme de dix pouces

de profondeur, jusqu'au moment où une petite voix qui vibrait comme un timbre d'argent daignait enchaîner mon désespoir, et j'avais été malheureux d'un malheur affreux, d'un malheur pire que la mort, d'un malheur qu'on voudrait goûter, aujourd'hui, au prix de l'incendie d'un royaume! — J'étais loin d'imaginer sous quel aspect m'apparaîtraient avant peu ces angoisses du premier amour. Je n'avais pas vingt ans que je résolus de mettre un clou à ma roue, comme dit Montaigne, et de ne plus vieillir d'un moment. Je m'en suis assez bien trouvé, mais j'aurais mieux fait de m'arrêter à douze.

J'ai dit que ma petite amie était d'une santé délicate. Je ne me doutais guère que toutes les jeunes filles fussent plus ou moins malades vers l'âge de quatorze ans. Ce mystère passait la portée de ma science. — Séraphine était sujette à des maux de tête, à des éblouissements, à des hallucinations subites, à des mouvements de fièvre. Un soir je l'avais laissée souffrante; je souffrais de son mal, que mes craintes exagéraient. Je me couchai tout habillé; je ne dormis pas; je me tournais sur mon bon lit de paille comme sur les pointes d'acier de Régulus ou les charbons de Guatimozin. Je me levai pour me promener dans ma chambre; je la trouvai trop étroite : j'ouvris ma fenêtre; le ciel aussi me parut trop étroit. On ne voyait pas le château. Je mesurai la hauteur de ma croisée : une quinzaine de pieds tout au plus, si je m'en souviens. J'étais bien loin; je ne sais si je courais ou si la terre fuyait derrière moi; mais je ne mis peut-être pas un quart d'heure à gagner la grille du parc.

Ce n'était pas tout. Le seul endroit où la clôture fût accessible était défendu par un bassin revêtu de larges dalles, où aboutissaient les eaux du canal, après avoir arrosé le jardin. Là elles dormaient à fleur de terre dans l'abreuvoir, puis se perdaient un moment sous la route, et allaient resurgir à quelques pas, mais libres et capricieuses, entre les saules de la prairie. Nous appelions

cela le *bassin des salamandres*, parce qu'on y en voyait
un grand nombre frapper l'eau immobile de leur queue
en rame, où se traîner sur le pavé, en livrant de temps en
temps aux caprices de la lumière leurs marbrures d'un
jaune brillant; mais on ne les voyait pas à l'heure dont je
vous parle; on ne voyait rien du tout. La nuit était calme
et tiède, mais obscure, et je ne pouvais apprécier que de
mémoire la largeur du réservoir qu'il fallait franchir.
J'étais seulement bien sûr qu'il n'avait pas plus d'un pied
de rebord du côté où j'allais tomber, et que je courais
risque, selon la portée de mon élan, de me rompre la tête
contre le mur, si je m'y abandonnais à l'étourdie, ou, si je
le modérais trop, d'épouvanter de la chute d'un nouveau
Phaéton le peuple des salamandres endormies. Dieu,
l'amour ou l'adresse aidant, je descendis au but comme si
j'y avais été porté par les ailes d'un oiseau. J'atteignis
d'un bond la hauteur de la muraille, je gagnai d'un saut le
niveau du jardin. Il restait encore une haie de troëne, forte
et serrée comme une palissade, mais sur laquelle j'ap-
puyais facilement la main, en me dressant un peu, et je
ne la touchai pas d'une autre partie de mon corps pour la
laisser derrière moi. J'étais dans la grande allée de marronniers qui se terminait tout juste au pied de la tourelle
où couchait Séraphine; mais sa fenêtre, élevée d'un étage
au-dessus de la terrasse, m'était cachée par l'épaisseur du
feuillage; et le temps que je fus obligé de mettre à chercher
la clarté qui en jaillit enfin par rayons épars, entre les
dernières branches, me parut plus long que tout le reste
du voyage. Alors je m'arrêtai contre un marronnier pour
reprendre haleine, car j'étais déjà tranquille. Cette lumière était celle d'une bougie dont la blanche flamme
tremblait contre les vitres, à côté de l'endroit où Séraphine suspendait le petit miroir qui servait à sa toilette de
nuit. Elle y était debout, légèrement vêtue, souriant à sa
gentillesse, roulant ses cheveux avec une grâce coquette,
et puis prenant plaisir à les dérouler pour les voir ondoyer

encore. Je restai là tant que la bougie ne s'éteignit point, et je ne sais si ce fut une minute ou une heure; mais je sais que cela vaut toute la vie, et qu'il n'y aurait que l'espoir d'y retrouver quelques instants pareils qui pût me décider à la recommencer.

Je mis plus de temps au retour. Le jour était tout près de se lever, quand je m'aperçus que l'accès de ma chambre était infiniment plus difficile que la descente. L'extérieur de la maison ressemblait à l'intérieur. Il était si propre, si uni, si soigneusement recrépi, que les mouches avaient peine à y fixer leurs crochets. Pas une pierre saillante, pas une fissure dans le plâtre, pas un interstice à glisser les doigts, qui pût servir à me hisser jusqu'à la banquette! et ajoutez à cela que le Biez coulait trop près derrière mes talons pour me permettre de prendre du champ. Un train de charrue au rebut, qu'il fallut amener de loin, me servit enfin d'échelle. J'arrivai, je dormis comme on dort à douze ans, quand on n'a point de chagrin, et je dormais encore quand M. de C... m'avertit pour la troisième fois qu'il était temps d'aller s'informer de la santé de Séraphine, dont j'étais si inquiet la veille. —Bon, bon! dis-je en me frottant les yeux et en étendant les bras, cela n'est pas dangereux! — M. de C... me regarda d'un air étonné. C'était la première fois, je m'en flatte, qu'il m'avait trouvé si insoucieux sur mes amitiés; et ma tendresse de troubadour ou de paladin, qui prêtait à des plaisanteries de tous les jours, rendait cette indifférence inexplicable. Sa méprise m'égaya; et comme je n'aurais pas osé faire connaître à mon ami les motifs de ma sécurité, je trouvai piquant de l'accompagner, en me divertissant à toutes les bagatelles du chemin, et sans lui parler de Séraphine, jusqu'à l'angle d'un hallier bien fourré, où elle nous attendait d'habitude, pour nous surprendre d'une espièglerie ou nous effrayer d'un cri. Elle y était, et j'avais, comme on sait, mes raisons pour n'en pas douter. Elle tomba dans mes bras, retomba dans

les siens, revint à moi, fit sauter mon chapeau, se sauva
pour être attrapée, et finit par se laisser prendre, en criant
de dépit et de joie.

— Vous aviez raison tout à l'heure, quand je vous tirai
d'un si bon sommeil, me dit M. de C.... en riant. Cela
n'était pas dangereux.

Je vous demande si ce fut là un grand sujet de colère,
mais de colère morne, silencieuse et méprisante! Séraphine prit l'avance avec dignité, en se donnant ces manières dédaigneuses que les jeunes filles nobles apprennent,
je crois, en naissant; et quand nous fûmes parvenus à
l'allée des marronniers, elle s'assit sur notre passage, au
bout du long banc de pierre sur lequel nous causions presque tous les jours. J'allai l'y rejoindre, elle courut à
l'autre extrémité; je l'y suivis, elle reprit sa première
place, et moi aussi; mais je l'y fixai d'un bras sur lequel
je l'avais soulevée cent fois, et dont elle connaissait la
puissance!

— Halte-là, grondeuse! lui dis-je en feignant d'être sérieusement fâché. Mademoiselle, pourquoi boudez-vous?

— Moi, monsieur, bouder? Et à quel propos, s'il vous
plaît? On ne boude que ceux qu'on aime et dont on est
aimé. Je ne vous boude pas, parce que vous ne n'aimez
pas, parce que je ne vous aime pas. C'est naturel. On n'est
pas forcé d'aimer quelqu'un.

— Ah! je ne t'aime pas, et tu ne m'aimes pas, Séraphine? C'est très-joli!...

— Non certainement, je ne vous aime pas, puisque je
vous déteste, puisque je vous ai en exécration, monsieur!
et je voudrais bien savoir, par exemple, pourquoi vous
prenez la liberté de me tutoyer? Je vous le défends!..... —
Mais voyez donc, ajouta-t-elle en s'efforçant de rire, ne
faudrait-il pas bouder, monsieur, qui dort si bien quand
on est malade à la mort, et qui s'excuse en disant que
cela n'est pas dangereux? Si vous aviez été malade, vous,
je n'aurais pas été si tranquille! — Mais lâchez-moi, je

vous en prie! lâchez-moi tout de suite, ou je ferai du bruit! j'appellerai Lila;... je vais pleurer!...

— Non vraiment, tu ne pleureras pas, laide et méchante que tu es! et je voudrais bien voir qu'on s'avisât de pleurer!...

— Qu'on s'avisât de pleurer! Comme vous dites, c'est fort joli, c'est de très-bon ton! d'ailleurs, je suis une laide maintenant; et qu'est-ce que cela vous fait qu'une laide pleure, quand elle veut pleurer? M'empêcherez-vous de pleurer et de crier, si cela me fait plaisir? Vous ne me permettrez pas de pleurer, peut-être, quand vous m'étouffez! Vous êtes bien avantageux!...

Avantageux était un de ces mots de salon qui me déconcertaient toujours. Je passai l'autre bras autour d'elle, et je me hâtai de m'expliquer...

— As-tu pu croire, Séraphine, que j'aurais dormi sans m'assurer que *cela n'était pas dangereux*, et que tu te portais bien? Mais écoute-moi un instant, et n'essaye pas de te sauver, cela ne te réussirait pas! — Crois-tu que l'état de ma douce et belle Séraphine était bien *dangereux*, quand elle venait à minuit, derrière la fenêtre de la tourelle, tresser autour de ces jolis petits doigts, que je baiserai tout à l'heure, ces longues mèches de blonds cheveux que je baise maintenant malgré toi — ou malgré vous; — quand elle ouvrait sa croisée et s'appuyait en silence, pour écouter le rossignol, qui n'avait garde de chanter, parce que je l'avais effrayé, et quand elle le défiait des cadences tendres et perlées de sa romance favorite:

> Amour, on doit bénir tes chaînes,
> Quand deux amants ont à souffrir...

— Quelle horreur! s'écria Séraphine; vous m'épiez, monsieur!...

— Tu appelleras cela comme tu voudras; mais, quand tu es malade, j'ai peur, et quand j'ai peur pour toi, je ne sais plus ce que je fais.

Elle réfléchit un moment. Je sentis que je n'avais plus besoin de la retenir. A quoi devine-t-on cela? Mes bras s'étaient relâchés. Elle dégagea les siens, les étendit un peu pour les dégourdir, et les jeta autour de mon cou.

—Pauvre ami que j'accuse et que j'inquiète, reprît-elle en appuyant son front sur mon épaule!...—Il ne me le pardonnera peut-être pas! — Avec cela que vous êtes bien capable, étourdi comme je vous connais, d'avoir passé par *le trou du hibou?*...

—Le chemin n'est pas beau, mais c'est le plus court, et j'étais trop pressé pour prendre l'autre.

—C'est à faire trembler, à ce que l'on dit! un sentier taillé dans le rocher sur un précipice épouvantable!...

—Un sentier large comme la petite allée du potager sur un précipice profond comme la terrasse, depuis la mansarde de ton pavillon.

—Eh bien! n'est-ce pas rassurant! il y arrive tous les ans des malheurs en plein jour! et si tu rencontrais le hibou?...

—Je l'emporterais dans ma freloche comme un papillon de nuit. Oh! je voudrais bien que ce fût seulement un *moyen-duc!* il y a trois mois que je l'aurais empaillé! mais un méchant hibou de son espèce n'est bon qu'à déployer comme un épouvantail sur la porte du château.

—Attendez, attendez, dit-elle en composant tout à coup sa jolie figure pour prendre un air solennel, et en s'éloignant d'un pouce ou deux, avec une admirable dignité. —Ce n'est pas tout, monsieur, ce n'est rien! ce qu'il y a d'inexcusable dans votre conduite, c'est que vous n'avez pas pensé au danger de me compromettre!

Compromettre était bien autre chose qu'*avantageux*, ma foi! *compromettre* me foudroya.

—Te *compromettre*, Séraphine! Je serais au désespoir de le *compromettre*, mais... je ne sais pas au juste ce que c'est.

Elle laissa tomber sur moi le sourire d'une supériorité indulgente.

— Il suffit, monsieur, continua-t-elle, que je ne veux pas absolument qu'on se permette d'être de nuit dans le parc. Aujourd'hui je vous fais grâce, ajouta Séraphine en me tendant sa main à baiser, parce que je sais que votre cœur est pur; mais que cela n'arrive plus jamais! le monde est si pervers!

Il faut noter que *pervers* avait un pied et demi dans la bouche de Séraphine. C'était le *verbum sesquipedale* de mon Horace.

— Eh! que m'importe le monde pervers! qu'a-t-il à dire à ma tendresse et à mes inquiétudes? Il lui siérait bien, au monde pervers, de trouver mauvais que je fusse en peine de Séraphine, quand Séraphine est malade! Craindre pour ta vie, et ne pas tout entreprendre, ne pas tout braver pour te voir! certainement, je ne promettrai pas cela!

— Bien, bien, dit-elle en reprenant ma main, si j'étais vraiment en danger! Crois-tu que je voudrais, moi, mourir sans te revoir? Ce serait pis que la mort!

Au même instant ses sœurs et mon ami nous rejoignaient, et nous nous embrassâmes devant eux pour la première fois de la journée.

Les moments dont je parle étaient si doux, qu'il n'est pas surprenant que je m'abandonne au plaisir de les raconter longuement. Cela dura quatre ou cinq mois, et puis cela finit à toujours.

Au commencement d'octobre, je ne sais plus quel jour c'était de brumaire, nous vîmes arriver Chapuis, un ancien domestique de M. de C..., vieillard honnête, fidèle et même affectueux, mais dont la figure sévère et rébarbative ne m'avait jamais paru propre qu'à porter de mauvaises nouvelles. Celles qui me concernaient alors étaient accablantes. Mes parents, enchantés de quelques progrès qu'ils croyaient remarquer dans mes études, étaient convenus de m'en témoigner leur satisfaction en me faisant passer un hiver à Paris sous les yeux d'un homme aimable

et sage, dont ils avaient éprouvé l'attachement. Le neuf
thermidor venait de mettre un terme aux sacrifices san-
glants des druides de la révolution. La France, enivrée de
son affranchissement, commençait à se reposer des convulsions de la terreur dans une atmosphère plus pure. Elle
renaissait aux sciences, aux beaux-arts, aux loisirs des
peuples civilisés. Elle renaissait presque au bonheur; car
tout pouvait sembler bonheur le lendemain de l'anarchie.
Je ne connaissais de la terre tout entière que la nature
agreste et simple de nos solitudes. Il s'agissait de me faire
voir les collections, les bibliothèques, les monuments, les
hommes, le monde enfin, dans lequel l'imagination du
meilleur des pères m'assignait en espérance une position
agréable, et peut-être distinguée. Tout cela m'aurait souri
comme à lui dans des circonstances où ce voyage n'aurait
rien coûté à mon cœur; mais l'exil des nobles subsistait
toujours, et je me sentais défaillir à l'idée de quitter pour
si longtemps mon ami, car la longueur d'un hiver est
quelque chose d'incommensurable aux enfants. Je ne sais
s'il vous en souvient. Je ne disais pas tout cependant;
mais la pensée de m'éveiller vingt-cinq fois par une matinée de dimanche, sans pouvoir me promettre de voir
Séraphine et de finir la journée auprès d'elle, me navrait
si cruellement, que je ne m'accoutumais à la supporter
que sous la condition d'en mourir. Vingt-cinq dimanches,
hélas! j'étais bien loin de mon compte!

Il fallait pourtant se soumettre. M. de C..., qui mesurait
mieux le temps, et qui savait mieux ce qu'il vaut, me
parlait de ces longs mois d'absence comme d'un jour que
j'allais passer en plaisirs. Nous devions seulement des
visites à tous nos voisins, avant l'époque qui était fixée
pour mon départ, et dont je ne m'informais point, parce
que je tremblais de la savoir. Ce projet de visites me con-
solait un peu; il devait me ramener au château, et je me
démontrais bien à part moi que cinq heures de l'amitié,
des regrets et des caresses de Séraphine, dédommageraient

assez ma vie de cinq mois de douleurs. Je m'aperçus dès le lendemain que nos lentes promenades m'éloignaient de plus en plus de l'unique objet de mes pensés, mais je ne m'affligeai point. Je sus au contraire un gré infini à M. de C... d'avoir donné cette direction à notre cérémonieux-itinéraire.

— Tant mieux, disais-je tout bas! C'est par elle que nous finirons! son baiser d'adieu sera le dernier que j'emporterai sur mes lèvres, et je l'y conserverai avec tant de soin, qu'il en sera de ce voyage comme si je ne l'avais pas quittée!...

Il y avait six jours que nous courions ainsi le pays, presque sans nous parler. M. de C... paraissait amèrement triste, et si je ramenais, selon mon usage, le nom de Séraphine au travers de nos courts entretiens, il se hâtait d'en détourner la conversation comme d'une idée inquiétante et fâcheuse. Je me perdais à chercher le motif de cette réticence nouvelle entre nous : car il aimait Séraphine presque autant qu'il m'aimait, et j'aurais trouvé tout naturel qu'il l'aimât davantage.

Comme nous occupions le seul logement dont on pût disposer dans la maison, nous avions établi Chapuis dans ma chambre, où il dressait tous les soirs son pliant au-devant de ma croisée. Le jour dont il est question, Chapuis me trouva comme à l'ordinaire occupé à tenir note sur mon journal des espèces que j'avais ramassées en chemin, et il se crut obligé de m'interrompre pour m'engager à dormir. Cette précaution inaccoutumée me surprit.

— C'est, voyez-vous, dit-il, que nous partons demain, à six heures précises, pour nous trouver au relais de la diligence de Paris, et, quoique j'aie déjà emballé toutes vos petites hardes dans la voiture, il est possible qu'il vous reste quelque chose à faire avant d'y monter. Vous n'avez donc que le temps de vous reposer un peu en attendant que je vous réveille.

— Demain à six heures! m'écriai-je. Cela n'est pas possible! je ne partirai certainement point sans avoir vu Séraphine!...

— Il le faut bien cependant, repartit Chapuis, car la diligence n'attend pas ; et, quand vous resteriez, pensez-vous que M. de C... vous permette de voir mademoiselle Séraphine dans l'état où est la pauvre enfant? Il craindrait trop pour vous les effets de la contagion, comme on l'appelle. Il n'a pas eu d'autre raison pour vous éloigner d'ici toute la semaine.

— Séraphine est malade, et je ne le savais pas! — Expliquez-vous, mon ami, je vous en supplie!

— Malade, malade! répondit Chapuis en hochant la tête. On m'avait défendu de vous le dire, mais il faut bien que vous l'appreniez un jour ou l'autre; c'est que les nouvelles d'aujourd'hui n'étaient pas bonnes! Heureusement, la providence de Dieu est grande, surtout pour les jeunes gens, et, si elle le permet, vous retrouverez au printemps mademoiselle Séraphine plus vive et plus gentille que jamais. Et puis, on ne manquera pas de vous écrire sa guérison à Paris, et vous en aurez la consolation sans avoir eu le chagrin de la quitter malade.

Pendant qu'il parlait ainsi, Chapuis tourna la clef, la retira de la serrure, la mit dans sa poche, ferma la fenêtre, et se glissa dans son lit sans se déshabiller, pour être plus tôt prêt le matin.

— Que faites-vous, Chapuis? Vous fermez cette fenêtre, et vous savez que je ne puis me passer d'air ! Je vous l'ai dit assez souvent.

— Bon, bon, reprit-il en s'enfonçant sous sa couverture, les voyageurs ne doivent-ils pas s'accoutumer à tout. Vous serez bien plus à l'étroit dans la voiture, ma foi! Vous imaginez-vous, mon cher jeune homme, que vous aurez toujours vos aises? On vous en donnera dans votre pension, des fenêtres ouvertes en octobre! D'ailleurs monsieur est trop bon pour ne pas avoir égard à mon rhumatisme, par le froid qu'il fait maintenant; c'est une vraie soirée d'hiver !

Je n'avais point d'objections contre ce dernier raisonnement. Ma situation était horrible. J'éteignis ma lumière, et je ne me couchai pas. J'attendais qu'il dormît pour tenter de tourner l'espagnolette, et sauter d'un bond dans la rue par-dessus le pliant maudit, au risque de me rompre le cou. Le moment que j'espérais ne tarda pas; mais le sommeil de Chapuis était aussi léger que soudain, et au moindre mouvement j'étais averti par un *qui vive* brutal de la vigilance de mon inexorable sentinelle. Je revins dix fois aux approches, et dix fois je fus dépisté. Pendant ce temps-là, Séraphine m'appelait peut-être! Ce fut une épouvantable nuit.

Enfin la pendule sonna quatre heures (c'était plus que je ne me croyais capable d'en compter encore), et le carillon du réveil m'avertit que Chapuis avait choisi cette heure-là pour aller faire les préparatifs du départ. Je me roulai comme en sursaut sur ma paille bruyante, pour lui donner acte de ma présence, pendant qu'il battait méthodiquement le briquet, et qu'il éclairait sa lanterne sourde. Je crus qu'il n'en finirait pas. Qu'il me parut long dans ses opérations, et que je maudis la maladresse et les lenteurs de la vieillesse! Il sortit cependant, et j'entendis la clef retourner sur moi à l'extérieur. Je ne m'en souciais guère. Son dernier cri couvrit fort à propos le bruit de la croisée qui s'ouvrait. Avant que le prudent Chapuis fût à l'écurie, j'étais, moi, de l'autre côté du village.

Il ne fallait rien moins que mon habitude du pays pour me diriger dans les ténèbres de cette rigoureuse matinée. Il n'y avait pas dans toute la nature un atome de lumière. Les objets les plus opaques et les plus obscurs ne dessinaient pas le plus faible contour sur l'horizon obscur comme eux. Il ne tombait pas de pluie, mais l'atmosphère était inondée d'une brume noire, épaisse, presque palpable, qui pénétrait mes vêtements, et qui enveloppait mes membres comme un bain glacé. Je n'avais rien vu, rien deviné, rien imaginé jusqu'alors qui me donnât une

idée aussi effrayante de l'Érèbe et du chaos. Je tré-
buchais contre tous les obstacles, je tombais, je me relevais,
je sondais la route du pied, et la nuit du regard. Je n'étais
orienté que par ma mémoire ou par mon cœur; je disais :
Ce doit être là, et j'allais toujours.

Quand j'arrivai au *trou du hibou*, je ne le reconnus
qu'aux saillies du roc, qui surplombait dans de certains
endroits de manière à m'obliger de baisser la tête, et que
je suivais en tâtonnant pour ne pas m'exposer à perdre un
pas hors du sentier; car il y allait de ma vie. Ce sentier
était effectivement assez large, comme je l'avais dit
à Séraphine, pour donner place, dans les passages les
plus étroits, à deux paires de pieds comme les miens;
mais il était coupé dans la pierre vive, et le suintement
des eaux qui l'humectaient sans cesse avait sensiblement
incliné sa pente et dégradé son bord extérieur, dont je rencontrais à tout moment les inégalités, quand j'essayais de
prendre un peu de terrain pour me délasser de ma contrainte. La bruine se congelait d'ailleurs en cachant sa
surface froide et polie, et le tapissait d'un verglas glissant
où je n'assurais ma marche qu'avec d'incroyables efforts,
en introduisant mes doigts dans toutes les anfractuosités
du rocher, et en me cramponnant de temps en temps à
celles qui étaient assez profondes pour me soutenir, pendant que je reprenais, à la pensée de Séraphine, quelque
force et quelque courage. — Tout à coup j'entendis un
bruit singulier, et mes joues furent battues d'un lourd
frémissement d'ailes, deux circonstances qui, dans la disposition de mon esprit, n'étaient pas propres à diminuer
ma terreur; mais je pensai à l'instant que ce devait être le
hibou, dont mes tracasseries nocturnes avaient troublé la
solitude, et bientôt je n'en doutai plus. Il alla s'abattre
pesamment à quelques pas de moi, en fixant sur l'usur-
pateur de ses périlleux domaines des yeux ronds et lumi-
neux.

— Je te remercie, lui dis-je, de venir prêter deux flam-

beaux à mon voyage; mais je ne m'y fierai qu'autant qu'il
le faut pour ne pas te donner l'impitoyable joie de m'entraîner dans les fossés de la maison de plaisance. Je sais
que tu es un hôte insidieux, et je connais, grâce au ciel,
pour les avoir toisées de l'œil plus d'une fois, les profondeurs qui nous séparent.

Il me précéda ainsi pendant longtemps encore, vole-
tant, caracolant, miaulant comme un chat, sifflant comme
une couleuvre, s'abattant d'espace en espace à des intervalles mesurés, avec un gémissement lamentable, qui aurait figé le sang dans les veines d'une femme. — Je ne
craignais plus rien. La route s'était élargie. Je courais, je
sautais, j'espérais, j'étais content, j'allais la revoir. — Et
toutefois je me promettais bien de revenir par une
route plus sûre. J'arrivai à l'allée des marronniers.

La feuillée s'était éclaircie depuis mon dernier voyage,
et je vis de plus loin vaciller entre les rameaux la faible et
pâle lueur qui venait d'une certaine croisée de la tourelle.
— Du feu chez Séraphine! pensai-je. Elle est donc malade
encore! Je ne m'arrêtai point, je parcourus la terrasse,
je cherchai, je trouvai la porte qui s'ouvrait de ce côté;
elle céda sous ma main : elle était entr'ouverte; cela m'é-
tonna. Je gagnai le corridor, j'atteignis l'entrée du petit
escalier en volute qui conduisait chez Séraphine. Cet escalier était aussi éclairé, contre l'usage. Après deux ou trois
tours de spirale, je vis que cette clarté provenait d'une
bougie posée sur une marche au-dessus de ma tête, celle
de Lila, de la pauvre Lila, qui était assise à côté, les
coudes sur ses genoux, la tête dans ses mains noires, et
qui paraissait dormir, sans doute parce qu'elle avait veillé,
et que la fatigue venait de la surprendre en descendant. Je
passai près d'elle à petit bruit pour ne pas la déranger de
son sommeil. Une lumière encore blanchissait le palier;
elle sortait de la chambre de Séraphine. Les deux battants
de la porte étaient appuyés aux murailles. La lampe était
par terre; derrière elle, je discernai deux vieilles femmes

que j'avais vues souvent demander l'aumône au château ;
elles se tenaient accroupies, muettes, occupées, et au
mouvement de leurs bras il me sembla qu'elles cousaient
quelque chose. Je m'élançai. Elles ne levèrent pas la tête.
Je courus à l'alcôve ; le lit de Séraphine était défait, l'o-
reiller renversé, les couvertures pendantes : il était vide.

Assailli d'idées vagues, confuses, impénétrables, je me
retournai vers l'endroit où j'avais vu ces vieilles femmes,
pour prendre d'elles des informations sur Séraphine et
sur le motif qui l'avait fait changer de lit ; mais il ne me
resta plus de forces pour entendre leur réponse. Leur réponse, je la savais déjà. Ce qu'elles cousaient, c'était un
drap blanc, et ce qu'elles cousaient dans ce drap, c'é-
tait Séraphine.

On m'a souvent demandé depuis pourquoi j'étais triste.

THÉRÈSE.

Il faut vous dire que, depuis la chute des assignats, le Directoire avait senti plus d'une fois la nécessité de mettre une grande masse de métaux en circulation. Comme il touchait à sa fin, et que les vieilles gens croient tout ce qu'on leur dit, le Directoire, qui s'était laissé dire que la France était extraordinairement riche en mines d'argent, dépêcha sur toutes les anciennes mines du pays des escouades d'explorateurs grassement payés, et qui, bon gré mal gré, n'ont jamais envoyé une obole à la Monnaie. Je me trouvai colloqué dans l'expédition des Vosges, où l'on cherche de l'argent de temps immémorial, et dont les *ballons*, coupés de routes splendides, attestent d'immenses et inutiles travaux.

Nous étions tous jeunes, tous gens de bonne humeur et d'espérance, tous amis de notre devoir et impatients de découvertes. Nos travaux furent zélés et consciencieux, et longtemps même ils ne furent pas sans espoir. Je me souviens qu'il n'y avait pas un de nous qui, au premier coup de marteau, n'eût découvert un filon ; mais ce filon ne menait malheureusement à rien, et les moindres frais d'exploitation excédaient toujours d'un grand tiers les plus brillants résultats. C'était une succession d'extases et de désappointements pour lesquels je n'avais point alors de termes de comparaison. Je me suis aperçu depuis que cela ressemblait à la vie comme deux gouttes d'eau.

Nous arrivâmes au terme des fausses ambitions, au découragement absolu. Il fallait alors épargner à l'État une dépense ridicule ; mais cette défection désintéressée ne pouvait s'appuyer que sur des calculs exprimés avec clarté. Je n'avais pas dix-huit ans, et toute ma science se réduisait à quelques bribes de latin, et à la connaissance fort mal approfondie de quelques spécialités d'histoire naturelle, parmi lesquelles la minéralogie tenait une toute petite place. Mes camarades, qui auraient distingué à la cassure, à l'odeur exhalée par friction, au contact de l'ongle, au happement de la langue, toutes les substances inorganiques alors reconnues en géologie, s'étaient aperçus de bonne heure de mon inaptitude ; mais ils ne me contestaient pas un assez joli mérite de rédaction que je rapportais fraîchement d'une école de rhétorique dirigée par le bon et judicieux Droz ; et il est vrai que je traduisais lisiblement leurs pages un peu confuses, quand je parvenais à y comprendre quelque chose. Il fut donc convenu que je résiderais à poste fixe dans un lieu central où me parviendraient tous les documents, et d'où je ferais partir toutes les dépêches. Les employés se répartirent sur les mines ; le chef se réfugia, comme c'est l'usage, dans les délices urbaines d'Épinal, et mon poste fut fixé à Giromagny, près du ballon de ce nom, dont les trésors, trop vite abandonnés peut-être, étaient le principal objet de nos investigations. Par un élan de dévoûment tout particulier, qui me fut avantageusement pointé sur mes notes de service, je me reportai d'une grande lieue de rayon vers le centre, dans un village qu'on appelle le *Puy*, parce qu'il est exactement à la base de la montagne ou du *Podium;* mais ce n'était ni cet avantage de position , ni cette heureuse rencontre d'étymologie qui m'avaient déterminé dans le choix de mon domicile ; je le pense du moins aujourd'hui, car alors je savais à peine ce que c'était.

Vous tous qui avez voyagé en tout pays, et qui n'avez pas vu la gorge romantique du *Puy*, il vous reste un voyage essentiel à faire, et ne craignez pas que j'anticipe sur les sensations délicieuses qu'il vous promet par une de ces descriptions postiches, qui au bout du compte, ne peignent rien. En effet je n'ai jamais senti plus profondément l'impossibilité de peindre. Quand vous serez arrivés de Giromagny au pied du ballon, à travers cette route étroite, et cependant moins opaque d'horizon que d'ombre et de fraîcheur, comme dit le poëte latin, qui aboutit toujours à cette coupole si pure, qu'on croirait son hémisphère élégant émondé par le ciseau, ou, selon les aspects du soleil, bruni par le polisseur; quand vous aurez franchi ce dédale d'arbustes en fleurs, jetés au travers d'un lac de verdure fraîche, soyeuse, émaillée, égayée par un ruisseau dont les reflets d'argent rient en bondissant jusqu'à la hauteur de la pelouse qui le cherche..... —Hélas ! description, que me veux-tu ?— Vous tous, disais-je, qui avez voyagé en tout pays, et qui n'avez pas vu la gorge romantique du *Puy*, quand vous serez arrivés de Giromagny au pied du ballon, vous conviendrez qu'il vous restait à voir plus que vous n'aviez vu. Mais il aurait mieux valu y aller en 1799. Ce qui m'inspirait pour le Puy, à moi, une prédilection si marquée, c'était l'impression toute récente d'une promenade que j'y avais faite quelques mois auparavant, dans la ferveur de mes recherches entomologiques, à la poursuite de deux magnifiques insectes vosgiens, la *lamia edilis* et la *lamia Schœfferi*, et dont je n'avais rapporté qu'une amourette, mais une amourette qui avait bien son prix, car c'était la première. Cette émotion ineffable d'un cœur adolescent a depuis influé sur ma vocation littéraire et peut-être sur les autres. Elle m'a fourni les principaux détails de deux de mes *Nouvelles*, dont vous ne vous souciez guère, ni moi non plus. Jeune, je goûtais le plaisir le plus vif à ramener partout le roman de mon histoire; vieux, je m'amuse encore à retrouver dans mes souvenirs l'histoire de mon roman.

J'avais obtenu un logement au Puy chez l'honnête M. Christ, patriote ardent et sincère, qui figurait depuis

dix ans, selon les intermittences favorables à son opinion,
dans les fonctions municipales les plus éminentes de l'endroit, et qui y était rentré, au grand déplaisir des aristocrates, depuis le 18 fructidor. C'était un homme à vues
droites, mais absolues, qui traçait une idée politique
comme un bœuf trace un sillon, et qui marchait hardi-
ment dans ses principes avec l'intrépidité du colin-mail-
lard ; à droite, à gauche, au milieu, n'importe, et le tout
en conscience. J'en ai vu dix mille comme cela. Il avait
trois maisons au Puy, et il m'établit dans la maison la plus
éloignée de celle où il habitait, parce qu'il avait autant
de filles que de maisons, et que ses filles étaient très-jo-
lies. Je le savais fort bien, et, toutefois, il n'y en avait
qu'une qui produisît sur moi ces agitations bouleversantes
qu'on sent mieux à dix-huit ans qu'on ne peut les exprimer à quarante-cinq. Comme ce prestige opiniâtre et délicieux désordonnait mes facultés d'une manière assez pré-
judiciable à mon service, j'aurais eu lieu de m'applaudir
d'être placé le plus loin possible du sujet habituel de mes
distractions, si la pensée ne m'en avait suivi partout.

Ma petite chambre au rez-de-chaussée, que je décrirai
volontiers pour me dédommager de n'avoir pas décrit
à mon aise le vallon élysien du Puy, était un parallélo-
gramme étroit, horizontal à la cour, et clos en devant de
sa porte vitrée et de sa large croisée à petits carreaux à
losanges, comme c'est l'usage en Alsace. Au-dessous de
cette croisée régnait une immense table de bois de frêne
peinte au noir de fumée, sur laquelle j'étalais mes documents et mes copies. Le fond de ma loge était une alcôve
à portes de bois bien fermantes, dont une des extrémités
communiquait en dedans avec une espèce de cabinet
de toilette, et l'autre avec un prie-Dieu. Si jamais
on transporte ma chambre sur la scène, dans une de ces
compositions à la mode dont tout le monde peut devenir
le héros à son tour, je supplie le décorateur de ne pas
oublier que son intérieur était à demi tapissé d'un papier

gris de perles, fort boursouflé et fort poudreux, zébré de larges bandes bleu de roi, escortées de petites bandes bleues jumelles. On ne saurait être assez ponctuel dans des matières de cette importance.

Je me levais ordinairement à six heures du matin (c'était à la fin de mai), pour mettre au net je ne sais combien de belles observations dont l'Institut ne se souciait guère, et dont le Directoire ne se souciait plus. A sept heures on m'envoyait ma boîte de crème du ballon, tantôt par un domestique, tantôt par une des filles aînées du père Christ, et alors je travaillais jusqu'à midi ; quelquefois par Thérèse, qui était la cadette, et alors je ne travaillais plus. A midi, je dînais chez le père Christ, et les femmes n'assistaient point à ce repas. Heureusement il était très-court. Je rentrais chez moi ; je reprenais Saussure, et Bergmann, et Wallerius, et mes manuscrits, et je copiais, j'analysais, je compilais le reste du jour, non sans voir quelquefois étinceler sous ma plume des traits brillants comme un regard, et dont le jeu éblouissant était bien plus difficile à définir que les iris capricieux de mes métaux. Inutilement je les voulais chasser de la pensée et du geste ; ils revenaient toujours et glissaient toujours sur mon papier en sillons de feu. Cela m'arrivait surtout quand Thérèse était venue le matin et qu'elle avait appuyé sa main sur mes livres, ou renversé en jouant ma poudre d'or dans mon encrier. Si mon éducation philosophique n'avait pas été faite, j'aurais cru que cette jeune fille était magicienne ; mais je ne croyais pas à la magie, et c'est tout ce que ma philosophie m'avait fait apprendre ou tout ce qu'elle m'avait fait oublier.

J'avais deux ans de moins que Thérèse. Elle était vive et cependant réfléchie. A travers sa mobilité même, on voyait apparaître quelque chose de sérieux et de puissant. Il y avait en elle de quoi faire une femme ravissante et un homme résolu. Enfin, ce regard qui me fascinait manifestait souvent d'ailleurs une pensée empreinte de

tristesse et de fatalité, rapide, fugitive, inexplicable, et
promptement éclaircie par un rayon de gaîté, mais qui ne
pouvait pas échapper aux miens, car je la regardais toujours. Moi, je n'étais qu'amoureux et timide; et la dispro-
portion relative de notre âge, que la différence de sexe
rendait assez considérable, lui donnait sur moi un étrange ascendant. Nous nous aimions beaucoup, nous nous
aimions sincèrement, mais elle avait sur moi l'avantage
de savoir comment, et je n'en doutais pas du tout. Aussi
elle me tutoyait sans façon, usage que les habitudes répu-
blicaines de la maison de son père, la simplicité des
mœurs du pays, le souvenir surtout de m'avoir vu plus
jeune, ou, si l'on veut plus enfant, lui rendait naturel et
facile; et quand elle ne me tutoyait pas, je pensais qu'elle
était fâchée. Je la tutoyais de mon côté, mais plus rarement et avec moins de confiance, parce qu'elle m'imposait
tellement quand elle était là, que sa présence si désirée, sa
présence, qui le croirait! m'en paraissait quelquefois importune. Un matin qu'en jouant derrière ma chaise, et en
laissant flotter à dessein sur mes yeux les longues boucles
de ses cheveux d'un blond doré, elle avait noué à plusieurs
tours entre ses doigts un ruban de velours noir passé autour de mon cou...

— Qu'est-ce que cela, monsieur? me dit-elle avec le ton
de voix le plus sévère qu'elle eût jamais pris; auriez-vous
déjà, jeune comme vous êtes, des souvenirs d'amour? Est-
ce un gage? est-ce un portrait?...

— Non! lui répondis-je en tirant de mon sein une petite
croix d'acier qui y était suspendue; c'est une croix bénie à
la châsse de saint Claude, et que ma tante Éléonore, la
bénédictine, m'a donnée à mon départ, en m'assurant
qu'elle me préserverait de tout danger.

— De tout danger! reprit Thérèse en relevant sa tête et
en la laissant retomber sur ses mains. De tout danger!.....
Et quel danger peux-tu craindre, toi, pauvre et doux
jeune homme que personne n'aura jamais le courage de

haïr? De tout danger! le crois-tu?... M'aimes-tu, Charles?
m'aimes-tu? Donne-moi cette croix.

— Elle est à toi! m'écriai-je à ses genoux....., et, à
compter d'aujourd'hui, quel danger ne puis-je pas braver!
Elle est à toi, ma croix d'acier, comme moi, comme mon
cœur, comme ma vie!... Prends ta croix de fiancée!...

Thérèse comprit alors pour la première fois sans doute
que je m'étais trompé sur les sentiments qu'il m'était possible d'attendre d'elle. Cette impression même dut suspendre quelque temps le cours de ses idées, car elle me
fit attendre sa réponse, l'essaya, l'interrompit, et l'articula
enfin d'une voix altérée :

— Votre fiancée! mon ami... Comment pourrais-je
l'être, puisque je suis mariée?...

Je n'ai pas besoin de dire que la foudre serait tombée à
mes côtés sans m'étonner, sans me consterner davantage.
C'est une phrase jetée en moule, et si infaillible en pareille circonstance, qu'il n'y a pas un lecteur qui ne la sup-
plée lorsque l'écrivain l'oublie.

— Mariée! depuis quand?
— Depuis six mois.
— Secrètement?
— Il le fallait.
— A l'insu de votre père?

En prononçant ces dernières paroles, qui contenaient
moins une question qu'un reproche, et qui me donnaient
sur elle une autorité dont le triste besoin de venger mon
cœur me faisait goûter amèrement l'avantage, je relevai
mes yeux jusqu'à Thérèse, qui était restée debout, et qui
baissa les siens.

— Il le fallait, répéta-t-elle avec une émotion plus sérieuse, et qui avait déjà changé d'objet. Mon père est
patriote, et mon mari est émigré.

— Émigré! et marié depuis six mois! Mon Dieu! le
malheureux est-il au moins bien caché? Dites-moi qu'il n'a
rien à craindre!

—Il est depuis six mois sous la protection du ciel, et depuis un moment sous celle d'une croix d'acier que vous a donnée votre tante, et qui a été bénie à la châsse de saint Claude.

— Cette croix d'acier, en effet, Thérèse!... il faut bien que je compte sur sa puissance, puisque c'est du moment où elle a cessé de battre sur ma poitrine que tout mon bonheur a fini. Puisse-t-elle le préserver de ses ennemis, et les malheurs qui l'attendaient ne tomber que sur moi!...

Je me connaissais à peine...; je sentais à peine la main de Thérèse qui pressait ma main, ses larmes qui l'arrosaient abondamment. Quand je fus entièrement remis, elle était sortie.

Oh! que j'aurais voulu n'être jamais venu au Puy! que j'aurais voulu surtout n'y être jamais revenu!

Par bonheur notre mission tirait à sa fin. Trois jours ne se passèrent pas que je ne reçusse l'ordre de mon départ, et j'étais si pressé de partir que rien ne me coûtait pour en avancer le moment. J'avais pour mon travail l'infatigable main, la main diurne, la main nocturne du poëte, et la veille de ce jour, alors aussi impatiemment attendu qu'il aurait été redouté quelques jours auparavant, deux heures après minuit me surprenaient à ma besogne, quand un cri aigu se fit entendre à ma porte, qui retentit au même instant sous deux ou trois coups brusquement répétés. Je l'ouvris, et je vis Thérèse éperdue se précipiter dans ma chambre, les cheveux épars, les traits renversés, les pieds nus, le corps à demi vêtu d'un manteau en désordre. Tout ce que je pus remarquer, c'est que c'était celui d'un homme. Mon alcôve était ouverte; elle s'y précipita, et en retira la porte sur elle en me criant : — Sauvez-moi!

Un frisson me saisit, me glaça tous les membres. Je ne comprenais ni le danger de Thérèse, ni ma position avec elle au milieu de cette nuit de terreur dont un orage affreux augmentait encore les épouvantes. La grêle bondissait sur mes vitres ou s'assourdissait sur leurs plombs; la foudre

grondait avec un bruit capable de réveiller les morts; des
éclairs, si multipliés qu'on en distinguait à peine les intervalles, jetaient sur tous les objets extérieurs une espèce de
transparent enflammé. Ma première pensée fut que la
maison du père Christ venait d'être incendiée par le tonnerre. Tout cela dura si peu que je n'eus pas le temps de
former une autre conjecture. Ma porte se rouvrit. Cette
fois-là je n'en avais pas tourné la clef. C'étaient six hommes
armés de fourches et de vieilles lames de sabres, qui
m'entourèrent presque avant que je les eusse aperçus.

— Où est le feu? m'écriai-je.

— Où est l'émigré? répliquèrent-ils. Je devinai.

Le chef de ces perquisiteurs intrépides m'était, de fortune, fort particulièrement connu. C'était un ancien militaire nommé Jean Leblanc, qui cumulait depuis quelques
années les importantes fonctions de garde de nuit, de
crieur public, de sergent de la garde nationale, et qui y
réunissait l'avantage d'être le maître Jacques du père
Christ et le factotum de la mairie. Comme les honneurs
appellent les honneurs, il m'avait servi de piqueur ou de
surveillant des pionniers dans le petit nombre d'opérations
locales que je m'étais réservées, et j'exerçais sur lui cette
espèce d'ascendant que le peuple accorde volontiers à un
certain vernis d'instruction qui n'est pas trop gâté par une
sotte suffisance.

— Que diable viens-tu me conter d'émigrés, lui dis-je,
et où les cherches-tu? Il faut, pour oser te permettre chez
moi une pareille algarade à cette heure de la nuit, et pour
courir les rues par l'abominable temps qu'il fait, que tu
aies au moins triplé ton énorme ration de kirsch de Fau-
cogney. Laisse-moi travailler, au nom de Dieu, car je n'ai
pas de temps à perdre avec des fous.

— Je ne suis ni fou ni ivre, mon officier, répondit Jean
Leblanc en secouant la tête; un émigré était caché dans
une maison voisine, c'est de notoriété publique. Nous
l'avons débusqué il n'y a pas dix minutes, et mes cama-

rades n'ont perdu sa trace qu'à quelques pas de votre porte.

— As-tu réfléchi, repris-je en appuyant fortement ma main sur son épaule, que le même chemin conduit à la tienne, et que le lit de Suzanne Leblanc, l'aimable et honorée femme d'un homme de ta connaissance, qui ne rentre jamais chez lui qu'au lever du soleil, est un asile plus sûr pour un émigré qui se cache que le cabinet d'un commissaire extraordinaire du Directoire exécutif?

A ces mots, toute la bande partit d'un bruyant éclat de rire, Jean Leblanc excepté.

— D'ailleurs, continua-t-il d'un ton un peu boudeur, mais en évitant de me répondre directement, et comme s'il ne m'avait pas entendu ; d'ailleurs ces lumières que je n'ai jamais remarquées chez vous à une heure aussi indue prouvent assez qu'il s'y passe quelque chose, et que nous n'y sommes pas venus sans raison.

— Elles prouvent, ami Jean Leblanc, que vous raisonnez comme un étourdi. Quand on veut cacher quelqu'un chez soi, on n'allume pas ses chandelles ; on les éteint.

Ici les éclats de rire redoublèrent, et je me crus délivré. L'escouade inquisitoriale avait déjà passé la porte, quand un de mes braves s'avisa de dire : — Pourquoi n'avons-nous pas visité l'alcôve?

Ils rentrèrent. — L'alcôve ! l'alcôve ! cria Jean Leblanc.

— Quoique vous manquiez assez insolemment aux règles de la subordination, Jean Leblanc, et surtout aux lois du pays, qui vous défendent d'entrer de nuit dans mon domicile, pour que je me croie autorisé à vous brûler la cervelle (en ce moment, je me saisis de mes deux pistolets), je veux bien vous donner satisfaction pour mon alcôve. Il y a quelqu'un dans mon lit. — Ah ! ah ! s'écria la troupe, nous y voilà !

Je m'appuyai contre l'alcôve, mes pistolets tournés sur les assaillants.

— Il y a quelqu'un dans mon lit, il y a une femme, dont

le nom et la vue sont interdits à quiconque de vous n'est pas pressé de mourir à l'heure même. Cependant, pour complaire, de tout mon pouvoir, à l'ardeur patriotique de Jean Leblanc, je lui permets d'entrer ici avec moi, et de reconnaître aux cheveux et à la main le sexe du prétendu émigré que je dérobe à vos poursuites. Si quelqu'un ose l'y suivre, je le tue.

— Il n'en faut pas davantage, reprit Jean Leblanc intimidé, qui ne désirait guère moins que moi de voir son expédition mise à fin. — Citoyens, restez en dehors.

— Couvre-toi de ton fichu et de tes cheveux, dis-je en ouvrant l'alcôve, et montre ton bras nu à ce héros... — Regarde, Jean Leblanc! est-ce là un émigré?

— Bonté du ciel! reprit-il en riant à son tour à gorge déployée, plût à Dieu qu'ils fussent tous comme celui-ci, les damnés d'aristocrates et de chouans! la paix serait bientôt faite, au moins de mon côté. Mais n'êtes-vous pas, mon officier, un fier hypocrite, à votre âge, de débaucher ainsi la fleur de nos belles, sans avoir l'air d'y toucher? On ne m'y tromperait, mordieu, pas, continua-t-il à mon oreille. C'est cette pauvre Jeannette du chemin des Paluds que vous avez endoctrinée de vos fines paroles et de vos tons sournois. Je donnerais ma tête à couper que c'est Jeannette la blonde, car il n'y a pas, à dix lieues autour du Puy, femme qui ait le bras si délicat et d'aussi beaux cheveux, si ce n'est mademoiselle Christ!...

A cette réticence, dont la témérité l'épouvantait lui-même, il se mordit le doigt.

— Paix, Jean Leblanc! gardez pour vous vos impertinentes conjectures, et allez vous assurer, si vous m'en croyez, que l'alcôve de Suzanne ne vous réserve pas quelque découverte plus importante!

Je pensai qu'il m'était enfin permis de respirer. Ils étaient décidément partis; je mis les verrous. Tout pénible cependant que m'eût paru le cruel embarras auquel je venais d'échapper, je ne sais si le premier moment qui le suivait ne me parut pas plus intolérable encore. On conviendra qu'il y avait dans ce concours de circonstances qui donnait mon lit pour seul refuge à Thérèse, à deux heures d'une nuit si chargée d'émotions et de terreurs de tout genre, que chaque minute semblait nous isoler davantage du reste du monde, plus de sujets de trouble et de saisissement qu'il n'en fallait pour renverser la tête d'un amoureux de dix-huit ans. Mon sein palpitait avec une telle violence, que je doute qu'il me fût possible, aujourd'hui même où les impressions de cet âge passionné disparaissent de plus en plus effacées par le temps, d'en exprimer les agitations avec une emphase moins lyrique et par une hyperbole moins extravagante que je ne le fis, une année après, dans le petit roman des *Proscrits*. « Il y avait une » tempête dans mon cœur comme dans la nature. » Je succombai enfin à cette lutte de pensées violentes mais confuses, à travers lesquelles je ne discernais la possibilité d'aucune résolution fixe, et je m'accoudai sur ma table avec une sorte de stupeur morne et muette, où je cherchai à perdre jusqu'à la faculté de réfléchir ; je ne peux pas dire combien de temps cela dura. Tout à coup mon alcôve s'entr'ouvrit, j'entendis des pas qui se dirigeaient vers moi, je sentis les doigts de Thérèse qui se glissaient entre mes mains et mon front. Je me détournai un peu, et je la vis, vêtue de quelques-uns de mes habits, coiffée de ma toque polonaise, qui ne paraissait pas trop large pour sa tête, parce qu'elle y avait rassemblé sa longue et épaisse chevelure, et plus piquante encore que d'ordinaire sous cet accoutrement improvisé :

—Ne penses-tu pas, me dit-elle de ce ton d'aisance et d'abandon que les femmes seules savent prendre dans les moments décisifs, ne penses-tu pas que j'ai des airs de Théophile ?...

Théophile, dont elle me parlait, était un bon petit jeune homme d'Orléans, que d'excellentes études en minéralogie m'avaient fait donner pour collègue dans notre scientifique

expédition, et que je venais de faire partir pour Béfort,
où il devait prendre la voiture.

—Cela est frappant, lui répondis-je en souriant, parce
que son intention m'avait saisi d'abord, et vous pouvez
rentrer sans danger, avec ce déguisement, dans la maison
de votre père. Mais l'infortuné contre lequel je changerais
si volontiers mon sort est-il aussi à l'abri de tout danger?

—Je le crois, reprit-elle; je ne me suis évadée qu'après
m'être bien assurée de son départ; il a de bonnes armes,
un cheval prêt au chalet où je vous ai vu pour la première fois l'année dernière, et votre croix d'acier passée
au cou.

—Dieu soit loué! m'écriai-je, il faut espérer que cet
heureux ouragan le protégera; mais il y a encore loin d'ici
au pont d'Huningue, et je vous avoue que je me confie un
peu plus, pour le salut de votre mari, à son cheval et
à ses armes qu'à la châsse de saint Claude et à ma croix
d'acier.....

Après m'être assuré de l'extérieur, je la reconduisis; je
rentrai plus tranquille. Je dormis.

Jean Leblanc vint me réveiller à sept heures, pour me
prier, d'un air moitié humble et moitié rusé, de vouloir
bien attester le beau fait d'armes qu'il avait si glorieuse-
ment accompli la nuit précédente, et dont personne, en
effet, ne pouvait rendre plus pertinemment témoignage
que moi-même. Je compris fort bien, à la gauche subtilité
de ses expressions, qu'il prétendait me faire acheter sa
discrétion à ce prix, et quoique la réputation de Jeannette
la blonde eût déjà subi assez d'échecs dans le village pour
ne pas mériter des ménagements bien scrupuleux, je fus
enchanté de la sauver à si bon marché. Je me souviens
même que je pris plaisir à faire de mon certificat une de
ces magnifiques amplifications historiques dont le secret
commençait à se perdre depuis les *carmagnoles* de Bar-
rère, et ne s'est retrouvé dès lors que dans les bulletins.
Si Jean Leblanc a plus tard obtenu quelque décoration

honorifique pour ses prouesses, et je n'en serais pas trop
surpris, à la manière dont on les donne le plus souvent,
ce persiflage aura sans doute admirablement figuré dans
son dossier.

Pendant que j'écrivais, mes amis avaient réuni autour
de moi leur petite caravane, et se disposaient gaîment à
gagner pays, avec leurs ustensiles de minéralogistes, leurs
boîtes de fer-blanc pour herboriser, et leurs filets à papillon. Ma chambre était pleine de monde quand Thérèse
y entra :

— Voilà, dit-elle en jetant sur ma table un petit paquet
proprement enveloppé d'un linge blanc, quelques effets
que M. Théophile avait oubliés chez mon père. Nous,
continua-t-elle avec un regard significatif, nous n'oublions
jamais rien !

— Et moins Théophile que personne, interrompit un
de mes camarades; je paris que l'étourdi a mieux oublié
que cela chez la belle Thérèse, et qu'il y a laissé aussi son
cœur, car il ne parlait d'elle qu'avec l'enthousiasme d'un
amant!

— Un amant! s'écria Thérèse en riant, un amant? Oh!
mon amant est bien loin, s'il court toujours!

Ces paroles, si heureusement appropriées à la circonstance, et dont le tour populaire déguisait une communication si essentielle et si difficile, soulagèrent mon cœur
d'un poids immense. Je n'avais pas besoin d'en savoir davantage.

Huit jours après, je n'avais perdu de vue ni Thérèse, ni
l'humiliant et doux penser du premier amour frustré dans
ses illusions; mais les événements étaient de nature à me
distraire pour quelque temps de mon chagrin. Le coup
d'État de germinal venait de changer encore une fois
l'aspect de la France. Les sociétés populaires se réorgani-
saient sous le nom de *cercles constitutionnels*, et sous la
présidence d'un *régulateur*, assisté d'un *notateur*. La
redoutable loi des otages, interprétée comme on interprète

ordinairement les lois redoutables c'est-à-dire de manière à consterner toutes les classes de la société, quoique, dans la pensée du législateur, elle n'en menaçât qu'une, allait être mise en vigueur. La terreur se réveillait, non pas comme le lion de Billaud-Varennes, ce serait lui faire trop d'honneur, mais comme le tigre dont parlait Vergniaud ; les partisans de l'ordre tenaient bon, mais les autres étaient les maîtres. Je tombai à Besançon au milieu d'une bagarre, et j'y fus pris. Je n'étais pas chanceux dans les passions de ma jeunesse. La liberté me traita comme l'amour ; et bien que je ne puisse pas dire, même aujourd'hui, ce dont je fus accusé alors, je ne dus la vie, dans le partage des voix, qu'à l'humanité d'un juré, dont la rigueur m'aurait épargné bien des misères. Ce n'était guère le temps de me souvenir du *Puy*, de sa vallée enchantée, de ses ruisseaux, et de ses nymphes !

Il faut convenir que je gagnai quelque chose à cette escapade, où j'avais joué si gros jeu sans savoir pourquoi. Il n'y a rien qui attendrisse l'âme et qui la dispose à la tolérance comme le malheur ; mais cette disposition s'accroît dans une proportion incroyable en face de cette cruelle légalité des passions politiques où les peines sont si peu en proportion avec les délits. En temps de révolution, et quel que soit le parti qui domine, si vous cherchez gens d'esprit et de cœur, exaltation sincère, sensibilité sympathique et bonne conversation, faites-vous ouvrir les prisons d'État. Depuis quarante ans on y a vu passer tout ce qu'il y a de généreux en France, et je doute qu'on eût beaucoup perdu si on avait constitué un patriciat national sur écrous au lieu de le constituer sur brevets et sur parchemins. Disons mieux : les excellents citoyens qui réclament l'abolition de la peine de mort en matière d'opinion (et plût à Dieu que cet effroyable vestiges des sacrifices barbares de nos aïeux disparût de notre législation pour tous les crimes, ce serait un grand crime de moins !), ceux-là, dis-je, ne sont pas seulement de vrais philanthropes dignes de la reconnaissance du monde, ce sont encore des philosophes très-judicieux et des politiques très-profonds. Il n'y a rien qui sollicite le dévoûment comme le cri du sang. Tout homme grandit quand il a devant lui la guillotine et le panier. J'ai vu telle des innombrables victimes de nos discordes et de nos réactions qui ne s'est jamais détournée de sa ligne, parce que l'échafaud était au bout, et qui aurait rebroussé chemin dès le troisième pas s'il s'était agi de l'admonition d'un commissaire de police ou de l'amende d'un écu. Ce qui nous flattait, nous, ce qui nous entraînait irrésistiblement, et je le sais bien, c'était la possibilité, c'était l'espoir de mourir, c'était l'émotion du peuple qui nous regarderait aller, l'idée vague que nous laisserions dans un cœur de femme le souvenir d'enthousiasme ou du moins d'attendrissement que nous garderait un parti. La représentation de la mort, pour une cause que l'on s'est accoutumé à croire bonne, en fait oublier le dénoûment; et puis, quand on a la vanité de son temps ou celle d'un caractère jaloux de célébrité, qu'importe quelle main vous jettera sous les yeux de l'histoire, fût-ce la main du bourreau! Aussi voyez comme ils meurent, et tuez-les encore, si vous l'osez, les royalistes, les républicains, les impériaux, les *carbonari*, les proscrits de toutes couleurs! Ils font envie à leurs juges.

La réaction de germinal ne s'exerçait que sur les émigrés et sur une génération d'enfants qui ne voulait point de la terreur, par tradition, ou par raisonnement, ou par instinct. Les émigrés prisonniers furent donc, du premier abord, nos amis naturels; et l'acte d'absolution qui nous rendit à nos parents ne relâcha point cette intimité contractée sous le poids d'une infortune solidaire. Nous continuâmes à les visiter et à les servir de toutes nos forces, quelquefois avec succès. Il n'y avait rien de plus facile en ce temps-là que d'obtenir des certificats de domicile pour le premier venu dans les villages de nos montagnes, où tout le monde était essentiellement aristocrate, parce que les agents insensés de la démocratie avaient révolté contre leurs principes la classe du peuple la plus intéressée à les adopter, en violentant la conscience religieuse et en persécutant la pensée. On aurait à peine trouvé un bon chrétien sous le chaume, qui ne faussât très-volontiers le texte exprès des *commandements*, en prenant le nom de Dieu en vain pour racheter la tête d'un proscrit; et si c'est là un crime devant le Seigneur aux yeux des casuistes, je ne saurais penser que c'en soit un aux yeux de l'humanité. Les conseils de guerre, qui jugeaient sans appel en matière d'émigration, et qui se composaient d'honorables soldats fort prévenus contre ces cruautés injustes et inutiles, ne demandaient ordinairement pas mieux que de trouver un prétexte pour absoudre, et c'était plaisir de les voir renvoyer chaque jour d'accusation un marquis assez maladroitement déguisé sous le masque d'un paysan. Je me souviens à ce sujet d'une anecdote qui donnera quelque idée de cette immense laxité d'indulgence, heureuse compensation de la férocité des lois. Nous avions un compagnon de périlleuses aventures qui s'appelait Léon de B..., et dont la destinée avait été très-romanesque. Pris à Lyon les armes à la main, parmi les débris de la colonne de Précy, et condamné à mort par la commission militaire d'Orange, un défaut de forme ou d'occurrence tout à fait providentiel le ramenait dans son cachot du pied de la guillotine, avec la seule expectative d'y monter le lendemain, quand arriva le décret de la Convention nationale qui révoquait ce formidable tribunal et qui annulait ses arrêts. Comme une charrette bien escortée le traînait avec vingt autres à Paris, devant le tribunal révolutionnaire, dont les pratiques expéditives ne lui promettaient guère une meilleure chance, il s'aperçut un matin, au réveil, que son camarade de chaîne était mort, et il parvint à escamoter le passe-port du cadavre, qui n'en avait plus

besoin pour se rendre à son dernier domicile. L'individu
qui venait de prendre ce parti extrême d'une manière si
opportune, et qui était un montagnard du Doubs, nommé
Antoine Renaud, détenu sans cause, se trouvait porteur
d'un nez tellement *démesuré*, qu'on n'avait pas imaginé
d'autre expression que celle-là pour le décrire dans son
signalement, et, par une rencontre fortuite dont le pauvre
Léon n'aurait pas été disposé à se flatter dans toute autre
circonstance, le nez vraiment extraordinaire qu'il devait
aux bontés de la nature justifiait assez amplement cette
gaîté bureaucratique pour lui ôter jusqu'aux apparences
d'une exagération. C'était, mais trait pour trait, l'homme
du *Cap des nez*, dont le passage à Strasbourg donna tant
d'inquiétude à l'abbesse de Quedleinberg et à ses quatre
grandes dignitaires. Le voilà donc transféré à Besançon,
et rendu à ce qu'on regardait comme sa juridiction naturelle; il ne s'éleva pas une seule réclamation contre
l'identité. Malheureusement notre infortuné Facardin
(c'était son nom de guerre) avait vu le jour dans le Quercy,
par 44 degrés de latitude, et il n'était jamais parvenu à
modifier si peu que peu dans sa prononciation la mélopée
harmonieuse et richement accentuée de ce beau pays. C'é-
tait fait de lui s'il s'avisait de proférer un seul mot devant
le conseil. Il se contenta de présenter ses papiers à l'appui de cette configuration caractérisée qui lui servait de
sauvegarde, et il attendit la décision de ses juges dans un
état de silencieux abattement qui ne coûte pas beaucoup à
feindre en pareille situation. Mais sa sensibilité méridio-
nale ne résista pas à la joie imprévue de l'acquittement,
et il exclama les expressions de sa reconnaissance dans je
ne sais quel malencontreux idiome franc-comtois qui n'a-
vait jamais développé tant de souplesse de rhythme et de
modulations, si ce n'est tout au plus entre Cahors et Fi-
geac. Nous frémissions de terreur dans l'auditoire, quand
nous vîmes les juges prêts à se rouler sur leurs banquettes,

et le président se lever en répétant aussi distinctement
que pouvait lui permettre une envie immodérée de rire :
— L'absolution est prononcée.

Cette histoire m'en rappelle une autre qui est assez ana-
logue, et j'en dirai tant qu'il en viendra. Celle-ci concerne
un certain graveur de Nantua, nommé Chavan, jeune
alors et probablement vivant aujourd'hui, garçon spirituel, industrieux, imperturbable, *artiste* enfin dans le
sens spécial que les Genévois attachent à ce mot, et doué,
tout au contraire de Léon, d'une aptitude presque miraculeuse à s'approprier les manières, le langage et l'accent
de tous les pays, espagnol, anglais, italien, normand, pro-
vençal, bas-breton, suivant que la circonstance le requé-
rait; une académie des inscriptions et belles-lettres incarnée, une polyglotte qui s'était fait homme. Depuis deux
ans qu'il avait été capturé avec partie d'un régiment allemand, personne n'était parvenu à lui apprendre un mot
de français, à lui faire oublier un instant son rôle inamovible de *Kayserlich*. Le froid, le chaud, la faim, la soif,
et il était fort altéré, ne se manifestaient en lui, dans ses
besoins les plus extrêmes, que par le langage du geste ou
quelques articulations incompréhensibles, contre l'impuis-
sance desquelles il manifestait lui-même son indignation
par les scènes les plus comiques de désespoir. On le sur-
prenait dans une rêverie, on l'éveillait en sursaut, on le
frappait à l'improviste, et son premier cri ne trahissait
jamais le secret duquel dépendait sa vie. Ce n'était que le
soir, quand les verrous étaient tournés, et au milieu de
nos communications les plus particulières, qu'il dépouillait la lourde et brutale stupidité du pandour pour nous
égayer de folies charmantes, et développer devant nous
toutes les richesses de sa gibecière encyclopédique. Le jour
du jugement arriva. Chavan, les faces plombées, l'œil
morne et nostalgique, l'air abruti d'un troupier à demi
crétin, s'assit à côté de son défenseur sans lui adresser ni
une parole ni un regard. Chavan était dans son identité

un accusé important. Il avait été condamné trois fois à
mort, comme déserteur à l'ennemi, comme réacteur du
Midi, et comme émigré. Vingt témoins le reconnaissaient
sous son nom, et l'autorité de leurs dépositions unanimes
pouvait être confirmée jusqu'à l'évidence la plus absolue
par le moindre indice de la plus légère émotion qui eût
altéré son inaltérable sang-froid. Il les entendit sans sour-
ciller. Son seul moyen de salut était la possibilité de l'existence d'un menechme parfait né au village de Kircheberg,
dans le grand-duché du Bas-Rhin, et dont il avait pris le
nom et composé l'individualité avec une supériorité de
talent mimique propre à faire envie aux plus grands comédiens. Tout à coup le capitaine rapporteur annonça
qu'un heureux hasard venait de faire découvrir, parmi les
interprètes du conseil, un bourgeois de Kircheberg. Il n'y
eut pas un regard qui ne se tournât sur Chavan ; mais Chavan n'avait rien entendu : il puisait une pincée de tabac
dans sa boîte d'étain, la transportait avec une lenteur solennelle au-dessus de sa large moustache, et la savourait
méthodiquement. A peine l'interprète eut pris la parole
pour entrer en conférence avec l'accusé, que la physionomie de celui-ci parut s'épanouir; une hilarité subite anima
ces traits si longtemps abattus, en s'accroissant graduellement jusqu'à l'exaltation, et les paroles se précipitèrent si
abondamment sur ses lèvres, que l'oreille la plus exercée
à son jargon tudesque aurait eu peine à le suivre. Ce flux
de mots menaçait de ne pas s'arrêter, quand le truchement se retourna vers le tribunal, pour attester que ce
soldat était son compatriote, et qu'à moins d'être né à
Kircheberg, il n'y avait homme en Allemagne qui pût en
parler aussi correctement le patois. Chavan fut mis en liberté avec une feuille de route. Comme il descendait l'escalier, il aperçut son interprète, lui saisit affectueusement
la main, et lui souffla bas à l'oreille, en français fort net
et fort coulant :

— Quand vous écrirez à Kircheberg, mon cher cama-

rade, je vous prie de ne pas m'oublier auprès de votre respectable famille.

Tous nos prisonniers n'eurent pas la même adresse ou
le même bonheur. Il en est un dont le souvenir a laissé
dans mon cœur une profonde impression de regret. C'était
un capitaine de cavalerie, nommé Scheyck, qui avait
émigré au commencement de la révolution avec son régiment, et que les sots dédains de Coblentz, l'ennui de l'in-
activité, l'amour de la patrie sans doute, et peut-être
aussi quelque changement de principes déterminé par
l'âge et par la réflexion, avaient décidé plus tard, mais
trop tard, deux ou trois mois après les délais de rigueur,
à revoir son pays, étourdiment abandonné dans la confusion d'une équipée militaire. Comme il n'avait point de
ressources, il s'était refait soldat, et comme il était brave
entre tous les braves, il était redevenu capitaine. Depuis
son premier galon jusqu'à sa dernière épaulette, il n'était
pas un des degrés de son avancement qu'il n'eût franchi
au prix de son sang, et qui ne rappelât dans ses états de
service un acte brillant de valeur. Sa mauvaise fortune le
fit passer à Besançon, et le hasard voulut qu'il y fût reconnu au spectacle par un de ses anciens subordonnés qui
avait fait plus de chemin et qui exerçait un emploi supérieur dans l'état-major de la place. La loyauté de Scheyck
était trop sincère pour qu'il pût essayer de se soustraire
à l'explication. Les lois étaient inexorables; il s'y soumit.
Au bout de quatre ou cinq jours qu'avait duré sa captivité,
nous nous réunîmes dans sa chambre, comme la veille, à
l'heure de communication dont jouissaient les prisonniers,
pour y vider quelques verres de champagne. On fut gai,
suivant l'usage, de cette gaîté exaltée dont il semble que
les murs mêmes du cachot protègent l'expansion. Il y eut
à l'ordinaire des toasts, et des chants, et du délire. A quatre heures, un officier entra et demanda si le capitaine
Scheyck était prêt.

—Il est prêt, répondit Scheyck en lui tendant un verre.

Ce malheureux officier venait le chercher pour mourir, et on ne se doutait guère parmi nous que Scheyck eût été jugé le matin. Le capitaine nous embrassa, marcha au *Porteau* en fumant sa pipe, mesura du regard sa place sur la terre, comme s'il avait voulu la marquer dans un bivouac à la tête de sa compagnie, commanda le feu comme il aurait commandé un exercice en blanc, et tomba, du seul poids de son corps, la main sur le cœur et la face au soleil. Je ne crains pas d'affirmer que la république n'a jamais perdu de plus digne défenseur sur le champ de bataille.

Je n'ai pas encore parlé d'un de ces émigrés dont les prévenances et les témoignages d'affection me touchèrent d'autant plus, qu'il y avait entre nous moins de cette sympathie qui résulte de l'harmonie des caractères et du rapport des âges. Il annonçait une trentaine d'années, et nous avions entendu assurer qu'il figurait déjà comme garde du corps dans cet assaut factice du château de Versailles qui prépara les sanglantes journées d'octobre. Ce document de prison, confirmé par une tenue et des manières d'ancien régime, que servaient fort bien d'ailleurs la tournure la plus svelte et la physionomie la plus distinguée que j'aie remarquées de ma vie, l'avait fait surnommer à la geôle *le danseur de la reine.* Hippolyte Dam, plein d'effusion pour moi seul, était avec le reste des prisonniers réservé jusqu'à l'austérité, ou poli à ce point de délicatesse formaliste qui exclut l'intimité même du malheur. Son front blanc, couronné de petites boucles de cheveux châtains rudes et serrés, n'avait jamais fait un pli. On ne le voyait jamais sourire.

Aucun de nos amis ne s'était trouvé muni plus promptement qu'Hippolyte des pièces indispensables pour se soustraire à la mort, et depuis que la diminution progressive des rigueurs légales rendait les exécutions extrêmement rares, son sort avait entièrement cessé de m'inquiéter. J'étais libre, et je n'allais presque plus en prison.

Le tour le plus avantageux que pussent prendre d'ailleurs alors les affaires d'un proscrit, c'était de traîner en longueur. Bonaparte n'avait fait qu'un pas de Fréjus aux Tuileries, et la France, fatiguée de vengeances et d'assassinats, embrassait avec confiance l'espoir d'une amnistie universelle. Je fus donc fort étonné d'apprendre qu'Hippolyte insistât tout à coup, en dépit du conseil lui-même, sur la solution de son affaire; mais cette impatience ne me fit concevoir d'autre idée que celle de sa sécurité. Je ne m'alarmai point, parce que je n'imaginai pas qu'il eût été aussi pressé si les résultats de sa démarche avaient présenté quelque incertitude, et je m'étais couché fort tranquille sur lui le jour de son jugement. Il était six heures du matin le lendemain, quand la sœur Marthe me réveilla.

Vous vous rappelez tous cette bonne sœur Marthe Biget, la providence des malades, la consolatrice des affligés, la protectrice des prisonniers, l'ange gardien des proscrits, qui joignait, dans sa virile stature, à l'énergie inflexible d'un héros la tendresse compatissante d'une femme et les vertus d'une sainte. Vous l'avez encore vue, si je ne me trompe, chamarrée par les souverains de l'Europe de rubans, de croix, de médailles, comme une image symbolique de la charité personnifiée, et fléchissant humblement sous le poids de ces magnificences pieuses, en rêvant au parti qu'elle pourrait en tirer pour le soulagement de ses pauvres. Elle n'était pas alors si superbement décorée. C'était tout bonnement la sœur Marthe en coiffe blanche et en béguin noir, en noir jupon de serge avec le juste pareil, en tablier de toile d'Orange bleue à pois blancs, un petit mouchoir de percale sur le cou, et parée pour toute richesse d'une grosse jeannette d'argent, dont le cœur énorme avait été souvent engagé pour procurer quelque secours à un indigent ou quelque douceur à un condamné. Je n'avais point de meilleure amie que la sœur Marthe Biget, comme elle n'avait point de meilleur ami que moi, et sa protection, si j'en avais voulu, ne m'aurait pas plus failli en 1814, auprès des rois et des empereurs, qu'elle

n'eût fait, quinze ans auparavant, près des gendarmes et
des guichetiers. Étrange vicissitude des choses! — Sa visite
m'était si coutumière, quand elle avait besoin de faire im-
proviser un plaidoyer gratuit pour un accusé insolvable,
que je ne fus pas surpris, à l'ouverture de mes volets, de
la voir assise et immobile au pied de mon lit.

— Eh bien, sœur Marthe! lui dis-je, qu'avons-nous à
faire aujourd'hui? S'il s'agit de vos émigrés, vous savez
que mon nom n'est pas une bonne recommandation pour
eux. S'il s'agit de vos déserteurs, je vous ai déjà dit que
j'avais juré de ne jamais porter la parole devant le conseil
qui a condamné entre mes mains Alleyme et Stevenard,
contre le texte formel de la loi.

— Ce n'est pas cela, dit sœur Marthe en essuyant une
larme d'un de ses gros doigts; c'est une commission d'Hippolyte.

— Hippolyte! m'écriai-je; et que veut-il?...

— Hippolyte! reprit sœur Marthe avec un regard étonné;
tu ne sais donc pas qu'il a été fusillé hier au soir?

— Fusillé!...

— A quatre heures un quart. Il a refusé de faire usage de
son passe-port et de ses certificats. Il s'est nommé. M. de
Maiche l'a bien exhorté. L'abbé Artaud est venu le voir. Il
est mort chrétiennement.

Et en même temps elle me tendait une boîtelette de
sapin, dont je faisais sauter le couvercle en grinçant les
dents.

J'en tirai un flocon de coton qui enveloppait une croix
d'acier, et dessous il y avait ce billet :

« Je vous adresse par une voie sûre, mon pauvre
Charles, une croix que vous aviez donnée à Thérèse. De
tout ce que nous avons aimé, Thérèse et moi, cette croix
ne peut plus protéger que vous. Thérèse est morte il y a dix
jours, et je vais mourir tout à l'heure. Souvenez-vous de
nous deux.

                                    » HIPPOLYTE. »

CLÉMENTINE.

J'avais alors vingt-trois ans, et je ne connaissais de l'amour que cette fièvre turbulente qu'on appelait de l'amour dans cette génération de malheur dont la destinée était de se méprendre sur tous ses sentiments; maladie âpre, aiguë, dévorante, sans compensations, sans adoucissements, sans espérances, dont les émotions étaient des crises et les élans des convulsions; frénésie pleine de visions tragiques, parmi lesquelles apparaissait une image de femme, comme Psyché aux enfers, fantôme inaccessible, insaisissable, qu'entouraient tous les démons de l'imagination, toutes les furies du cœur. Si une circonstance que je ne cherchais plus, parce que j'en connaissais les conséquences toujours semblables, si le caprice du hasard me livrait réelle et vivante l'illusion dont j'étais follement épris, si je parvenais à m'en faire une conquête — ou une proie, — je n'avais pas arraché son dernier voile, qu'il ne restait dessous qu'un marbre insensible. Ma main se refroidissait sur une main froide qui ne savait pas la presser; mes baisers s'éteignaient sur des lèvres glacées qui n'avaient jamais exhalé un soupir du cœur. Cette divinité n'était qu'une femme tout au plus; je me disais : Ce n'est pas elle; et je me replongeais impatiemment dans le vague de mes songes, pour leur demander un autre amour et d'autres douleurs.

Ce délire où ma vie se consumait n'était pas l'accident

individuel, l'infortune d'exception d'une organisation
malheureuse. C'était l'horrible symptôme d'une passion
inconnue, innommée, et cependant commune à la plupart
des âmes que la nature avait empreintes, en ce temps-là,
d'un certain caractère d'énergie et d'exaltation; c'était un
besoin profond et douloureux d'épreuves, d'agitations, de
souffrances, et surtout de changement, la révélation d'un
invincible instinct de destruction, d'anéantissèment social,
réprimé au sein d'un peuple dompté par des institutions
de fer, ou distrait dans les camps par des ambitions sanglantes, mais qui rugissait du fond des âmes oisives
comme ces feux souterrains qui annoncent par un long
grondement, avant de s'ouvrir un passage, les désastres
dont ils vont épouvanter le monde. Toute cette puissance effrayante d'éléments confus, discords, irrités, qui se heur-
tent, se combattent, se conflagrent, et finissent par rouler
sur la terre en éclatant, la tempête des révolutions, toutes
ces fureurs trompées dans leur objet, et dont nous ne savions plus que faire, nous, fils orphelins de la liberté,
déshérités par Napoléon, elles nous suivirent dans l'étroite
carrière qui nous était laissée, au milieu des affections les
plus naturelles, des sentiments les plus doux au cœur de
l'homme. Encore une comparaison poétique pour débarrasser ma plume de quelques phrases de luxe qui empêchent l'encre de couler, et je n'en ferai plus. Quand un
ruisseau de lave en fusion se trouve interrompu dans son
cours par une muraille de rochers insurmontables, vous
le voyez se révolter, monter en bouillonnant comme le flux
contre la barrière qui l'emprisonne, bondir et retomber
en hurlant, et se détourner enfin, s'épancher au loin,
rouler, répandre ses flots enflammés à travers les vallées
pacifiques et les vergers chargés de fleurs. Sous ces méta-
phores, il y a une histoire. C'est ainsi que nous avons
goûté les félicités du bel âge. . . . .
Je sens que j'ai de la peine aujourd'hui à me rendre
compte de ces impressions que j'éprouvais si distincte-

ment alors. Des mots, des mots, et rien de plus. La pensée n'est plus là pour vivifier la parole. Le foyer de l'incendie subsiste encore, mais il n'y a que de la cendre.

Le changement qui s'opéra dans mes idées fut soudain ; il fut étrange, il fut longtemps un mystère incompréhensible pour moi-même. Le désordre de mes passions métaphysiques m'éloignait à Paris de ce monde méthodique et circonspect où la fougue sauvage que mes amis prenaient pour de l'enthousiasme ne m'avait donné que la réputation d'un enfant maussade à cerveau dérangé. Les principes d'opposition hostile et violente dans lesquels je m'étais précipité en aveugle, probablement pour jeter dans ma route aventureuse quelques dangers de plus, m'auraient ouvert aisément deux ou trois salons d'aristocrates de la vieille roche, fort infatués de leur noblesse, mais fort accoutumés à descendre au besoin de ses sublimes hauteurs, quand il s'agissait de lier aux intérêts de la bonne cause le dévoûment d'un jeune courage ; mais je n'en fréquentais qu'un, parce que j'y portais des affections plus intimes, le penchant qui nous entraîne vers des compatriotes dont le nom a souvent retenti autour de notre berceau ; l'habitude du respect qu'inspire en province plus qu'ailleurs l'illustration d'une maison historique dont le collége et la tradition nous ont appris les services et signalé les monuments ; le souvenir surtout d'une bienveillance particulière dont les miens avaient ressenti les effets depuis plusieurs générations, et qui s'était en dernier lieu étendue jusqu'à moi. Bientôt je n'allai plus que là. Je fis plus, je portai la condescendance au point de m'y dépouiller, apparemment d'abord, et peu à peu fort réellement, de ma mélancolie ombrageuse et de mon dévergondage sentimental. Ce qui m'en est resté n'est vraiment rien. Que ne ferait-on pas pour plaire davantage à ceux dont on se croit aimé ?

Il y a des gens qui penseront que ce sacrifice eut peut-être encore quelque autre motif secret que j'oublie, et je l'ai cru depuis comme eux ; mais je ne m'en doutais pas.

Quoi qu'il en soit, je devins à peu près sage, et je
m'aperçus que j'étais devenu sage parce que je devenais
heureux.

Mes nobles patrons n'avaient pas d'enfants ; mais l'amitié
leur avait donné une pupille charmante dans une jeune
personne de notre pays commun, sortie depuis quelque
temps d'un des brillants pensionnats de la capitale, et que
sa mère avait jugé à propos de laisser passer une année
entière au milieu d'une société parfaitement choisie, pour
y contracter des habitudes élégantes que l'éducation n'en-
seigne pas, et qui embellissent, dit-on, les plus heureux
naturels. (Embellir le naturel, entendez-vous ?) Elle était
très-noble aussi, d'une de ces noblesses chevaleresques et
féodales, à bannières et à créneaux, qui menaient, il y a
cinq ou six cents ans, grandes fanfares dans les tournois,
et qui remplissent de leurs prouesses les chroniques et les
romans. C'était cependant la première chose que l'on ou-
bliât auprès d'elle, tant elle était simple, modeste et gracieuse en son accueil ; car la fantaisie même ne se compo-
serait pas dans ces rêveries merveilleuses qui passent de
bien haut l'œuvre de l'art, et quelquefois celui de Dieu,
un assemblage plus achevé de charmes et de vertus, de
naïveté et d'esprit, d'innocence et de sensibilité. Un autre
oserait la peindre ; et moi, si je savais que Lawrence eût
conçu cette insolente présomption ; si l'on parvenait à me
persuader que le tableau sacrilége est suspendu là, derrière
moi, à ce panneau vide et triste au regard, qui fait face à
mon alcôve, et où quelque ornement moins précieux ne
siérait pas mal, je ne me détournerais certainement pas
qu'un ami ne l'eût voilé par pitié. Non, je ne me détournerais pas, de peur d'altérer l'idée si vive et si pure encore
que j'ai conservée du modèle. — J'ai les portraits en horreur !

Clémentine avait dix-huit ans.

Il m'était facile de me méprendre sur l'attrait nouveau
pour moi qui nous portait l'un vers l'autre. Ces calmes en-

tretiens qui remplissent le cœur sans le bouleverser, ces tendres effusions où deux pensées amies se confondent, ce plaisir ingénu de se voir et d'être ensemble, je ne les connaissais pas. Je n'avais éprouvé des rapports des âmes que ceux qui les froissent, qui les torturent, qui les poussent au désespoir. Je n'avais jamais imaginé d'amour sans hallucinations et sans fièvre ; et ce que je sentais auprès de Clémentine, c'était un bien-être universel, qui tenait de l'extase ; une fête perpétuelle du cœur, qui se réfléchissait sur toutes mes sensations ; la préoccupation d'un esprit fasciné par des illusions délicieuses, qui s'y plonge avec ravissement, sans s'informer de leur réalité, et qui n'est pas même troublé dans leur possession par la crainte de les perdre. Il y avait autour de Clémentine une atmosphère, une lumière, une nature, un ciel, qui n'étaient pas ailleurs. Sa voix avait une autre mélodie que la musique ; son regard était d'un autre élément que le feu. J'aurais distingué entre mille femmes le bruit léger de ses pas et le frôlement de sa robe ; et si j'arrivais avant elle à l'endroit où j'étais sûr de la rencontrer tous les jours, il était un moment où mes artères gonflées, où ma respiration suspendue, où mes yeux éblouis d'une lueur fantastique, m'avertissaient de son approche. Je disais comme la prêtresse qui reçoit les communications de sa divinité : — La voilà qui vient ! Et elle venait ; car il y avait des courants dans l'air, qui étaient insensibles pour les autres, et dans lesquels je puisais à une source de vie et de bonheur, quand le souffle de Clémentine s'y était mêlé. Je ne me chargerais pas d'expliquer ce phénomène.

De quel coup m'eût frappé alors l'homme cruellement sincère qui m'aurait dit, avec cette apathie d'égoïste qu'on appelle de la réflexion et du sang-froid : — Ce que t'inspire cette jeune fille, insensé que tu es, c'est de l'amour ! — De l'amour pour Clémentine ! et à quel titre ? et pour quel avenir ? et sous les auspices de quelle religion, sur les degrés de quel autel pouvais-je recevoir ses serments ? —

Damnation ! Les spectres de vingt tyrans héréditaires dont elle portait le nom se seraient plutôt levés de leurs tombes de marbre, en faisant siffler l'air, au brandissement de leurs épées si longtemps immobiles ; les givres et les dragons d'armoiries, animés tout à coup par la fée protectrice de ses aïeux, seraient plutôt descendus des donjons en ruines, où ils embrassent encore un reste d'écu caché sous la mousse, pour venir se placer entre elle et moi sur le chemin du sanctuaire ! Que dis-je ?... Sa mère, qu'elle aimait tant, et dont elle était si aimée, ne devait-elle pas auparavant mourir de douleur, en la maudissant peut-être ! J'aurais cent fois brisé mon cœur, si je l'avais jugé capable de s'ouvrir à une pareille frénésie ! — Ce n'est pas tout. Clémentine était riche, beaucoup plus riche que je n'avais l'espérance de l'être jamais ; et là-dessus ma résolution était prise irrévocablement. A ce genre d'incompatibilité je ne connais point de transaction possible. L'amour comptant des pièces d'or au seuil de la chambre nuptiale !... quelle ignominie ! Du plomb fondu versé goutte à goutte dans mes veines pour lui épargner une larme, à la bonne heure !

Je n'avais aucune idée de ces dangers ; ils ne m'ont jamais coûté une veille. Ce n'était pas de l'amour, à mon avis , c'était bien autre chose ; je ne sais quoi cependant, et je n'aurais pas cherché à le dire. Qui aurait pu s'aviser avant moi de nommer un tel sentiment ? Les gens qui font les mots savent-ils le secret de toutes les pensées qui s'éveilleront d'ici à la fin des temps au fond d'une âme d'homme ? Les bons pédants, avec leurs noms et leurs définitions ! Je renferme-là, rien n'est plus sûr, une langue entière pour laquelle la voix humaine n'a pas une parole ; et cette langue, je la sais pourtant, quoique je ne puisse pas l'écrire. — Mais , si je l'écrivais un jour, l'entendraient-ils ?

Je m'aperçus au bout de quelques mois que mes visites, de plus en plus fréquentes, étaient reçues un peu plus froidement. Clémentine elle-même témoignait à mon égard une réserve presque cérémonieuse, qui paraissait plutôt imposée que naturelle à son caractère expansif. Un élan franchement tendre, un mot insignifiant que je savais comprendre, un regard sans objet apparent que je savais saisir, un de ces riens qui sont tout, suffisait à me consoler. Cette position équivoque dura trop peu d'ailleurs pour me donner le temps de concevoir des inquiétudes sérieuses. Mon séjour à Paris avait un terme déjà franchi, malgré les instances de mon père, et je ne sais comment je me serais résolu à partir, si Clémentine ne s'était disposée à revenir bientôt habiter notre province. Le jour des adieux vint enfin avec toutes ses tristesses, mais encore embelli, en espérance, d'une minute de bonheur. — Je me trompais. Clémentine n'y était pas.

A l'instant où je traversais, pour sortir, une petite pièce qui précède l'appartement, je la rencontrai. J'ai oublié ce que je lui dis, ce que j'essayai de lui dire; mais je me souviens qu'elle ne me répondit pas. Nous étions assez éloignés l'un de l'autre; car du moment où nous nous étions vus, nous étions restés immobiles chacun à notre place. J'osai la regarder fixement, parce qu'elle ne me regardait point, et cependant son attention ne paraissait occupée par aucun autre objet. Sa physionomie avait une expression vague, mystérieuse, extraordinaire, que je n'avais pas encore remarquée dans ses traits. Elle était pâle; elle avait l'air de souffrir ou d'avoir souffert. Je n'insistai point en paroles inutiles; mon imagination ne me les aurait pas fournies; ma bouche aurait tenté vainement de les articuler. Soit que ma tête s'égarât, soit que j'eusse mal jugé des droits que me donnait l'amitié, cette amitié passionnée dont je parlais tout à l'heure, je m'élançai vers elle avec une impétuosité extravagante; je saisis sa main; j'allais la porter à mes lèvres, quand elle la retira brusquement, d'une manière qui annonçait de la colère et de l'effroi. — Clémentine ! m'écriai-je en re-

levant subitement les yeux sur les siens! J'y trouvai le
même mélange d'indignation et de terreur; mais j'eus à
peine le temps de la voir, et je me persuadai assez facilement depuis que je pouvais m'être abusé sur la nature et
la cause de son émotion. Elle avait disparu en poussant
une plainte indéfinissable, un gémissement sourd et profond dont l'accent me déchira. Il me semblait que ce n'é-
tait point ainsi que nous devions nous séparer. Je partis
cependant.

Tout cela n'avait rempli qu'une minute. Cette minute
remplit six mois de ma vie. Je la vis pendant six mois
dans cette attitude, avec ce regard, et je ne vis pas autre
chose. Pendant six mois, je sentis sa main s'arracher de
la mienne, de ma main qui s'efforçait convulsivement de
la retenir. Ce cri douloureux qui pouvait se traduire en
tant de sentiments divers, et dont l'interprétation toujours nouvelle me faisait passer dans le même instant de
la volupté la plus pure au délire de la douleur, je l'entendis pendant six mois. Une étude grave, un péril pressant,
une fête, un duel, rien ne pouvait m'en distraire, et je
n'aurais voulu à aucun prix en être distrait. Quand le
monde m'entraînait malgré moi dans le torrent de ses affaires et de ses dissipations, je ne cessais de répéter tout
bas le nom de Clémentine, pour m'isoler de la multitude;
je le faisais retentir comme un écho perpétuel de l'âme à
travers toutes mes pensées. Je savais combien il fallait de
temps pour le prononcer, pour l'écrire mille fois, et c'était
le seul emploi de mes heures, la seule joie de ma solitude.
J'étais parvenu à m'imaginer que la distance et le temps
ne nous tenaient éloignés qu'en apparence; que je ne l'a-
vais pas réellement quittée; qu'un autre moi-même, plus
constant, plus assidu, avec lequel je communiquais sans
effort, vivait à ses côtés de sa vie et de sa présence, et que
j'assistais par lui aux scènes peu variés de ses jours,
comme un spectateur invisible. — Cette robe lui sied, disais-je; elle l'a mise aujourd'hui parcé qu'elle devine que

je la vois, et qu'elle se rappelle qu'elle n'en a point dont
la couleur me soit plus agréable. Quel souci fait passer une
ombre légère sur son front? Je ne saurais m'y méprendre ;
car c'est son habitude alors de rouler ainsi ses doigts dans
les boucles de ses cheveux. On lui parle d'une idée qui l'irrite et qui la contraint; j'en suis sûr au pli imperceptible
qui vient de se dessiner sur son sourcil à peine relevé.
Peut-être est-elle menacée de quelque retard à son voyage !
Grâce au ciel, l'obstacle est levé; le sourcil redescend; le
pli s'efface; elle sourit. Elle est donc heureuse de revenir !...
Et moi aussi j'étais heureux !

Un jour, on dit qu'elle arrivait, et quelques jours après
qu'elle était arrivée. Je doute que ce changement dans ma
situation ne m'ait pas causé plus de trouble que de plaisir.
Je comprenais peu le nouvel ordre de relations qui allaient
s'établir entre nous. Je n'en prévoyais pas clairement la
portée et les conséquences. Il me semblait que je n'avais
pas eu le temps de m'y préparer, et qu'il était trop tôt pour
la voir ; j'aurais voulu quelquefois rester comme j'étais,
sous un prestige doux, qui ne dépendait que de moi seul,
et dont aucune volonté étrangère à la mienne ne pouvait
rompre l'enchantement. Quand on me dit qu'elle allait
passer, ma poitrine se souleva comme si elle avait dû écla-
ter; mes jambes défaillirent, mes yeux se voilèrent; je
ne la vis pas. C'était dans une promenade. Au retour, je
me décidai à maîtriser mon âme, à l'affermir, à subir ce
bonheur accablant qui m'effrayait, parce qu'il n'y manquait presque rien pour qu'il fût mortel. Nous la sa-
luâmes. Elle répondit avec grâce, mais sans nous donner
lieu de croire qu'elle eût remarqué entre nous personne
en particulier. Je voulus renouveler cette épreuve. Elle
regarda cette fois, mais ses yeux distraits se détournèrent
quand ils allaient rencontrer les miens. Les jeunes gens
qui m'accompagnaient grossirent bientôt un à un le
groupe où elle s'était assise. Alors elle ne regarda plus. A
son départ, le mouvement de la foule m'avait poussé si

près d'elle, qu'elle fut presque obligée de m'effleurer pour
la traverser; elle ne m'accorda qu'autant d'attention qu'il
en faut pour éviter l'embarras qu'on trouve dans son chemin. C'était elle cependant; je l'avais vue d'assez près
pour la reconnaître. Je l'avais même entendue ; elle
riait.

Il y a d'affreuses nuits !

Le lendemain, le surlendemain, souvent, je la rencontrai seule. Elle me saluait encore, comme à regret, sans
me regarder, ou tout au plus en laissant tomber sur moi
un regard de plomb. Je crus deviner.

— Rien de plus naturel, dis-je amèrement. C'est en
effet Clémentine ; mais ce n'est plus celle que j'ai vue : ce
n'est plus le monde où nous étions placés tous les deux;
et le monde c'est l'élément par lequel elle vit, c'est la
source où elle puise sa pensée. Dans cet immense chaos de
Paris, toutes les inégalités disparaissent, toutes les conditions se confondent. On n'a pas inventé jusqu'ici l'art de
blasonner la figure humaine. L'homme qui fréquente la
noblesse en reçoit quelque reflet aux yeux du vulgaire.
N'ai-je pas entendu dix fois des domestiques imbéciles
m'affubler en m'annonçant de leur sotte particule? c'était
le passe-port, la lettre de crédit du roturier présomptueux,
l'insolente explication de l'accueil des maîtres, un sceau
d'emprunt qui falsifiait ma valeur sociale dans l'intérêt
de leur orgueil. Ici, je ne suis que moi, le bourgeois obscur dont ces murailles attesteraient au besoin l'honorable
mais simple origine, le ver méprisable qui file un cocon
grossier aux branches des arbustes, et dont cet essaim
de papillons étourdis ne prévoit pas l'essor radieux ! Cette
humiliation n'est au fond que la conséquence nécessaire
de mon erreur. — J'ai rêvé ! —

Non, repris-je aussitôt; non, cela n'est pas possible.
Une faiblesse aussi vulgaire se comprend facilement dans
cette populace de nobles, qui est à peine capable de distinguer les choses de leur apparence ; mais elle est incom-

patible avec les sentiments généreux d'une âme tendre,
élevée, puissante, le chef-d'œuvre et l'honneur de la création. Quelques mois suffisent pour bouleverser des em-
pires, pour niveler des montagnes, pour déplacer des
fleuves de leur lit. L'éternité ne suffirait pas à produire
une telle métamorphose dans cette organisation d'élite où
Dieu a déposé le germe de tant de sagesse et de vertus;
où un naturel sublime a protégé ce germe précieux
contre l'influence de l'éducation et des préjugés; où je
l'ai vu se développer, se fortifier, grandir à une hauteur
inaccessible au vol de l'enthousiasme! Il faut chercher
ailleurs les motifs de mon infortune. Qui sait de quelles
couleurs je puis avoir été peint devant elle? Qui sait,
hélas! quel prétexte n'ont pas fourni aux mauvais offices
de la haine les agitations, les violences, les excès de ces
deux ou trois années d'épilepsie et de démence qui ont
précédé le jour où je la vis pour la première fois? C'est
sous ce rapport qu'elle me connaît aujourd'hui, si différent de ce qu'elle avait imaginé, et mon caractère véritable, celui que je dois à la nature ou à Clémentine, n'est
autre chose à ses yeux que le masque odieux d'un hypocrite. Elle croit m'avoir deviné. Elle me méprise, elle
m'abhorre. Voilà tout!

Je m'arrêtai à cette idée, toute affreuse qu'elle fût. Je
m'y arrêtai peut-être parce qu'elle était affreuse. Le hasard
me procura bientôt l'occasion de l'éclaircir.

Je ne sais plus quelle obligation m'avait livré aux ennuis
d'une de ces soirées d'apparat et de fête qui sont insup-
portables partout, mais qui ne le sont nulle part autant
que dans la *bonne* compagnie. Clémentine y arriva tard,
en s'excusant sur une migraine dont elle avait été tourmentée, et qui laissait des traces trop sensibles sur son
visage abattu. Je n'avais pu me soustraire à sa vue et à
l'humiliante expression de sa politesse dédaigneuse; mais,
quand tout le monde fut assis, je restai debout, et j'affec-
tai de me diriger vers la porte du salon, pour lui faire

comprendre que ce n'était pas l'espérance de la rencontrer qui m'avait conduit dans cette cohue. Mon intention était en effet de me retirer, mais la force me manqua. Je tombai dans un fauteuil heureusement assez éloigné du cercle des conversations et des jeux pour que je pusse me croire seul, et m'abandonner sans contrainte aux idées pénibles qui m'oppressaient. L'espèce d'anéantissement où j'étais plongé me permit à peine de remarquer que le bruit diminuait de plus en plus autour de moi, et que la société, attirée par des symphonies qui s'exécutaient dans un pavillon du jardin, s'y était jetée tout entière au milieu d'une avenue illuminée. Clémentine avait sans doute allégué sa maladie pour se dispenser de prendre part à ces plaisirs, et, la tête appuyée dans sa main d'où ruisselaient les ondes de ses blonds cheveux, elle était encore là, penchée sur le bras d'un canapé. Je tressaillis et je me levai. Elle poussa un faible cri en m'apercevant, et s'élança pour sortir. J'étais déjà sur son passage.

— Pardonnez-moi avant tout, mademoiselle, dis-je en lui opposant mon bras étendu ; mais n'allez pas plus loin sans me répondre. Le repos, le bonheur, l'honneur de ma vie, exigent que j'obtienne de vous une explication.

— Une explication ! s'écria Clémentine étonnée.

— Mon impatience et mon trouble ne me permettent pas le choix des mots. Il y va pour moi d'intérêts plus graves qu'une vaine observation des bienséances. Pardonnez, je le répète, et oubliez bientôt, s'il est possible, ce qu'il y a d'irrégulier, d'inconvenant, de téméraire dans ma démarche, mais écoutez d'abord. Vous le devez à vous-même ! Quels infâmes rapports, quels mensonges artificieux ont fait tomber sur moi la colère et le mépris de la seule personne dont l'estime me soit chère au monde ?

— J'aurais singulièrement jugé, répondit-elle avec quelque hauteur, de l'impression que votre vue me fait éprouver, si elle se manifestait sur ma physionomie d'une manière offensante. Je n'ai aucune raison de vous mépriser. La colère, la froideur même supposent une habitude de relations intimes qui n'a jamais pu nous rapprocher. Personne ne s'est permis de me tenir sur votre compte un langage que je n'aurais pas pris la peine d'entendre, ou que j'aurais certainement oublié. Votre repos, votre bonheur, votre honneur, n'ont donc été sérieusement compromis que dans votre imagination, dont je n'ai ni le droit ni l'envie de réprimer les mouvements, mais qui m'obligera fort, à l'avenir, de m'épargner le rôle désobligeant qu'elle me fait jouer dans ses... lubies. Mon impatience et mon trouble ne me permettent pas non plus le choix des mots!...

Elle fit un pas vers l'avenue.

—J'accepte sans difficulté cet éclaircissement rigoureux, repris-je en l'arrêtant, et je le tiens pour une satisfaction complète ; mais il m'importe de vous dire encore que vous avez fait tort à mon caractère en le taxant d'une présomption trop hardie pour la foi que j'avais mise dans votre amitié. Une imagination moins sujette aux lubies que vous reprochez à la mienne s'y serait peut-être trompée comme moi ; la mémoire des sentiments ne s'efface pas si vite dans tous les cœurs, et si mon cœur pouvait s'ouvrir à vos yeux, si je pouvais, Clémentine, vous faire juger de la profondeur de sa blessure...

—J'espère qu'alors, monsieur, dit-elle en relevant la tête d'un air impérieux et décidé, vous auriez assez de sens et de délicatesse pour me dispenser de recevoir vos confidences!

Elle sortit, car je ne la retenais plus. Il ne me restait pas une idée, pas une volonté. Elle avait tué mon âme.

—Cela est bien, pensai-je quand je fus libre. Celle-là aussi n'est qu'une femme, et une femme noble encore, c'est-à-dire ce qu'il y a de plus pauvre et de plus petit dans l'ébauche d'un être avorté, multiplié par toutes les petitesses et toutes les pauvretés d'un préjugé stupide.

Orgueilleuse petite fille! ne semble-t-il pas qu'elle tient
mon existence dans ses mains, comme un jouet qui n'est
bon qu'à jeter ou à rompre? et de quoi dépend la sienne,
pour justifier tant de morgue et d'insolence? Les torches
qui ont brûlé le château de son père sont-elles si bien étein-
tes, que la vengeance et le désespoir ne puissent les rallu-
mer? ma voix n'a-t-elle pas un pouvoir assez éprouvé sur
ces hommes de carnage et de désolation, qui boivent le
sang et que le sang ne désaltère pas, pour les convoquer
un jour à quelque festin de cannibales? Les révolutions ne
sont pas toutes dans le passé, et je n'y ai marqué jusqu'ici
définitivement ni mon drapeau ni ma place. Roturiers!
nous le serons pour retourner, puisque vous le voulez, au
travail de la terre. Nous la creuserons des doigts comme
des hyènes, et nous y ouvrirons une fosse qui vous dévorera
tous! Oh! qu'il ferait beau la voir s'échapper demi-nue
à travers la meute de mes dogues affamés, chercher un
refuge dans ces bras qu'elle repousse, presser son sein
palpitant d'horreur sur le sein qu'elle déchire, et, le front
renversé, crier grâce et pitié, en cillant les yeux épou-
vantés aux lueurs du poignard! Pitié pour toi, vipère! et
que peux-tu redouter? N'es-tu pas noble, Clémentine, et
la peur a-t-elle troublé ton cœur d'enfant au point de te
faire oublier que le fer du peuple se brise ou se rebrousse
contre le flanc d'une fille noble? Où serait autrement le
privilége de ta race? Ton cœur! as-tu ménagé le mien?
Rien ne pouvait nous rapprocher, selon toi! qu'en dis-tu?
C'est que tu ne pensais pas à l'étreinte de la victime et de
l'assassin! Regarde! elle est aussi complète, aussi passionnée, elle est mille fois plus voluptueuse que celle de
l'amour! — Comme tu es pâle! Comme tu crains de mourir! Comme tu m'implores lâchement! Va, il n'y a pas
dans tes veines une seule goutte de sang noble! tu n'es pas
plus courageuse que tu n'étais bonne et belle quand je
croyais t'aimer! Que parles-tu de sensibilité, d'humanité,
de pardon! Ah! j'ai une idée confuse des sentiments que

tu me demandes, mais je les ai désappris tout d'une
fois, je ne sais plus où, un soir de printemps, dans un
salon de bal, au bruit d'une symphonie qui allait à l'âme.
Je m'en souviendrais peut-être pour un enfant, pour un
vieillard, pour un homme, quel qu'il fût, qui me dirait :
Ne me tue pas! et qui me presserait la main. Pour une
jeune fille noble, jamais!... il faut qu'elle meure!—

Je disais ceci à haute voix en courant dans la promenade, déjà abandonnée de tout le monde, où le hasard
m'avait amené par des chemins que j'ignore. Ces derniers
mots frappèrent mon oreille, comme s'ils avaient été arti-
culés près de moi par un démon. — Ah! mon Dieu! mon
Dieu! dis-je avec effroi, effacez du livre éternel ces blasphèmes exécrables! ce n'est pas moi qui les ai proférés!
ce ne peut pas être moi. Je n'ai point d'armes; je ne veux
point d'armes; je n'ai point de sang sur les mains! je n'ai
tué personne!

Et je me précipitai au pied de l'arbre auprès duquel
elle avait coutume de s'asseoir. Le sable que frappa ma
tête, elle l'avait foulé la veille. Je le parcourus, je le
pressai avidement de mes lèvres ardentes, et je le broyai
entre mes dents.

J'avais compris tous mes malheurs à la fois. Je savais, à
n'en plus douter, que cette fièvre qu'elle avait allumée
dans mon sang, c'était l'amour effréné, l'amour malade et
furieux, une passion absurde, sans espérance et sans
excuse, dont l'extravagance ne pouvait se mesurer qu'à
ma misère. Je pleurai de rage et d'indignation contre moi-
même; je craignis de devenir fou, et puis je le désirai.
Un fou, il aime ce qui lui plaît; il ne voit pas d'obstacle à
ses vœux; il souffre d'un malheur dont il attend la fin, et
il ne souffre pas seul, car il est sûr d'être aimé. Il épousera
cette femme sensible et fidèle dont le sépare la haine d'un
rival qu'elle déteste, ou la malice d'un enchanteur qui la
persécute aussi. C'est bientôt qu'il doit l'épouser; quand les
galions de l'Inde lui auront rapporté ses trésors, ou quand

ses vassaux révoltés viendront le prier à genoux de reprendre ses droits et sa couronne. Il croit en l'avenir; — et je
ne connaissais point de bonheur possible qui valût son illusion, moi dont nul événement ne pouvait changer la destinée, moi qui n'aurais pas accepté la main de Clémentine
si elle m'avait été offerte. — Affreuse tyrannie de la société, qui jette un homme dans un paradis de délices, et
qui lui dit comme le Dieu jaloux : Tu ne toucheras point
à ce fruit d'élite et de prédilection, parce que je me le suis
réservé! — Et pensez-y bien! quand vous n'existerez plus que
par le sentiment qui vous est interdit, on vous permettra,
que dis-je? on vous prescrira de vivre. On rivera la chaîne
de votre âme à cette odieuse prison de chair dont tout le
monde porte la clef sous la monture de son canif ou dans
le fourreau de son épée! Vraiment, l'imagination la plus
riche en malfaisance, la plus ingénieuse en supplices, ne
s'aviserait pas d'une pareille recherche de cruauté! Mé-
connaisse là qui pourra une œuvre de vengeance divine!
Le bonheur du maniaque ou le repos du cadavre, un ca-
banon à Bicêtre ou un lit de pierre à la Morgue, c'est tout.
Si vous ne savez pas choisir, résignez-vous de bonne grâce
à tous les raffinements d'une torture qui n'expirera que de
votre dernier soupir, qui ne mourra que de votre mort, et
qui recommencera peut-être! Recommencer, revivre, se
rappeler, et savoir que c'est pour toujours! Il n'y a rien à
comparer à cette idée dans tous les épouvantements de
l'agonie.

Je ne paraissais plus. J'avais brisé tous ces fragiles liens
qu'on prend pour des attachements, le filet de l'oiseleur
sur un tigre blessé. Rien ne me souriait. Rien n'était capable de dérober mon attention à ce chaos de rêves douloureux où rien ne la fixait. Je ne me serais pas détourné
pour voir crouler le soleil. On le remarqua, parce qu'on
remarque tout dans le cercle étroit des petites villes. Deux
ou trois femmes vaporeuses, deux ou trois jeunes gens
harassés d'ennui, qui venaient d'épuiser le texte ordinaire

de la conversation, la pluie, le beau temps, le début d'une chanteuse, la toilette d'une amie absente, l'intrigue très-diaphane d'une étourdie et d'un sot, daignèrent se communiquer complaisamment leurs conjectures sur l'origine et les symptômes de la maladie morale qui m'éloignait du monde, depuis l'époque solennellement mémorable où j'avais figuré pour la dernière fois parmi les acteurs d'une esclandre politique, les dupes d'une coquette, ou les victimes du brelan. On déplora le malheur inconnu qui causait mon aliénation. Il fallait cela pour la constater.

Ces bruits parvinrent à mes compagnons d'école, que j'avais perdus de vue près de dix ans auparavant, entre le *Selectæ è profanis* et les *Fables de Phèdre*, à la clôture des anciens colléges. Ferdinand était du nombre de ces honnêtes gentilshommes des champs dont le colombier représente assez bien un donjon du moyen âge, quand on le regarde de loin et avec toutes les dispositions requises pour adopter cette illusion ; qui ont un grand salon garni de tapisserie délabrée et de vieux meubles, autrefois fort galants ; qui se promènent après leur dîner dans une galerie revêtue ou masquée jusqu'aux frises de portraits de famille inégaux de dimension et de bordures, mais vénérables de cuirasses, d'hermines, de barbes effilées ou d'amples perruques, d'inscriptions héraldiques et de gothique poussière, et qui passent le reste de leur temps entre la chasse aux chiens courants et le billard domestique, par respect pour les traditions des nobles exercices ; digne et vertueux jeune homme d'ailleurs, sans procès, parce que son père lui avait laissé une fortune claire et solide qu'il s'inquiétait peu d'augmenter ; sans emplois publics, parce qu'il ne connaissait ni orgueil ni ambition ; et sans ennemis, parce qu'il était serviable pour tous, et qu'il ne portait ombrage à personne. La nature l'avait comblé de bonheur comme elle l'avait pourvu de sagesse, et elle avait bien fait. Il aurait aimé sa retraite par instinct ; il la chérissait par habitude et par philosophie. Un excellente petite femme du même rang, mais du même caractère, était venue depuis quatre ans l'embellir en la partageant. Deux enfants, jolis comme des anges, et bien portants comme des paysans, avaient dès lors doublé cette heureuse famille, à laquelle il faut ajouter quelques gens de service qu'on traitait comme d'autres enfants. A quatre lieues de la ville, au revers d'un coteau délicieux, tout près d'une forêt immense qui versait jusque sur le château la fraîcheur de ses ombrages et la grâce de ses murmures, sous un toit bien spacieux et bien confortable, entre de bonnes murailles bien épaisses et bien cimentées, mais d'un aspect riant, qu'embrassait un superbe clos de dix-sept arpents dont la rivière baignait l'enceinte blanche et entretenait des viviers, il y avait là un tableau à faire pleurer de joie.

Ferdinand vint me voir; il s'assit à côté de moi, me pressa cordialement la main, et, après un moment de silence expressif pendant lequel nous nous rappelâmes plus de doux souvenirs d'enfance que nous n'aurions eu le temps d'en raconter en deux jours :

— Tu souffres, me dit-il, et je ne t'en demanderai pas la cause : il y a des chagrins qui se soulagent à s'épancher, mais il y en a aussi qu'on aggrave en les montrant aux autres, comme ces blessures que l'air envenime, et dont le moindre contact irrite la douleur. Nous passerons donc là-dessus pour ne pas te contrarier, quoiqu'il y ait peut-être plus de remède que tu ne penses à ton affliction.

Je lui témoignai qu'il se trompait.

— Soit, continua-t-il; je n'y reviendrai plus. Ne te guéris pas, si telle est ta destinée, ou si telle est ton envie; mais ne repousse pas du moins les soulagements qui peuvent rendre ta peine plus tolérable, en te donnant la force de la supporter. Tu n'en connais point... Je m'en doutais. C'est comme cela que l'on raisonne quand on est malheureux ou qu'on croit l'être, ce qui revient à peu près au même. Il y en a trois cependant dont l'effet n'a jamais manqué,

l'amitié, l'étude et le temps. S'ils n'aboutissent à rien
cette fois-ci, c'est que tu es placé dans une exception de
malheur dont il ne s'est présenté aucun exemple, et je
veux bien te complaire en cette idée ; mais tu te rendrais
coupable d'injustice et d'ingratitude envers ma tendresse
en te refusant à l'essai que je te propose. Écoute-moi ; tu
ne renoncerais probablement pas à la solitude ; et je le
comprends. La solitude est une amie triste et sévère pour
un cœur à plaindre ; mais enfin c'en est une, et n'en trouve
pas qui veut. Ce que je te demande, c'est d'en changer.
Pars avec moi maintenant. Tu n'as pas besoin d'être annoncé. Gabrielle te connaît, elle t'aime. N'a-t-elle pas pris
part à nos jeux d'enfants ? N'est-ce pas elle, s'il t'en souvient, qui jouait Clorinde au château, dans cette belle
pantomime de la *Jérusalem délivrée*, où tu étais déjà si
rêveur et si mélancolique sous l'armet du farouche Argant ?
Tu reconnaîtras ton bouclier de carton, magnifiquement
couvert de papier d'or. Il est encore appendu au clou auquel tu confias son poids précieux, quand la fin des va-
cances nous força de quitter Solyme et l'armure des pala-
dins pour retourner au collége et reprendre le dictionnaire. Tu reconnaîtras ta petite chambre au pavillon
gauche de la façade, et dans la pièce qui précède, et qui
n'est jamais habitée que dans les occasions extraordinaires
où nous recevons des visites, une bibliothèque assez nombreuse de ton temps, que je n'ai pas mal augmentée.

— Je me souviens de tout cela comme si je le voyais, interrompis-je en reprenant la main de Ferdinand. As-tu
coupé cette jolie pièce de bois qui faisait un si joli rideau
de verdure devant ma fenêtre ?

— Le temps y a changé quelque chose, et non pas moi.
Elle a grandi. C'est maintenant une futaie admirable, et je
pense qu'il faudra peut-être te loger autre part, si tu crains
une ombre trop épaisse pendant le jour, et le chant du
rossignol pendant la nuit.

— L'ombre et le rossignol! m'écriai-je. Oh! certainement, c'est là que je logerai!

— Tu viendras donc? reprit Ferdinand d'une voix attendrie.

Un embrassement fut ma réponse, et nous partîmes.

La douceur passagère que ce petit voyage mêlait aux
amertumes de ma vie devait avoir un charme bien puissant, à en juger par la place qu'il tient encore dans mes
souvenirs. Si j'écrivais une nouvelle, une histoire, un
livre, j'effacerais ces détails, qui n'ont que faire ici; mais
j'écris, j'écris ce que je me rappelle, ce que j'éprouvais,
ce que j'éprouve; et ces détails, les voilà.

Quelques semaines étaient passées. Mon esprit se ressentit du calme de ce séjour de paix où il n'y avait pas une
pensée qui n'eût pour objet de suspendre mes ennuis, ou
de les effacer entièrement de ma mémoire.

— Nous y parviendrons, n'en doute pas, me dit un jour
Ferdinand, en te réconciliant avec la société que je recherche peu, mais qui n'est pas si haïssable quand on sait ne
prendre d'elle que ce qu'elle a de bon, et lui prêter le concours d'une bienveillance qui est naturelle à tous les cœurs
honnêtes, sans lui engager sa liberté. Le commerce des
femmes surtout est une source inépuisable de consolations;
mais tu les as jusqu'ici aimées avec la véhémence de ton
caractère, et je ne concevrais pas que cette manière de
sentir t'eût procuré auprès d'elles un seul moment de félicité complète et pure. Les sensibilités romanesques sont
toujours dupes, et c'est la faute de leur exigence. Pour
tirer parti de la fréquentation du monde, il faut le prendre
tel qu'il est. En t'accommodant à ton espèce, tu aurais
trouvé qu'elle a son prix; je veux te voir entreprendre
cette étude, sauf à y renoncer quand elle t'importunera.
Nous allons recevoir une société charmante!

— Ne va pas plus loin! Je crois tout ce que tu m'as dit;
mais je n'en suis pas à ce point de ma guérison. Jouis d'un

bien que tu comprends, il n'y a rien de plus naturel. Laisse-
moi éviter un supplice qui me fait horreur; nos conventions m'en donnent le droit. Je reviendrai quand il n'y
aura plus ici de société charmante que celle de ta femme
et de tes enfants. Ne me parle pas de l'autre !

— Sous cette condition, reprit Ferdinand, je ne gênerai
pas ta liberté ; je te l'ai promis. Cependant j'espère encore
que tu ne t'obstineras pas dans une résolution trop subite.
Il est un tel nom qui pourrait t'inspirer plus d'indulgence
pour les visites que j'attends, celui d'Estelle de B..., par
exemple, dont tu faisais l'autre jour un éloge assez vif, et
qui serait enchantée, j'en suis sûr, de te rencontrer ici.

— J'y reviendrai quand elle sera partie.

— A ton aise. — Ai-je oublié de te dire que sa fortune
et celle de sa cousine étaient fort changées ?

— De sa cousine? Est-il possible? Clémentine serait-elle
pauvre?

— Voilà qui est étrange! tu as dit cela comme si tu étais
capable de le désirer !

— Quelle follie ! personne ne fait des vœux plus ardents
que moi pour le bonheur d'Estelle... et de Clémentine.

— Elles n'étaient que riches. Elles le sont bien davantage. Un parent éloigné leur a laissé par testament un héritage considérable, et comme le plus beau domaine de la
contrée en fait partie, je suis surpris de ne pas les avoir
encore reçues, depuis qu'elles en ont pris possession. Il
n'est qu'à deux lieues de ma terre.

— Clémentine aussi, murmurais-je machinalement,
sans prendre garde à l'expression que ce nom pouvait
avoir dans ma bouche.

— Clémentine aussi! répondit Ferdinand qui me regardait alors avec une attention pensive. Sans doute! — Clémentine aussi! Rassure-toi! je ne cherche pas à pénétrer ce
mystère, quoiqu'il excite assez vivement ma curiosité.
Quelle foi faut-il ajouter aux propos qui ont couru sur
votre antipathie, sur votre haine, et dont le souvenir

8*

m'échappait? Je n'y voyais en vérité qu'une fable extravagante !

— Et tu avais raison ! mille fois extravagante ! Dieu préserve de tomber sous ma main le misérable qui a compromis le nom de Clémentine dans ses impertinentes conjectures ! L'antipathie est un sentiment, et Clémentine me doit-elle un sentiment, je te le demande? Où m'a-t-elle vu? Où m'a-t-elle parlé? Me connaît-elle seulement? Et tu ne permets pas qu'on s'enfuie dans un désert pour y maudire librement les hommes !

— Calme-toi. Tu oublies que cette conjecture, c'est ton émotion qui vient de me la rappeler, et que dans une autre occasion elle peut l'avoir fait naître.

— J'y pensais, continuai-je du ton plus réfléchi que cette minute d'interruption m'avait donné le temps d'affecter. Il est trop vrai que ce nom fatal réveille dans mon âme une pensée douloureuse, qui doit se trahir sur mon visage quand je l'entends prononcer, mais qui se rapporte à une autre femme, à une Clémentine que j'ai connue autrefois, qui m'a été chère ailleurs, et que la terre ne possède plus. Cette circonstance explique tout. Fais-en l'usage que tu voudras, et laisse-moi partir.

Le soleil était déjà couché quand nous rentrâmes au salon par l'escalier de la terrasse, au moment où la porte opposée s'ouvrait pour laisser entrer trois femmes, la maîtresse de la maison et deux autres dont la voiture venait de s'arrêter à la grille. La première passa devant moi en me souriant. C'était Estelle. La seconde, c'était Clémentine. Elle recula, comme si elle avait marché sur une couleuvre.

Dans le trouble que j'essayais de contenir, je saisissais à peine de loin à loin quelques traits de la conversation. La voix de Clémentine me parvint plus distinctement.

— Nous espérions, en effet, dit-elle, passer quelques jours avec vous; mais une distraction d'Estelle nous force de retourner à la ville, et ce n'est pas sans regret que

nous nous sommes aperçu qu'il était trop tard pour y
arriver aujourd'hui. Elle a eu l'étourderie d'oublier chez
son notaire les titres les plus essentiels de notre propriété.

Cette phrase-là, prononcée d'un accent ému et vibrant,
avait une tout autre signification que celle qui lui reste
sous la plume. Pour Ferdinand et sa femme, c'était une
défaite; pour Estelle, c'était un caprice; pour moi, c'était
une insulte.

—Je ne te comprends pas, reprit vivement Estelle. N'a-
vions-nous pas pensé que nos amis trouveraient aisément,
parmi les gens du village, un homme exact et sûr qui nous
épargnerait cette démarche? Il ne s'agit en effet que de remettre ce billet à son adresse, et de rapporter soigneusement le griffonnage de l'homme de loi.

— Je m'en charge, s'écria Ferdinand, qui se disposait à
s'emparer de la lettre.

— Et moi, ajoutai-je en faisant le même mouvement,
si madame veut bien m'accorder assez de confiance pour
ne pas chercher un autre émissaire, je me charge d'exécuter demain ses intentions de si bonne heure, et de lui
envoyer la réponse qu'elle attend par un domestique si
expéditif, qu'elle n'aura peut-être pas le temps de la
désirer à son réveil.

— Vous nous quittez? me dit Estelle avec un son de
voix et un regard qui donnaient à ces mots l'expression
d'un reproche aimable et triste.

— Avant le jour, et j'en prévenais mon ami quand vous
êtes arrivée. Un malaise pénible, mais que la nuit dissi-
pera, m'a seul empêché de partir aujourd'hui.

Je reçus la lettre de ses mains, et je pus me retirer à la
faveur du prétexte que le hasard m'avait fourni. Je sortis
sans regarder Clémentine; mais je supposais qu'elle était
contente.

La nuit était tout à fait tombée quand j'entrai, sans
flambeau, dans ma chambre. J'ouvris la croisée qui donnait sur le petit bois; j'aspirai l'air extérieur, comme s'il

avait pu me soulager de l'oppression qui m'étouffait; je
calculai stupidement combien il me restait d'heures à
compter encore avant de me mettre en route, de manière
à me trouver à l'ouverture des portes. Il y a des émotions
qui suspendent l'exercice de la pensée, ainsi qu'il y a des
douleurs physiques dont la violence, parvenue à un degré
intolérable, tient l'action de la sensibilité quelque temps
interrompue. On ne sent plus, on ne souffre plus, on
n'est pas mal.

Cet état de répit finit vite; le cœur reprend son élasti-
cité pour soulever, pour peser encore le fardeau qui
l'accable, pour s'épuiser en nouveaux efforts, et pour
succomber toujours, toujours, tant qu'il se brise tout
à fait.

—C'en est trop, dis-je enfin en marchant précipitamment dans cette obscurité, dont ma honte aurait voulu
épaissir les ténèbres. C'est trop compter aussi sur la patience d'une âme énergique et fière, qui sait ce que vaut
en désespoir une passion insensée, mais qui ne transige
pas avec le mépris. Tue-moi, s'il le faut; tu en as le droit,
puisque je t'ai lâchement livré ma vie; mais flétrir mon
caractère, je te le défends! et prends-y garde, crois-moi!
Je déchirerais plutôt ton cœur de ma main que d'y laisser
vivre un sentiment qui m'outrage! Une tache à l'honneur,
c'est affreux; une tache de sang, ce n'est rien.—Sa haine!
je la comprends sans me l'expliquer. Qui peut expliquer
les misérables mouvements de cet organe imparfait qui
palpite dans le sein d'une femme? Ce dédain offensant,
je ne le subirai pas! Je le mériterais peut-être si je lui
avais parlé de mon funeste amour, si j'avais eu l'infamie
de solliciter le sien, l'amour d'une noble héritière.....
Mais l'inexorable frénésie qui me consume, je l'ai cachée
avec plus de soin qu'un trésor honteux, conquis par
meurtre et par rapine. C'est mon mal et mon secret. Et
son amour à elle, qui en veut?—M'a-t-elle assez avili cependant! A-t-elle porté assez loin le raffinement de l'injure!

A-t-elle assez envenimé le dernier coup qu'elle me réservait !
Venir jusqu'ici, dans le sanctuaire de mes seules amitiés,
pour me forcer à rougir d'un affront qui ne me promet
ni réparation ni vengeance ; pour me signaler à cette famille, où je reçois un accueil de frère, comme un homme
à repousser de l'air qu'elle respire ! — Oh ! je suis bien
malheureux ! — .

L'excitation passionnée de mon esprit avait usé mes
forces. Un spasme douloureux tordait mes nerfs ; un
nuage brûlant flottait sur mes yeux, et dévorait mes paupières ; mes oreilles sifflaient ; je respirais avec effort ; je
me soutenais à peine. Je me jetai tout vêtu sur mon lit, et
j'y fus surpris aussitôt par ce sommeil confus, orageux,
turbulent, qui, loin d'endormir la faculté de penser, la
tourmente de fatigues sans nombre, en la ballottant avec
une sorte de malice amère entre les songes et la réalité. Je
ne sais combien il y avait d'heures que cet état durait,
quand je m'imaginai voir Estelle et Clémentine, et les entendre parler de moi. Je ne discernais pas le jeu de leur
physionomie, je ne suivais qu'à demi le cours de leur conversation ; mais mon nom y tombait à intervalles égaux,
comme un refrain qui rappelait de temps en temps mon
attention, au moment où elle était près de se laisser distraire par un autre rêve. Contre l'ordinaire des illusions de
la nuit, celle-ci devenait de plus en plus lucide, et tout à
coup elle fut assez distincte pour me réveiller. Je regardai
en sursaut dans ma chambre pour y chercher l'objet de
mon étrange vision. J'étais seul ; mais un jet de lumière
qui la partageait dans son étroite longueur, et la conversation qui continuait sur le même ton et sur le même sujet
qu'auparavant, m'avertirent subitement qu'il n'y avait
qu'un de mes sens qui eût été trompé. Si je ne les avais
vues qu'à la merci des caprices du sommeil, je les entendais certainement encore. Mes idées se débrouillèrent
promptement. La pièce voisine était destinée aux étrangers : je le savais de Ferdinand. Une des cousines, qui

devait l'habiter, y était reconduite par l'autre, et l'inattention d'un domestique maladroit, qui avait laissé la porte de communication ouverte, me rendait le confident involontaire de leur entretien. Je m'assis brusquement en appuyant avec force mes pieds sur le parquet, dans le dessein de l'interrompre ; mais il était si vivement engagé, que l'on ne m'entendit pas.—Que faire? paraître ou parler, c'était une scène de terreur et de fantasmagorie digne des romans anglais, si fort à la mode alors dans les salons ; c'était probablement pis encore : un guet-apens d'étourdi, que les extravagances de ma vie-passée me permettaient à peine de justifier en le rendant tout entier au hasard; et il fallait, pour me croire, qu'on prît, contre toute apparence, la peine de m'écouter ; c'était enfin une action loyale sans doute, mais qui pouvait me perdre, et ne profiterait à personne. Il avait été question de moi , d'ailleurs, j'en étais sûr ; et, si j'en croyais les notions vagues de mon dernier songe, il n'avait été question que de moi. Comment expliquer, comment rendre sensible à un esprit irrité dont je ne me dissimulais pas les préventions et l'inimitié, l'idée que j'eusse tout entendu sans rien comprendre ? Ces propos n'étaient-ils pas de nature peut-être à inquiéter deux faibles âmes sur leurs résultats? Ne valait-il pas cent fois mieux en garder dans mon sein le triste mystère que d'en aggraver les conséquences par un scandale dangereux ou du moins inutile, dont ma générosité indiscrète recueillerait pour unique fruit le soupçon d'une lâcheté et d'un mensonge? Elles allaient se séparer, et pendant que leurs pas s'éloigneraient assez pour qu'il me fût possible, avec un peu de précaution, de leur dérober le bruit des miens, j'arriverais à cette fenêtre ouverte, qui ne s'élevait pas de plus de quinze pieds au-dessus de la terrasse, et j'en descendrais facilement pour gagner le petit bois et même la route. Je connaissais assez d'issues pour cela. Cette suite de raisonnements paraît longue à parcourir. J'aurais eu, je crois, le temps de les embrasser

tous à la lueur d'un éclair. Je restai immobile ; et comme
on n'avait pas cessé de parler, j'entendis malgré moi, en
appelant impatiemment de mes vœux l'occasion de sortir de cette contrainte insupportable, et d'exécuter mon
projet.

— Je te le répète, poursuivait Estelle, ces défaites in-
dignes de ton esprit, comme ce procédé injuste et morti-
fiant est indigne de ton caractère, ne peuvent me faire
changer d'opinion sur son véritable motif. Personne ne s'y
est trompé. A ce changement bizarre et soudain de résolution, à la gaucherie de ton prétexte, à l'amertume intérieure qu'annonçaient malgré toi ton maintien et tes paroles,
ce jeune homme, qu'on dit affligé de peines profondes,
s'est empressé de renoncer aux consolations qu'il trouvait
chez ses amis. J'ai vu Ferdinand près d'essuyer une larme.
Et toi, Clémentine, si ton miroir avait pu te montrer ce
qu'il y avait alors de joie insultante et cruelle dans tes regards, je suis persuadée que tu en aurais rougi.

— Assez ! assez ! interrompit Clémentine. Crois ce que tu
voudras. Il est possible que tu aies deviné.

— Achève donc de te faire comprendre ! mon cœur en a
besoin pour te pardonner cette fantaisie impitoyable, et
tu sais s'il doit désirer de te revoir toute parfaite, comme
il t'a vue jusqu'ici ! Qui te force à navrer un étranger
presque inconnu pour nous, mais d'une condition honnête
et d'une vie estimable, un homme dont la société est re-
cherchée par des gens qui nous valent, d'humiliations que
tu ne voudrais pas faire subir au dernier des misérables !
Quelques égarements de jeunesse, fort amplifiés par la sotte
chronique des salons de province, et qui ne prouvent, à les
bien considérer, que l'exaltation d'une âme trop sensible
dont le temps et l'expérience n'ont pas encore réglé les
mouvements ? Ne les a-t-il pas réparés par une conduite
sans reproche, qui lui concilie l'indulgence et même l'intérêt des juges les plus froids, les plus exigeants, les plus
sévères, après une épreuve d'un siècle ?... — Ce n'est pas
trop dire, puisqu'elle dure depuis près d'un an.

— Depuis son retour de Paris? dit Clémentine en laissant tomber ses paroles, du ton d'une question sans conséquence.

— Je ne sais, — mais je pense que c'est depuis son retour de Paris. — Est-ce la différence de nos conditions? Je conviens qu'il n'est pas de notre rang, mais tout le monde n'en est pas; et la société, qui nous défend de certaines alliances, tolère pourtant des rapports de politesse, de bienveillance, d'amitié quelquefois, entre nous et nos inférieurs. Elle les rend souvent nécessaires.

— N'insiste pas à ma honte sur cette odieuse supposition; tu n'es pas heureuse aujourd'hui dans tes conjectures. — La noblesse! que m'importe? Qu'ai-je fait pour être noble, et que dois-je à la noblesse pour me soumettre à ses lois, quand elles révoltent la nature et la raison? Ces lois cependant nous dominent, malheureuses que nous sommes! Elles sont la règle de notre destinée, elles font le supplice de notre vie! — La noblesse! veux-tu que je la maudisse?

— Je ne t'en demandais pas tant; — mais comment concevoir d'après cela...

— Pauvre Estelle!... tu m'as interrompue trop vite, car mon âme allait s'ouvrir. — Écoute! — Et si ce jeune homme, *presque inconnu pour nous*, dont tu parlais tout à l'heure, aimait la jeune fille noble à qui la société défend *de certaines alliances?*...

— Je le plaindrais, — mais cela est impossible? — Son expansion inconsidérée, son caractère extrême, auraient depuis longtemps laissé échapper un pareil secret.

— Attends encore! Et s'il l'aimait autrement qu'il n'a jamais aimé! s'il le lui avait fait comprendre sans le lui dire! — si enfin!... — Mais tu ne m'interromps plus!

— Je le plaindrais, te dis-je, et ne te blâmerais pas moins. Sa passion serait un malheur et non pas une offense. Elle te prescrirait la réserve, la froideur peut-être, et tu devrais l'éviter pour lui-même. Le repousser avec indignité... Non, Clémentine! cette inhumanité ajouterait à sa misère, et je serais désespérée de trouver en toi cet affreux courage !

— Hélas! s'écria Clémentine, sait-on ce que l'on fait quand on lutte contre son cœur !

— Que dis-tu?... Mais tu pâlis, tu pleures, tu n'achèves pas... — L'aimerais-tu?

— Ah ! si je l'aime !...

— Clémentine !...

Ce dernier cri fut proféré par deux voix, mais le cri d'Estelle couvrit le mien, qui mourait sur mes lèvres. J'étais debout, car il y avait une minute que je commençais à craindre de ne pas veiller et que je cherchais à m'assurer de l'exactitude de mes sens par la liberté de mes actions. En ce moment, je cédai au sentiment inexprimable qui m'accablait, mélange de délices et d'épouvante, d'extase et de désespoir, où ma pensée anéantie cherchait en vain à se retrouver elle-même. Rien ne me parvenait plus qu'un bruit de sanglots ; rien ne m'apparaissait plus que les traits de Clémentine en larmes, et malheureuse de m'aimer. Cet aveu, qui n'était pas fait pour moi, cet arrêt de grâce, impuissant pour me sauver, cet amour du ciel, qui ne me délivrait pas de l'enfer, et dont l'accent profond se propageait dans tous mes organes, ne m'en laissa pas longtemps le libre usage ; mes doigts, inutilement liés à la colonne de mon lit, se roidirent encore, et puis glissèrent. Je fléchis enfin, et je tombai sans force et presque sans connaissance. Je crus goûter le bonheur de mourir ainsi, mais le retentissement de ma chute me ranima, en me rendant la crainte d'être surpris. Il y eut quelque temps de silence.

— As-tu entendu? dit Clémentine... là, dans ce cabinet?

— Rien, répondit Estelle. — Le vent peut-être, qui souffle à travers ces croisées ouvertes.

Elle ferma la porte, et je n'entendis plus qu'un murmure

9

vague, bientôt suivi du bruit d'une autre porte qui se fermait aussi, et du grincement d'une clef qui tournait dans
sa serrure. Je respirais! Je m'élançai, je courus; j'attei-
gnais ma fenêtre, quand ma porte se rouvrit.

— Ah! s'écria Clémentine en se jetant dans un fauteuil,
la tête renversée, et en couvrant ses yeux de ses mains pour
ne pas me voir, — vous m'avez écoutée! vous savez tout!
malheur à moi! Je ne vous aurais jamais cru capable d'une
si basse perfidie!

J'étais couché à ses pieds, je palpitais, je balbutiais, je
fondais en larmes, je me justifiais en termes confus, en
protestations, en serments; et, sans la voir, sans l'interroger, sans l'entendre, je compris qu'elle ne me soupçonnait plus. J'ignore comment cela se fit, mais une joie si
vive et si achevée combla mon sein, une vie si nouvelle
remplaça la mienne, qu'il me sembla qu'une autre âme
m'était donnée; j'élevai mes mains frémissantes vers elle;
je trouvai une de ses mains qu'elle avait laissée retomber.
Je la saisis, et elle ne la retira point. Le feu qui en descendait se répandit par torrents dans toutes mes veines; je le
sentis envelopper mon cœur; je changeai tout à fait de
nature. Je devins dieu!

— Ne parle pas, ne parle pas! dis-je avec transport.
Que me dirais-tu? qu'ai-je besoin de savoir? Ce mot : Je
t'aime!... tu l'as prononcé tout à l'heure..., c'est le dernier que je veux recueillir de ta bouche. Le dernier! C'est
assez, c'est trop pour une seule existence, pour une seule
éternité... Ce que tu essayerais de m'apprendre sur mon
bonheur impossible, sur mon avenir sans espérance, je le
sais. Je n'aspire à rien, je n'espère rien. Mon bonheur, je
le possède! mon avenir, je l'emporte! Il ne manque rien
à mes jours : ils sont pleins. La société, le malheur, la
mort n'y peuvent rien. Tout mon être est dans un souvenir, dans une pensée, dans une parole qu'aucune puissance n'est capable de me ravir. Le reste, je le rêverai! —
Ne crains pas, ne tremble pas! sois tranquille et heureuse!

Va ! tu ne me verras plus, tu ne m'entendras plus nommer, tu n'auras plus peur de ma rencontre ; et si le hasard me ramenait sous tes yeux..., ton indifférence, tes mépris, ton indignation, je subirai tout, j'aimerai tout, je t'adorerai d'autant plus que tu me rebuteras davantage, parce que je mesurerai ta tendresse aux efforts que tu feras pour la cacher. Ne m'aimes-tu pas ? que me faut-il ? Et l'opinion, que me fait-elle ? Ne tremble pas, ne crains pas ! ne regrette pas ton secret. S'il est tombé dans mon cœur, c'est pour y mourir avec moi, maintenant, cette nuit, quand tu voudras ! Ici, partout, au bout du monde, ma volonté, c'est la tienne ! Dois-je m'éloigner, revenir, partir pour toujours ? Je ne te demande ni un mot, ni un signe, ni un regard ! Pense, et je devine ; désire, et j'obéis.

— Partez, partez, je vous prie, dit Clémentine ; et, quoi qu'il arrive, pardonnez-moi !

J'abandonnai sa main humide de mes baisers, de mes larmes, et, sans me détourner pour la voir encore une fois, je m'élançai par la fenêtre. J'entendis une exclamation d'effroi, et je ne m'arrêtai pas. Je traversai le bois, je franchis les fossés, j'escaladai la muraille, je marchai droit devant moi, par les broussailles, par les ravins, par les rochers, sans chercher un chemin, sans éviter un obstacle, sans réfléchir, presque sans penser. J'arrivai ainsi aux glacis de la ville, qui était encore fermée. Je trouvai que cela était bien. J'avais besoin de marcher plus longtemps, de respirer à mon aise, de me sentir vivre. Le ciel était si beau, l'aube si fraîche et si pure, la nature si riante ! C'était une matinée de fête ! il y avait des merveilles et des ravissements à tout ce que je voyais, à tout ce que j'entendais, à tout ce que je touchais. Je jouissais de tout comme si j'avais appris à exister, je remarquais tout comme si je m'étais trouvé des sens et une âme pour la première fois, les aspects, les bruits, les parfums, le miracle éternel de la création qui recommence tous les jours.

Et moi, plus heureux à moi seul que la création tout entière, si elle pouvait s'admirer dans sa pompe et dans sa beauté; moi, qui renaissais comme elle à des voluptés qu'aucune voix ne saurait exprimer; moi, ce jour-là, chéri, prédestiné, comblé de biens entre tous les enfants de Dieu! moi qu'aimait Clémentine!

Le bonheur passe vite au cœur de l'homme. Il se prolongea dans le mien comme une idée fixe, comme cette folie que j'avais un jour désirée. Il en différait peu par sa réalité présente. Le fou et moi nous étions à peu près condamnés à la même contrainte. Il en différait peu par sa perspective imaginaire. Le fou et moi nous devions nous rencontrer à peu près au même but. Le seul avantage qui fît pencher la balance en ma faveur consistait dans un seul mot de Clémentine, dans une syllabe, dans un cri que le hasard m'avait livré; mais cette différence imperceptible, — il faut avoir aimé pour le savoir, — c'était le bonheur, c'était quelque chose de plus! Un bonheur qui l'emportait en ivresse comme en pureté sur toutes les joies qui ont jamais assouvi l'espérance la plus avide, sur toutes les illusions qui ont jamais fasciné l'imagination la plus féconde en rêves magiques! Notre amour n'avait rien à attendre du temps, mais il n'avait rien à en redouter. Il n'avait point de terme heureux à trouver dans l'avenir, mais il n'avait point de terme. Il n'était pas de notre vie, il était de notre âme. Il laissait bien loin tous les amours de la terre qui savent leur destinée. Il savait, lui, qu'il était sans destinée, et par conséquent sans vicissitudes, sans changements et sans fin!

Ma tristesse était dissipée, mon expansion revenue. Mes études me plaisaient; je reportais sur mes affections familières toute cette surabondance de sentiments heureux qui débordaient de mon âme. J'aimais plus que jamais la solitude, parce que c'était là que j'habitais avec elle, que j'osais l'aimer et lui parler comme si elle avait été pré-

sente; mais j'en sortais plus content, plus transporté que
d'un rendez-vous mystérieux où tout m'aurait été accordé
ou promis. Je savais en prolonger les délices dans des nuits
d'enchantement que j'étais parvenu à dérober au sommeil.
Là nous conversions en amants, en époux, avec un abandon réciproque qui me trompait moi-même, car ce qu'elle
me disait, elle me l'aurait dit. A force d'appeler son âme
vers moi, je crois que je m'en étais emparé. Je lui faisais
répéter : *Ah ! si je l'aime !...* et il me semblait l'entendre
encore. Je me persuadais, et je ne pouvais pas me tromper, qu'elle était occupée de la même idée; qu'elle soutenait le même entretien; que ses expressions s'accordaient
avec les miennes aussi bien que si elle y avait répondu.
J'en saisissais jusqu'à l'harmonie accoutumée, jusqu'à l'in-
flexion agitée et nerveuse, jusqu'au soupir long et un peu
haletant qui les suivait, quand elle avait parlé avec émotion. Combien de fois j'ai étendu le bras sur mon oreiller
vide pour y appuyer sa tête fatiguée! Combien de fois je
l'ai senti s'engourdir sous son cou, sous ses épaules, au
point de me confirmer dans mon erreur, et de ne pas me
laisser douter qu'elle y reposait réellement! — Elle dort,
disais-je, il ne faut pas la réveiller. — Et ma bouche perdait sans le savoir le baiser qu'elle essayait d'attacher à
ses cheveux. Le jour venu, je concevais qu'elle n'y fût pas.
Sa mère et le monde auraient-ils consenti à me la donner,
et ne devait-elle pas obéir à sa mère? Je l'avais obtenue
d'elle et de Dieu : c'était assez.

J'avais d'autres plaisirs encore, des trésors dont je savais seul tout le prix; un morceau de ruban bleu qui était
tombé à Paris sous ses ciseaux, une corde de sa harpe qui
s'était brisée sous ses doigts, un brin de plume qui s'était
détaché de sa coiffure, une romance qu'elle avait écrite et
notée, et dont j'ai baisé si souvent tous les caractères un à
un ! — Une ancolie surtout qu'elle avait portée sur son
sein, qui avait senti battre son cœur et palpité avec lui
et dont je m'emparai sous ses yeux et de son aveu, un

jour qu'elle la remplaçait par une ancolie plus fraîche [1].
Nous aimions tous les deux cette triste fleur, qui ne se plaît
que dans les lieux écartés, sous des ombrages mélancoliques, et dont le front sombre et meurtri semble se pencher
vers une tombe. Elle ne m'a jamais quitté depuis. La
voilà !

Et quand elle était à la ville, que de soins pour éviter sa
rencontre, que de regards jetés au loin pour me détourner à
temps de son passage, que d'attention à obscurcir, à cacher
ma vie, pour lui épargner jusqu'au souci de m'entendre
nommer ! Non ! jamais amant ne mit plus d'artifice et de
sollicitude à épier les démarches d'une maîtresse adorée,
pour ne perdre aucune occasion de la voir, que moi pour
n'en être pas vu. — Je la revis cependant.

Ferdinand ne venait à la ville que pour les affaires qui
exigeaient absolument sa présence, et dont je ne pouvais
pas me charger à sa place ; mais il avait pris un de ces lo-
gements que les propriétaires campagnards appellent en
province leur *pied-à-terre*, et où je n'allais que de nuit,
quand ses intérêts le demandaient, parce qu'il était précisément en face de la chambre que Clémentine occupait
dans l'appartement de sa mère. Lorsque Ferdinand retour-

[1] L'ancolie est la fleur favorite de Nodier, comme la pervenche était la
fleur de Rousseau. Il en a parlé à plusieurs reprises dans ses livres.— Il y a,
dit-il au chap. X des *Proscrits*, il y a dans la montagne une grande fleur qui
ne croît guère que dans les endroits escarpés et parmi les sables : c'est l'ancolie, dont la coupe bleue, suspendue à une tige frêle et élancée, retombe
tout à coup vers la terre, comme si elle était fatiguée de son poids; cette
plante est l'emblème d'une vie qui a cessé d'être heureuse. — Il est encore
question de l'ancolie au chapitre XIV de cette même nouvelle, dans *Adèle* et
dans le *Bengali :*

> Qui me rendra l'aspect des plantes familières,
> Mes antiques forêts aux coupoles altières,
> Des bouquets du printemps mon parterre épaissi,
>   Le houx aux lances meurtrières,
>   L'ancolie au front obscurci
> Qui se penche sur les bruyères, etc.

(Note de l'éditeur.)

naît à la campagne, j'en conservais la clef. Un jour, au
coucher du soleil, un orage qui commençait à gronder, et
qui parcourait le ciel avec une impétuosité effrayante,
m'obligea de prendre, pour abréger mon chemin, cette rue
que je m'étais sévèrement interdite. Des gouttes de pluie,
tièdes, larges et pesantes, marbraient déjà les pavés. L'ouragan mugissait d'une manière horrible. Toutes les portes
se fermaient, tous les passants avaient disparu. Il aurait
fallu chercher le premier refuge venu. J'entrai dans la
chambre de Ferdinand. La tempête éclata tout à fait avec
un fracas à bouleverser les cœurs les plus résolus, mais
qui transportait le mien. Je ne soupçonnais pas que personne au monde partageât mon enthousiasme pour ce genre
de spectacle qui fait rêver l'anéantissement de l'univers, et
l'avénement prochain d'une éternité de repos. J'ouvris la
fenêtre. Quel tableau ! il n'y avait plus rien d'animé que les
éléments. La nuit tombait. La lumière ne provenait plus
de l'occident ; elle était partout dans l'atmosphère brûlante. La droite et longue rue ressemblait au lit de ces rivières infernales qui roulent des ondes enflammées. Les
faîtes des toits, les pointes des paratonnerres, les flèches
des clochers s'illuminaient d'étincelles, de rayons, d'auréoles, de météores. Les vitres, rouges et ardentes, brillaient comme des bouches d'incendie. Celles de Clémentine ne brillaient pas. Sa croisée venait de s'ouvrir aussi.
Elle y était debout, immobile, ses regards fixés sur moi.
Ce n'était pas une illusion. Je la voyais distinctement ;
mais le nuage grossit, descendit devant elle, s'étendit noir
et impénétrable comme un mur de fer. Un éclair le traversa ; elle reparut. L'obscurité recommença plus profonde, et s'éclaircit encore un moment pour me la rendre.
Heureusement les éclairs devinrent si fréquents que j'avais
à peine le temps de la perdre de vue, et que cela ne m'inquiétait plus. Je les comptais comme les pulsations d'une
artère, comme les battements de mon cœur ; et à chaque fois
que leur lueur me la ramenait, l'effet fantastique de cette

alternative de jour et de nuit la rapprochait tellement de
moi, qu'on eût dit qu'il ne fallait qu'étendre les bras pour
la saisir et pour l'emporter, et pour me livrer avec elle à
ce tourbillon confus de ténèbres et de feux. Alors rien ne
m'échappait. C'étaient ses mains qui me cherchaient, son
sein qui se soulevait comme pour venir toucher le mien,
ses yeux humides et passionnés, plus resplendissants de
ses larmes; sa bouche, qui articulait des sons impuissants
que couvraient les grondements du tonnerre. Je parlais
aussi; j'échangeais aussi mes cris, mes vœux, mes serments contre les siens. Je remerciais, je bénissais, j'invo-
quais la foudre. Je souhaitais qu'elle nous frappât tous les
deux ensemble; que le même glas chantât sur nos fosses
voisines, que l'histoire de ce phénomène bienfaisant mariât
au moins notre nom dans la mémoire des hommes! La foudre ne m'exauça point. Elle tomba près de nous au moment où, le corps à demi élancé, nous n'aspirions qu'à
nous unir dans un embrassement de mort; car elle avait
eu certainement la même pensée. Ce fut là notre flambeau
nuptial.

Bientôt après, l'intérieur de la chambre de Clémentine
s'éclaira. On y était entré. Elle n'était plus seule. Les croisées se fermèrent. L'enchantement était fini.

Je restai toute la nuit à la même place, et j'aurais voulu
que cette nuit durât toujours. Il faisait si bon! L'air s'était
épuré, le calme le plus parfait régnait sur la terre et dans
le ciel, la lune nageait sans obstacles dans son océan bleu,
que sillonnaient à peine quelques bancs étroits de nuages,
éblouissants de blancheur comme de la neige, et roulés à
flocons comme des toisons. Elle inondait de clarté la pierre
sur laquelle Clémentine s'était appuyée peu de moments auparavant, et que personne n'avait ni vue ni touchée depuis.
C'était un bien à moi! — Vers minuit je vis reparaître une
bougie, je vis une robe blanche flotter, un bras qui s'enla-
çait au rideau blanc et qui le laissait retomber. Et puis la
bougie s'éteignit subitement, et je n'aperçus plus rien.

J'espérai qu'elle reviendrait, et le reste du temps s'écoula ainsi à l'attendre. Quand le jour parut, une ombre se leva au-devant du rideau, qui s'entr'ouvrit et se referma sur ses pas : c'était Clémentine, qui avait passé les mêmes heures assise entre lui et moi, et dont j'avais cru rêver à plusieurs reprises la forme vague et les faibles mouvements... Clémentine ou une ombre en effet ! — Ce fut pour jamais ! —

Huit jours après elle était partie, mais je savais mieux encore que son âme était avec moi. J'avais fait graver nos initiales dans une bague d'alliance, à la date de l'orage, et je m'imaginais follement que ma femme voyageait. Je continuais donc à goûter le charme ineffable de mes promenades solitaires, quand le soir, à l'endroit le moins fréquenté, qui m'était par conséquent le plus familier, je fus surpris au détour d'une allée par cette aimable et douce Estelle, dont la curiosité obligeante m'avait valu le bonheur de lire dans le cœur de Clémentine. C'était, selon toute apparence, la première fois qu'elle s'y montrait.

— J'étais impatiente de vous voir, de vous parler, me dit-elle en s'appuyant sur mon bras, et, à dire vrai, je vous cherchais pour vous adresser une question, mais une question singulière ! Vous proposez-vous de descendre à Paris, cette fois, dans le même hôtel que les années précédentes ?

— Sans aucun doute, répondis-je en souriant, puisque mon logement y reste à ma disposition ; mais je vous proteste que je ne me sens pas la moindre envie d'y retourner de longtemps.

— Vous n'y avez pas encore assez réfléchi, reprit-elle avec une expression vive et sérieuse à la fois. — Encore une question avant de vous donner le temps d'y penser. Connaissez-vous cette écriture ?

Il m'était impossible de me méprendre un moment aux traits qu'elle fit passer sous mes yeux.

— Je ne crois pas, dis-je tout tremblant.

Et mon émotion devait me démentir.

— Je soupçonnais que vous auriez pu la voir... dans une romance. Alors devinez donc, car ce billet n'est pas signé; mais lisez sans scrupule : il ne concerne que vous.

Je lus, et je n'ai pas oublié :

« Il n'y a pas un moment à perdre; il faut le voir, il faut lui dire de s'éloigner, d'aller à Paris; il faut lui dire que *je le veux*, et que j'espère qu'il se rappellera mes dernières paroles. »

— Vous entendez, poursuivit Estelle, et cela se passe d'explication. Lui, c'est vous. Elle, c'est... Qu'avez-vous donc? Quant à ses dernières paroles, elles auront peut-être laissé plus de traces dans votre mémoire que sa romance.

Je me les rappelais ses dernières paroles, — *Quoi qu'il arrive, pardonnez-moi;* — mais à quoi bon? Je ne compris pas.

La semaine n'était pas finie que j'arrivais à Paris. Je m'étonnai de trouver mon appartement préparé.

— Oh ! c'est que monsieur était attendu, me dit le domestique de la maison. Voilà une lettre qui l'a précédé de deux jours.

Elle était d'Estelle, et je ne perdis pas de temps avant d'en rompre le cachet. Les premières lignes me glacèrent le sang. Il était évident qu'elles avaient été écrites pour me préparer à un malheur. Je courus aux derniers mots, et mes yeux se fermèrent en les cherchant encore à travers un nuage. Clémentine était mariée!

Je ne sais de ce qui survint que ce qu'on m'en a dit. Je tombai, je me blessai dangereusement à la tête contre un meuble; on appela des médecins; on me saigna. Quand je donnai des signes de vie, j'étais en délire. Je me souviens qu'il ne me restait du passé qu'un sentiment confus et douteux comme un songe, mais que dominait une résolution fixe qui m'occupa six mois. J'avais entendu parler d'une chartreuse établie en Suisse, selon la rigoureuse observance de l'abbé de Rancé. Je m'exerçai à ce genre de vie, à cette habitude de privations. J'y trouvai je ne sais quelle satisfaction amère qui ressemblait à du bonheur, à mon bonheur à moi, à celui que je pouvais encore concevoir. Les pratiques pieuses, les méditations, les prières calmèrent peu à peu mon sang, et je passai pour guéri.

Quoi qu'il en fût, mon projet s'affermissait de jour en jour, et une seconde lettre d'Estelle acheva de me décider à l'exécuter sans délai. Je partis pour les Alpes.

Cette seconde lettre contenait aussi une affreuse nouvelle, —moins affreuse que la première, cependant! — Clémentine était morte.

AMÉLIE.

Quand j'arrivai à Genève, j'étais déjà détrompé sur la possibilité d'exécuter le projet qui me conduisait en Suisse. L'obscur et modeste établissement de la chartreuse avait excité, non sans cause, la défiance de la police française, qui le croyait fort propre à donner un asile aux ennemis désappointés du gouvernement de Napoléon, et qui ne pouvait tolérer nulle part l'existence inoffensive du proscrit navré de désespoir et de misère. L'Europe n'avait pas plus d'abri alors contre la tyrannie incarnée dans un homme qu'elle n'en aura désormais contre la tyrannie diffuse des masses. C'était Python, ce sera l'hydre.

Les moines venaient de fermer leurs portes au malheur pour la première fois, et de s'enclore, avec plus de sévérité que la règle du fondateur n'en imposait, dans leur rigou-reux manoir du Val-Saint.

J'avais à Genève un de ces amis que donnent les sympa-thies de l'étude, et puis une de ces amies que l'on ne doit qu'aux sympathies de l'âme, le docteur Jurine et madame P...—Je leur parlai de mes chagrins irréparables ; de tout ce que l'on croit avoir de profond désabusement et d'incurable amertume dans le cœur, quand on n'a pas longtemps vécu ; de cette vocation d'éternelle solitude qu'un contre-temps inattendu venait de trahir. Le philo-sophe me plaignit, et me conseilla de chercher l'oubli des maux dans la pratique assidue de quelques douces sciences qu'il aimait et qu'il m'avait appris à aimer. La femme pleura, me laissa pleurer, et s'occupa secrètement de me pourvoir d'un emploi fixe et laborieux, qui pût distraire mon esprit de ses peines par l'habitude d'un devoir. Les relations de la librairie de son mari lui avaient fait savoir qu'il existait à Berne un vieux savant anglais, nommé le chevalier Robert Grove, qui s'était fait toute sa vie une grande affaire de petites recherches philologiques sur les bons auteurs grecs et latins, et que la perte d'un collaborateur très-instruit forçait à réclamer les soins d'un jeune homme doué de quelque aptitude à ce travail, ou capable au moins de lui en alléger le fardeau. Elle ne me fit part de ces détails qu'en me remettant une lettre de sir Robert, qui me prenait pour secrétaire aux appointements de deux cents francs par mois, et qui se chargeait de me défrayer au surplus de toutes les dépenses essentielles. Détourné par les principes religieux qui me dominaient en ce temps-là, et qui ne m'ont jamais entièrement abandonné, d'une résolution extrême dont la pensée m'était venue souvent; retenu peut-être aussi par le vague instinct d'un avenir que mon imagination active et romanesque peuplait encore d'émotions et de mystères, je n'avais pas d'autre parti à prendre dans l'état de ma fortune. Pouvais-je ne pas vouloir d'ailleurs ce qu'elle avait voulu pour moi? — Bonne, charmante et digne femme! son nom seul serait un éloge, et si je ne le laisse pas échapper ici tout entier, c'est que j'ai craint d'en altérer la pureté en le mêlant à la déplorable histoire de mes passions. Il reste heureusement assez de cœurs sur la terre qui n'auront pas de peine à le deviner.

C'était un homme singulier que sir Robert. Sorti d'une famille déjà chevaleresque et illustre du temps de Camden, il avait fait d'excellentes études à Oxford. Ses débuts littéraires annonçaient une âme ardente et passionnée que l'amour et l'enthousiasme pouvaient mener loin, et qui obéissait sans le savoir à cette impulsion de renouvellement dont le monde ignorait encore le nom. Personne n'a su me dire ce qui lui arriva, mais vers l'âge de vingt-cinq ans il parut s'adonner à une piété d'abord mystique et contemplative, qui ne tarda pas à devenir scolastique et militante, parce que l'impétuosité de son tempérament et de son esprit ne lui permettait pas de s'accommoder des partis moyens. Le troisième et le dernier de ses irrésistibles penchants le dévoua pour toujours à l'éclaircissement et à l'illustration des lettres classiques, dont il était plus nourri qu'aucun homme de son époque; mais celui-là se fondit si naturellement avec les deux autres, qu'on aurait juré que les trois n'en faisaient qu'un, et qu'il y avait dans ce phénomène, pour un théologien de sa force, un argument très-péremptoire contre les ergotismes de Servet; en sorte que si l'on parvenait à se représenter distinctement un type composé du fougueux Luther, du pointilleux Saumaise, et d'un Werther sentimental et sophiste, comme son modèle, on connaîtrait à peu près dans sa triple unité le chevalier Robert Grove. Sa nouvelle passion l'entraîna sur le continent à la recherche des manuscrits d'Allemagne, de France et d'Italie. Un beau jour il s'arrêta en Suisse, où il demeurait à mon arrivée depuis près de vingt ans, et où il avait réalisé en viager une fortune honnête, quoique assez médiocre pour un Anglais. Il aimait à dire que ce fut la crainte du mal de mer, dont il faillit mourir à sa première traversée, qui lui fit prendre le parti de ne jamais repasser la Manche; mais on supposait que des chagrins cachés pouvaient avoir influé sur cette résolution, et que la rencontre d'une de ces amitiés complètes dont la nature ne gratifie pas tous ceux qui en ont besoin, acheva de le décider. Il l'avait trouvée à Berne en Jacobus Th..., plus jeune que lui de quelques années, animé comme lui d'une sensibilité mélancolique et rêveuse, pénétré comme lui de l'instruction la plus vaste et la plus exercée, mais supérieur à sir Robert même, au jugement de celui-ci, par le tact imperturbable de sa critique. C'est cet ami que la mort lui avait enlevé deux ans auparavant; le chevalier était alors enchaîné dans son lit par une goutte opiniâtre qui ne l'a jamais quitté depuis, mais il s'était fait transporter au chevet de l'agonisant pour recevoir ses derniers soupirs. A compter de ce moment, il semblait avoir abandonné des travaux chéris, et le besoin seul d'occuper ses ennuis de quelque distraction utile aux sciences venait de le décider à reprendre leurs cours. C'était pour le seconder dans ce louable dessein qu'il avait appelé le premier venu, et le premier venu, c'était moi.

Ce récit m'intéressa; je ne sais quelle puissance étrangère à ma volonté m'entraînait vers ce vieillard, si cruellement privé de son frère d'adoption; mais j'imaginais, dans mon orgueil de jeune homme, que ces destinées sérieuses, méditatives et solitaires, n'étaient pas sans rapports avec celles que l'avenir me préparait, et je croyais découvrir dans le hasard apparent qui m'ouvrait une carrière si austère pour mon âge une de ces préméditations providentielles qu'on ne finit de rêver que lorsqu'on est réveillé de tout. Cette superstition intime a joué un grand rôle dans toutes mes entreprises, et je sens que je m'y livrerais encore, si j'étais assez malheureux pour avoir à recommencer.

Mes conjectures ne m'avaient pas trompé sur sir Robert. Dans cette complication unique de caractères bizarrement contrastés, je trouvai seulement un homme de plus auquel je ne pensais pas, un homme bon, facile, expansif, abondant dans ses idées avec la naïveté d'un enfant content de lui, heureux de croire en lui et d'inspirer sa confiance aux autres; mais tolérant et même docile pour les opinions les plus opposées aux siennes, quand elles ne se présentaient pas sous une apparence tracassière et hostile; exigeant d'ailleurs pour ces formes de l'esprit, comme il l'était en amitié; plus boudeur au moindre nuage qu'une petite fille dont on a brisé la poupée; revenu à la moindre marque de déférence ou de tendresse, et faisant toujours les frais du raccommodement, en accordant plus qu'on ne

lui demandait; hyperbolique de paroles et de sentiments,
d'éloges et de reproches, dans ses affections, dans ses
haines, dans ses mépris, dans ses admirations, et ne connaissant point de nuances d'expression entre les superlatifs
extrêmes, parce qu'il était lui-même un superlatif, une
hyperbole morale, le plus excellent homme que la bonté
divine ait jamais produit [1].

Je le vois encore d'ici dans sa petite chambre, quand j'y
entrai une heure après mon arrivée à Berne. Je le vois
couché à demi dans un fauteuil large et profond qu'il avait
inventé, et qui se mouvait sur quatre roulettes par un
mécanisme ingénieux et commode qu'il avait inventé; les
pieds étendus sur un tabouret flexible qui se haussait,
s'abaissait, s'éloignait, se rapprochait à volonté, et qu'il
avait inventé; le coude appuyé sur une grande table pivotante à cinquante compartiments, qu'il avait inventée
aussi, car le chevalier ne se servait de rien qu'il n'eût in-

---

[1] *Cette hyperbole morale*, cet homme excellent, désigné ici sous le nom
de sir Robert, est sir Herbert Croft, baronnet anglais, dont Nodier fut le
secrétaire. On doit, entre autres ouvrages, à sir Herbert, qui vécut longtemps
en France, un *Dictionnaire critique des difficultés de la langue française*,
un *Horace éclairci par la ponctuation*, et un *Commentaire sur le Petit
Carême de Massillon*. Nodier, qui resta toujours fidèle aux amitiés de sa jeunesse, a consacré, dans les *Débats*, une notice nécrologique au savant et
fantasque baronnet, notice qui est reproduite dans les *Mélanges de littérature et de critique, mis en ordre et publiés par A. Barginet*. Paris, 1820,
t. II, p. 429. On y lit que c'est le chevalier Croft qui a tiré de l'oubli *le Dernier homme de Grainville*, et qui a sauvé de la destruction le manuscrit du
Parrain magnifique de Gresset. M. Francis Wey, dans son excellente *Vie de
Nodier*, rapporte que le chevalier Croft demeurait avec lady Mary Hamilton,
et il ajoute : « Lady Mary Hamilton, bas-bleu dont l'érudition linguistique se
bornait à la langue anglaise, et qui avait la prétention de prendre rang parmi
les auteurs français, écrivait, avec l'aide de sa femme de chambre, des
romans inintelligibles, et, sous prétexte d'en revoir les épreuves, Charles
Nodier, qui ne pouvait comprendre le texte original écrit *entre deux langues*,
refaisait tranquillement un autre livre, dans lequel lady Hamilton avait la
bonté de se reconnaître. Elle publia de la sorte un volume profondément inconnu, que Nodier m'a dit se nommer *la Famille Popoli*. »

(Note de l'éditeur.)

venté. Il avait inventé sa boîte à thé et sa boîte à tabac. Il
avait inventé son lit et son *somno*. Il avait inventé son
écritoire et ses tablettes. Il avait inventé le bateau de
voyage avec lequel il échoua sur les bords de l'Escaut en
sortant de Valenciennes. Il avait inventé la voiture de
sûreté qui le versa au beau milieu de la plus belle route
de France dans l'avenue de Nevers. Je le vois, dis-je,
frappant des mains à mon entrée, et m'accueillant d'un
regard aussi bienveillant, d'un sourire aussi doux que celui
de mon père. Je vois sa noble figure, plus que sexagénaire,
mais fraîche, épanouie, vermeille, adolescente d'imagination et de pensées, et son vaste front chauve, blanc et poli
comme l'ivoire, autour duquel se roulaient en boucles des
cheveux d'un blond doré qui auraient fait honneur à un
bachelier; car la nature avait pris plaisir à laisser à son
vieil âge des vestiges de jeunesse, comme elle en avait
laissé à son âme.

J'ai dit que sa chambre était fort petite, et je n'ai pas eu
besoin de dire qu'elle avait toute l'élégance de la propreté,
tout l'aspect de cette aisance confortable qui rend la vie si
douce en Angleterre et en Hollande, et sur laquelle les
heureux Bernois ont peut-être encore enchéri. Ce que je
n'ai pas dit, c'est qu'elle s'ouvrait sur une belle galerie qui
contenait la précieuse bibliothèque du chevalier, précieuse
par le choix des auteurs, par l'antiquité des éditions, par
l'exquise perfection des exemplaires. Je crois pouvoir répondre qu'on y trouvait tous les classiques anciens, et tous
leurs commentateurs, dans les plus magnifiques reliures
qui aient jamais réjoui les yeux d'un bibliomane. Le fauteuil mécanique se promenait souvent parmi ces rares merveilles, mais le chevalier n'avait pas encore inventé le
moyen de l'élever et de le soutenir à la hauteur des tablettes
supérieures. Depuis longtemps même, il ne pensait plus
à ce perfectionnement digne du génie d'un Stévinus, parce
que la Providence y avait heureusement pourvu, en lui
donnant un domestique gallois, géant massif et perpendi-

culaire de six pieds quatre pouces de hauteur, morne,
épais, indégrossi comme les *dolmens* de ses aïeux, joignant
à peine à la connaissance de sa langue celtique une douzaine de mauvaises locutions de l'anglais du peuple, mais
doué d'une mémoire de noms et de lieux qui tenait véritablement du prodige. Il n'était pas un volume indiqué par
son titre et par sa date qui ne vînt se placer comme de
lui-même sous la main du colosse obéissant. A droite, à
gauche, en haut, en bas, de jour, de nuit, son instinct ne
se trompait jamais. Du temps de Cardan et d'Agrippa, on
aurait fait de Jonathas, ou de l'homme longue-échelle
(*master greatladder*), comme l'appelait gaîment le chevalier, un gnome soumis par la magie; et si Walter-Scott
l'avait connu, il ne l'aurait pas oublié dans sa galerie fantastique.

Ma chambre était située à la partie opposée de la bibliothèque, et c'était à travers le savant domaine de Jonathas
que je venais chercher, à dix heures du matin, ma besogne
quotidienne. Alors sir Robert travaillait déjà depuis quatre
ou cinq heures, et ses notes, jetées sur des feuillets volants
dont, par bonheur, elles n'usurpaient jamais le *verso*,
étaient ordinairement parvenues avant mon lever au cen-
tième chiffre de pagination. C'est ce travail énorme qu'il
s'agissait de réduire à sa plus simple expression pendant le
reste de la journée, que le chevalier employait de son côté
à grossir de quelques centaines de vers son ingénieux et
interminable poëme sur une fleur de violette trouvée dans
du thé suisse, ou à rêver quelque invention utile qu'il
n'avait pas encore amenée à fin. Hélas! ce serait bien malgré
moi qu'une légère ombre de ridicule obscurcirait ces détails
d'intérieur philosophique! Il n'est point de supériorité
morale qui ne trahisse l'homme par quelque faiblesse, et
si l'homme était parfait, il ne serait plus question de le
peindre : il suffirait de le nommer. Ce qui faisait sourire
l'esprit dans les innocentes manies du chevalier faisait en
même temps pleurer l'âme. On se disait : Voilà pourtant

ce que nous sommes, quand nous sommes tout ce qu'il
nous est permis d'être au-dessus de notre espèce !

L'aspect de l'effrayant manuscrit m'accabla d'abord, et
puis je me sentis allégé d'un poids énorme en le feuilletant.
Nos deux premières éditions critiques devaient être Horace
et Tacite, parce que sir Robert avait compris en deux ou
trois mots d'entretien que je n'étais pas assez fort en grec
pour le seconder de quelques mois dans la publication de
Pindare, son classique favori. Cette découverte lui coûta
un soupir. Elle devait m'en coûter de plus profonds, de
plus déchirants; et si quelque jeune femme à l'œil doux
et au cœur tendre était un jour tentée, après ma mort, de
déchiffrer jusqu'ici ces pages barbouillées de pédantisme,
elle ne se douterait guère de la liaison intime que Pindare
peut avoir dans le cœur d'un vieil écolier avec un souvenir
d'amour. En s'aidant d'un peu de patience, elle arriverait
à la solution de ce problème, si j'avais la cruauté de l'y en-
courager; mais je m'en garderais bien. J'écris pour moi
mille riens qui me charment, parce qu'ils me font revivre
des jours pleins de douceur et d'illusions. Les géomètres
disent : Qu'est-ce que cela prouve? Les femmes le disent
aussi. Je retourne donc un moment à mes paperasses.

C'était, je le répète, une chose terrible à voir, mais qui
ne m'épouvanta qu'un instant. Quand sir Robert avait
sous la main une phrase de Tacite ou un vers d'Horace, il
dépouillait tous ses éditeurs, tous ses annotateurs, tous
ses commentateurs, tous ses glossateurs. Toutes les explications, toutes les interprétations, toutes les variantes lui
étaient bonnes; il n'aurait pas omis une hypothèse; il
n'aurait pas dédaigné une faute d'impression. Le texte se
noyait ainsi dans une encyclopédie de mots et d'idées,
d'où il ne me restait qu'à dégager la leçon la plus vraisemblable et la glose la plus sensée. Le premier collaborateur
du chevalier avait eu cet heureux instinct d'élection, qui
est plus commun qu'on ne pense, ou aussi commun qu'on
le dit, car c'est tout bonnement le sens commun. Le mé-

rite essentiel de ce labeur immense n'en appartenait pas
moins au chercheur infatigable qui avait préparé et mis
en ordre ce chaos de matériaux, et la plupart de nos gros
livres classiques ne se sont guère enflés de pages sans
nombre qu'aux dépens des veilles d'un érudit patient,
qui s'était donné le temps de tout savoir et qui n'avait
pas pris celui de choisir. L'exiguïté de mes resultats parut
tourmenter d'abord sir Robert, quoique j'y procédasse
d'une manière plus prolixe encore que son mémorable
ami Jacobus. Comme je m'attendais à cette impression,
je lui rappelai l'adage latin qui dit que le moissonneur
ne doit pas être jaloux du crible, et il me tendit la main
en gage de consentement. Je continuai à travailler depuis
en conscience, mais selon ma fantaisie ; et si je surprenais
en lui un regret mal déguisé à quelque anecdote piquante
mais intempestive, à quelque belle observation philolo-
gique, tirée de trop loin, qu'il était parvenu à faire entrer
dans son commentaire, en vertu d'une propriété élastique
d'imagination que ne déconcertaient ni les transitions
les plus subtiles, ni les écarts les plus lyriques, je le con-
solais en lui montrant dans un *album* soigneusement tenu
toutes les curiosités épisodiques rédigées d'avance pour
une occasion plus opportune. Alors ses mécontentements
mutins se changeaient en expansions de joie et de reconnaissance; j'étais son autre Jacobus, l'Aristarque de son
sommeil homérique, le Phocion de son éloquence, la hache
de ses discours, le suzerain adoptif de ses livres et de ses
manuscrits, le *Paulo-post-futurum* de sa renommée.
C'était là le *nec plus ultra* de son affection démonstra-
tive. Maxime n'avait que les droits d'un secrétaire passif,
mais *Paulo-post* aurait bâtonné impunément un volume
d'érudition fait pour détrôner Scaliger.

Ce concours de zèle et de bon vouloir avait accéléré la
besogne. Nous venions de terminer en quatre mois toutes
les odes d'Horace depuis *Mæcenas atavis* jusqu'à *Dicere
laudes*. Tacite n'était guère moins avancé, et nous rece-

vions déjà des épreuves de Leipsick, où nos deux premiers volumes étaient sous presse, quand je crus remarquer un soir, vers la fin du dîner, que sir Robert était
travaillé de quelque souci intérieur. Il ne fallait pas pour
cela un grand effort de discernement, car cette disposition d'esprit se révélait en lui par trois symptômes inva-
riables, un regard triste et vertical qui s'attachait pensi-
vement au plafond, un soupir à peine entendu qui
s'élevait lentement en suivant la même ligne ascension-
nelle, et un léger sifflement, ou plutôt une modulation
presque insaisissable du souffle qu'aurait cent fois couvert
le *lila burello* de mon oncle Tobie. Je fis part de mon observation au chevalier.

— Cela ne te concerne qu'indirectement, répondit sir
Robert avec douceur, en ramenant sur moi ses yeux paternels ; mais je pense à ma fin qui peut s'approcher ; et
si la postérité ne me connaît que par ces deux incomparables éditions d'Horace et de Tacite, *mirum opus et in-
tegrum*, les mirmidons de la science me contesteront dans
quelques siècles mes études d'helléniste. Pourquoi faut-il
qu'on s'occupe si peu du grec dans le système d'éducation
de votre drôle de France, et qu'avais-je à faire aussi de
te surcharger de travaux, au lieu de t'amener d'abord, et
par des chemins de fleurs, cher *Paulo-post*, à lire plus
couramment Pindare, sous ma direction, que le *Carmen
sæculare !* Quel événement pour ton Institut, et pour tout
le monde savant, que l'apparition simultanée du Pindare
et de l'Horace de sir Robert, éditions modèles, éditions
prototypes, éditions monumentales, dont le succès toujours croissant imposerait silence à l'avenir envieux, et
me sauverait l'affront d'avoir été l'homme d'une langue
et d'un livre !...

— Je vous avais prévenu, monsieur le chevalier, de ma
malheureuse insuffisance...

— Il ne s'agit pas de ton insuffisance, répliqua brusquement sir Robert, et je n'ai que trop de moyens d'y remé-

dier ! — Mais, ajouta-t-il en frappant fortement sur la
table, j'hésite à jouer si gros jeu ! — Holà, Jonathas !
ma pipe, une bouteille de Porto, et le Pindare de Calliergi.

— Si gros jeu, mon noble ami, et qu'avez-vous à ménager ?

— Ton bonheur, enfant, ton bonheur, dit le chevalier.
Écoute-moi avec attention, et ne m'interromps pas. Je
t'ai souvent parlé de Jacobus, qui était mon crible,
mon Aristarque, mon Phocion avant toi ; je ne t'ai peut-
être pas dit qu'il possédait imperturbablement toutes
les bonnes leçons de Pindare ; mais ce diable d'homme
n'écrivait pas, et ma vieille mémoire a perdu jusqu'aux
moindres vestiges de ces riches traditions orales que je ne
voyais aucune nécessité à fixer alors, puisqu'il était plus
jeune que moi.

— Comment serait-il possible de les retrouver maintenant? murmurai-je à demi-voix.

— Voilà la question ; mais je t'avais dit de n'en point
faire. — Le digne Jacobus n'avait commis qu'une faute en
sa vie, faute grave et irréparable : il s'était marié ! Jacobus
avait épousé, avant mon établissement à Berne, une damnée
de païenne française, belle et bonne créature, si l'on veut,
mais infatuée de toutes les superstitions du papisme. — Et
je te demande pardon, mon fils, si je te parle ainsi de ta
foi. Tu sais que je ne l'ai jamais contrariée, et que mes
entrailles ne se révoltent point contre l'innocent infidèle
qui a eu le malheur de naître hors de la voie du Seigneur.
Je dirai plus : si la pitié manquait à mon cœur, ce serait
plutôt à l'égard de l'apostat qui a renié la foi de ses parents,
et auquel je me crois incapable de faire grâce. — Il avait
eu deux enfants, un garçon et une fille, pieusement élevés
dans la profession du saint Évangile, qui est l'éternelle
alliance des vrais chrétiens ; et il avait nommé le premier
Mithridate, parce qu'il avait rêvé sur le berceau du nou-
veau-né, mon pauvre frère Jacobus, l'idéal d'un homme

polyglotte qui apprendrait sans effort près de lui toutes les langues de Babel. La fille fut appelée Amélie, du nom de sa mère, et tu conçois bien qu'à mesure qu'ils grandirent, tous les soins de l'éducation se distribuèrent selon leur destination présumée, à la fille les maîtres des arts frivoles, au fils les leçons des savants. Mais la Providence, qui se joue de nos projets, en avait ordonné autrement. Mithridate était à seize ans un musicien agréable et un joli danseur; quant au grec, je n'avais jamais pu faire entrer dans sa tête les premières lignes d'Ésope. Il aurait vainement pâli pendant une semaine sur un monostique de Théognis. Soit que le travail eût brisé cette jeune organisation, soit qu'il eût porté en lui dès sa naissance le germe de la maladie funeste qui avait enlevé sa mère, à dix-sept ans il mourut. Le désespoir de Jacobus fut inexprimable; mais cette âme forte ne s'y abandonnait que par secousses, et quand le trait poignant de la douleur venait rouvrir sa blessure sans être attendu. Un jour qu'on aurait cru qu'elle avait parcouru jusqu'à les rompre, avec ses doigts de fer, toutes les touches du clavier sur lequel le souvenir d'un enfant mort retentit, elle en trouva une qui n'avait pas encore vibré. J'y étais, et nous avions ouvert devant nous ce Pindare que tu vois. — Frère, me dit Jacobus en me serrant la main, je crois que je ne sais plus le grec; ma mémoire s'est fondue comme la cire des tablettes au feu de cette lampe qui a gardé une nuit son cercueil. S'il avait vécu, avec son heureux naturel qui n'avait pas encore répondu à toutes mes espérances, mais qui devait les combler un jour, il me rappellerait aujourd'hui toutes ces scolies de Pindare que je lui ai si souvent répétées... — Je les sais, moi, mon père, s'écria tout à coup Amélie en se jetant au cou de Jacobus, en couvrant de baisers ses yeux prêts à pleurer, et en me le cachant à demi sous ses longs cheveux. — Ces leçons me plaisaient, continua-t-elle. Je les ai écoutées; je les ai retenues : je n'en perdrais pas un mot. — Elle les savait en effet. Le grec, un jeu pour elle, comme

toutes les sciences auxquelles le génie peut s'élever! Une
autre Olympia Morata, une autre Maria Schurman! un
ange, une muse, une divinité descendue du ciel, avec une
lyre que la pudeur et la modestie tenaient muette. Peu de
mois après, Jacobus n'existait plus.

— Amélie existe au moins, repris-je avec vivacité.

— Amélie existe, me répondit gravement le chevalier, —
et elle sait toutes les leçons de Pindare! Aussitôt après la
mort de son père, elle recueillit les faibles débris de cette
fortune de savant qui ne suffisait pas à une vie oisive, et
elle se retira dans une maison de campagne à peu de distance de la ville, parmi quelques dames respectables qui
s'y occupent de l'éducation des jeunes Bernoises.

Promptement distinguée entre elles par la pureté de son
caractère et la perfection de ses connaissances, elle est
maintenant à la tête de l'établissement.

— Il me paraît, d'après cela, dis-je en souriant, que les
leçons de Pindare ne sont pas perdues. Je comprends que
votre infirmité passagère vous empêche aujourd'hui d'aller
les recueillir; je comprends qu'il puisse paraître mal séant
qu'elle viole les engagements volontaires de sa solitude
pour vous les apporter; mais, s'il est indispensable de les
entendre de sa bouche, ne me croyez-vous pas assez savant,
du moins, pour vous servir d'intermédiaire, et pour vous
rendre les paroles mêmes d'Amélie avec une intelligence
aussi bornée, mais aussi fidèle, que celle dont Jonathas
vient de faire preuve en déposant devant vous le Pindare
de Calliergi?

— Je crois tout ce que tu dis là, mais je crois que la brute
furieuse qui roulerait des barriques de poudre vers le foyer
d'un incendie, et le barbon mal appris qui enverrait son
Paulo-post bien aimé recevoir quelques miettes de grec
des lèvres d'une fille de dix-huit ans, capable de faire
tourner la tête à Zénon, mériteraient d'être tenus pour également extravagants.

— Attendez, mon ami, et que ce ne soit pas cela qui vous

arrête ! Oh ! mon cœur est prémuni contre tous les amours,
et votre Amélie serait pourvue des attraits fantastiques de
cette princesse des *Mille et une nuits* dont le regard faisait
mourir, que je pourrais lire impunément dans ses yeux de
femme. Cependant, qu'en résulterait-il, au pis aller,
qu'une émotion naturelle pour laquelle vous éprouvez encore de tendres et éloquentes sympathies, et qui, entre deux
êtres que vous daignez aimer, parce qu'ils vous inspirent
tous deux de l'estime et de la confiance, resterait à jamais
sans danger ?

— Sans danger, malheureux enfant ! sans danger, l'amour
d'une protestante et d'un catholique romain, unis par leur
frénésie pendant des mois de délire, séparés par leur foi
pendant l'éternité ! Sans danger, la réputation et le bonheur
de l'unique fille de Jacobus, qui sont plus chers au vieux
Robert Grove que la prunelle de ses yeux ! Sans danger, la
malédiction des parents riches et avares dont elle attend le
pain de ses vieux jours ! Sans danger, grand Dieu ! sans
danger !

— Vous venez de me le faire comprendre, et non de me
le faire redouter. C'est tout au plus dans les romans qu'on
voit le destin de la vie dépendre d'une impression subite
que trois jours effaceraient, si l'âme ne prenait plaisir à
l'entretenir. Quel homme assez insensé nourrirait un moment l'illusion qu'un acte de sa volonté peut détruire,
quand il est sûr d'en mourir s'il la laisse vivre ? Encore une
fois, je ne crois pas à ces miracles de fascination dignes
des contes arabes ; mais si un mouvement imprévu de mon
cœur me forçait à y croire malgré moi, je me garderais
bien d'y céder ! Monsieur le chevalier, vous dirais-je le soir
même, renoncez à votre négociation ou à votre ambassa-
deur ! ma raison s'embrouille à mesure que Pindare s'éclaircit, et vous n'aurez pas plus tôt gagné deux ou trois variantes, que j'aurai perdu la tête. Restons-en là, s'il vous
plaît.

— Et voilà ce que tu me dirais? reprit le chevalier en me regardant fixement.

— Je le jure sur l'honneur!

— Halte-là, digne jeune homme! ceci demande, entre nous, plus de solennité! A moi, master Greatladder! à moi, fidèle Jonathas! Dans quelle crypte inconnue de notre bibliothèque avez-vous caché votre belle stature in-folio et votre embonpoint atlantique? mon Jonathas, où êtes-vous?

Jonathas ne répondait jamais; il s'avançait seulement d'un pas méthodique, et se plaçait, immobile et perpendiculaire, précisément en face de son maître.

— Voilà qui est bien, continua sir Robert. Remettez à sa tablette, cher Jonathas, ce noble Pindare de Calliergi, et rapportez-moi le Nouveau-Testament grec du brave Froben, *editio princeps in membranis.* — C'est un beau livre, ajouta-t-il avec une expression exaltée d'admiration dans laquelle on ne discernait pas aisément ce qui avait le plus de part à son enthousiasme, de la beauté de l'Évangile ou de celle de l'édition.

Le volume parut, avec son splendide maroquin et ses riches fermoirs; il s'ouvrit par le milieu, en déployant à droite et à gauche ses pages fastueuses, et le chevalier poursuivit:

— Vous jurez donc sur ce livre sacré, mon enfant, sur ce livre qui contient la foi de nos pères et la nôtre, sur ce livre d'un Dieu qui a le mensonge et la perfidie en horreur, que si vous vous sentiez entraîné à une passion dont les conséquences seraient mortelles pour votre vieux camarade, vous viendriez déposer dans son cœur cette faiblesse de la chair et du sang, et que vous n'hésiteriez pas à vous soumettre à tout ce qu'il exigerait de vous! — Attendez, Maxime, attendez encore! ne vous livrez pas en aveugle à la présomption de votre jeunesse! ne prenez pas le nom du Seigneur en vain!

— Je le jure, monsieur le chevalier ! — et jamais engagement ne m'a paru plus facile et plus doux à remplir.

— Alors, dit le chevalier après avoir rendu l'Évangile
à Jonathas, va donc voir demain ce diamant, cette mar-
guerite du monde, et tâche d'en obtenir ces diables de
leçons de Pindare, qui sont la pure fleur de toutes les
scolies passées, présentes et futures ; nous les introdui-
rons dans les miennes aux dépens des miennes, et nous
publierons Pindare cette année, sous les noms jumeaux
de Jacobus et de Robert. Ce travail achèvera, s'il plaît à
Dieu, ton initiation aux bonnes lettres grecques, et nous
serons en mesure de lancer, l'année prochaine, Hésiode
avec Tacite. *Monumentum exegi.*

Là-dessus, il me serra la main, et nous nous retirâmes
également tranquilles, sir Robert sur le succès de ses éditions, et moi sur les résultats de l'entrevue la plus innocente dont il ait jamais été parlé dans les compositions
des romanciers.

Quoique je n'aime pas les portraits, il faut cependant
que je donne une idée d'Amélie. Elle était assise dans son
jardin sous un cerisier en fleurs, que le soleil pénétrait de
toutes parts d'une pluie de rayons mobiles qui tremblaient autour d'elle au moindre souffle de l'air. Elle se
leva en m'apercevant. Moi, je m'exerçais à la voir. J'avais
déjà remarqué sa taille svelte, élancée, harmonieusement
souple, comme celle dont mes poëtes gratifiaient leurs
nymphes, sa robe blanche flottante, ses beaux cheveux
noirs rattachés négligemment sur sa tête ; et je ne l'avais
pas vue encore. Elle parla. Je m'enhardis. Le charme incomparable de ses traits me frappa moins d'abord que son
éclatante blancheur. Leur ensemble avait cependant un
défaut, si c'en est un. Ses yeux étaient trop grands, trop
longs surtout ; mais ils avaient une expression qu'aucune
parole ne peut faire comprendre, qui ne passerait pas
tout entière, qui s'évanouirait peut-être sous le pinceau
d'un ange. Ils étaient d'un bleu plus foncé que celui du

ciel profond et sans vapeur que j'ai contemplé si souvent
du haut des Alpes, et le reflet qui en descendait sur son
visage avait quelque chose de cette clarté veloutée que la
lune verse à la surface des lacs et des prairies. C'était
comme deux sources de lumière divine dont les flots sub-
tils s'épandaient autour d'elle, et l'enveloppaient d'une
sorte de vêtement. Oh ! je n'accuse point le matérialiste
disgracié de la Providence qui a cherché le secret de
l'âme sans le trouver, mais je ne le comprendrais pas s'il
avait plongé une seule fois sa vue dans le regard d'A-
mélie !

J'ai dit qu'elle était pâle. Elle l'était souvent. Il semblait que le sang ne circulât qu'à regret sous ce tissu délicat qu'un effort léger pouvait rompre ; mais la plus
faible émotion l'y rappelait. J'essayai d'expliquer en balbutiant le message assez bizarre que sir Robert m'avait
imposé la veille. Elle rougit alors, et je n'avais pas imaginé jusque-là qu'elle fût si belle !

— Je suppose, dit-elle, que M. le chevalier ne vous a
pas laissé ignorer le concours douloureux de circonstances
qui me rappela ce que je savais du grec et de Pindare, et
qu'il m'a épargné à vos yeux le ridicule d'une prétention
si déplacée dans les femmes. — Je pris en effet plaisir à
ces études, parce qu'elles procuraient un peu de consolation à mon père. Depuis notre séparation, j'ai oublié ce
que j'avais retenu et ce que j'avais appris ; mais le désir de
faire quelque chose pour sa mémoire et pour son ami
peut m'inspirer plus heureusement que je n'ose aujour-
d'hui le penser ; il faut que je rouvre ce livre si négligé
pendant deux ans, et que je lui redemande des souvenirs
qui me fuient...

En parlant ainsi, elle avait porté la main à son front.

— Écoutez, reprit-elle tout à coup, en l'imposant doucement sur mon bras ; — mais cet attouchement m'incen-
dia comme si la foudre m'avait frappé. Je ne sais par quel
sens j'entendis le reste. — Écoutez : je serais plus sûre de

ce que je puis — demain..... — après-demain, — n'importe, et, d'ici là, le travail auquel sir Robert prend un si vif intérêt serait peut-être commencé.

Il est probable que je m'engageai machinalement à retourner. J'entrevis encore Amélie comme un éclair dans la nuit; sa voix me parvint encore comme une mélodie passagère dans le silence. Je revins à moi du réveil d'un somnambule qui se demande longtemps s'il a rêvé. J'étais sorti de la route. Je ne savais plus où était Berne. Mes jambes défaillaient; mes yeux étaient offusqués de ces lueurs vagues, capricieuses, informes, violettes, cramoisies, orangées, taches éblouissantes enlevées au prisme céleste par un regard trop longtemps fixé sur le soleil. Je m'assis sur le rocher. Je couchai ma tête sur mes mains. Je pleurais. Je ne savais pas pourquoi je pleurais.

Infortuné! m'écriai-je enfin, ton cœur n'était pas éteint! tu n'avais pas usé tout ce que Dieu t'a départi de misère et de douleur! voilà ton sang qui vit, qui fermente, qui bouillonne encore! Te voilà rejeté, comme une âme en peine, sur les limbes d'un paradis qui est à jamais fermé pour toi! te voilà condamné une fois encore à l'humiliation dévorante d'aimer sans espérance! — Bien plus! à l'horrible malheur de ne pouvoir aimer sans crime! — Aimer! répétai-je en me levant avec violence, et en reprenant d'un pas assuré la route que j'avais perdue; aimer Amélie, peut-être!...

Amélie! Amélie! — et ce nom vibrait dans toute mon âme, et je ne comprenais plus que cela de ma pensée.

Aimer Amélie protestante, continuai-je en marchant toujours, et renoncer à la religion de mon père, à l'estime de mes amis d'enfance, de mes frères selon le baptême et selon l'eucharistie; à celle de sir Robert même, qui me chérit catholique, et me maudirait apostat! ou bien la perdre dans sa foi, la perdre dans sa réputation, la perdre dans sa fortune, et tuer d'une main d'assassin ce vieillard dont la bienfaisance m'a sauvé de la détresse et du désespoir, cet autre père d'adoption auquel m'enchaînent la reconnaissance et le serment ! — Et le serment ! mon Dieu ! je l'oubliais !... Allons, allons, le serment, je le tiendrai, et j'en subirai les conséquences !

Quand je fus arrivé dans la chambre du chevalier, je tombai d'accablement à ma place accoutumée.

— A moi, s'écria sir Robert, à moi Jonathas ! A moi, de l'eau, des liqueurs, du vin de Porto ! C'est mon fils excédé de fatigue, mon fils qui ne se soutient plus, mon fils qui se meurt ! Ame de bronze ! ingrat Robert ! tu veux donc faire mourir ton *Paulo-post !*

— Non, mon ami, lui dis-je en saisissant sa main, je ne suis pas fatigué, je ne suis pas malade ; mais j'étais pressé de vous voir et de vous parler.....

— Quelle nouvelle donc? reprit-il en rentrant dans la pensée où ma brusque apparition l'avait sans doute surpris. N'imprimerons-nous pas Pindare ?

— Nous l'imprimerons, monsieur le chevalier, répondis-je en souriant amèrement de sa méprise. Amélie a seulement besoin de quelques heures pour recueillir ses idées. Elle m'a, je crois, promis le commencement pour après-demain, — ou pour demain

— Demain, dit-il après avoir un moment réfléchi, cela serait indiscret. — Et si après-demain tu n'étais pas remis de ta fatigue?... Te voilà pâle comme un mort maintenant, et tu brûlais tout à l'heure.

— En vérité, je ne suis ni malade ni fatigué ! J'irai après-demain, je vous le jure !

— Tu me le jures ! A propos, quel effet a produit sur toi la vue de ma Calliope, de mon Uranie, de ma Mnémosyne, de ma déesse?

— L'effet que produit une déesse, la surprise, l'admiration, le respect.....

— Bien, bien, mon enfant ! je ne m'attendais pas à moins ! Une Calliope, une Uranie, cher Maxime ! Une jeune fille qui sait mieux les leçons de Pindare que le chevalier Grove! Ce qui m'effrayait hier, c'était de penser à tant de déesses qui se sont humanisées, comme de simples mortelles, pour des yeux bleus et expressifs, ou pour une chevelure blonde ou bouclée. Je t'en citerais, dans les mythographes, une douzaine d'exemples que nous lirions avec plaisir s'ils étaient en meilleur style, et si Munckerus et Staveren les avaient mieux entendus. Apporte-nous cependant les mythographes, Jonathas, toutes les collections des mythographes! Cela nous amusera en dînant.

Je respirai. Je savais bien qu'il ne serait plus question d'Amélie, et que son souvenir allait disparaître au milieu des digressions doctes ou riantes dans lesquelles l'imagination du chevalier aimait à s'égarer. Quelle nécessité d'ailleurs de brusquer inutilement le secret insignifiant d'une première impression dont je me rendais à peine compte à moi-même, sur laquelle je pouvais m'être mépris, et que j'avais encore le temps de vaincre? Et puis, désabuser si vite mon vieil ami de la possession de ce Pindare, en qui reposait une partie de sa gloire, cela était aussi trop cruel! — On ne saurait croire combien la conscience la plus droite a de moyens de se faire illusion sur ses devoirs.

Le surlendemain me parut bien long à venir.

Amélie avait déjà rassemblé en effet tout ce que sa mémoire lui rappelait de ces leçons précieuses sur les premières *Olympiques*. Elle les avait écrites avec soin, et, pour me les rendre plus intelligibles encore, elle daignait me les relire ou me les chanter; car à tout le charme de cette mélopée grecque dont nous n'avons que des idées confuses, sa voix sonore, émue, pénétrante, ajoutait le charme d'une mélopée qui n'était qu'à elle. La puissance de cet organe enchanteur tenait aussi à un de ces mystères qui découragent la parole. Pour l'exprimer aujourd'hui dans une comparaison digne de la réalité, il faudrait faire comprendre ce que peut exercer d'empire sur l'âme une

pensée de Lamartine proférée par la harpe éolienne ou
par l'harmonica.

Quand elle eut fini sa lecture, et qu'elle se fut assurée
que je ne laisserais rien échapper de ces nuances fugitives
de la pensée poétique dont elle avait le secret mieux que
Pindare, elle abandonna le volume. Nous étions dans le
jardin comme la première fois ; les rayons du soleil jail-
lissaient çomme la première fois entre les blancs bouquets
du cerisier, se brisaient sur sa tête en faisceaux légers et
frémissants, ou l'entouraient en auréoles. Des fleurs qui
commençaient à tomber, quelques-unes avaient jonché ses
cheveux ; le ciel mythologique n'aurait pas fait plus de
fêtes à la muse elle-même, s'il l'avait reconnue, recueillie
et pensive, dans la plus chère de ses solitudes.—Et moi,
je me taisais pour ne pas troubler cette solennité. Je ne
suis pas sûr d'ailleurs que j'aurais pu parler si je l'avais
voulu.

—Non, dit-elle, ce ne sont pas là des poëtes ! cette ma-
gnificence d'images et cette pompe accablante d'harmonie
et ce faste éblouissant de mots, ce n'est pas la poésie !
Qu'importent les vaines gloires des peuples et l'orgueil de
leurs triomphes et l'ivresse de leurs jeux ? La poésie n'est
que dans la foi et dans le sentiment, dans une croyance
soumise ou dans une vive émotion du cœur. Elle n'a pas
prêté ses véritables inspirations à l'extravagante vanité de
ces nations antiques ; elle ne les prêtera pas à cette fausse
raison des nations modernes, qui n'est qu'une autre espèce
de vanité. La poésie de l'âme, c'est le christianisme qui
nous l'a faite, c'est la réforme et la philosophie qui l'ont
tuée. Il faut croire pour entendre la poésie et pour la sentir. Qu'auraient produit nos Milton et nos Klopstock, oh !
c'étaient de sublimes génies !... s'ils n'avaient remonté au
berceau de la religion pour lui redemander ses mystères ?
Je m'étonne que les anciens, qui étaient si heureux et si
riches en emblèmes matériels, n'aient pas représenté la
poésie avec un bandeau comme l'amour.

Je la regardai; ses joues s'étaient vivement colorées, ses lèvres tremblaient, ses yeux jetaient du feu.....

— Cependant, dis-je en tremblant.....

Elle tressaillit.

— Pardonnez, monsieur, interrompit Amélie.....; je suis sujette à céder ainsi à une impression qui m'a saisie, et je n'observe pas alors qu'on m'entend. C'est une étrange infirmité, mais je vis ordinairement si loin du monde! Pardonnez-moi, je vous supplie, si j'ai laissé échapper une seule parole qui vous offensât dans vos opinions. Vous êtes protestant, sans doute...

— Je suis catholique romain.

— Catholique romain! s'écria-t-elle en se rapprochant de moi d'un élan. — C'est aussi, ajouta-t-elle en se retirant un peu, la religion dans laquelle j'ai été élevée, quoique je fusse née dans une autre.

— Ceci me confond, repris-je avant d'avoir pu démêler les idées qui m'assaillaient confusément. Ce n'est pas ce que j'avais appris du chevalier.

— Votre étonnement est tout naturel, dit Amélie. — Mais rien n'oblige deux jeunes étudiants en grec à renfermer leurs confidences dans le cercle étroit d'une version. Ma mère était catholique.

— Sir Robert me l'avait dit.

— Mon père ne l'était point; il croyait sa religion meilleure, et cependant il était persuadé que toutes les manières d'adorer le vrai Dieu lui étaient agréables, quand elles étaient naïves!...

— J'en suis persuadé comme votre digne père, Amélie; j'en suis sûr! Le Dieu souverainement bon, qui se trouvera peut-être de l'indulgence pour le crime, serait-il inexorable pour une erreur pieuse et sincère? je ne saurais le croire; et Dieu ne peut pas avoir permis que la pensée de sa faible créature fût plus bienveillante que lui.

— Je fus instruite sous ses yeux dans la religion de ma mère. Ce fut sa fille catholique qu'il bénit en moi au mo·

ment de me quitter pour cette longue absence de la mort;
et, en m'embrassant tendrement, il me dit ceci : Écoute
seulement la conscience; évite, si tu le peux, le bruit
inutile et souvent scandaleux de l'abjuration. Le Seigneur
connaît les siens. Mais, quoi qu'il arrive, rappelle-toi toujours que le sanctuaire de la vérité, c'est une âme pure.
Si tu te souviens de cela, nous nous retrouverons avec
celle que j'ai tant aimée, dans le sein du même Dieu; car
il n'y en a qu'un, et son nom soit glorifié sur la terre et
dans le ciel! — Après cela il sourit, et je venais d'entendre sa voix pour la dernière fois. — Voilà tout.

— Les parents qui vous restent sont-ils instruits de vos
dispositions?

— La crainte de les affliger m'obligeait à les tenir ca-
chées. La crainte de tromper leur confiance m'obligeait à
les découvrir. J'aimai mieux leur donner un chagrin que
de leur dérober une affection. Aucun de ceux dont j'avais
quelque fortune à attendre n'ignore mes sentiments. Je
n'eus pas même dans cet aveu l'honneur d'un sacrifice.
Le peu que je possède suffit à mon ambition; la loi m'accorde encore quelques avantages que mes économies ren-
dent déjà superflus, et l'expérience m'a d'ailleurs appris
qu'il n'y a point d'indépendance plus douce et plus assurée
que celle qui résulte du travail.

Notre conversation dura longtemps peut-être, mais il
me serait aussi difficile d'en mesurer la durée que d'en
rappeler l'objet. Cet abandon d'un moment nous avait
conduits à l'intimité de l'âme; alors tous les discours,
tous les mots, toutes les inflexions de la voix, ont une signification que la parole ne peut traduire; mais cela est
ravissant dans la mémoire. Il faut l'avoir éprouvé; il ne
faut ni le raconter ni le lire.

Il y avait deux existences dans Amélie; il y avait deux
âmes : une âme de génie qui planait au-dessus de toutes
les idées de l'humanité, une âme de jeune fille qui com-
patissait à toutes les faiblesses, à toutes les ignorances des

créatures inférieures. Son exaltation était sublime, et sa
simplicité charmante ; elle avait des tristesses solennelles
comme une reine céleste exilée de son empire ; elle avait
des joies d'enfant. Je l'ai surprise à s'amuser d'un papillon,
d'une fleur, à se parer d'une plume ou d'un ruban, à causer et à rire comme une simple femme, et cependant ce
n'était pas une femme.

Ce que c'était, je ne le sais pas ; une apparition sans
doute ; une de ces communications du monde imaginaire
que l'on croit avoir eues, qu'on se représente sous une
forme idéale, qu'on se souvient d'avoir perdues en peu
de temps, et qui laissent une trace éternelle dans la pensée. Si je n'avais pas là ses lettres, ses cheveux, sa bague
d'écaille, son portrait, je serais plus certain d'avoir rêvé.
J'ai beaucoup lu depuis ; j'ai lu *Julie*, la création d'un
homme sensible qui sait quelque chose de l'amour par ouï-
dire. J'ai lu *Corinne*, l'inspiration d'un poëte qui a beaucoup de tendresse dans l'imagination. En vérité, ces merveilles de style et de talent ne sont que de froides merveilles,
parce qu'elles excèdent la portée habituelle de notre nature
imparfaite. Amélie s'en éloignait bien davantage encore ;
car Dieu est plus puissant que le génie, et c'était Dieu qui
l'avait faite. On ne me reprochera pas de l'avoir inventée ;
et qui inventerait Amélie ? Comment la ferais-je comprendre, moi qui n'ai pas le secret magique de ces gens-là ?
comment oserais-je dire : Voici quelle était Amélie, moi
dont l'âme s'étonne et succombe encore, après tant d'années,
au seul retentissement de son souvenir ? A moi et pour moi
ces réminiscences inexprimables sans nom , sans forme,
sans couleur ! — Cela ne peut parler qu'à moi, comme le
signe qu'un voyageur a laissé sur le chemin parcouru,
comme la pierre blanche qu'un avare a cimentée dans la
terre sur son trésor enfoui. Un jour, peut-être, il faudra
bien que je me condamne à écrire des romans ou des nouvelles, puisqu'on ne m'a trouvé bon à rien de plus utile
dans la meilleure des sociétés possibles ; mais je me garde-

rai bien de leur donner Amélie pour héroïne. Je connais
trop les règles de l'art.

Je la quittai plus tranquille. Les capitulations de ma
conscience me coûtaient moins. Ce danger que sir Robert
redoutait pour sa pupille, c'était un événement échu qui
n'avait pas dépendu de moi. Le serment que je lui avais
fait, c'était un engagement dont l'objet n'avait rien que
d'imaginaire. Je ne pouvais le tenir sans violer un nouveau
mystère plus important pour le bonheur d'Amélie, et pour
celui du chevalier lui-même. Ses deux illusions les plus
chères en dépendaient, la constance d'Amélie dans sa foi,
et l'accomplissement d'une édition de Pindare immortelle
comme Pindare. J'aurais été, je n'en doutais pas, délié de
ma parole par un prêtre, et surtout par un avocat. Les
confidences que je venais d'obtenir, sans le vouloir, me
rendaient aussi libre que je l'étais avant de contracter une
obligation téméraire. Si j'avais pu lui répondre, quand il
m'exprima ses inquiétudes : Amélie est catholique, et ses
parents le savent, — que lui restait-il à me demander? Le
serment de l'aimer avec pureté, avec une fidélité inaltérable, avec une résignation soumise aux volontés d'Amélie
et de la Providence? Et qui l'aurait aimée autrement !
Étais-je arrivé d'ailleurs au point qui rendrait un pareil
aveu si nécessaire? Aimer Amélie, grand Dieu! Espérer
qu'on serait aimé d'elle ! Ah ! je n'avais pas tant d'orgueil!

Au reste, le chevalier ne s'en informa pas. Il n'interrogea pas une fois d'un regard mes regards, qui m'auraient
trahi. Il était trop absorbé dans la contemplation de ces
scolies que Pindare paraissait avoir inspirées de son génie, et de cette glose plus poétique, plus élégante, plus
harmonieuse que le texte. Combien de livres compulsés!
Combien d'auteurs appelés en témoignage ! Combien de
savantes illustrations dédaigneusement confrontées avec les
simples notes d'Amélie! Que de voyages pour Jonathas !
Mais Jonathas était impassible, et, les bras chargés d'*in-
folio*, il classait tout devant son maître avec une obéis-

sance mécanique dont la précision aurait déconcerté le
bibliothécaire le plus habile. — Phénomène du siècle !
s'écriait sir Robert. Incomparable enfant qui a vu en Pindare tant de beautés célées à Schmidius, à Bénédictus, à
Sudorius, à mon ami Heyne, et, je pense, à mon frère Jacobus, car je trouve ici telle découverte plus précieuse que
l'or et les diamants, dont je ne lui ai jamais ouï parler !
O Jacobus, où êtes-vous pour mouiller de larmes paternelles ce généreux rejeton, cette fleur prédestinée de votre
tige glorieuse, cette vierge animée d'un esprit divin à laquelle j'élèverai un temple dans ma préface ! Où êtes-vous,
Jacobus ! car mon cher *Paulo-post* est préoccupé de trop
de pensées sérieuses pour prendre part à mon enthousiasme !

Je frémis. J'eus besoin de me remettre un peu pour concevoir que le chevalier me reprochât de ne pas sentir le
prix d'Amélie, et d'en parler froidement. Hélas !...

Ce n'était pas heureusement l'ouvrage d'un jour que
cette édition de Pindare. Après les *Olympiques*, les *Pythiques*. Après les *Pythiques*, les *Néméennes*. Après les
Néméennes, les *Isthmiennes*. Tout le monde sait cela ;
mais la moindre difficulté exigeait une visite à l'oracle, et
j'aurais quelquefois pleuré comme Chapelle, que le
chantre thébain n'eût pas assez vécu pour remplir un
volume de la taille de Jonathas. Sir Robert, qui jouissait
presque autant de mes progrès que de ses acquisitions,
était le premier à me presser de multiplier mes démarches. Il ne se plaignait jamais que je partisse trop tôt
et que je revinsse trop tard. Il pensait que cette alternative d'exercice et d'étude était favorable à ma santé, à mon
instruction, à mon bonheur. Il s'en informait à Jonathas, en l'accablant de surnoms que lui fournissait en
foule son érudition mythologique, et d'épithètes cares-
santes qu'il ne trouvait que dans son cœur ; mon doux
Typhon, mon aimable Encelade, mon gracieux Promé-
thée. Jonathas, qui ne parlait, ainsi que je crois l'avoir

dit, qu'autant qu'il y était contraint par une nécessité irrésistible, se contentait d'exprimer son approbation par
une légère inclinaison de tête et par un étrange sourire.
Quant à moi, je n'ai pas besoin de dire que j'étais de l'a-
vis de Jonathas.

Le livre du chevalier nous occupait toujours Amélie et
moi, mais il ne nous occupait pas longtemps. Je ne sais
pourquoi je me trouvais de jour en jour plus d'aptitude à
comprendre le travail, et moins d'impatience à le terminer. Il en fallait si peu d'ailleurs pour fournir à sir Robert des recherches sans nombre et des amplifications sans
fin ! Aussi, au bout de quelques minutes, le poëte grec
était abandonné, et il s'écoulait au jardin d'Amélie des
heures délicieuses, pendant lesquelles on n'en parlait
plus. Ce n'était pas qu'on fût distrait comme la première
fois par quelque digression subite et saisissante qui absorbait toute la pensée. On n'en parlait plus, parce qu'on
cessait de parler. Plus l'âme est remplie alors, si je m'en
souviens bien, plus la conversation devient insignifiante,
et quand le hasard fait qu'on a échangé quelques mots, on
rougit de n'avoir trouvé que si peu de choses à dire. On a
honte, on a pitié de soi-même, et on se tait. C'est beaucoup quand on ose s'exposer à la rencontre d'un regard
que l'on cherche, — et que l'on évite. Oh ! quand elle est
près de vous, doucement pensive, colorée par une légère
émotion, les lèvres entr'ouvertes par un souffle à peine entendu, les yeux fixés sur un objet qui n'est pas vous, mais
qui ne la distrait point, car elle le regarde sans le voir,
quelle agitation turbulente vient bouleverser le cœur au
moment où elle les ramène sur les vôtres sans s'attendre
à les trouver, et quelle existence ne se sent pas près de s'a-
néantir dans cette volupté peu mesurée à nos forces! On
se recueille, on se réfugie en soi-même, on a besoin de
lutter contre son bonheur pour n'en être pas accablé!
Comme le sentiment de la vie est pur et complet ! Comme
le sein se gonfle à contenir, à posséder le présent ! Et ce-

pendant, comme le temps vole, comme il s'en va ! Vous avez beau vous imaginer que les soirées d'été sont longues ; le son de l'heure n'a pas expiré sur la cloche que voilà la cloche qui en appelle une autre. L'ombre des arbres grandit pendant qu'on la mesure. Il faudra partir quand elle se plongera dans cette pelouse qui borde l'allée, et lorsque vous vous réjouissez qu'elle en soit encore si loin, elle y est déjà.

Le hasard ou un moment d'expansion avait un jour rapproché sa main de la mienne. Je ne saurais expliquer par quelle heureuse adresse j'y liai mes doigts de manière à ne pas la quitter. Cette communication, plus intime et plus douce que toutes celles que l'amour a inventées, devint pour les jours suivants un droit ou une habitude ; cela, par exemple, rendait tous les entretiens inutiles. Que diraient les paroles qui valût la correspondance muette de deux âmes unies par la surface d'un épiderme intelligent et sensible, par le frémissement sympathique des nerfs entrelacés, par le bouillonnement des artères, par la transfusion d'une moiteur tiède et pénétrante qui circule pour ainsi dire d'un cœur à l'autre ? La possession d'une femme aimée, je sais bien ce que c'est : mais cela, tout le monde le sait-il ? N'est-il pas pour quelques organisations tendres et passionnées quelque sens inconnu au vulgaire, quelque organe plus délicat, plus pur, plus exquis en perceptions, qui transforme, qui élève, qui spiritualise notre essence, et qui la fait participer par moments à la nature divine ? Je l'avais jeune, cette faculté d'aimer autrement, d'aimer mieux que l'on n'aime ! Je la conserve toute vivante au milieu des ruines de ma vie, et je plains sincèrement les hommes qui n'ont été qu'heureux comme les hommes le sont.

Quand on se séparait, c'était autre chose. Là commençait une nouvelle espèce de bonheur. Cette félicité profonde qui ne s'était pas comprise restait tout à coup en face d'elle-même. Elle se contemplait avec surprise, elle

se goûtait avec ravissement. Ces calmes et silencieuses voluptés faisaient place à l'exaltation, au délire ; toutes les
sensations ressuscitaient, et avec quelle vivacité! Toutes
les idées se développaient, et avec quelle éloquence! On
ne se contraignait plus; on parlait, on criait, on versait
des larmes à sangloter de joie! On prenait le ciel et l'univers à témoin de son extase, et il n'y avait pas un atome
dans la création qui ne s'animât pour sentir et pour répondre. Comment n'y aurait-il pas répondu? Quand on a
un amour immense dans le cœur, on referait un monde!
On pourrait dire à la lumière d'être, et la lumière serait !
Je recomposais tout. Je remettais tout à sa place, elle,
moi, la nature ; je revoyais Amélie ; je la revoyais peu
distinctement, comme je pouvais la voir, comme je l'a-
vais vue. L'ensemble de ses traits m'échappait, mais qu'en
avais-je besoin? Qui a jamais vu dans leur ensemble les
traits de la femme qu'il aime? qui s'en est jamais sou-
venu? Mais, comme j'entendais sa voix, son parler franc,
brusque, sonore, un peu cuivré, qui vibrait longtemps
comme une flèche de métal émue, comme un cristal vide
que le fer a frappé, qui retentissait de plus en plus harmonieux dans mon oreille! Il y vibre, il y retentit encore !

Et puis, ma propre pensée se prenait subitement pour
moi d'un amour naïf, d'un enthousiasme d'enfant! C'était
moi, moi seul qui avais passé quatre heures auprès d'Amélie, dans l'air qu'elle avait respiré, dans le parfum de son
haleine, dans les rayons de ses yeux. Je connaissais bien
le côté de mon corps qui avait pu l'effleurer. Je m'asseyais
toujours à sa droite, parce qu'il y avait à l'autre extrémité du
banc un petit socle sur lequel elle était accoutumée à s'appuyer. Je me serais dérobé de ce côté à l'attouchement sacrilége d'un papillon d'or ou d'une touffe de roses, avec
plus d'empressement que n'en met un naïre à éviter celui
du paria. Ma main qui avait pressé sa main, je la regardais,
je l'aimais, je la trouvais heureuse, je la caressais de mes

lèvres, je la cachais sur mon cœur ; il me semblait que j'étais la pierre de Bologne d'Amélie, que je réfléchissais quelque chose d'elle, que ceux qui m'apercevaient de loin se disaient tout bas entre eux : Voyez !

Le lendemain du jour fatal où j'avais rapporté à notre laboratoire classique la dernière note d'Amélie, le chevalier exigea que j'allasse passer quelques jours à visiter les merveilles de l'Oberland, pour me remettre des fatigues d'une si longue assiduité au travail. Il ignorait qu'elles ne me fussent sensibles que depuis qu'elles étaient finies. J'acceptai cependant avec reconnaissance, parce qu'Amélie était sur le chemin. Je pourrai la voir, disais-je, et, si je ne la vois pas, je passerai si près d'elle !

Je la trouvai sur notre banc de gazon. Elle y avait pris ma place. Elle la quitta, comme si elle était honteuse de l'avoir prise : je m'assis. Je ne la regardai pas, car j'avais à lui parler. Je lui parlai en effet de ma courte promenade dans l'Oberland, et du désir que j'avais éprouvé de la revoir pour la dernière fois.

— Pour la dernière fois ! répondit-elle en se rapprochant de moi et en m'abandonnant sa main, que je n'aurais pas osé prendre si vite. Pour la dernière fois ! continua-t-elle en souriant. Les voyages de l'Oberland sont-ils si dangereux ?

— Vous n'ignorez pas que je n'ai plus de prétexte à l'égard du monde pour revenir auprès de vous ?

— A l'égard du monde ! s'écria-t-elle avec étonnement.

— Il m'en reste moins encore aux yeux du chevalier.

— De sir Robert ! reprit-elle. Ah ! ah ! cela est vrai ! je n'y avais pas pensé. — Pour la dernière fois !

Nous ne dîmes plus rien. Elle ne s'était pas éloignée. Elle était là, près de mon sein ; elle me touchait. Elle ne m'avait pas retiré sa main. Sa main tremblait.

Il fallait qu'elle souffrît, car elle laissa tomber sa tête contre mon épaule. Cette fois-là, je sentis, j'aspirai son souffle. Ses cheveux s'étaient détachés ; ils se mêlaient

avec les miens; ils flottaient sur mon visage. Un de leurs
anneaux vint jusqu'à ma bouche, et je le retins avec mes
lèvres.

Quelque temps après, je crus sentir que son corps fléchis-
sait. Je passai mon bras autour d'elle pour la soutenir. Il
est difficile de s'expliquer comment on ne meurt pas alors,
et cela serait si bien!

Ce fut elle qui s'aperçut que le soleil était couché.

— Voilà la nuit, me dit-elle en s'élançant de quelques
pas au-devant de moi. — Pourquoi n'êtes-vous pas parti?...

— Je vais à l'Oberland, Amélie, et que m'importe quel
sera mon gîte ce soir? une cabane, une bruyère, un rocher,
tout est bon! — Je la suivis cependant.

Nous fûmes si longtemps à gagner la vieille et sombre
galerie qui conduisait à la porte, que les ténèbres finirent
de s'épaissir. Amélie prit une lampe pour m'accompagner
dans ce passage, qui était long, ruineux, difficile, et qui
avait appartenu à d'anciennes constructions monastiques.
Des parties de la voûte, qui s'en étaient séparées çà et là,
jonchaient le sol humide et mouvant, auquel le temps les
avait incorporées comme des roches naturelles. Dans tous
les endroits où était parvenue la lumière du soleil, on
voyait jaillir de leurs joints béants des poignées de mauvaises herbes, et surtout de la grande éclaire à fleurs
jaunes.

Amélie me précédait en se tournant de mon côté presque
à chaque pas, surtout quand le chemin offrait quelque obstacle dangereux. Cette clarté livide qui projetait en haut
les ombres de son visage, que je n'avais jamais vu éclairé
autrement que par le ciel, lui donnait quelque chose de
l'aspect d'un fantôme. Elle me paraissait plus triste, plus
grande et plus pâle. Une idée de mort s'arrêta sur mon
cœur. Je chancelai. La clef avait tourné dans la serrure;
le gond avait crié. L'air était devenu moins froid, l'obscurité moins sombre. C'était déjà l'extérieur, le monde de
ceux qui croient vivre. Déjà cela! —

Je retrouvai la main d'Amélie. Je ne savais plus ce que c'était qu'une main de femme. Je la saisis à la briser. Je la portai à mon front, à mes yeux, à ma bouche. Je la couvris, je l'imprégnai de baisers dans lesquels j'aurais voulu laisser mon âme. Eh! qu'avais-je besoin d'une âme à moi, d'une âme qui n'était bonne qu'à souffrir! La porte se referma. Je ne compris pas qu'Amélie ne fût pas sortie aussi, qu'elle m'eût laissé seul, tout seul! Il me semblait qu'elle, c'était nous deux.

Tout à coup j'entendis un cri. Je me précipitai vers cette porte, comme si elle n'avait pas dû m'arrêter. Il y avait là un de ces petits treillis de fer qu'on voit aux maisons des reclus, par lesquels on regarde, on parle, on interroge. Amélie était immobile à la place où je l'avais laissée, absorbée par une pensée fixe, et les yeux cloués sur la terre. Sa lampe tomba.

Je m'attachai à la porte; j'enfonçai mes doigts entre ses moulures. J'essayai de crier aussi; je criai sans doute. On avait entendu. L'extrémité de la galerie s'éclaira, et je vis la robe d'Amélie flotter, se cacher et reparaître tour à tour entre les débris. Elle arriva.

Je ne me soutenais plus. Je défaillis sur le seuil, je l'inondai de mes pleurs, je le frappai de ma tête; je ne l'aurais pas quitté, si une idée ineffable, comme celle qui doit s'éveiller à la résurrection dans l'âme d'un élu, ne m'avait rendu la force et la vie.

Je me levai, je me tins debout, je marchai sans effort. Je m'étais dit : Elle m'aime peut-être!

Je passai huit jours à parcourir l'Oberland, à errer, à gravir, à méditer, à jouir du bonheur d'être libre et de vivre avec ma pensée. Amélie n'était pas près de moi, mais je croyais sentir que son cœur me suivait. Depuis que je l'aimais, je n'avais jamais été aussi loin d'elle, et jamais je n'en avais été moins réellement séparé. Ce qui nous séparait, c'était ce qu'on peut parcourir de la terre dans un demi-jour de marche ; un peu d'air, un peu de ciel, pas un sentiment, pas une distraction. Sa voix était la dernière qui eût vibré dans mon cœur; sa main, la dernière que j'eusse touchée ; son regard, le dernier qui se fût rencontré avec le mien. Je lui parlais, je la voyais, je la touchais encore. Une éternité heureuse, un vrai paradis pour l'âme, ce serait une émotion pareille, ainsi prolongée, ainsi entretenue, sans altérations, sans vicissitudes, sans défiance de l'avenir, et toujours, toujours vivante!

Le jour de mon retour à Berne, il était grand matin quand je passai au-dessous de la maison. Je n'avais pas dormi. Je m'étais levé dix fois pour savoir si l'aube paraissait. Ne devais-je pas voir cette maison, et pouvais-je la voir trop tôt? Enfin elle se détacha, blanche et frappée du soleil levant, au milieu de ses massifs d'ombrages, d'où elle s'appuyait jusqu'à la route sur cette vieille aile de bâtiments délabrés qui probablement n'existent plus. Tant d'autres choses ont disparu depuis !

Il n'y avait qu'une croisée ouverte : c'était celle d'Amélie. Je supposai qu'elle avait voulu jouir de cette heure délicieuse où la nature s'éveille avec tant de grâce. Je me flattai que ses premiers regards s'y étaient tournés du côté de l'Oberland. J'espérai qu'elle y reviendrait. Elle ne parut pas. Rien n'était moins extraordinaire, et cependant je ne pus me défendre d'une étrange tristesse.

Cela m'étonna. Que manquait-il au charme de cette matinée? L'horizon était si pur, l'air si doux, l'automne si beau avec ses magnifiques feuillages qui commençaient à peine à se marbrer de couleurs resplendissantes, comme si chaque arbre avait porté des grappes d'or et de pourpre ! Il manquait Amélie ; Amélie n'y était pas.

Je fus fêté du chevalier comme un enfant chéri qu'on n'a pas vu depuis des années, et qui arrive de loin. Cependant après quelque temps son visage se rembrunit, et sa tête, lentement renversée en arrière jusqu'à devenir hori-

zontale au plafond, le frappa d'un de ces regards verticaux
sur la signification desquels je ne pouvais plus me méprendre.

Je conçus qu'il était survenu quelque malheur. Mon cœur
se serra.

— Es-tu entré chez Amélie à ton retour? me dit sir Robert.

— Chez Amélie? répondis-je. Et comment? A quelle occasion? A quelle heure? Pourquoi? Pindare est fini.

— Elle est malade, reprit-il en ramenant sa tête sur sa
main aussi lentement qu'il l'en avait éloignée.

— Malade! m'écriai-je. En danger, peut-être! Expliquez-
vous, monsieur le chevalier!

Il était trop ému pour prendre garde à mon émotion. Il
continua :

— En danger, — c'est selon. Les médecins ne le pensent
pas. Ils parlent d'une indisposition, d'une espèce d'infirmité nerveuse qui ne compromet pas la vie; mais ils disaient cela aussi de... quelqu'un, d'une autre femme, d'un
autre enfant, qui sont morts à la suite d'un mal qui avait
les mêmes symptômes. Oh! ceci, *Paulo-post*, m'est plus
à cœur que les leçons de Pindare, plus à cœur que ma propre
existence! Amélie est tout ce qui reste de mon Jacobus!

Je n'entendais qu'à peine ; je rassemblais mes idées. Je
réfléchissais. J'avais entendu parler de cette maladie extraordinaire par Amélie elle-même ; j'en savais les caractères : son cœur palpitait tout à coup avec violence ; ses
oreilles bruissaient comme assourdies par la chute d'une
cataracte; ses yeux s'obscurcissaient, s'éteignaient, et puis
son sang ne circulait plus, son pouls ne battait plus. Elle
cessait d'être un moment, car la crise, arrivée à ce point,
ne durait jamais qu'un moment; elle n'en rapportait
d'autre souvenir que celui d'un songe confus, d'une ex-
cursion passagère dans les ténèbres de la mort; mais elle
s'en inquiétait si peu, qu'elle avait presque réussi à me faire
partager son insouciance.

— Malheureusement, ajouta le chevalier, tu es trop fatigué pour aller t'informer aujourd'hui de son état, dont tu jugerais mieux que Jonathas...

J'étais parti.

— Mademoiselle a expressément exigé de rester seule, me dit une des filles de service qui vint m'ouvrir, mais elle a excepté les personnes qui se présenteraient de la part de sir Robert.

Je volai vers la chambre d'Amélie. Je m'étonnai, quand je fus entré, qu'on en refermât la porte sur moi ; mais je me souvins qu'elle avait expressément exigé de rester seule.

Elle était seule en effet, — assise sur un fauteuil, la tête appuyée au dossier, les yeux fermés, le teint plus pâle que de coutume. — Je m'élançai vers elle, elle ne fit pas un mouvement ; — je saisis sa main, elle était froide. — Je poussai un cri, je tombai à genoux, je pressai cette main de mes deux mains, j'y collai mon visage ; je criai encore, je priai, je pleurai. — Je ne savais pas si c'était un des accès qu'elle m'avait décrits ou si c'était la mort même. Cela dura un temps impossible à calculer : — une minute, — une éternité. — Je ne criais plus, je ne pleurais plus, je mourais.

Sa main s'était réchauffée sous mon haleine, sous mes larmes, sous mes baisers. Mes doigts crurent y retrouver en s'élevant jusqu'à l'artère le jeu de la vie et du sang ; elle palpita enfin, elle se déroba à mes lèvres, et j'osai reporter mes regards sur Amélie, dont les yeux ouverts et fixes étaient attachés sur moi avec un étonnement inquiet.

— Maxime ! s'écria-t-elle en jetant ses bras sur mes épaules ; Maxime ! C'est lui ! c'est toi !... c'est bien toi !... Tu m'aimes donc !...

— T'aimer, Amélie ! Oh ! t'aimer, t'adorer, vivre ou mourir de t'aimer, sentir mon âme s'anéantir dans cette pensée. — Mourir là... Maintenant... maintenant.

— Bien, bien, dit-elle, en passant ses doigts sur ma tête, sur mon cou, en essuyant la sueur de mon front et les pleurs de mes yeux ! — Le voilà donc revenu de l'Oberland ! C'est toi, c'est Maxime ! et je sais qu'il m'aime ! Heureuse Amélie ! je pouvais mourir un moment trop tôt !...

— Mourir ! ah ! tu ne mourras pas ! je te le défends ! j'ai de la vie, j'ai de l'avenir pour nous deux.

Et pendant que je lui parlais, je la regardais plus fixement que je ne l'avais fait jamais. Je m'étonnais de voir ses joues animées de couleurs si vives, et sa prunelle s'épanouir en rayons de feu. Je craignis de m'être trompé sur sa résurrection, et que ce qui me restait d'Amélie ne fût plus qu'une âme qui achevait de se transfigurer pour le ciel.

— Attends, attends ! repris-je. Calme-toi ! calme ton cœur pour me le conserver ! Pense qu'une émotion trop forte peut mettre en péril ta vie et la mienne, puisqu'elles n'en font plus qu'une ! Pense que je ne résisterais plus à la douleur de te voir comme je t'ai vue tout à l'heure ; que tu as depuis ce temps-là toute ma destinée de plus à sauver !... Calme-toi, mon Amélie ! repose-toi ! Éloigne-moi ! éloigne ma pensée ! Je veillerai tout près !... A un signe parti de ta croisée, au moindre cri, au moindre appel, je serai à tes genoux, et tu te réveilleras encore !

— Mourir ! mourir ! quelle frénésie insensée ! dit-elle. Amélie mourir ! quelle crainte d'enfant ! mourir est bon pour la faiblesse et pour le malheur, mais je ne mourrai point ! Regarde, n'es-tu pas là ? ne me touches-tu pas ? ai-je encore la main glacée, les joues pâles ? mon sang se fige-t-il encore dans mes veines ? mon cœur se crispe-t-il encore comme sous la dent d'un serpent ? Il est si joyeux, mon cœur ! Il danse, il bondit dans mon sein ! Ah ! ce n'est pas ainsi que l'on meurt, ou la mort vaut mieux que la vie ! —

Son exaltation m'enivrait et m'effrayait en même temps. Elle s'en aperçut. Elle appuya sa tête sur mon bras, car je m'étais assis auprès d'elle ; et souriant, l'œil plein d'une joie douce et reposée, les mains nouées nonchalamment autour de moi, elle me dit à basse voix :

— N'aie pas peur !... ne t'inquiète pas !... Je suis tranquille ! je suis guérie ! je suis heureuse ! tu me retrouveras heureuse... — Vois-tu ! je suis la première encore à m'apercevoir que le soleil se couche ; et ce soir, tu ne vas plus à l'Oberland !...—

Le soleil se couchait en effet, et depuis longtemps le chevalier attendait avec impatience des renseignements circonstanciés sur la position d'Amélie. C'est que ce jour-là les minutes avaient passé mille fois plus vite qu'à l'ordinaire ; c'est que cet entretien, qui s'écrit en si peu de lignes, était, comme le savent ceux qui ont aimé, inépuisable en détails toujours semblables et toujours nouveaux. Qui dira jamais ce qu'il y a de nuances de la pensée dans l'expression d'un regard, dans l'accent d'une syllabe, dans la modulation d'un souffle, dans le silence même qui succède plus éloquent encore aux paroles et aux soupirs ? Qui dira combien un mot répété à l'infini pourrait signifier de choses différentes, s'il s'échangeait éternellement entre deux âmes passionnées qui se le renvoient comme un défi fantastique d'en saisir la dernière pensée ! qui comprendrait l'incompréhensible moment où deux amants qui viennent de s'avouer qu'ils s'aiment, s'apercevraient qu'ils se le sont dit assez !

Je partis cependant. Il le fallait bien. J'étais tranquille d'ailleurs. Amélie ne souffrait plus. Elle me l'avait juré ! Quand je fus parvenu au dehors de la vieille partie des bâtiments, et que le circuit de la route m'eut ramené sous sa fenêtre, elle y était pour me jeter un signe d'adieu, et pour me suivre des yeux jusqu'au premier coude du chemin. Alors elle y était encore, et le signe se renouvela entre nous deux, avec un abandon que l'espace qui nous séparait rendait innocent comme son cœur et comme le mien. C'était un baiser peut-être !

Sir Robert n'avait pas couvert un feuillet, — que dis-je ! il n'avait pas ouvert un livre depuis mon départ. Jonathas, immobile, debout et perpendiculaire, suivant sa coutume, épiait depuis trois heures sur le front soucieux de son maître cette velléité de l'édition *princeps*, ou de l'exemplaire *in membranis*, qui amusait ordinairement sa solitude de distractions si douces. Je sentis que c'était l'inquiétude où je le laissais depuis trop longtemps sur la santé d'Amélie, qui avait absorbé toutes les facultés de cette âme tendre, accoutumée à vivre par les autres beaucoup plus que par elle-même ; et je regrettai d'avoir été si longtemps heureux.

— L'état d'Amélie est meilleur, dis-je en m'appuyant sur le fauteuil du chevalier, et j'espère qu'en peu de jours il ne nous laissera plus de craintes.

Les traits de sir Robert se dégagèrent du nuage qui les couvrait. Sa bouche reprit le sourire qui lui était habituel, et il me pressa la main...

— Alors, reprit-il, tu retourneras demain de bonne heure, et je serai plus tôt rassuré.

Je ne savais pas positivement si c'était là un reproche, mais je me promis de ne pas m'y exposer davantage.

Quand j'arrivai, Amélie n'était pas seule comme la veille. Son rétablissement avait fait assez de progrès pour qu'elle pût recevoir ses amies, devant lesquelles elle aurait craint de paraître dans l'état d'anéantissement où je l'avais surprise. Mes visites n'excitaient d'ailleurs aucune défiance dans la maison, et personne ne soupçonnait que j'y fusse attiré par un autre amour que celui du grec. On ne tarda pas à nous laisser.

C'est une étrange position que celle de deux amants qui se retrouvent pour la première fois, quelques heures après la première expansion d'un sentiment qui s'est trahi de part et d'autre, et qui a, pour la première fois, confondu leurs âmes en une seule âme. Il se passe alors quelque chose d'extraordinaire dans l'esprit. Le bonheur qui l'avait

préoccupé d'une conviction si profonde et si délicieuse
devient presque un objet de doute. On se demande avec
effroi si l'on n'a pas rêvé, ou bien si cette lueur passagère
de félicité qui suffirait à toute la vie doit se refléter sans
altération sur un seul lendemain. Il semble que l'avenir
entier a été dévoré dans une minute de délire. On n'ose ni
se regarder ni se parler, parce qu'on sait tout ce qu'on per-
drait à échanger contre une émotion présente, refroidie
par la réflexion ou par le caprice, l'émotion brûlante du
passé. Une fois que je fus assuré qu'elle était mieux, j'aurais voulu n'être pas venu. J'aurais voulu, du moins, être
sorti avant les étrangers, avant les indifférents. J'aurais
moins redouté d'être confondu avec eux...

— J'annoncerai donc à sir Robert qu'Amélie ne souffre
plus, dis-je en me levant sans tourner les yeux sur elle, et
en me disposant à partir sans attendre sa réponse.

Deux ou trois minutes de méditations ne m'avaient rien
suggéré de plus adroit pour me soustraire à l'inexplicable
embarras de mes pensées et de mon cœur.

— Oui, Maxime, vous pouvez le lui annoncer, en le re-
merciant de son intérêt et de ses bontés.

Vous pouvez le lui annoncer ! m'écriai-je à ses genoux.
Ah ! parle-moi comme hier, une fois, une fois seulement,
ou n'espère pas que je vive assez longtemps pour le revoir
et pour te nommer à lui !...

Elle remit ses bras autour de mon cou, elle me rapprocha d'elle, elle laissa retomber sa tête près de la mienne,
elle couvrit ma tête de ses cheveux, comme la veille.

— Pauvre ami ! dit Amélie, que t'ai-je fait pour douter
de moi ? Hier, c'est toujours !...

— J'en étais sûr, repris-je en pleurant de joie, mais j'a-
vais besoin de te l'entendre dire encore !

Depuis ce jour-là nous ne fûmes plus en peine, et nous
n'oubliâmes plus de nous tutoyer.

Ces entrevues se renouvelèrent souvent; elles durèrent
quelques semaines, soit que la parfaite guérison d'Amélie

me laissât quelques inquiétudes réelles, soit que l'intérêt
de ma passion et de mon bonheur m'eût réduit à la vile
nécessité de prolonger celles du chevalier. On va si loin,
sans le savoir, une fois qu'on a capitulé avec sa conscience, une fois qu'on a menti !

La fausseté de cette position morale finit cependant par
m'inquiéter, au point de troubler mon sommeil, d'empoi-
sonner mes rêveries solitaires, jusqu'alors si douces et si
pures. Je me surprenais de temps en temps dans ces promenades, si remplies de la pensée d'Amélie, à me frapper
le front avec colère, et à me dire tout haut : Cela n'est cependant pas bien !

Je n'avais eu de mystère pour Amélie que celui-là. Je
me décidai à le lui livrer un jour tout entier. Je lui racon-
tai les premières craintes de sir Robert, et le serment que
je lui avais fait, et les excellentes raisons dont je m'étais
avisé pour ne pas le tenir. Elle resta quelque temps à me
répondre.

— Mon ami, me dit-elle enfin, nous sommes libres tous
les deux, et rien ne peut nous empêcher de nous aimer
toujours, car je ne douterai jamais de ton cœur ; mais ne
plaçons pas notre bonheur sous les auspices du parjure !
Tiens les engagements que tu as pris. Dis tout ; dis que tu
m'aimes ! dis surtout que je t'aime, et que ma vie dépend
de toi ! Un devoir accompli est le premier de tous les biens.
L'événement qui nous priverait du bonheur présent n'est
rien au prix de l'avenir que Dieu peut nous donner.

Je disputai comme un enfant, mais je partis résigné à
lui obéir. Je me répétais encore en entrant chez sir Robert : Elle le veut ! — C'était une autorité plus puissante
pour ma faible raison qu'un serment prêté sur l'Évangile
et dont j'avais pris Dieu même à témoin !

Le chevalier m'attendait, et, à mon grand étonnement,
le livre sacré était ouvert devant lui comme la première
fois. Je ne l'avais pas revu depuis, mais je l'eus bientôt
reconnu.

Je tremblai de tous mes membres. Une sueur froide coula de mon front. Je me demandai si je veillais.

— Vous souvient-il de ceci? me dit sir Robert ; quelque chose de pareil s'est déjà trouvé entre nous.

— Pardonnez, dis-je en m'asseyant, car je me soutenais à peine. Un moment, au nom du ciel, pour que je n'expire pas devant vous ; mais auparavant ne croyez-vous pas nécessaire d'éloigner Jonathas ?

— Jonathas ne vous entend pas, Maxime. Il ne sait que ce que son intelligence mécanique lui a enseigné, pas davantage ; et il faut que les affaires de votre âme soient en mauvais ordre, mon malheureux ami, pour que vous redoutiez une conversation française devant un Gallois qui ne sait pas même l'anglais.

— Je suis remis, monsieur le chevalier. Je n'ai plus peur. En me rappelant à mon âme, vous m'avez rendu ma sécurité. Vous êtes instruit, mais je peux tout dire. L'aveu que vous alliez me demander, je jure que je venais le faire !

— Et sur quoi jureras-tu cette fois-ci ? répondit le chevalier, en laissant tomber sa tête sur le dos de son fauteuil.

— Arrêtez, sir Robert! Vous abusez de vos avantages. Vous me condamnez à mort avant de m'avoir entendu.

— Maxime, je vous écoute !

— Je vous ai promis mon secret; et le jour où je l'ai appris, ce secret funeste, il était déjà celui d'une autre, le secret de la vie d'Amélie ! Elle vient de me dégager !

— Elle vient de te permettre d'être fidèle à ton serment, sans doute!

— Elle vient de me le prescrire. Depuis notre seconde entrevue, je savais qu'elle était dans le cœur catholique romaine.

— Catholique romaine! s'écria sir Robert éperdu; où as-tu pris ce blasphème, calomniateur impie?...

— Dans ses paroles, dans ses aveux, monsieur le chevalier, un jour qu'elle me croyait protestant.

— Catholique romaine! Apostasie! parjure! sacrilége! profanation des profanations! La fille de Jacobus catholique! et il ne s'est pas levé de son tombeau pour la maudire!

— Il y est descendu en la bénissant. Le père d'Amélie savait qu'elle était catholique romaine.

Ici la consternation de sir Robert fut à son comble. Son esprit paraissait égaré dans un chaos d'idées confuses et de résolutions contradictoires. Ses yeux fixes exprimaient la terreur d'un homme frappé par une horrible apparition. Il répétait en balbutiant : Catholique romaine, et son père le savait! Apostasie, apostasie et parjure!

— Et quand cela serait aussi vrai que cela est faux, reprit-il au bout de quelques minutes d'agitation, mais d'une voix forte et assurée ; — quand elle aurait trahi son Dieu, devais-tu le trahir aussi? Sont-ce là les enseignements que vous recevez de votre Église? Ou, si tu ne crois pas même à la religion que tu attestais, les simples règles de la probité humaine ne t'engageaient-elles pas envers moi? Qui t'avait permis de tromper la crédulité d'un ami, dupe de sa folle confiance en tes promesses, d'un vieillard qui s'était livré à toi! faut-il que je te le rappelle, avec l'aveugle tendresse d'un père?

— J'ai eu le malheur de croire que je comprenais mieux les intérêts de votre bonheur, en vous épargnant une peine irréparable. Mon erreur est grave sans doute, mais ce motif l'excuserait, si elle pouvait être excusée.

— Le parjure ne s'excuse point. Il porte toujours son châtiment, et le ciel veuille te l'épargner! Irréparable, dis-tu! Il n'y a rien d'irréparable ici que ta fatale passion, peut-être! Tu m'as dit qu'elle était catholique romaine dans le cœur. Hélas! cela n'est que trop possible! N'es-tu pas catholique romain? J'ai connu aussi le cœur des jeunes filles ; et leur foi, c'est la foi de ce qu'elles aiment ; leur religion, c'est leur amour. Mais elle n'a pas abjuré. Si elle avait abjuré, ses ressources n'existeraient plus ; l'opinion l'aurait repoussée, l'aurait flétrie! Elle serait obligée d'al-

ler cacher ailleurs l'opprobre qui s'attache aux renégats !
Le penchant insensé qui l'entraîne au papisme s'évanouira
aussi vite que l'illusion qui t'a dévoué son âme pour quelques mois. — Tu te révoltes contre cette idée, je le conçois;
mais l'avenir te confirmera mes paroles, car l affection des
femmes est encore plus passagère que leur croyance, et
une femme qui a délaissé Dieu peut bien oublier un amant.
— C'est pourtant à cette courte jouissance de la vanité, à
l'accès de délire d'une fièvre de jeune homme que tu as
sacrifié la paix de mes vieux jours et l'honneur de tes engagements ! Justifie-toi, si tu le peux !

— Je crois que je le pourrais, mais je n'en ai pas besoin.
La pureté d'Amélie est sans reproches. Notre amour mu-
tuel n'a été deviné que par vous. Il ne laissera ni rougeur
à son front, ni remords à son cœur, ni tache à sa réputation. Quant à mes obligations, elles sont intactes et sacrées,
comme le jour où je m'en suis lié volontairement. Je n'ai
que mon bonheur de plus à immoler à mon devoir; mais
cette considération ne m'arrêtera point. Ma vie vous appartient, monsieur le chevalier, et vous pouvez être sûr
que je ne vous la disputerai point.

— Qui te demande ta vie, que j'ai plus à cœur que la
mienne? répondit le chevalier en me tendant la main.
Suis-je assez fort maintenant pour te retenir sur le bord de
l'abîme où je vous ai poussés tous les deux, moi, le plus
coupable de nous trois? Oh! que la foudre anéantisse tout
ce qui reste de Pindare, sans en excepter mon bel exemplaire de l'édition de Calliergi !... Malédiction sur Pindare,
sur Calliergi et sur moi !

— Le Pindare de Calliergi? dit Jonathas en se penchant
à l'oreille de son maître.

— Je n'en ai pas besoin, tendre et obéissant Goliath,
répliqua le chevalier, qui tournait en même temps un regard affectueux sur le Gallois attentif. — Je n'ai pas besoin
du Pindare de Calliergi. Je ne veux jamais le revoir. Et,
cependant, il ferait encore le bonheur de mes yeux, si

j'avais trouvé dans l'âme d'un fils de mon choix, l'unique objet de mes espérances, la soumission résignée de ton âme de sauvage.

Alors Jonathas avait compris qu'il ne s'agissait plus du Pindare de Calliergi, et il n'avait compris que cela.

Le chevalier nous regarda tous les deux, et il se mit à pleurer. — Il pleurait sur moi. — J'étais à ses pieds.

— Mon maître, mon ami, mon père, lui dis-je en sanglotant, disposez de l'obéissance de Maxime comme de celle de Jonathas! Ordonnez! La journée n'est pas avancée! — J'ai le temps de partir de Berne.

— Et de prendre la route de l'Oberland, dit sir Robert en pressant ma tête de ses mains.

— La route que vous voudrez! celle qui m'éloignera le plus d'Amélie, celle au terme de laquelle je ne pourrai jamais retrouver ni elle ni vous! Je la prendrai, s'il le faut, pourvu que vous me conserviez, elle et vous, un souvenir d'estime et d'amitié!...

— As-tu réfléchi au moins à la portée de cette promesse?

— Elle sera accomplie dans une heure; je ne vous demande que le temps de lui écrire, de lui expliquer en quelques mots la résolution que vous exigez de moi, de lui dire une seule fois encore que mon cœur ne vivra jamais que pour elle! Je ne lui parlerai pas de mes projets, je ne lui indiquerai pas l'asile que je vais chercher. Je n'ai point de projets, point d'asile. Je ne sais où je vais. Tout ce que je sais, c'est que je vais où elle n'est pas, et que j'y vais parce que vous l'avez voulu. — Après cela, c'est fini, et Maxime sera pour vous deux comme s'il n'avait jamais été.

— Comme s'il n'avait jamais été! interrompit le chevalier avec exaltation. — Mon fils, mon cher fils, mon *Paulo-post* bien-aimé! Comme s'il n'avait jamais été! Est-ce donc une âme insensible au dévoûment le plus généreux, sans compassion pour les erreurs de la sensibilité, sans admiration pour le courage de la vertu; est-ce un homme

aux entrailles de fer que le vieil ami de Maxime?... Ah!
condescends toi-même aux inquiétudes mortelles du pauvre chevalier Grove; prends pitié de sa rigueur, et tâche,
s'il est possible, de ne pas l'accuser! Oui, mon ami, j'espère, j'espère encore que cette abjuration criminelle n'aura
pas lieu, quand son premier, quand son unique motif aura
disparu. J'espère que ce scandale effrayant, dans une personne d'une si rare élévation de caractère et de talents,
n'affligera pas le peuple qui suit la loi de vérité. J'espère
que l'impression de ce déplorable amour qui vous perdait
l'un et l'autre s'effacera en quelque temps quand vous serez
séparés. Je ne compte pas sur l'impossible pour vous guérir; je compte sur ce qu'il y a de plus essentiel dans notre
nature, de plus inévitable dans notre destinée, sur l'instabilité de deux cœurs d'enfant qui ont cru s'aimer parce
que le hasard et l'étourderie d'un vieux fou les ont rapprochés par malheur. Je compte sur ce besoin insatiable
d'amour dont tu te croyais affranchi à jamais, quand tu
voulus te faire moine, et qui te tourmentera peut-être encore sous des cheveux blancs. Il ne manque pas de belles
filles papistes qui aimeront mon Maxime, et qui seront
fières d'en être aimées. — Et s'il en arrivait autrement!...
si la fatalité de ma vie m'avait fait tomber sur une de ces
passions de roman qui résistent à l'épreuve de l'absence
et du temps, nous verrions alors! Et tu sais, si tu ne m'as
pas mal jugé, que tu trouverais dans mon sein un port
assuré contre le désespoir. — Va-t'en donc, si tu en as le
courage; mais ne t'en va pas comme l'ami oublieux qui
veut qu'on l'oublie. Écris-moi... tous les jours, et ne va
pas loin!...

Pendant que le chevalier répétait tout cela sous dix
formes différentes, mais plus bienveillantes et plus expan-
sives les unes que les autres, je laissais tomber sur le
papier mes tristes adieux à Amélie.

— Voilà cette lettre, dis-je en la lui présentant tout
ouverte. — Et, maintenant, je suis prêt.

Il la ferma sans la lire.

Quelques dispositions nécessaires m'appelaient un moment dans ma chambre. A mon retour, je trouvai sir Robert plongé dans le plus profond abattement. Je pris sa main pour la porter à mes lèvres, mais il m'attira dans ses bras...

— Et moi aussi, dit-il, moi dont le cœur s'est toujours amolli aux souffrances des autres, je fais preuve de courage! d'un courage, hélas! sans compensation et sans espérance! Tout mon avenir, à moi, c'étaient les jours, le peu de jours que j'avais encore à t'aimer présent et heureux, et à me croire aimé de toi! Qui m'aimera demain?

J'avais été calme jusqu'alors comme un homme ferme qui entend prononcer sa sentence; mais je commençais à céder sous le poids de sa propre douleur. Je l'embrassai et je m'enfuis. Je parcourus Berne sans rien voir. J'en sortis avec l'impression confuse et horrible de l'infortuné qui se précipite dans un abîme obscur, et qui n'a pas même reconnu du regard l'endroit où il va se briser. Au bout de trois heures de marche sans but, j'arrivai je ne sais où, dans un village dont je n'ai jamais pu retenir le nom. J'étais sûr seulement de n'avoir pas suivi la route de l'Oberland.

Je marchai quelques jours, m'arrêtant partout, ne me fixant nulle part, du canton de Berneau val d'Orbe. Ces sites romantiques et solitaires convenaient à l'état de mon âme. J'aurais voulu ne pas les quitter. J'y pensais couché sur le roc, par une belle après-midi de la fin de l'automne, quand des explosions d'armes à feu, répétées à peu de distance, me tirèrent de ma rêverie : je supposai qu'il y avait là des chasseurs. Un instant après, des balles rebondirent à mes côtés. Je me levai; je portai les yeux autour de moi. Je m'étais reposé sous une cible. Voilà ce que la société a fait des magnificences de la nature.

Si j'avais été tué ainsi cependant, je mourais si pur et si heureux, je mourais dans la contemplation de Dieu et de ses ouvrages, dans cette pensée d'Amélie qui se mêlait à toutes mes pensées, qui était la source de tout ce qu'elles avaient de noble, de touchant et de passionné! Ma vie était si complète! Le bonheur de choisir, de marquer l'instant et le genre de la mort serait trop achevé pour notre misérable destination de la terre. Il n'y a que le suicide d'heureux; il n'y a que lui qui puisse disposer de ses jours à heure fixe, et je n'y songeais plus au suicide. — Les suicides n'entreront pas dans le paradis d'Amélie.

Il était tard quand j'arrivai à Yverdon, dans cette auberge qui est la première à droite en venant du pays de Vaud; Yverdon, ville douce et paisible, mais dont la position, les aspects, les harmonies pittoresques, les calmes et sérieuses beautés sont frappées de je ne sais quelle fatalité de mélancolie qui saisit le cœur. Le lendemain, j'avais devancé le lever du soleil sur les bords de son lac, noir encore, immobile et sans bruit, parce que l'atmosphère humide et reposée comme lui n'était pas agitée du moindre vent. Je m'assis, j'attendis, j'épiai, je suivis du regard, à travers l'horizon qui s'élargissait peu à peu, les progrès du jour naissant. Il survint un instant où les brumes, balancées par un mouvement qui leur était propre, commencèrent à blanchir, à relâcher leur réseau pénétré de rayons pâles, à s'éparpiller en folles toisons, à se rouler plus vagues et plus légères à la pointe des promontoires, à se pelotonner au loin sur les eaux comme des bancs d'écume, à s'écheveler à la cime des arbres à demi défeuillés, comme ces brins de soie flottants qu'un souffle égare dans l'air. La lumière croissait de toutes parts; le lac bleuit. Je distinguai à sa surface l'entrelacement de ses rides frémissantes, mais trop peu émues pour être sonores. On aurait entendu d'une lieue le sursaut d'un poisson réveillé par la tiédeur de l'air matinal ou le battement périodique d'une rame. Et, alors, Granson dessina sur la côte opposée la blanche silhouette de ses maisons en amphithéâtre et les clôtures inégales de ses vergers. Ce spectacle triste et pacifique à la fois convenait à l'état de mon cœur;

il soulageait ses perplexités en le pénétrant d'une langueur pleine de charme. J'aimais déjà Yverdon comme on aime une longue impression de regret et de douleur qui s'est identifiée avec la vie, et je ne savais pas encore pourquoi.

Le sentiment inexplicable que je venais d'éprouver se fortifiait à chaque pas que je faisais dans une promenade unique au monde, qui me ramenait à la ville par des allées d'arbres immenses, dont la pompe magnifique et solitaire imposerait aux cœurs les plus vulgaires un sublime recueillement. J'y pensais à l'Élysée de Dante, à cette grave et rêveuse immortalité des enfants morts sans baptême et des sages morts sans révélation. Un doute amer et profond m'avertissait depuis longtemps que l'éternité ne me réservait pas d'autres joies et d'autres récompenses. Il y a des âmes, longuement prédestinées à souffrir, pour qui le seul souvenir de la vie empoisonnerait à jamais la félicité des élus. Je pleurai, mais je ne pleurai pas sans douceur, et je compris que cet avenir sans fin était assez bon pour moi. Je m'arrêtai, avec une angoisse de tristesse et de volupté qu'on ne saurait définir, à l'endroit le plus écarté, le plus sauvage, sur une pelouse épaisse et profonde qui ne paraissait pas avoir été foulée. Je la sondai d'un regard prévoyant et altéré de repos; je lui demandai un refuge, et une de ces convictions lucides qui s'emparent on ne sait comment de la pensée m'annonça tout à coup que je l'y trouverais. J'en suis cependant bien loin aujourd'hui !

Je passai le reste de la matinée à rouler sur cette place un gros bloc de pierre blanche, et à le regarder avec l'extase d'un marinier démâté par la tempête, qui voit enfin le moment de s'échouer sur un joli rivage, garni d'ombrages, de fleurs et de fruits. — Dieu soit loué, dis-je, voilà qui est bien ! — Je ne sortirai plus d'Yverdon.

J'arrangeai là toute ma vie entre quelques études sédentaires dont mon séjour chez sir Robert m'avait fait contracter l'habitude, et ces promenades pensives que la chute du jour terminait toujours trop tôt. Le bruit des

feuilles sèches que le vent tiède encore d'un bel automne
chasse dans l'air par volées, ou qui roulent en criant sous
le pied, est si agréable à un homme qui souffre ! — Pour
moi aussi, disais-je, l'automne est venu faner toutes ces
fleurs de la vie qui ne devaient m'apparaître que dans une
courte matinée de printemps ; moi aussi, je vais tomber
sur la terre comme ces feuilles desséchées que fait pleu-
voir de leur tige une bise matinale. Adieu mes rêves de
bonheur, adieu mes espérances d'amour, adieu les hochets
brisés de l'imagination, adieu Amélie et l'avenir !... Tomber où le premier orage me poussera, tomber et finir...
c'est la destinée de toutes choses !

Et j'embrassais avec résignation cette nécessité de l'existence, parce que tout m'annonçait que la nature entière y
était soumise. Qui aurait pu me distraire de cette pensée,
dans l'abandon déjà semblable à la mort où mon âme était
descendue? — Une fois, une seule fois, j'entendis bruire à
mes côtés une créature vivante, si l'état de cet être misérable peut s'appeler encore le vie. —Je m'arrêtai. C'était
une vieille femme, horriblement décrépite, qui s'était ac-
croupie sur le sol pour y chercher entre les herbes fauves
quelques petits fragments de bois sec, que la dernière
tempête avait rompus aux branches, et qui les amassait
précieusement devant elle dans un vieux pan de haillons
rapiécé de lambeaux de toutes les couleurs. Avec quel soin
elle fouillait à travers les touffes mortes, pour en arracher
ces débris morts, de ses doigts presque morts qui se res-
serraient machinalement sur eux ! Avec quelle volupté elle
semblait les entendre cliqueter dans sa guenille, et quel
étrange regard de satisfaction elle plongeait de temps en
temps dans son trésor, quand elle l'avait accru d'une
pauvre poignée !

—Que cherchez-vous là, ma bonne mère? lui dis-je en
m'efforçant de me pencher jusqu'à elle.

—Oh ! oh ! monsieur, répondit-elle, en redressant autant qu'elle le pouvait son échine courbée en cerceau pour

me regarder de plus près, je ne fais tort à personne. C'est ma petite provision de bois pour l'hiver.

—Tenez, repris-je, brave femme, ceci vous servira pour autre chose; et je glissai une pièce d'or dans sa main.

Elle la regarda d'un air étonné, et la laissa tomber dans son tablier avec le bois qu'elle tenait. Elle n'en avait pas perdu un morceau.

C'est un singulier mystère que l'affection qui nous retient à la vie. Elle comptait encore sur un hiver!

J'avais écrit au chevalier. Notre correspondance se suivait avec une régularité si active, qu'elle me tenait presque lieu de la douceur de nos entretiens. Quelques semaines à peine écoulées, Amélie était allée le voir, et il me le disait. Elle voulut m'écrire une fois, et il le permit. Je lui répondis, et il lui rendit ma réponse. Je n'ai pas besoin de dire ce que nous nous promettions l'un à l'autre : on s'en doute bien.

Enfin, il arriva une lettre de sir Robert, qui m'apprit qu'Amélie était malade, plus sérieusement malade qu'elle ne l'avait été jusqu'alors. Il me défendait de partir, au nom d'Amélie; en son nom à lui, il me suppliait de rester. C'étaient ses expressions. Il avait réfléchi sur notre position à tous deux, sur la nature des convictions d'Amélie, sur l'impossibilité d'en triompher, quoi qu'il arrivât de nos relations et de nos sentiments. Il disait qu'il n'avait en vue que notre bonheur, et je n'en doutais pas. Il ajoutait que le seul obstacle qui pouvait s'y opposer ne viendrait pas de lui. Je le croyais : sir Robert était un si excellent homme !

Et cependant jamais la lettre d'un ami n'a pénétré l'âme d'un ami d'un plus cruel désespoir. Cet obstacle qu'il redoutait, je craignais de le deviner. J'avais beau me répéter que cette maladie n'était rien, que la science n'y avait vu qu'un accident léger et sans conséquence; que l'amour même, si crédule à ses inquiétudes, s'était accoutumé à

14

n'y pas voir autre chose; que l'obstacle dont il parlait provenait plus probablement des parents d'Amélie : cette réticence me confondait, me faisait mourir. J'allais sonner
pour demander des chevaux, quand un petit billet, tombé
de cette lettre déjà trois fois relue, vint changer ma résolution. Il était donc de la main d'Amélie, et ne contenait
que quatre mots : « Ne viens pas, j'irai! »

Trois jours passèrent sur cette anxiété, sans que je m'ar-
rêtasse à former un projet, sans que je parvinsse à démêler
une idée. Je n'en avais que deux pourtant, deux idées
obstinées qui s'étaient emparées de moi avec une égale
puissance, et qui subjuguaient tour à tour toutes les forces
de mon cœur.

— Un obstacle qui ne viendrait pas de lui. — Un obstacle
étranger à la volonté d'Amélie, et qui nous séparerait pour
jamais! Oh! qui me dira cet obstacle!... — Infortuné! tu le
demandes! Malheur à toi!

Et bientôt mon agitation se calmait. — Amélie, repre-
nais-je, elle a dit qu'elle viendrait!... Je la verrai, nous
serons ensemble, et nous n'aurons plus rien à craindre
alors!... Cependant j'osais accuser la Providence!...

Un soir enfin, — c'était le 25 novembre 1806, — j'étais
assis sur cette pierre d'attente qui marquait ma fosse. Il
était tombé un peu de neige. Il faisait froid dans l'air, et
mes veines roulaient du feu. Mille pensées confuses af-
fluaient dans mon esprit comme les chimères des rêves;
mille voix contradictoires, écho tumultueux et discordant
de mes terreurs et de mes espérances, hurlaient autour de
moi d'insaisissables paroles; mes yeux ne voyaient pas;
mes oreilles bruissaient. — Tout à coup je sentis un papier
s'introduire dans ma main; je le reçus, je le froissai, je
l'ouvris sans regarder qui me l'avait donné; j'avais reconnu l'écriture du chevalier; il restait assez de jour pour
me permettre de le lire. Je n'essayerai pas d'exprimer dans
leur ordre les émotions qui m'assaillirent pendant que je
lisais. Je copie :

« Amélie veut partir, et j'y consens. Un homme dont le dévoûment m'est connu l'accompagne auprès de toi. L'irrégularité de cette démarche a son excuse dans l'opinion que je me suis formée d'Amélie et de toi. Je t'en impose la responsabilité devant ta conscience et devant le ciel.

» J'ai pensé qu'elle aurait moins de scandale et de danger que l'abjuration publique d'Amélie dans une ville où elle est née, et sous les yeux de sa famille. Je n'aurais pu moi-même en être le témoin, et j'espère de ta tendresse qu'elle m'épargnera cette douleur, en prenant l'avance pour la cérémonie sur le moment qui doit nous réunir. Mariez-vous sans moi, puisque tu es autorisé par tes parents. Les papiers d'Amélie sont en bon état, et je me suis chargé de régler ici tous ses intérêts.

» Je n'ai pu la revoir. J'ose croire encore que l'amour et le bonheur la guériront, s'il y a quelque chose de réel dans l'amour et dans le bonheur. Le Dieu qui lui a permis d'abjurer peut permettre beaucoup.

» Voilà les dernières paroles rigoureuses que vous entendrez de moi. N'y pense plus.

» Pense à moi. Ma vie est en vous et avec vous, et, puisque le Seigneur l'a voulu, je me soumettrai à la finir au milieu d'une colonie de papistes qui respecteront ma foi.

» Toute ma fortune est transportée depuis quinze jours entre les mains de M. Frédéric H..., d'Yverdon ; vous en disposerez. J'ai besoin de ne plus m'occuper de rien que de mes éditions. Je ne me réserve d'autorité que pour la direction des travaux. En tout le reste, il me convient de vivre comme votre enfant.

» Cherche-nous une retraite où tu voudras, car il ne faut pas songer à Berne. Achète une petite maison en bon état, avec une petite terre en plein rapport, comme l'eût aimée notre Horace ; mais ne t'éloigne d'Yverdon, dans tes informations à ce sujet, que pour te rapprocher d'ici. Tu sais que mon infirmité ne me permet pas un long voyage, et je n'aurais jamais pensé à le tenter si vous n'étiez au bout.

» Tout ira bien si j'arrive ; en attendant, fais ce que tu jugeras à propos, comme s'il était sûr que j'arriverai.

» *Le chevalier* GROVE.

» *P.-S.* Assure-toi d'un emplacement commode pour mes livres, et d'un logement bienséant pour le digne Jonathas. »

Je me levai. Je cherchai l'émissaire, il n'y était plus ; à peine vis-je une grande figure disparaître au loin à travers les grands arbres des allées voisines.

Ma situation était bien changée. Cinq minutes auparavant, mon cœur était brisé entre deux impressions extrêmes qui s'excluaient mutuellement : l'espérance de voir bientôt Amélie comme j'en avais la promesse, et la crainte d'en être à jamais éloigné par cet obstacle inconnu dont je frémissais d'approfondir le mystère. Un pareil état de perplexité n'est pas le malheur absolu, mais il vient tout de suite après. Il n'accable pas l'âme, il la mine sourdement, il use ses ressources avec lenteur, il l'affaiblit pour la tuer. C'est le réseau captieux de l'araignée, c'est la salive empoisonnée que la vipère distille sur sa proie vivante. Un vaisseau chassé du port à l'écueil et de l'écueil au port, à la merci du vent qui le pousse et de la lame qui le renvoie, chaque fois, plus près de l'endroit où il doit périr, c'est à se coucher sur le pont et à jouer sa vie aux dés contre la destinée, sans songer à la défendre. — J'en étais là.

Maintenant tout prenait un autre aspect. — Il ne l'avait pas vue, mais il ne me disait qu'un mot de cette maladie passagère, et c'était pour m'en faire pressentir la guérison. Il comptait sur l'amour, il comptait sur le bonheur ; l'obstacle n'existait donc plus, puisque l'amour et le bonheur pouvaient en triompher. De l'amour et du bonheur, nous en avions pour notre vie ! Et cet avenir, ce n'était plus un prestige de mon imagination, puisqu'il y fondait lui-même, dans le calme et dans le repos de sa raison, de si prochaines espérances ! Que dis-je? c'était déjà le présent !

— Était-il assez beau, assez complet de joies pures, d'inépuisables voluptés! On n'aurait jamais osé en souhaiter un pareil pour soi. — On l'aurait tout au plus inventé pour un frère! — L'indépendance assurée, le travail favori qui la paye largement en se jouant dans ses plaisirs, l'amitié sans laquelle il n'y a point de félicité achevée, et l'amour qui comble tout, l'amour d'Amélie qui surpassait tous les amours!... — Je ne me possédais pas, je ne me sentais pas d'enthousiasme et de ravissement. Je ne marchais pas, je volais. J'appelais Amélie tout haut, comme si elle avait dû se trouver à ma rencontre, et que j'eusse ambitionné le prix d'une tendre émulation d'impatience en me faisant reconnaître d'elle avant d'en être aperçu. Et j'allais encore comme cela dans la ville, écartant doucement du bras deux ou trois passants étonnés, pour ne pas perdre de temps en allongeant mon chemin d'un pas inutile; et tout ce que j'entrevoyais me paraissait elle : un chapeau de femme, un voile flottant, une robe déployée qui blanchissait au premier reflet des étoiles ; et, quand je ne voyais plus rien, je m'arrêtais, essoufflé, pour m'assurer que je ne l'avais pas entendue. C'est ainsi que j'arrivai. Je faillis renverser Henriette, — Henriette, une bonne fille, intelligente, zélée, affectueuse, qui était chargée des petits soins de la maison, et qui allumait en ce moment-là le réverbère de l'escalier.

— M'a-t-on demandé, Henriette?

— On a demandé deux fois monsieur.

— Où est-elle?...

— Un jeune homme bien triste et bien défait, qui est sorti pour vous chercher, et qui couchera au numéro 9.

— Qu'il cherche, qu'il se couche, ou qu'il s'en aille, — qu'importe?

— Et puis une jeune dame bien malade.

— Bien malade, Henriette! cela n'est pas vrai!... Où allez-vous prendre tout ce que vous dites? — Et qu'attendez-vous de monter?..

— Une jeune dame qui paraît malade, et qui a un domestique muet, plus haut que monsieur de toute la tête.
La jeune dame a demandé la chambre voisine de celle de
monsieur, et comme elle ne pouvait plus se soutenir, je
crois qu'elle y dort tout habillée sur ce grand fauteuil à
pliants et à ressorts, où monsieur a dit quelquefois qu'il
serait commode pour y mourir. Lorsque je lui ai répété
cela : — Très-bien, très-bien, ma chère amie, m'a-t-elle
dit avec un charmant sourire, je ne veux pas d'autre lit.

— Qu'aviez-vous donc à m'arrêter avec tout ce verbiage
de jeune homme triste et défait, dont vous êtes préoccupée
comme une jeune fille? Venez-vous m'ouvrir enfin?

— Ah, monsieur! répondit-elle en montant et en m'é-
clairant de sa lampe, j'avais commencé par lui, parce qu'il
m'a dit que vous n'auriez jamais plus grand besoin de le
voir, et que la manière dont il l'a dit m'a fait peur.

— Vous avez peur de tout, extravagante que vous êtes!
Vous disiez tout à l'heure que cette dame était bien malade;
et si elle était malade à ce point, elle n'aurait pas pu entreprendre le voyage de Berne à Yverdon. — Hésiterez-
vous longtemps à ouvrir cette porte? Je ne vous ai jamais
vue aussi gauche.

—C'est que si cette jeune dame n'était pas bien portante
en effet, et qu'un moment de sommeil fût nécessaire à réparer ses fatigues, dit Henriette en hasardant la clef dans
la serrure, et en me regardant d'un air inquiet...

—Arrêtez, Henriette, arrêtez. — Pardonnez-moi... C'est
moi qui ai tort. — Gardez-vous bien d'ouvrir! Attendez
qu'elle sonne, chère Henriette, et, quand elle aura sonné,
dites-lui que je suis revenu.

— J'attendrai à la porte, dit Henriette un peu rassurée
sur mes emportements. — Pauvre fille !

Au même instant Amélie sonna.

Elle était à demi couchée sur le fauteuil pliant. Elle me
tendait les bras, je courais à elle. Je baisais son front, ses
yeux, ses mains. Je ne parlais pas. J'avais été surpris d'un

saisissement soudain qui m'ôtait presque jusqu'à la force
de sentir. Amélie était changée d'une manière incompréhensible. Ce n'était plus que son âme. La lampe d'Henriette me la montrait comme je l'avais vue une fois, quand
elle me reconduisait sous les arceaux rompus de la vieille
galerie, à la porte qui donne sur la route de l'Oberland. Je
me rappelai en tressaillant cette cruelle vision. Je restai
quelque temps muet et immobile. —

— Des flambeaux, Henriette, des flambeaux ! m'écriai-je;
éclairez cette chambre lugubre dont les ténèbres attristent
le front de mon Amélie. C'est ma sœur, Henriette, c'est ma
bien-aimée, celle qui est tout pour moi ! C'est Amélie,
mon Amélie, qui sera demain ma femme, et que vous aurez
pour maîtresse, pour protectrice, pour mère, si vous voulez ne pas nous quitter !...

Les lumières arrivèrent enfin. Amélie n'avait pas détourné de moi ses regards. Ils étaient pleins encore d'amour
et de vie, mais sa pâleur ne s'était pas dissipée.

— Cela est bon, dit Amélie. Je t'ai revu. Cette main que
je touche, c'est ta main. Cette voix que j'entends, c'est ta
voix. Maintenant j'existe et je veille. Tous les objets sont
distincts autour de moi, et si je les discerne mal, c'est que
tu es là, et que toute la puissance de mon âme est occupée
à t'entendre, à te toucher, à te voir. Je n'en peux plus douter, continua-t-elle avec expansion, je suis près de toi ; je
craignais tant de ne pas venir jusqu'ici, de ne jamais dire :
Je suis près de toi ! — Cela est bon, cela est fini. Je suis
bien. Que me fallait-il davantage?—Où est ton cœur?
donne... approche... reste... — Oh ! je le sens qui bat ! —
Tu ne me quitteras pas ! tu ne t'en iras plus!... ni à l'Oberland, ni ailleurs ?... Reste encore ! c'est ainsi que je veux
mourir.

— Non, mon Amélie, je ne te quitterai jamais! Aujour-
d'hui c'est toujours, comme tu le disais ! Sois tranquille à
présent. Ne te fais point de chagrins. Il n'y en a plus de
possibles entre nous deux. Laisse-là ces idées de mort.

C'est de mariage et de bonheur qu'il s'agit. Crois-moi une nuit paisible que doit suivre un jour sans nuages te rendra la force et la santé.

— Une nuit paisible que doit suivre un jour sans nuages. — C'est toi qui l'as dit. — Tu as raison. — Une longue nuit peut-être, mais que fait sa durée? T'avoir vu, te revoir, dormir ou mourir sur cette pensée, c'est égal. — Une nuit paisible, Maxime, une nuit heureuse! je rêverai.

— Oui, rêve, lui dis-je en affectant de prendre le change, rêve au doux avenir qui nous est promis. Tu connais les intentions du chevalier.

— A peu près. Je connais le chevalier, et ce que je n'ai pas encore appris de la bonté de son cœur, je le devine. Sais-tu, continua-t-elle d'un ton mystérieux, que je ne l'ai pas vu à mon départ, et sais-tu pourquoi? C'est qu'il me semble que, s'il m'avait vue — comme je suis, — il ne m'aurait plus permis de venir. —

Elle me déchirait. Je me détournais à tout moment pour lui cacher mon trouble, pour étouffer un soupir, pour dévorer une larme.

— Tu es distrait, reprenait-elle. Tu regardes où je ne suis pas. Ce n'est pas bien. Qu'as-tu à regarder qui ne soit pas moi? J'ai peur que tu me trouves moins belle; car j'étais belle, puisque tu le disais. Henriette m'a demandé tantôt, après m'avoir aidée à me coucher, si je ne voulais pas faire un peu de toilette. — C'est que madame, a-t-elle ajouté, a quelque chose de singulier dans la figure, je ne sais quoi de terreux. — J'ai ri: — de la terre, tu comprends bien? Je pensais que ce n'était guère la peine de l'ôter.

— Hélas! c'est que je souffre de te voir souffrir, et de t'entendre parler ainsi! je me flattais de te trouver mieux que tu ne crois être.

— Oh! je suis mille fois mieux que tu ne pourrais le croire toi-même! Depuis que je respire, il n'y a pas un instant où le sentiment de l'existence m'ait paru plus

agréable à goûter. Enfant, qui crains que je ne sois mal,
quand je n'échangerais pas une de mes minutes contre des
siècles de délices! — Ton premier aveu, Maxime, ou le
mien, car je ne me rappelle plus qui de nous a commencé,
— ce fut une extase enivrante, une volupté suprême sans
doute! mais qu'elle était loin de valoir ceci! — Entre le
bonheur de ce jour-là et celui que j'éprouve maintenant,
il y a une différence qu'on ne payerait pas trop cher de sa
vie! — Cependant, qui le dirait? La misère de notre cœur
est si grande qu'il manque une chose, mais une seule chose,
à mon contentement, et tu vas t'en effrayer encore.

— Parle, Amélie, parle, au nom du ciel!

— Écoute, continua-t-elle à basse voix, parce qu'Henriette ne s'était pas éloignée, — écoute, je n'ai pas abjuré!
pas abjuré, entends-tu? et le ciel que tu viens de prendre
à témoin, le ciel, Maxime, il est encore tout entier entre
Amélie et toi... — Jamais il ne nous réunirait, si demain...
— Je ne veux pas te dire cela. — Va me chercher un prêtre
ce soir!

— Le ciel est dans ton cœur, ange de foi, d'innocence
et de vertu! Si le ciel te répudiait, il faudrait renoncer
au ciel!... D'ailleurs, ce soin peut se remettre, et une
émotion aussi grave, aussi imposante, serait peut-être
dangereuse dans l'état d'accablement où la fatigue t'a réduite...

— Ne blasphème plus, répondit-elle en imposant son
doigt sur ses lèvres, et va chercher un prêtre, pour que
j'en obtienne le droit de demander ta grâce à notre juge.
— Et puis, l'abjuration ne doit-elle pas précéder notre
mariage, et ce soin peut-il aussi se remettre? L'impatience
que tu attribues à un pressentiment qui t'inquiète, pourquoi ne l'as-tu pas attribuée à l'amour? N'as-tu pas dit
toi-même que je serais demain ta femme, où l'as-tu si vite
oublié!... — Ah! j'ai tort. — Va chercher un prêtre, va!...
— Je te promets après cela de ne plus t'affliger de toute
ma vie... qu'une fois.

Je laissai Henriette auprès d'Amélie, et je sortis presque

au hasard. J'avais donné des ordres pour qu'on appelât un médecin, mais un prêtre romain me paraissait plus difficile à trouver à Yverdon.

La première personne qui se présenta sur mon passage était le jeune homme qui m'avait demandé dans la journée. Je poussai un cri et je tombai dans ses bras. C'était Ferdinand.

J'ai parlé autrefois de Ferdinand, mon ami d'enfance, mon camarade de collége, mon frère d'affection ; de Ferdinand dont la maison devint ma maison, dont la famille devint ma famille, à une époque où j'étais tourmenté d'autres douleurs. J'ai cherché alors à décrire sa douce retraite, son intérieur plein de charmes, son bonheur si parfait de calme et de sécurité. Il n'en était plus ainsi. Tout cela n'existait plus. Sa femme était morte. Une maladie contagieuse lui avait enlevé ses deux enfants dans le même mois. Il était resté seul de tout ce qui avait composé son heureuse vie. Il avait eu la force de survivre à tout : il était chrétien. Depuis il s'était départi de sa fortune, pour une moitié en faveur de ses parents les moins opulents ; pour la moitié du reste, au profit des pauvres de son village. Ce qu'il conservait, il le destinait à une œuvre de bienfaisance et de piété. Il avait embrassé les ordres. Il se consacrait au saint ministère des missions étrangères. Cette vocation exigeait des connaissances variées qu'il s'était empressé d'acquérir. Il revenait en ce temps-là d'un voyage en Allemagne et en Italie, où il avait passé près d'un an à se perfectionner dans l'étude de la médecine, si utile à l'apôtre de la foi qui porte à des peuples sans lumières le bienfait de la vérité. Il était sur le point de se diriger vers le port d'où il devait quitter l'Europe, quand l'envie de me dire un dernier adieu le conduisit à Berne.

Je savais tous ces détails ; ses lettres m'en avaient instruit. Je m'étais attendu à cette entrevue mêlée de tant d'amertume. Je l'avais désirée. — Je l'avais oubliée. Je n'y songeais plus.

A Berne, Ferdinand s'était informé de moi. Il avait vu

sir Robert. Il s'était entretenu avec les médecins d'Amélie.
On l'avait instruit de son départ assez à temps pour qu'il
pût la devancer de quelques heures. C'était pour cela qu'il
me cherchait. Nous eûmes peu de paroles à échanger. Il ne
lui restait rien à apprendre, pas même mon trouble, mes
angoisses, mon désespoir. —Il s'y attendait.

—Prêtre et médecin ! m'écriai-je en l'embrassant; c'est
la Providence qui t'envoie !

— C'est mon devoir qui m'amène, répondit-il.— Mais,
avant de voir Amélie, j'ai besoin de m'assurer tout à fait
de l'état de ton cœur. Es-tu bien certain d'en avoir fixé
enfin la perpétuelle mobilité ? — Ton parti est-il pris ? —
Crois-tu fermement dans ton amour ?

—Ah ! si tu l'avais vue, si tu la connaissais, tu ne me
le demanderais pas !

—J'interroge ta conscience. Je ne dispute pas. Je ne
contredis rien. Ta conviction sera la mienne. — Ainsi tu
persistes à croire que les déterminations dont tu as fait
part à sir Robert...

— Sont inviolables !

— J'y souscris. Encore une question. Sais-tu qu'il n'y a
d'inaltérable et d'éternel dans les affections de l'homme,
que ce qu'il en a placé hors de cette vie passagère ? Sais-
tu que les joies de la terre n'ont qu'un temps, et que la
félicité la mieux affermie en apparence est souvent la
moins durable ? Sais-tu que la plus essentielle des vertus de notre nature, c'est la résignation aux volontés de
Dieu ?

—Si je ne l'avais su d'avance, malheureux ami, ton
exemple ne m'aurait pas permis d'en douter !

— Assez, assez, reprit-il d'une voix austère. L'Église
m'a donné tous les pouvoirs dont vous avez besoin; —
conduis-moi près de cette jeune fille. —

Amélie n'attendait pas sitôt mon retour. Je lui avais
souvent parlé de Ferdinand. Elle n'ignorait rien de ses
vertus, de ses infortunes, de ses résolutions, du double

ministère auquel il s'était voué. Son nom, sa vue, ses paroles, rappelèrent à son front une lueur d'espérance. Et moi aussi, je pensai que le ciel commençait un miracle. Quelle âme tendre n'en a pas attendu pour ce qu'elle aime ?

Je les laissai seuls.—Une demi-heure après, la porte se rouvrit.

Ferdinand me regardait avec une tristesse calme qui ne m'effraya point. Ce devait être l'expression habituelle de sa physionomie.

Celle d'Amélie rayonnait d'une satisfaction pure et reposée qui avait quelque chose de céleste.

—Baise la main de ta fiancée, me dit Ferdinand, et laisse-lui prendre le repos dont elle a besoin. Henriette veillera auprès d'elle. Je vais lui donner les instructions nécessaires. Demain, nous nous reverrons ensemble. Je te ferai appeler de bonne heure.

La main d'Amélie me parut moins froide, sa respiration plus égale, son teint plus animé ; elle sourit en me disant. — A demain.

Ferdinand me quitta sur le seuil de ma chambre. — Sois homme, murmura-t-il à mon oreille en me pressant contre son cœur. La vie est courte, mais l'éternité est infinie ! — Et il disparut.

Quelle nuit que celle-là ! Je n'étais séparé d'Amélie que par une légère cloison, et le moindre bruit qui se faisait chez elle ne pouvait échapper à mon attention inquiète. Alors je m'arrêtais dans ma marche précipitée, mais mystérieuse. — J'étais à pieds nus. — Je suspendais ma respiration, j'écoutais, je tremblais d'entendre une plainte ou un cri. Je tremblais surtout de ne rien entendre. Quand le silence avait été long, il me semblait qu'Henriette s'était endormie, et qu'Amélie, souffrant sans être secourue, avait perdu la force de l'appeler. J'aurais voulu, dans ces moments-là, être encore assuré de sa vie au prix d'un gémissement. — Quelquefois j'étais frappé d'une voix, et je

restais en suspens. — Quelquefois j'en distinguais deux,
et puis plus rien, et j'étais quelque temps plus tranquille.
—Souvent j'ouvrais doucement ma porte. A celle d'Amélie, j'entendais mieux. Les trous de la serrure et les joints
mal unis des panneaux me laissaient apercevoir un peu
de lumière. Quand la lumière se mouvait, je sentais un
frisson mortel parcourir tous mes membres. Quand elle
avait repris sa place, je respirais. — Henriette veille avec
soin, disais-je, et Amélie dort. Il n'y a point de danger. —
Je rentrais chez moi, je m'asseyais, et, la tête appuyée sur
mes mains, je restais plongé dans une rêverie vague assez semblable au sommeil, jusqu'à ce qu'un nouveau bruit
vînt me rendre ma terreur ou mon anxiété. Que je me serais trouvé heureux si j'avais pu passer ces heures intermi-
nables, la main appliquée sur son cœur, ou l'oreille attachée à son souffle ! Que le jour me parut long à venir !
avec quelle impatience je cherchais les premières clartés
du ciel ! je n'avais pas trois fois parcouru la longueur de
ma chambre, que je revenais me coller à ma croisée pour
savoir si l'orient ne blanchissait pas. Le soleil se leva enfin.
Je crus que le danger était passé, qu'Amélie était sauvée.
Je me trouvai plus calme, plus heureux que je ne l'avais
été depuis son arrivée. Je m'aperçus que j'avais froid.

Un instant après, je reconnus le pas de Ferdinand. Il
frappa faiblement. Il entra chez Amélie. Henriette ne tarda
pas beaucoup à se retirer. Elle me dit qu'Amélie avait eu
quelques étouffements, quelques évanouissements de peu
de durée; mais qu'elle ne semblait pas plus mal que la
veille. Je vins me mettre à genoux à sa porte. Il se passa
ainsi plus d'une heure et demie ; mais je priais avec confiance, j'étais presque tranquille.

Ferdinand me trouva dans cette position. Il me releva
et m'embrassa. Je remarquai qu'il était un peu plus ému;
mais cette impression fut si rapide, que je pensai m'être
trompé.

—Amélie est entrée dans la voie du salut, me dit-il,

15

ses devoirs sont remplis. Il te reste à remplir les tiens.

J'allais répondre, il m'arrêta d'un signe, et il continua :

— Ne m'allègue pas des sentiments auxquels je ne puis compatir, tant que les sacrements du Seigneur ne les ont pas légitimés. Ce n'est pas la foi de l'amant que je réclame; c'est celle du chrétien. La tendresse que te porte cette âme d'ange deviendrait à mes yeux un motif de condamnation contre elle, si tu n'étais résolu à la sanctifier par le mariage. La démarche qui l'a conduite dans tes bras est un crime qui pèse sur sa tête, et qui retomberait sur la tienne dans le cas où tu hésiterais à la réparer ; c'est à titre de devoir que je t'impose l'obligation dans l'accomplissement de laquelle tu ne vois que du bonheur. — Maxime, prenez-vous Amélie pour épouse ?

— Oui ! m'écriai-je d'une voix étouffée de sanglots ; oui, mon père !

Il m'introduisit dans la chambre d'Amélie. Les volets étaient restés fermés ; quatre bougies brûlaient auprès d'elle, sur une table placée à côté du fauteuil pliant qu'elle n'avait pas quitté, parce que Ferdinand avait jugé, comme médecin, qu'elle y serait mieux que partout ailleurs. Tous les préparatifs de la cérémonie étaient faits.

Mon premier mouvement fut de me précipiter vers Amélie. Ferdinand me retint.

Je m'arrêtai alors à la regarder. — Elle était tournée vers moi, et elle me souriait comme elle avait fait en me disant : A demain. — Son teint présentait quelque chose d'extraordinaire que je n'avais jamais remarqué. Il passait avec une étrange rapidité de la plus effrayante pâleur au rouge le plus vif, et puis il redevenait plus pâle qu'auparavant ; et cette alternative, qui faisait courir sur sa figure je ne sais quelle expression d'effort et de douleur, répondait presque aux battements de mon cœur. Je la pris pour une illusion de mes propres organes, fatigués par la veille et par les larmes. Ses yeux avaient aussi quelque chose de vague et d'indécis que j'attribuai à la même cause. Je pensai d'ailleurs qu'elle pouvait être éblouie par l'éclat des flambeaux qui nous séparaient, et à travers lequel ses regards cherchaient à percer.

— Détourne ta vue de ces lumières, lui dis-je; elles doivent te faire mal, car elles troublent la mienne et m'empêchent de te voir.

— Moi aussi, répondit-elle; mais elle ne changea pas de position.

En ce moment-là, Ferdinand vint me chercher à ma place, et il me conduisit auprès d'elle. Il prit ma main et la plaça dans celle d'Amélie.

Les prières continuèrent.

Il s'interrompit pour me demander si j'avais un anneau. On concevra que cette idée ne me fût pas venue.

— Tiens celui-là, reprit-il, et passe-le dans son doigt. — Il venait de le tirer du sien.

— Prends, prends, continua-t-il. C'est celui d'Adèle. — Je frissonnai.

Il nous donnâ ensuite sa bénédiction, s'agenouilla près de moi, se releva et m'aida à me relever. Je m'appuyai sur lui pour me soutenir.

— Suis-je sa femme? est-il à moi? son nom m'appartient-il? dit Amélie.

— Les formalités qui manquent à votre union dépendent des hommes, répliqua Ferdinand. Elle est sainte et indissoluble devant Dieu.

Amélie poussa un cri de joie.

Je m'élançai vers elle. Ferdinand m'entraîna jusqu'à la porte; il m'enveloppa de son manteau, et, pressant ma tête contre son sein de manière à étouffer ma réponse, il appliqua sa bouche à mon oreille, et me dit à basse voix : — Maintenant, souviens-toi de ta promesse ! Élève ton âme à Dieu, qui t'a donné ce que tu aimes, et qui ne te l'a donné que pour un moment dans cette vie de misère. — L'anévrisme touche à son dernier période. Va recevoir le dernier soupir de ta femme, en homme digne de la retrouver.

Après cela, il sortit.

Je me rapprochai d'Amélie en chancelant. Je m'assis, je saisis ses deux mains, je me rapprochai d'elle autant que je le pouvais sans la forcer à se mouvoir; je glissai un de mes bras sous ses épaules nues; elle palpita comme si elle avait eu peur.

— Ne crains rien, Amélie! tu es ma sœur, tu es ma femme.

— Je sais bien, répondit-elle en roulant mes cheveux autour de ses doigts. — C'est que je ne te vois pas, je ne sais pas pourquoi je ne te vois pas. Pourquoi ces lumières n'y sont-elles plus? — Mais tu es là, toi, rien que toi! Oh! je suis heureuse! — Attends, couche ta tête ici, tout près de moi. — Je suis ta femme! il n'y a point de mal, n'est-ce pas? — Viens plus près encore, que je sente ton souffle sur ma joue. — Heureuse! heureuse! je n'imaginais pas qu'on pût être si heureuse!

Elle releva un peu son cou sur mon bras qui l'appuyait, et pencha sa tête sur la mienne, et nos lèvres s'unirent pour la première fois.

— Ah! mon Dieu! s'écria-t-elle.

Ma raison s'était anéantie dans ce baiser. Tout ce que je me rappelle, c'est qu'elle cessa de me le rendre... et je fus quelque temps à en comprendre la raison. — Mes sens m'abandonnèrent, je tombai; je ne conservai de mon existence que la sensation d'un tumulte confus de pas et de voix, et de l'étreinte vigoureuse de deux bras de fer qui se croisaient sur ma poitrine pour m'emporter.

Quand je revins à moi, j'étais dans la chambre de Ferdinand.

Je jetai les yeux de tous côtés; je vis Jonathas. — Ferdinand, debout en face de moi, me regardait fixement sans parler.

— Et Amélie, Amélie! où est-elle?

— Au ciel, répondit Ferdinand.

LUCRÈCE ET JEANNETTE.

La baronne Eugénie de M... n'est plus jeune, comme on le verra plus apertement par la suite de cette histoire; mais ceux qui ont le bonheur de la connaître savent qu'elle a conservé toute la fraîcheur d'esprit, toute la vivacité d'imagination qui la distinguaient autrefois entre les jolies, et qui la faisaient préférer aux belles. C'est encore plaisir pour elle que d'entendre narrer de tendres aventures, et c'est à son intention seulement, il faut bien le dire, que j'avais recueilli ces tristes souvenirs de ma jeunesse, meilleurs à oublier qu'à écrire. Je ne sais rien lui refuser. C'est une habitude que j'ai conservée avec les femmes, vieux que je suis, et même quand elles sont vieilles.

Un soir de cet automne que nous étions tête à tête au coin du feu, car, à Paris, il faut se chauffer en automne, la conversation vint à languir parce que mon portefeuille était épuisé, et puis parce qu'à notre âge la conversation languit nécessairement quelquefois. Elle se tournait impatiemment dans son fauteuil, elle tisonnait avec dépit, elle toussait de cette toux nerveuse qui signifie intelligiblement qu'on s'ennuie; et moi, je la regardais d'un œil consterné, comme pour lui dire que je n'avais rien à lui dire.

— Savez-vous, Maxime, dit-elle tout à coup, que vos amours sont ce que j'ai entendu de plus lamentable en ma vie, et que je ne m'étonne plus, d'après ce que j'en sais aujourd'hui, de cette humeur morose et chagrine à laquelle je vous vois enclin depuis tant d'années? C'est comme une

15*

fatalité que ces passions-là, et il y a de quoi attacher au sommeil de l'homme le mieux portant tous les démons du cauchemar. La première de vos maîtresses n'aime en vous qu'un enfant aimable; elle est mariée, et meurt. La seconde vous aime un peu, je suppose, mais pas assez pour vous sacrifier ses préjugés; elle se marie et meurt. La troisième vous aime éperdûment et vous épouse, mais en vous épousant elle meurt. L'abbé Prevôt, qu'on lisait tant dans ma jeunesse, et qui n'avait pas, en vérité, l'imagination badine, n'a jamais inventé un héros de roman plus malencontreux!

— Que voulez-vous, baronne? Vous m'avez demandé l'histoire de ma vie, et moi je n'invente pas.

— Je vous crois et je vous plains; mais, s'il me souvient de si loin, et si j'en crois votre réputation et vos propres discours, car vous étiez passablement avantageux, l'amour n'a pas toujours été si rigoureux pour vous. Le sentiment est une loterie à laquelle vous avez joué trop souvent pour ne pas rencontrer quelques chances heureuses, et vous ne me montrez que des billets perdants!

— Il est vrai, baronne, dis-je en saisissant sa main avec l'expression la plus passionnée dont je fusse capable, il est vrai qu'une fois l'amour...

— Laissons cela! reprit-elle avec une sorte de colère. Il est probable que vous n'avez rien à m'apprendre sur ce sujet! Mais pourquoi ne m'égayez-vous jamais de quelqu'une de ces anecdotes qui réveillent des idées gracieuses, et qui ne donnent au moins ni spasmes ni mauvais rêves?

— Je puis vous l'avouer, répondis-je en riant. — C'est que l'amour n'a jamais oublié de me rendre très-malheureux qu'il ne m'ait rendu souverainement ridicule.

— Eh bien! voyez le grand mal! je m'amuserai à vos dépens.

— Je le veux bien. Ceci ne doit pas aller plus loin, et personne ne nous écoute.

— Ajoutez à cela que vous devez commencer à mettre

ordre à vos prétentions, si vous ne voulez pas être souverainement ridicule encore une fois!

— La première fois, dis-je après avoir un moment réfléchi...

— La première fois que vous fûtes amoureux, ou que vous fûtes ridicule?

— L'un et l'autre, si vous voulez. La première fois, c'était une certaine Alexandrine, blonde, un peu langoureuse, mais svelte, élancée, faite à ravir, et charmante, sur ma parole, qui avait la fureur des enlèvements.

— Je vous vois d'ici enlever la blonde Alexandrine.

— Et le plus heureux des mortels jusqu'au premier relais. Nous descendîmes pour cueillir des fleurs pendant qu'on changeait de chevaux. Ce n'était pas tout que des fleurs; il fallait un ruban pour les attacher. A mon retour, plus d'Alexandrine. Elle s'était trompée de voiture, et courait les champs avec un Anglais qui l'attendait depuis deux jours.

— C'était justement l'année de la paix. Je me rappelle cette histoire comme si elle était d'hier.

— Une jolie brune daigna me consoler, et j'avouerai qu'elle y mit du courage; car il n'y a rien de mortel à l'amour comme un ridicule bien avéré. J'aimai Justine comme le méritait un procédé si généreux. Je me serais fait tuer pour elle, et il ne s'en fallut guère. Un jeune capitaine de hussards, beau comme Adonis, taillé comme Hercule, et avec lequel je vivais dans la plus parfaite intimité, s'étant permis de la lorgner un jour au spectacle d'un air familier qui me déplut, je le provoquai brutalement en duel. Son régiment partant le lendemain au point du jour pour une autre garnison, la partie ne souffrait point de remise. Il me donna rendez-vous pour minuit dans une petite avenue, sous les fenêtres de ma reine. Un pareil stimulant était de trop pour mon courage; mais j'accédai à la proposition de mon adversaire sans lui demander compte de son caprice. Nous fûmes exacts, et

nous mettions flamberge au vent, quand une averse épouvantable nous força à nous jeter sous une porte cochère qui
se trouvait ouverte par hasard. Nous n'en continuâmes pas
moins à ferrailler; mais nous croisions nos armes en
aveugles, et au bout de quelques passes qui lui avaient
donné l'avantage du terrain, la pointe de l'épée du capitaine me coupa la lèvre supérieure et m'enfonça une dent.

— Je me souviens qu'à mon gré cette balafre vous allait
en perfection.

— Je me trouve heureux de l'avoir reçue à ce prix,
mais ce ne fut pas ce qui m'occupa pour le moment. Je
me hâtai de bander ma plaie avec ma cravate, et de courir
au domicile du chirurgien le ¡plus voisin pour m'y soumettre à un appareil mieux entendu. Quelle fut ma surprise, en passant sous la croisée de Justine, de m'entendre
apostropher par une voix qui me souhaitait la bonne nuit
et un prompt rétablissement !

—Vous dûtes savoir gré à votre maîtresse d'une attention
si délicate?

—Ce n'était, parbleu, pas elle qui parlait, madame!
c'était le hussard !

— Infortuné Maxime! cette brune-là valait bien la
blonde, vraiment!

— Quand j'y réfléchis, ma chère Eugénie, je pense
qu'elles se valent toutes. Enfin, en 1803...

—Ah! vous allez y revenir! passons sur 1803, au nom
du ciel!

— Je le voudrais de toute mon âme, Eugénie, puisque
vous le désirez; mais les compositions les plus frivoles ont
des règles impérieuses qui forcent la volonté d'un pauvre
auteur, et je ne veux pas laisser de lacune dans mes mémoires.

— Alors je la remplirai. Je vous trompai, mon ami,
je vous trompai pour un sot. C'était un mauvais procédé;
mais rappelez-vous que nous courions tous les deux notre
vingt-unième année ; vous, tendre, exalté, véhément, fa-

natique de toutes vos illusions; moi, veuve depuis un an, indiscrète, évaporée, sans expérience, joyeuse d'être libre, avec une tête parfaitement vide, et un cœur plus vide que ma tête. Je puis faire les honneurs de cet âge-là. J'étais une autre. Quand vous me dîtes que vous m'aimiez, je vous en dis autant, parce qu'il fallait absolument vous aimer, si on n'était décidée à vous haïr à la mort, et je ne m'étais pas trouvé tant de résolution. Un quart d'heure après, j'aurais donné un empire pour avoir à recommencer. Je ne voulais qu'indépendance et repos, et vous ne viviez un peu à l'aise que dans la région des tempêtes. Vos serments étaient des blasphèmes, vos joies des frénésies, vos jalousies des convulsions. Songez cependant que les passions romantiques n'étaient pas encore inventées, et qu'il n'en était pas plus question dans les *Contes moraux* qu'à l'Opéra-Comique; et peignez-vous mon état quand je contemplai de sang-froid la terrible destinée que vous m'aviez faite! Je me réveillai tremblante d'effroi sous le poignard de Maxime, comme Damoclès sous le glaive du tyran. Je ne savais où me sauver de mon bonheur, quand le sot dont il est question se présenta, si laid, si nul, si maussade, si insolemment suffisant; si profondément absurde, qu'on n'aurait pas autrement choisi entre cent mille pour vous venger en vous trahissant, et j'aurais pris alors cent fois pis, si cela eût été possible, pour me soustraire aux épouvantements de votre amour. Un sot, au moins, cela vit en apparence comme un autre homme; cela parle, agit, existe à la manière de tout le monde, ou à peu près. Cela ennuie souvent, mais cela ne s'en aperçoit jamais. Cela ne préoccupe ni l'âme ni l'esprit. Cela n'est ni incommode ni imposant. Cela est sot, et voilà tout. Vous ne sauriez croire, Maxime, combien les sots sont merveilleusement imaginés pour faire des amants aux coquettes! — Eh bien, ai-je pourvu à cette lacune de façon à vous satisfaire? Qui vous arrête maintenant?

— Rien, madame! je reprends haleine de mon admi-

ration, et je rentre dans mon récit à l'endroit où vous
venez de le laisser. — Je n'étais pas de caractère à me
désister facilement de mes droits, et je dois, à ce compte,
vous avoir inspiré de cruelles inquiétudes, puisque vous
ne trouvâtes moyen de vous dérober entièrement à ce que
vous daignez appeler les épouvantements de mon amour
qu'en mettant la France entre vous et moi. Vous prîtes le
parti de vous retirer dans vos terres de Touraine. Tout
mon bonheur disparut avec vous. Votre absence fit d'un
pays que je chérissais la plus triste des solitudes, et je me
décidai d'autant plus volontiers à le quitter aussi, qu'après
trois mésaventures aussi criantes, il n'y avait pas, à vingt
lieues à la ronde, enfant de bonne maison qui ne se moquât
de moi.

— Si vous n'étiez encore plus aimable et plus galant
que sincère, vous vous en seriez tenu à cette dernière raison. Elle pouvait vous dispenser de l'autre.

— Je conviens qu'elle eut une bonne part dans ma résolution. Arrivé à Paris, je m'avisai pour la première fois
de mettre un certain ordre dans ma conduite ; et, pour ne
pas laisser d'équivoque sur l'ordre dont j'étais capable, je
vous expliquerai en deux mots ce que j'entendais par-là :
c'était tout simplement une méthode de désordre, une in-
conduite systématique, un plan réglé d'irrégularité, une
bonne manière de mal vivre. Comme l'amour était ma
principale, pour ne pas dire ma seule affaire, ce fut sur
son terrain que je transportai toute ma philosophie. « Si les
malheurs forment la jeunesse, me dis-je à moi-même, vous
voilà, mon cher Maxime, assez formé pour votre âge. Depuis votre brillant avénement dans le monde, vous avez
aimé trois femmes, et vous avez été trois fois dupe. C'est
une espèce d'avertissement providentiel qui vous est donné
de renoncer au sentiment. Puisque la destinée des cœurs
tendres et confiants est d'être toujours trompés, la science
d'être heureux consiste à ne pas se laisser prendre au dé-
pourvu. Les engagements sincères et les passions éternelles

sont du monde d'Astrée et de Céladon ; il n'y a que les enfants qui l'ignorent, et vous avez maintenant de bonnes
raisons pour n'en pas douter. Que reste-t-il à craindre de la
perfidie d'une maîtresse, quand on sait d'avance à quoi
s'en tenir sur sa bonne foi? La plus inconstante est la
meilleure pour qui a vérifié que la plus constante ne l'est
guère. Traitez donc désormais les affaires de cœur avec
l'insouciance qu'elles méritent, et prenez l'amour comme
il est fait, si vous ne pouvez vous en passer. On n'en fera
pas un autre pour vous. »

— J'admire à mon tour, mon ami, combien vous vous
étiez perfectionné depuis notre rupture. Vous voilà tout à
fait revenu de vos extravagances romanesques. Vous parlez
principes !

— Ces idées ne me seraient peut-être pas venues d'elles-
mêmes, et la reconnaissance me fait un devoir d'avouer
que mon éducation vous doit beaucoup.—Bien convaincu,
comme j'ai eu l'honneur de vous le dire, que le moyen le
plus sûr de n'être trompé nulle part, c'était de s'attendre à
l'être partout, je ne m'occupai qu'à trouver un digne
théâtre à mes expéditions galantes, et ce fut au théâtre
même que je m'arrêtai. Ce n'est pas là d'habitude qu'on
va chercher les fidélités exemplaires et contracter les liens
indissolubles de l'école des Amadis. L'intrigue y est légère,
le nœud fragile, les péripéties multipliées, et il n'y a pas
une scène dans les amours de ce pays-là qui ne coure au
dénoûment suivant les règles de l'art. C'était précisément
mon affaire. Je m'arrangeais volontiers en perspective d'un
commerce où je serais presque aussitôt trahi qu'aimé. Il
est aussi amusant qu'un autre, quand il amuse, et il fait
perdre moins de temps. J'avais d'ailleurs une sorte de
vocation prédestinée pour ce genre de sentiment, et je
tenais cela de la nature ou de mon père. Mon cœur avait
battu dès l'enfance dans ma poitrine d'écolier aux roulades
d'une virtuose et aux pirouettes d'une bayadère. Il y a un
charme incomparable dans la possession d'une beauté à

mille noms qui prend toutes les figures, qui revêt et embellit tous les costumes, qui parle tous les langages et interprète toutes les passions, qui change elle-même tous les soirs de passions, de langage et de génie, comme elle change de toilette. En province surtout, où les attributions du comédien sont ordinairement plus étendues, c'est quelque chose de divin. Vous pouvez dans le même tête-à-tête, à la fin d'un joli souper, vous attendrir jusqu'aux larmes avec Aménaïde, bouder avec Hermione, coquetter avec Célimène, ou fondre votre cœur en langueurs pastorales avec une des bergères musquées de Favart et de Marmontel. Si la perfide Eulalie vous a donné hier quelqu'un de ces motifs de misanthropie qui chiffonnent les esprits mal faits, vous aurez bien de la peine à resister demain aux preuves de l'innocence de Zaïre. Ajoutez à cela les triomphes de la vanité, si flatteurs, si enivrants pour l'homme qui est aimé ou pour celui qui croit l'être, ce qui est absolument la même chose, tant qu'on le croit, et vous conviendrez sans difficultés que l'amant d'une actrice à la mode est un de ces êtres privilégiés pour qui la vie n'est qu'un enchaînement de béatitudes et d'apothéoses!

— Grâce au ciel, vous êtes pour cette fois dans la voie du bonheur parfait, et si quelque démon ne s'en mêle, nous n'aurons plus à parler que de vos triomphes. Je crains comme vous qu'ils ne soient pas durables, mais ils seront nombreux, et vous vous sauverez sur la quantité.

— Je m'en flattais. A dire vrai, l'économie de mon plan de campagne ne laissait presque rien à désirer : j'avais combiné tous mes mouvements, choisi toutes mes positions, marqué d'un regard prévoyant mes campements, mes retranchements et mes forteresses. J'aurais dressé d'avance la carte de mes conquêtes, et je me voyais déjà suivi d'ovation en ovation par un long cortége de captives.

— César, je vous salue. Je vous attends avec impatience à la rédaction de vos *Commentaires!*

— C'est là malheureusement que le triomphateur s'em-

barrasse. Je n'eus pas mis un pied sur le terrain de l'ennemi, que je m'aperçus qu'il m'était impossible d'y mettre
l'autre avant de savoir sa langue, et c'est une étude qui
aurait déconcerté Pic de la Mirandole. Je croyais posséder
assez bien mon Marivaux, mon Crébillon fils et mes
Bijoux indiscrets; mais cet idiome sacré n'était ni plus ni
moins tombé en oubli que les hiéroglyphes. Je m'avisai de
retourner au sentiment, que je regardais encore comme le
truchement universel des négociations amoureuses; mais,
au premier mot qui m'échappa dans ce style, on me rit
au nez en grand chœur, et toutes mes sylphides s'envo-
lèrent. — J'étais près de renoncer à mes magnifiques ambitions et de descendre aux grisettes, peuple naïf, heureux
et fidèle aux bonnes traditions antiques, chez lequel ce
langage délicat est resté vulgaire, sous les favorables aus
pices du roman, quand un événement imprévu vint me
rendre les chances de ma fortune. — Vous n'avez probablement jamais su, madame, qu'il eût existé, rue Saint-
Martin, nº 48, une succursale de Thalie, placée sous l'in ·
vocation de Molière?

— Je suis du moins bien certaine de n'avoir jamais eu de
loge dans ce quartier-là.

— Aussi n'y allait-on pas, baronne, pour regarder aux
loges, ce qui serait indubitablement arrivé si vous aviez
fréquenté le théâtre. On y allait pour voir une actrice en-
chanteresse, aux traits mignons et gracieux, à la physionomie idéale, à la tournure souple et aérienne, au son de
voix frais et pur, aux intentions fines, spirituelles et mor-
dantes. Elle souriait, et tous les cœurs volaient à son sourire; elle laissait échapper, entre des cils d'or, un regard,
ou plutôt un rayon de feu, et l'incendie gagnait partout.
Elle parlait enfin, et le plus sage perdait la tête. Quand je
vous dirai que je subis le sort du plus sage, vous me croirez
volontiers sur parole. C'était le diamant de la petite comédie, la perle du pays marchand, la Mars de l'arrondis-

sement et de ses faubourgs. C'était la **Jenny Vertpré** du consulat!

— C'était ce qu'on voit tous les ans, la divinité de la vogue, et il ne me manque plus que son nom.

— Je vous le dirai, madame, en meilleur style que le mien; car je ne saurais employer un des tours pompeux et grandioses de M. de Châteaubriand dans une occasion plus solennelle. Cette prodigieuse souveraine des esprits et des âmes s'appelait Lucrèce.

— Miséricorde! qui a jamais entendu parler d'une comédienne qui s'appelât Lucrèce?

— Ce n'est pas là cependant le plus extraordinaire. — Le plus extraordinaire, et madame de Sévigné ne se ferait pas faute en pareil cas d'une page de synonymes, c'est qu'elle soutenait la responsabilité de son terrible nom avec une résignation philosophique dont il n'y avait jamais eu d'exemple au théâtre de la rue Saint-Martin, et peut-être dans quelques autres. On lui connaissait mille adorateurs, et on ne citait pas un heureux.

— Je vous arrête sur le fait et en flagrant délit de menterie. Vous promettez des histoires réelles, et, du premier élan, vous tombez dans le fantastique. On penserait, à vous entendre, que la nature a tenu partout quelque phénomène en réserve pour fournir un texte à vos hyperboles. Que dira le critique ingénieux et malin qui suspend sur toutes vos périodes son point d'interrogation défiant et ricaneur? Croyez-vous que ce terrible douteur, qui hésite à croire que vous ayez eu douze ans une fois en votre vie, que le hasard vous ait donné pour maître d'école un capucin de Cologne, et que la foule vous ait poussé, un jour où vous n'aviez rien de mieux à faire, sur une place de Strasbourg, dans laquelle il ne se trouvait guère que douze ou quinze mille personnes, vous passe légèrement une Lucrèce de coulisses? Oh! c'est un chapitre sur lequel vous ne nous en ferez pas accroire! Nous souffrons les invraisemblances des historiens, mais nous sommes intraitables avec les conteurs.

— Le critique en pensera ce qu'il voudra, ma chère baronne; c'est son affaire de critiquer; mais je suis, avec votre permission, beaucoup plus au fait de mes aventures que lui-même, quoiqu'il sache presque tout. Je me flatte, au reste, qu'il rabattra quelque chose de son rigorisme judaïque, et puisque je lui ai permis de donner à dîner à l'abbé d'Olivet chez Marion Delorme, cinquante ans jour pour jour avant la naissance de ce digne académicien, il aurait mauvaise grâce à me contester une vertu presque anonyme au théâtre de la rue Saint-Martin. Remarquez d'ailleurs, s'il vous plaît, que je n'ai pas dit jusqu'ici que j'eusse mis du premier abord l'enchantement à fin, rien qu'en soulevant ma visière, comme un paladin du roi Artus. Il en arriva même tout autrement, et Lucrèce ne me reçut pas mieux que la Lucrèce de Rome n'avait reçu Tarquin, quoique la mienne n'eût point de Collatinus. — Les difficultés, et surtout celles de cette nature, enflamment, comme vous savez, un généreux courage. Mon amour avait bien des raisons de se mettre en frais d'empressement et d'obstination. Le théâtre de Molière venait de fermer par ordre supérieur ou à défaut de recettes, malgré l'attrait que Lucrèce prêtait à son répertoire. Lucrèce allait disparaître, et mes parents me rappelaient à tous les courriers pour me faire terminer une sotte affaire en province. Ils s'étaient décidés à me marier, et, après les éclatantes disgrâces de mes trois premières intrigues, je vous demande quelle bonne figure de mari j'aurais faite ! C'est précisément comme un homme qui embrasserait le parti de la guerre avant d'avoir tiré vengeance d'un affront public. Il me fallait une réparation.

— De quoi vont se mêler les familles ! Vos parents choisissaient bien leur moment !

— Ils n'en font jamais d'autres. — Je m'étais couché vers le matin, suivant mon habitude, moins heureux que le poëte Villon, qui n'avait qu'un souci. J'en portais deux en croupe, et des plus noirs qu'on puisse imaginer : une femme dont je ne voulais guère, et une maîtresse qui ne me voulait pas.

— Dites-moi en passant quel était le souci du poète Villon ?

— Celui de savoir, madame, ce que devenaient les vieilles lunes ; et il le préoccupait tellement, qu'il en oublia le jour où il devait être pendu. — Je venais de me réveiller dans le paroxysme de l'amour, qui est, comme l'a très-bien observé Fontenelle, le plus matinal de nos sentiments, quand mon domestique m'apporta une lettre dont le timbre me fit craindre de nouvelles sommations paternelles. Jugez de ma surprise et de mon plaisir quand je m'aperçus qu'elle venait du directeur d'une troupe de comédiens qui exploitaient ma province, et qu'il n'y était question que de Lucrèce. La clôture d'un théâtre de Paris lui fournissait l'occasion de se recruter de quelque sujet précieux, capable de faire fureur dans une petite ville, et mon goût connu pour le spectacle lui avait fait supposer que je pourrais lui servir d'intermédiaire auprès de la magicienne qui avait tourné pendant six mois tant d'excellentes cervelles. C'était Lucrèce qu'appelaient tous les vœux d'un peuple idolâtre du talent et de la beauté. C'était sur moi qu'on se reposait des soins de cette heureuse ambassade! O folles joies de la jeunesse! Mon premier prix de rhétorique m'avait moins enorgueilli. On m'aurait annoncé la couronne du Tasse au Capitole, ou l'amarante aux jeux floraux, sans me distraire de mon ravissement. Cependant j'avais concouru.

Je ne vous laisserai pas à deviner la première pensée qui m'occupa. Vous ne vous en aviseriez jamais. « Ma foi, dis-je en m'habillant à la hâte, je ne sais pas pourquoi je ne me marierais pas. Une bonne dot en écus sonnants n'est pas à dédaigner dans l'état de délabrement où la bouillotte a mis mes affaires, et la plupart des moralistes disent d'ailleurs qu'il n'y a rien de si doux que l'union de deux âmes bien assorties. Je renoncerai, comme la raison l'exige,

aux plaisirs tumultueux d'une vie dissipée; mais l'éclat
que ceci ne peut manquer de produire suffit de reste à
l'ambition d'un jeune homme favorablement traité des
femmes, et qui n'a pas mal employé ses belles années. Lucrèce aura du chagrin sans doute; il le faut bien! Elle
en aura beaucoup! Je m'arrangerai même pour qu'elle fasse
manquer deux fois le spectacle par indisposition; mais elle
se consolera, j'en suis sûr, car il n'y en a pas une qui ne
se console. Le principal, c'est qu'elle ne se console pas
avant la cérémonie ; cela nuirait à l'effet. Je me marierai
tout en arrivant. »

— Prenez garde, Maxime. Je comprends à merveille que
le succès de cette combinaison aurait sauvé les intérêts de
votre vanité; mais vous ne m'aviez pas dit encore que vos
affaires fussent aussi avancées auprès de Lucrèce.

— Vous comptez donc pour rien le chemin qu'elles viennent de faire! Avez-vous lu l'OEdipe de Ballanche? N'avez-
vous jamais vu celui d'Ingres? C'est tout un. Eh bien,
madame, l'énigme était devinée! J'avais pénétré le Sphinx.
Elle m'était connue, la phrase talismanique; elles m'appar-
tenaient, les paroles fées qui devaient dissoudre le charme!
Un engagement superbe et une place dans ma chaise de
poste! Il n'y a point de Lucrèce qui résiste à cela!

—O fatalité de nos débiles vertus! Cette rigoureuse héroïne,
si habile à jouer tous les rôles, ne put soutenir jusqu'au
bout celui de la chaste Romaine dont elle portait le nom!

— Elle le soutint de son mieux, baronne, à deux légères
circonstances près, la résistance et le suicide.

— J'entends, et j'assiste en imagination aux pompes de
votre arrivée triomphale!

— Vous allez trop vite. Nous voyagions fort lentement.
Lucrèce avait toutes les qualités que vous pourriez désirer
dans la figure fantastique d'une amoureuse de roman. Elle
idolâtrait les beautés de la nature, et ne trouvait jamais trop
long le temps passé à les contempler. Nous nous arrêtâmes
à Brie-Comte-Robert.

— Les beautés de la nature à Brie-Comte-Robert! Où l'enthousiasme va-t-il se nicher?

— Nous ne faisions que partir, et il faut l'avoir éprouvé pour savoir combien la nature a de charmes pendant vingt-quatre heures, quand on voyage avec sa maîtresse. A Nangis, nouvelle station. Cette allée solitaire de vieux arbres, qui circule autour de ses fossés, ferait envie aux jardins d'Armide. Et puis, le clair de lune a quelque chose de si suave et de si velouté à Nangis! Si on peignait un jour ce clair de lune comme je l'ai senti, comme je l'ai goûté, quand ses rayons d'un pâle azur pleuvaient à travers le feuillage naissant sur les plis de son voile, l'enveloppaient de leur clarté limpide, et me découvraient en elle mille beautés que je n'avais pas encore aperçues, je vous proteste qu'on ne voudrait plus de Claude Lorrain. Il faudrait plaindre le cœur insensible qui ne palpite pas d'une tendre émotion à la vue de ces plaines délicieuses de Nogent que la Seine embrasse d'une ceinture argentée, sur laquelle tous les astres du ciel sèment des feux étincelants. Tout cela n'est jamais si ravissant que lorsqu'on est deux à le voir! — Quant aux promenades poétiques de la moderne Troyes, elles sont presque aussi classiques dans la mémoire des voyageurs que les bosquets des rives du Simoïs, où il n'est pas suffisamment démontré qu'il y eût des bosquets.

— Muse, suspends ton vol! je ne croyais pas, au train dont nous marchions, que nous aurions le bonheur de gagner sitôt le département de l'Aube! Votre pégase doit avoir besoin de s'y reposer!

— Vos pressentiments ne vous ont que trop bien averti. Nous étions à Troyes le quatorzième jour, et le temps commençait à nous presser autant que vous, mais il n'y eut pas moyen d'en partir. Lucrèce était tourmentée d'une fièvre ardente, et le médecin, que je fus obligé de mander, reconnut d'un coup d'œil qu'elle était hors d'état de continuer le voyage. La pauvre fille avait la petite vérole.

— Vous me faites trembler, Maxime. Votre démon vous

emporte, et nous marchons tout droit à un dénoûment tragique !

— Rassurez-vous, madame ; nous marchons tout droit à un dénoûment assez bouffon. Je n'ai pas besoin de vous dire que je ne l'abandonnai pas pendant le danger ; mais mes affaires m'appelaient, mes parents se mouraient d'inquiétude, et les intérêts de Lucrèce eux-mêmes exigeaient que j'allasse expliquer son retard. Le médecin ne m'avait laissé aucune inquiétude sur les suites de cet accident, et j'avais payé ses soins en raison du succès qu'il me faisait espérer. J'arrivai donc seul au but du voyage ; mais le bruit de mon expédition m'y avait précédé, et je regardais l'accueil qu'il allait me procurer comme une épreuve embarrassante pour ma modestie. Elle en fut quitte à meilleur marché que je ne pensais. L'esprit des provinces est soupçonneux quand il n'est pas dénigrant. Accessible à toutes les préventions fâcheuses, il se cuirasse contre l'admiration ; il se fortifie de suspensions, de restrictions et de réticences contre l'invasion des nouvelles gloires. La renommée n'y a de cours que lorsque ses lettres patentes ont été expédiées aux bonnes villes sous la bande d'un journal accrédité, et les journaux de l'an de grâce 1804 ne disaient mot des actrices des petits théâtres. La liste civile des princesses dramatiques de ce temps-là était beaucoup trop exiguë pour leur permettre d'entretenir à grands frais une meute d'historiographes. L'époque n'était pas arrivée où leurs faits et gestes devaient être immatriculés tous les soirs dans des chroniques officieuses, comme ceux de l'empereur de la Chine.

— On ne m'accueillit, par conséquent, que d'un certain : *Nous verrons bien* fort sec, accompagné d'un certain hochement de tête fort dubitatif. — *Nous verrons bien*, madame, entendez-vous ? On ne vit que trop tôt, hélas ! ce que vous allez voir !

— Permettez-moi de vous épargner la douleur de rouvrir de vos mains une blessure qui saigne encore. N'est-il pas vrai que Lucrèce était un peu changée ?

— Un peu changée, madame! ah! je reconnais à ces tendres ménagements la compassion d'un cœur de femme! Un peu changée, grand Dieu! elle était à faire peur!

— Déplorable témoignage de l'instabilité des choses humaines! voilà pourtant des tours de la petite vérole!

— Il n'y eut qu'un cri sur son compte, et ce fut un cri d'épouvante! Non, non! jamais la nature n'a humilié d'un retour plus perfide la vanité d'une jeune fille!...

— Et la suffisance d'un jeune fat...

— J'allais vous épargner, madame, la peine de l'apostille, car, dans la circonstance où je me trouvais, il ne pouvait me rester d'autre orgueil que celui d'une humble et repentante résignation. Toutefois mes espérances se rattachaient en secret à l'effet infaillible de son talent. « Il faudra bien qu'ils l'admirent, m'écriais-je avec fierté, et leur ivresse me vengera d'eux, et de la destinée contraire. » — Je ne soupirais qu'après le jour du début. L'affiche enfin l'annonça; l'affluence fut énorme, et, pour ne rien cacher, le public paraissait assez bien disposé. J'allais, je venais, je ne me sentais pas d'impatience. J'avais compté une à une les mesures d'une ouverture qui ne finissait pas, quand la toile se leva. La pièce commençait tout juste par un morceau de Lucrèce. O douleur! — les rigueurs que la petite vérole avait exercées sur son épiderme n'étaient rien auprès de celles dont elle avait affligé son larynx. La malheureuse avait perdu deux notes, et ce qu'elle conservait de sa voix de sirène aurait cloué l'aumône de la charité dans la main de l'auditeur le plus bénévole d'une chanteuse de place.

— On n'a jamais rien entendu de pareil!

— C'est ce que tout le monde disait. Après deux désappointements aussi contrariants, j'osais à peine entrevoir un dernier moyen de salut dans les ressources incomparables de son jeu, comme un homme qui va se noyer se retient d'une main désespérée aux faibles roseaux du rivage; et Dieu sait si je fus bien avisé d'y compter médio-

crement! Soit que l'impertinence du public eût paralysé
ses moyens (style de théâtre s'il en fut jamais), soit que la
petite vérole ait aussi quelques influences psychologiques
jusqu'à ce jour méconnues des savants, Lucrèce dit la
comédie juste comme si elle la chantait. Tous ces petits
riens délicieux que son visage céleste avait fait valoir tant
de fois étaient devenus communs et maussades sur la
physionomie d'une laide. Ces subtiles finesses de détails,
ces traits exquis de naturel et de sentiment, où se pâ-
maient à Paris l'orchestre et la galerie, passèrent pour
gauches dans leur naïveté, et pour maniérés dans leur
délicatesse. Enfin le mécontentement des spectateurs se
manifesta par une explosion si bruyante, que la salle menaçait de crouler au bruit des sifflets, quand le directeur
aux abois vint, tout tremblant, promettre une nouvelle
débutante à son turbulent auditoire. Lucrèce s'évanouit,
et je me sauvai fort à propos, car, si je m'étais trouvé à
ses côtés quand elle reprit connaissance, elle m'aurait
certainement arraché les yeux.

— Vous m'avez attendrie sur le sort de cette pauvre
créature! je voudrais la savoir établie en bon lieu.

— Vous n'avez qu'à parler, madame, et je la ferai au
besoin, comme Hippolyte Clairon, président du conseil
d'un margrave ; mais, fiction à part, je vais combler vos
vœux en deux mots. Sa mésaventure fut pour elle une
source inépuisable de prospérités. Elle revint à Paris, où
un de ses amants les plus rebutés, homme de peu d'esprit à ce que l'histoire rapporte, mais doué, selon toute
apparence, d'une puissance incroyable de mémoire, se crut
trop heureux de la retrouver telle qu'elle était, c'est-à-dire
aux changements près qui s'étaient opérés en elle depuis
Brie-Comte-Robert jusqu'à Troyes inclusivement. Il lui offrit son cœur et sa main, qu'elle se garda bien de refuser;
les voyages l'avaient trop formée pour cela ; et comme l'é-
pouseur était un de ces beaux caractères qui ne font pas
les choses à demi, dix mois après il la laissa veuve et douai-

rière avec cinquante mille livres de rente. Elle tient aujourd'hui grande maison, grand train de gens et de chevaux, table ouverte et bureau d'esprit.

— Je respire, et j'en avais besoin après de si rudes
catastrophes !

— Vous voyez que j'ai seul à réclamer maintenant les
sympathies de votre sensibilité, et vous aurez assez à faire.
Lucrèce était partie sans me permettre de la revoir, et je
lui sus plus de gré de ce procédé que mes lettres ne lui en
témoignèrent de regrets. Elle me laissait cependant à porter tout le poids de la dérision et des malins quolibets, et
je vous réponds qu'on n'aurait pas été trop de deux pour le
partager. Le pays en retentit; les colonnes en parlèrent,
comme s'exprimaient les anciens; et si ma modeste
Athènes avait eu un Céramique, vous devinez de quel nom
les petits enfants auraient barbouillé ses murailles !

Mon arrivée dans les salons ne manquait jamais d'ex-
citer un petit murmure qui n'avait rien de triste, bien au
contraire, mais qui me paraissait infiniment désobligeant.
J'attirais à la vérité dans les promenades les regards des
jolies femmes, et beaucoup plus que je n'avais fait par le
passé; mais j'avais beau donner à leur curiosité les interprétations les plus favorables, je n'en étais pas autrement
flatté. J'allais rarement à la comédie, et seulement quand
un spectacle qui attirait la foule me laissait l'espoir de me
soustraire à mon effrayante popularité de loges et d'avant-
scène. Un peu aguerri cependant contre les inconvénients
des grandes réputations, je me carrais un jour avec dignité sur le premier banc de la galerie, au cinquième acte
d'une tragédie nouvelle dont l'auteur venait de détrôner
Racine dans deux ou trois feuilletons. Je me fiais ingé-
nument sur ce nouveau genre de scandale pour me faire
oublier tout à fait, quand je remarquai subitement que
la confidente profitait du loisir d'une inutile et mortelle
tirade que débitait le jeune premier, pour chuchoter à
l'oreille de la princesse un *aparté* malicieux qui n'avait

vraisemblablement aucun rapport direct à la pièce, et qui
n'était pas fait pour le public. Mon cœur se serra, et une
sueur froide inonda mon front, car je croyais lire bien
distinctement sur les lèvres insolentes de la duègne maudite l'histoire de Lucrèce et la mienne. En effet, l'œil de
la princesse décrivit lentement une longue parabole qui
embrassa presque tout l'hémicycle de la salle, et qui finit
par s'arrêter intrépidement sur moi comme le regard du
basilic. Au même instant, les deux mégères furent saisies
d'un accès de gaîté si expansif et si étourdissant, que le
drame, qui était parvenu à l'endroit le plus pathétique,
ne fit plus que se traîner, en chancelant jusqu'au dénoûment, à travers les éclats de rire. Je profitai heureusement
de la confusion universelle que produisait cette péripétie
inattendue pour gagner le corridor, l'escalier, le vestibule
et la rue. Quand je fus dehors, ma poitrine se dilata
comme celle d'un homme qui échappe à un mauvais rêve :
—Je fais vœu, m'écriai-je de toute la force de mes pou-
mons, de ne jamais remettre les pieds dans ce *tripudium*
de saltimbanques, dussé-je être réduit à passer désormais
toutes mes soirées au théâtre des marionnettes !

—Tu n'es réellement pas trop dégoûté, interrompit un
de mes amis qui s'empara brusquement de mon bras. Il
est neuf heures précises, et j'y allais.

—Où allais-tu ?

—De quoi parlais-tu ? J'allais aux célèbres marionnettes
de maître Siméon Balland de Wintertour, le plus habile
et le plus ingénieux des nombreux héritiers de Brioché.
Qui n'a pas vu les marionnettes de maître Siméon n'a rien
vu, et n'a rien vu surtout qui n'a pas vu Jeannette ! Il n'y
a que les Suisses pour être aussi adroits en mécanique, et
il n'y a que les filles des treize cantons pour être aussi jolies ! C'est le rendez-vous de la meilleure compagnie en
bambins, en bonnes appétissantes et en fringantes femmes
de chambre, une excellente société !...

— Pourquoi pas ? répondis-je en riant. Aussi bien le
spectacle est détestable, et les actrices...

— Feraient reculer une compagnie de pandours, reprit mon étourdi. On n'en a pas vu de plus laides depuis...

Il s'interrompit par commisération. Je le compris, je soupirai, et j'allai aux marionnettes.

Ce n'est pas auprès de vous, madame, que j'essayerai de me justifier de mon penchant puéril pour Polichinelle[1]. Je me souviens que vous l'avez autrefois partagé, et qu'un des moments les plus doux et les plus cruels de ma vie, celui où je vous vis pour vous aimer, me fut accordé par le bizarre destin au théâtre des Fantoccini. Je ne me doutais guère alors que je n'étais moi-même dans vos mains qu'un pantin un peu plus industrieusement organisé, dont le fil...

— Reprenez, pour Dieu, le fil de vos aventures, sans me faire jouer un rôle déplacé dans vos intrigues de marionnettes, où je n'ai que faire, et permettez-moi de jouir paisiblement du bonheur de m'être dérobée à propos au funeste ascendant de votre étoile !

— M'y voilà, madame. — C'est que les marionnettes de maître Siméon n'étaient pas des marionnettes vulgaires!

---

[1] Ainsi que Bayle, avec qui il a plus d'un rapport comme critique et comme érudit, Nodier avait, à ce qu'il paraît, une véritable passion pour polichinelle et ses amusants comparses, et il s'en est occupé dans plusieurs de ses livres. Il en parle encore incidemment dans l'*Histoire du roi de Bohême et de ses sept châteaux*, page 203 ; et, de plus, il en a donné une *biographie* qui a été en dernier lieu réimprimée dans les *Nouvelles vieilles et nouvelles*. Enfin l'un de ses derniers écrits, véritable chef-d'œuvre de raillerie et d'atticisme, est une étude philosophique, dramatique et historique sur les *marionnettes*. Il disait comme l'Anglais Addison, qui, lui aussi a célébré les *marionnettes*, en vers latins très-élégants :

Admiranda cano levium spectacula rerum ;

mais Addison ne faisait que de la poésie descriptive, tandis que Nodier s'élève, comme Rabelais, à la satire morale. Les acteurs de bois des théâtres en plein vent ramènent sa pensée attristée sur les acteurs vivants de la comédie humaine; et, comme conclusion de sa fantaisie charmante, il s'écrie : « J'ai vu passer une révolution, un empire, une restauration qui n'a rien restauré... et j'ai attendu patiemment, parce que la solution des grandes questions politiques est un secret réservé qui n'appartient pas aux puissances de la terre...

» C'est le secret de *polichinelle*.

                                    Note de l'éditeur.)

C'est que son polichinelle était le Talma de tous les polichinelles passés, présents et futurs ! Quel aplomb imperturba-
bable ! quelle merveilleuse entente de la scène ! quelle vérité
naïve, et cependant quelle perfection académique de poses
et de déclamation ! quelle énergie de débit ! quelle magie
de diction ! quel jeu surprenant de physionomie ! et, dans
tout cela, quelle profonde intelligence du cœur humain !
Remarquez bien, madame, que je ne parle ici que du polichinelle de maître Siméon ; car tous les polichinelles que
j'ai vus depuis étaient de bois. Celui-là seul avait une âme.
— Cependant, le croirez-vous ? au bout de quelques jours,
car je ne manquais pas une représentation, je devins moins
exact à ma place accoutumée. A peine Jeannette avait prêté
à la femme ou à la maîtresse du héros le charme de son
débit un peu monotone, mais naturel, expressif et mélodieux, je venais la rejoindre au bureau où le directeur
l'avait placée, comme ces trafiquants rusés qui mettent à
l'étalage les richesses du magasin. Immobile contre un des
piliers portatifs de l'architecture en toile peinte, je l'admirais sans me lasser jamais, accueillant les chalants avec un
irrésistible sourire, et distribuant les billets ou recevant
les coupons d'une main plus blanche, plus agile et plus
gracieuse que celle de la jolie changeuse israélite de la galerie de Foy. J'y passais les heures trop vite écoulées. J'y
aurais passé les jours, et surtout les nuits. Il eût été tout
simple de me prendre, dans cette posture, pour l'inspec-
teur à la recette, et je ne serais pas étonné que de bonnes
gens qui avaient entendu parler favorablement de mes talents dramatiques, se fussent imaginé en passant que je
n'étais si assidu à cette place que pour y régler mes droits
d'auteur.

— Je tremble de vous dire ce que j'imagine, moi ; vous
me rappelez, Maxime, ce prince des contes orientaux qui
avait dédaigné les bonnes grâces de la reine des Péris, et
dont elle se vengea en le rendant passionnément amoureux
d'une oie de sa basse-cour, qui cherchait fortune en do-

17

mino rose, comme une oie évaporée qu'elle était, le long des pièces d'eau du palais. J'ai bien voulu vous faire grâce au théâtre de la rue Saint-Martin, mais je vous préviens qu'avec toute la bonne volonté possible, je suis incapable de vous pardonner une extravagance pour la commère de Polichinelle.

— C'est que vous ne l'avez jamais vue, baronne! Je croyais n'avoir rien épargné pour relever sa modeste condition par l'illustration du grand acteur ou de l'automate miraculeux dont elle suivait la fortune ; il y avait dans cet arrangement un certain art de composition sur lequel je comptais pour me justifier ; mais vous êtes inexorable, parce que vous savez que je ne suis pas peintre de portraits, et que vous me défiez secrètement dans votre profonde malice de vous intéresser aux attraits de Jeannette. Oh! si je pouvais vous la montrer droite, menue et souple comme un roseau ; la peau un tantet bise, mais nuée de fraîches couleurs ; le nez fin comme une alène, droit, classique, presque divin, comme celui d'une statue grecque, et terminé par un petit méplat riant et capricieux... comme le vôtre ; la bouche plus vermeille que la grenade ; les dents resplendissantes d'un émail plus diaphane et plus poli que l'albâtre ! Si je savais des paroles pour représenter ses longs yeux taillés en amande, aux prunelles d'un bleu d'indigo, ses longs cils doux comme la soie et brillants comme l'acier bruni, ses longs sourcils noirs tracés en arc sur un front lisse et harmonieux avec la précision du pinceau, et cependant si voluptueusement mobiles quand ils daignaient exprimer le plaisir et l'amour ! — S'il m'était permis de vous découvrir, avec leur chaussure coquette de jolis bas blancs à coins roses, ses jambes toutes mignonnes dont le ciseau magique de David aurait dévotement respecté le galbe précieux, et auxquelles s'attachaient deux pieds qui auraient fait mourir d'un jaloux dépit la princesse de la Chine ! — Et quand j'y pense, cela n'était pas difficile, car son jupon vert à

liséré nacarat était extraordinairement court. — Si vous
l'aviez vue enfin, comme je le désirais tout à l'heure, dans
l'appareil simple et séduisant de son délicieux ajustement
helvétique, vous n'auriez pas eu le courage de me blâmer, et mon extravagance changerait de nom.

— Je veux croire à toutes ces merveilles ; mais je suis
décidée, Maxime, à ne pas sortir de là. Votre Jeannette,
fût-elle Vénus et mieux encore, était la commère de Polichinelle, et vous me faites pitié !

— C'était, hélas ! comme vous dites, la commère de Polichinelle. Le vulgaire du moins ne lui connaissait pas
alors d'alliances plus relevées. Je vous sauverai donc l'ennui de mes orageuses tribulations ; je ne vous dirai ni mes
regards passionnés fixés sur elle par une puissance invincible qui tenait de la fascination, ni mes soupirs de flamme
incessamment exhalés vers la banquette où elle recevait
l'argent et les hommages des curieux, ni mes lettres fré-
nétiques où j'enchérissais sur les hyperboles, encore imparfaitement naturalisées chez nous, des romanciers
allemands.

— Vous écriviez à Jeannette !...

— En prose et en vers, et je vous affirme qu'elle lisait
assez couramment. Cependant je faisais depuis huit jours
des frais de sentiment en pure perte, et mon intrigue
était si péniblement cousue, mon action traînait si nonchalamment en longueur, qu'on l'aurait justement sifflée
au théâtre de Polichinelle. — Tout à coup l'affiche indiqua
la représentation de clôture, la dernière, la véritable clôture, la clôture sans appel et sans rémission. C'était
l'instant ou jamais de songer au dénoûment ; je résolus de
le brusquer. J'avais, loin de la maison paternelle, un
petit appartement clandestin, fort galamment décoré,
dont je m'étais pourvu, dans un esprit de prévoyance,
pour donner libre carrière à des méditations mélancoliques et solitaires qui ont toujours fait mes délices, pour
revenir de temps en temps à loisir sur mes études trop

négligées, peut-être aussi pour quelques occasions impré-
vues qui se présentent quelquefois par hasard dans la vie
d'un jeune homme chargé d'affaires. J'étais bien persuadé
que ce domicile auxiliaire n'était connu que de moi, et de
cinq ou six personnes tout au plus qui étaient particulièrement intéressées à me garder le secret. Je l'avais soigneusement désigné à Jeannette au *post-scriptum* de tous
mes billets doux. Le *post-scriptum* est la partie positive
des correspondances amoureuses; c'est là qu'on traite les
intérêts matériels d'une grande passion. Aussi ai-je rencontré des femmes qui n'en lisent pas autre chose.

Comme je n'avais pas reçu de Jeannette des marques
prononcées d'indifférence, et que je croyais discerner au
contraire quelques témoignages d'une tendre condescendance à mes vœux dans les prunelles indigo dont j'ai eu
l'honneur de vous parler, toutes les fois qu'elle voulait
bien tourner sur moi leur disque éblouissant, je passais
ordinairement à l'attendre et à l'espérer dans ma retraite
philosophique tout le temps que je ne passais pas à la sup-
plier d'y venir. Le lendemain de la clôture (je savais
qu'elle devait partir le soir), je rêvais aux moyens de l'y
amener le jour même, avant que la diligence me la ravît
pour jamais, et je commençais à entrevoir qu'il faudrait
recourir sans doute, pour y parvenir, à des procédés plus
ou moins impérieux qui lui laissassent tout entiers les
honneurs de la résistance, puisqu'elle était décidément
formaliste. J'avais en conséquence formé dix projets plus
étourdis les uns que les autres sans m'arrêter à aucun,
quand j'entendis la clef de ma porte rouler doucement dans
la serrure. La porte s'ouvrit, et Jeannette parut plus belle
que jamais, belle d'émotion, de crainte et d'amour! mais
si troublée que ses jambes défaillirent à l'instant où je
m'élançai au-devant d'elle pour la recevoir; je le suppo
sai du moins, car elle tomba dans mes bras. Nous restâmes quelque temps muets; — combien de temps? je ne
saurais vous le dire au juste, — ces moments-là sont très-

difficiles à mesurer. Enfin elle se remit peu à peu, rétablit
un léger désordre de sa toilette, que mon empressement
ne m'avait pas permis de ménager beaucoup en l'assistant
à l'imprévue dans une crise si nouvelle pour son innocence et pour sa timidité, et prit un fauteuil auprès de
moi. Depuis qu'elle était dans ma chambre, la pauvre fille
ne s'était pas encore assise.

Je prenais plaisir à la regarder, comme on regarde la
femme qu'on aime, la première fois qu'on a quelque
bonne raison de croire qu'on en est aimé. Il n'y a pas de
temps à perdre. Quel fut mon étonnement quand son visage, sur lequel je pensais trouver la même expression,
vint à se composer graduellement dans je ne sais quel recueillement mystérieux, jusqu'à parvenir au plus imposant caractère de solennité. Je crus d'abord qu'elle médi-
tait un rôle pour une scène plus éminente que celle sur
laquelle on lui avait appris à exercer ses talents, et il en
était bien quelque chose. Je voulus m'emparer de sa main
avec la liberté familière que me permettait une rencontre
aussi favorable aux développements de la plus parfaite
intimité ; mais elle me maintint à ma place d'un geste
grave et doux à la fois, et elle prit enfin la parole dans
des termes que je rapporterais volontiers, si je n'avais
peur que vous n'eussiez déjà trouvé cette histoire trop
longue.

— Je ne suis pas fâchée de me faire une idée du
degré de dignité auquel peuvent s'élever, en pareille
circonstance, les moyens oratoires de la commère de Polichinelle.

— « Je ne chercherai point à excuser, monsieur, dit Jeannette, la démarche qui m'a mise en quelque sorte à la
discrétion de votre délicatesse et de votre vertu. L'estime
que m'ont inspirée pour vous votre langage, vos lettres, et
la réputation de vos nobles sentiments, peut seule la justifier à mes propres yeux. J'avais besoin depuis longtemps
d'épancher mon triste cœur dans un cœur généreux,

et je n'ai pas été maîtresse de résister à la confiance que j'ai placée dans le vôtre, du premier jour où je vous ai vu. Si je me suis trompée dans mes espérances, le sang d'où je sors me donnera heureusement assez de force pour que je n'hésite plus à me soumettre aux rigueurs de l'infortune qui me poursuit. » — Je tressaillis de surprise et d'impatience, mais je n'interrompis point Jeannette.

— Et vous fîtes à merveille, Maxime! Ceci promet, si je ne me trompe, des révélations d'un genre tout à fait nouveau.

Elle continua. — « Je ne suis point, monsieur, l'obscure et misérable créature que ma condition actuelle semble annoncer. Vous pouvez avoir entendu parler du brave comte de C..., officier supérieur des Cent-Suisses, assassiné en défendant la demeure de vos rois dans la fatale journée du 10 août 1792. Je suis sa fille unique, et le dernier rejeton de son illustre famille. Mon père, atteint de six mortelles blessures, parvint à gagner notre maison dans la rue Saint-Florentin, qui est peu éloignée du château. Je n'avais que six ans alors, et il me reste une idée bien vague de cet horrible événement. Il eut à peine le temps et la force de demander à me voir, et de me confier, baignée de ses larmes et de son sang, aux soins d'un valet de chambre dont il croyait la fidélité à toute épreuve, car je n'avais plus de mère. Quelques minutes après, il avait cessé de vivre. — Permettez-moi d'achever, monsieur, car je n'ai pas tout dit : La fortune de mes parents, qui était toute réalisée en France, ne pouvait échapper à la confiscation. Les faibles ressources que produisirent l'argent comptant et les bijoux de mon père furent bientôt épuisées. Ce fut alors que Siméon Balland (c'est le nom du valet de chambre) se trouva réduit à reprendre pour exister l'ignoble profession qu'il avait pratiquée dans sa première jeunesse, et à me donner un honteux emploi dans son spectacle, pour se payer des frais de mon entretien. Enfant, je subis cette nécessité sans juger de sa bassesse et sans apprécier ses conséquences. Arrivée à l'âge de penser, je m'y soumis sans me plaindre, parce que je n'y voyais point de remède. Cependant je connaissais ma naissance, dont les titres ne sont pas détruits. Je savais qu'ils étaient déposés à Langres dans des mains que je crois sûres, et dont j'espère les retirer sans difficulté; mais j'avais eu le bonheur de me faire une résolution conforme à la cruelle extrémité où j'étais réduite, et je ne m'en serais peut-être jamais départie, si mon indigne tyran, devenu veuf il y a deux ans, ne poussait aujourd'hui mon courage aux derniers excès du désespoir, en m'imposant l'affreuse obligation d'accepter sa main et son nom. —Vous frémissez, monsieur, et je sens que je suis comprise. — Vous ne vous étonnerez donc pas de m'entendre jurer que rien ne peut me décider à reprendre jamais une chaîne que je déteste, et si vous m'aimez comme vous l'avez protesté tant de fois en termes si éloquents, le moment est venu de tenir les serments que vous m'avez faits! Épouse, esclave ou pupille, je vous remets le sort de ma vie, et je vous abandonne ma destinée ainsi que mon cœur ! »

En achevant ces paroles, elle fit un mouvement pour tomber à mes genoux; mais j'étais déjà aux siens.

— Brave Maxime! je vous vois dans la position de Don Quichotte, quand il entreprit de ravir l'infante Mélisandre aux poursuites du farouche Marsile. Malheur aux marionnettes !

— Mademoiselle, m'écriai-je, dans la position respectueuse qui convenait désormais à mes rapports avec elle, comptez que vous ne serez pas trompée dans la flatteuse espérance que vous avez fondée sur mon caractère et sur mes principes. Les droits que j'ai sur ce modeste appartement sont, grâce au ciel, un mystère pour la ville entière, et je me crois assuré qu'il vous soustraira aisément aux recherches de vos persécuteurs. A compter de ce jour, vous pouvez le regarder comme le vôtre; je ne m'y

présenterai moi-même qu'avec votre consentement, et si je
ne réussis pas à le rendre digne de vous, je suis au moins
garant qu'il ne vous y manquera rien de ce qui peut aider
une femme jeune et sensible à supporter patiemment la
solitude, pendant que je m'occuperai avec un zèle infatigable à vous faire rendre vos droits et votre liberté.

— Je serais curieuse, mon ami, de savoir si vous lui
donnâtes des femmes ?

— Je remplis en tout point, madame, les devoirs que
me prescrivait une hospitalité consciencieuse. — Je vous
avouerai qu'en y réfléchissant, je fus passablement embarrassé de cette affaire, que je ne m'attendais pas à voir
tourner au sérieux. Je n'avais pas pensé un moment à
épouser Jeannette, et c'était peut-être le seul moyen de
dénouer l'intrigue, depuis qu'elle s'était compliquée, en
dépit de moi, d'une apparence de séduction et de rapt. Il
faut que je sois bien disgracié de la Providence, dis-je
d'abord, moi qui ai toujours eu la noblesse en guignon,
pour m'être engagé à corps perdu dans une parentèle aris-
tocratique, en choisissant ma maîtresse aux marionnettes.
Qui diable aurait jamais pensé que le patriciat eût passé
par là ? Puisque Jeannette est comtesse, je vous demande
à qui on osera maintenant se fier ? — D'un autre côté, je
venais de reconnaître en Jeannette des qualités de plus
d'une espèce qui m'en rendaient plus amoureux que jamais. Ses beaux sentiments, qui se ressentaient merveilleusement de sa naissance, m'avaient pénétré aussi d'une
profonde admiration ; et j'étais d'ailleurs engagé par l'honneur, règle suprême de la conduite d'un homme bien né.
Je craignais peu qu'on pénétrât le secret de sa retraite, où
elle pouvait tout au plus, comme je vous l'ai dit, recevoir
par hasard la visite de quelques femmes d'assez bonne
compagnie, naturellement fort compatissantes pour les
peines de l'amour. C'étaient des cœurs éprouvés. Je me
livrai donc sans réserve, suivant mon usage, à l'ivresse du
bonheur présent, sans trop m'inquiéter de l'avenir, et le

matin du cinquième jour je venais sans défiance m'informer du sommeil de Jeannette, quand je trouvai la porte ouverte et une femme de chambre gémissante, qui pleurait sur sa belle maîtresse, brutalement enlevée par les estaliers de la police.

— Je m'y attendais. Les Mores étaient en campagne, et Marsile avait dépisté Mélisandre.

— Ajoutez, s'il vous plaît, baronne, qu'il venait de dépister Galiféros. Un commissaire du quartier qui traquait le ravisseur, et qui s'était flatté, avec assez de vraisemblance, de le prendre au gîte, me requit poliment de me rendre chez monsieur le maire, juge souverain de toutes les affaires de police occulte qui intéressent l'honneur des familles, l'inviolabilité des comédiennes de province, et le bon ordre moral des marionnettes. Le maire de ma bonne ville était alors un excellent et respectable vieillard dont vous pouvez vous souvenir; M. le baron D....., qui m'aimait d'une façon toute paternelle, jusque dans les égarements où m'entraînait souvent la fougue d'une jeunesse irréfléchie, me grondait tout haut dans l'occasion, me pardonnait tout bas en grondant, et se détournait de temps en temps dans sa plus grande colère contre mes folies, pour rire sous cape de mes folies et de sa colère, car il joignait à une âme parfaitement tolérante un tour d'esprit aimable et un peu facétieux. Près de lui était assis le Vaucanson de Wintertour, l'honorable maître Siméon Balland, qui avait rétrogradé de vingt lieues sur son itinéraire pour venir demander justice, quand il s'était aperçu que sa jeune première, qui devait le rejoindre en diligence, manquait à l'appel de la troupe comique. Je fus ému, mais non troublé, parce que la pureté de mes intentions me rassurait, et qu'à part quelques détails de peu d'importance dans la matière, qui échappaient du reste essentiellement aux investigations municipales, je pouvais prendre le ciel à témoin de mon innocence et m'enveloper de ma vertu. Je me sentais affermi d'ailleurs par la justice de la cause que je venais défendre. Ah, madame! il est bien doux de plaider pour la beauté, l'innocence et le malheur !

« *Quousque tandem, Catilina*, » me dit d'abord M. le maire... — Mais, craignant probablement que ce magnifique modèle de l'exorde brusque ne fût trop pompeux pour la circonstance, il se reprit aussitôt : — « C'est donc vous, continua-t-il d'un ton moins emphatique, mais aussi gravement burlesque, c'est vous qui, au mépris des excellents principes que vous avez reçus de l'éducation, portez l'insubordination, le désordre et le déshonneur peut-être parmi les sujets nomades de ce galant homme dont vos concitoyens ne conserveront le souvenir qu'avec délectation et reconnaissance ! Il n'y a donc plus d'asile inviolable contre vos déportements, puisque la pudeur ne peut pas même y échapper dans la loge de Polichinelle ! Il est difficile de prévoir d'après cela jusqu'à quels excès vous êtes capable de vous porter, et bien vous en prend, soit dit entre nous, de n'avoir pas vécu à temps pour souiller de pareilles profanations le collége des vestales et les fêtes de la bonne déesse ; vous n'en auriez pas été quitte à si bon marché. Toutefois, dans l'impossibilité où je me trouve de vous morigéner autrement, ce que je laisse à faire, en désespoir de cause, au temps et à l'expérience, l'honnête et prudent Siméon que voici, voulant bien reprendre l'objet litigieux, sans le soumettre à une expertise que je n'aurais pas pu lui refuser, pour en constater les détériorations, avaries et déchets, il nous reste à régler l'indemnité dont vous lui êtes redevable, à raison de frais de voyage et de relâches forcés depuis que vous êtes en possession de l'actrice nécessaire qui représente à elle seule tout le personnel féminin de sa troupe. C'est à peu près à une centaine de francs que cela monterait à son compte, et c'est sur cette réclamation que j'attends de vous une réponse, en vous prévenant qu'il ne me paraît pas possible de donner une meilleure tournure aux suites de votre escapade. »

Je ne m'étais pas déconcerté un seul moment, et pendant qu'on aurait pu me croire occupé à formuler, à part moi, quelque acte de résipiscence, je méditais l'incursion la plus audacieuse sur le terrain de l'ennemi.

— « Non, monsieur, m'écriai-je aussitôt que l'allocution du respectable magistrat fut terminée, je ne souscrirai point à l'indigne concession qui m'est proposée! Mon devoir est d'éclairer votre justice sur les manœuvres d'un grand coupable, et je me sens la force de le remplir. C'est moi, monsieur, qui viens demander à mon tour, au nom des mœurs publiques dont votre autorité tutélaire est la première sauvegarde, que l'infortunée Jeannette soit remise entre mes mains, parce que c'est à moi seul, comme son conseil et son fondé de pouvoir, d'en répondre devant les lois.

— » Oh ! oh! dit monsieur le maire, en voilà bien d'une autre ! De pareilles procurations et de pareilles cautions, nous n'en manquerions pas, si on les tenait pour valables en justice ! »

Maître Siméon ne dit rien. Il appuya ses deux mains sur ses genoux, comme un homme qui a besoin d'assurer son équilibre, et fixa sur moi des yeux ébahis.

— « Il y a ici en effet, monsieur, continuai-je sans me troubler, des corps de délit qui impliquent le plus haut degré de criminalité, furt inique de personne, détention arbitraire, et supposition d'état; et le grand coupable que j'ai promis de vous désigner, c'est maître Siméon Balland de Wintertour, se disant mécanicien. »

A ces mots, Siméon se releva de toute sa hauteur, croisa ses mains au-dessous de la ceinture, et regarda mélancoliquement le plafond. Jamais je n'avais vu une physionomie qui portât si naïvement empreint le type caractéristique d'un bon homme.

— « Continuez, dit monsieur le maire. »

J'avais assez profité de mes inutiles études pour posséder au moins quelques-uns des secrets du barreau, les apostrophes et les exclamations, les battologies de remplissage, les redondances verbeuses, les gestes démantibulés et les haut-le-corps spasmodiques des avocats en crédit. Je débitai donc tout ce que m'avait raconté Jeannette avec de tels effluves d'éloquence, que je me crus assuré du gain de mon procès, et que je me sentis ému d'un reste de pitié en lançant au mécanicien un coup d'œil triomphateur. Il était retombé sur sa chaise avant ma péroraison, et, les mains appuyées sur les yeux en signe de confusion, il semblait attendre en sanglotant que j'eusse fini de l'accabler.

— Vengeance impitoyable! il pleurait amèrement!

— Il pleurait, madame, il n'y a rien de plus certain. Amèrement, c'est une autre question. Vous avez peut-être appris dans vos excellentes lectures que les glandes lacrymales et les muscles zygomatiques appartiennent également au rire et au pleurer. Montaigne l'a remarqué quelque part.

— Je tremble maintenant qu'une si belle harangue n'ait pas répondu à vos espérances.

— Précisément comme le premier plaidoyer de Cicéron pour Milon. Siméon eut la parole à son tour, et sans déployer, à mon exemple, les ressources de la rhétorique, dont je présume qu'il avait fait une étude fort superficielle :

— « Tout ceci serait bel et bon, dit-il gaîment à monsieur le maire, s'il y avait un mot de vrai dans l'histoire qu'on vient de vous débiter, mais ce sont des bourdes à faire pâmer de rire mes marionnettes. Je ne dis pas que monsieur soit capable de mentir, bien loin de là ! mais c'est que notre Jeannette est une pièce qui en bâillerait à garder à de plus affinés qu'il ne paraît être, sauf le respect que je lui dois. Vertudieu, quelle espiègle ! Oh ! c'est une

charmante enfant, et qui aurait fait son chemin si je n'y
avais mis ordre ! La probité avant tout. Le fait est qu'elle
est fille légitime de mon pauvre frère Jude Balland, qui
mourut il y a dix ans au pays, sans me laisser d'autre
héritage que cette matoise. C'était deux ans après la malheureuse fin de monsieur le comte de C....., dont nous
étions tous les deux domestiques, ainsi que ma belle-
sœur Marion, mère de ma nièce Jeannette; car il aimait
notre famille, mais pas tout à fait au point de prendre la
peine de faire nos enfants, d'autant mieux que cette bonne
Marion, dont Dieu veuille avoir l'âme, était laide comme
le péché, quoique bien digne femme au demeurant. Vous
pouvez voir couramment toute la généalogie de l'histoire
de Jeannette dans ces fameux papiers de Langres, que j'y
ai repris avant-hier par précaution. »

Le maire les étala sur son bureau.

— « Comment ces papiers se trouvaient-ils à Langres, et
par quel hasard sont-ils tombés entre vos mains ?» repris-je
plus modestement, car mes convictions s'ébranlaient de
plus en plus à chacune de ses paroles.

— « C'est tout simple, dit Balland. Je les y avais expédiés
pour le prochain mariage de Jeannette, et son futur me
les a rendus, quand il a vu qu'elle ne venait pas. Je me
doutais bien qu'ils me serviraient à quelque chose.

— » Ce n'est donc pas vous qui deviez l'épouser? ..

— » Épouser ma nièce, monsieur ! Le ciel veuille m'en
préserver ! Elle a trop d'esprit pour moi; mais elle était sur
le point de faire un superbe établissement.

— » Un superbe établissement !

— » Sans doute. Elle allait passer en secondes noces,
car, afin que vous le sachiez, elle est veuve de mon trompette, qui était un joli sujet ! Elle était sur le point, comme
je vous le disais, d'épouser un artiste de la plus haute
volée, qui joignait sa troupe à la mienne. C'est un affaire
d'or; on n'a jamais vu personne qui approchât de celui-là
pour le saut du cerceau, la danse aux paniers et la voltige;

un gaillard qui descendrait de la *Iungfrau* sur un fil de fer. Il n'est pas que vous n'ayez entendu parler de L'INCOM-PARABLE PÉRUVIEN! nous sommes nés porte à porte.

— » Malédiction! Que la foudre écrase les marionnettes et l'incomparable Péruvien!

— » Il ne faut pas que monsieur s'afflige, reprit Siméon en patelinant. Les affaires ne sont pas bien avancées, et il m'est avis, entre nous, que l'incomparable Péruvien ne s'en soucie guère. Si monsieur persistait dans ses bonnes intentions pour Jeannette, ce serait une grande satisfaction à la famille. Il est vrai qu'elle n'est pas comtesse; mais les Balland sont honnêtes!

— » Pensez-vous, maître Siméon, me faire jouer ici une scène de Polichinelle?

— » Non, mon ami, répondit le maire en se penchant à mon oreille avec un sourire d'ironie d'ailleurs affable et caressant; — ce n'est pas une scène de Polichinelle, con-tinua-t-il à basse voix en me tendant les papiers qu'il venait de parcourir, et que je repoussais doucement de la main; — c'est, Dieu me pardonne, une scène.....

— » De Gilles, n'est-il pas vrai? »

Il n'ajouta pas un mot. — Je tirai cent francs de ma bourse, je les déposai devant lui, j'enfonçai mon chapeau sur mes yeux, et je m'esquivai sans regarder derrière moi.

C'est là que finissait naturellement mon histoire.

— Pensez-vous que cette anecdote transpira dans le public? me demanda la baronne après un moment de silence.

— Comment, madame! si elle transpira! On en fit une comédie pour les marionnettes, et comme la pièce n'était pas mauvaise dans son genre, je crois qu'elle est devenue classique; de sorte que je n'ai jamais osé mettre le pied chez Séraphin, dans la crainte où j'étais de l'y voir repré-senter.

— Déplorable ami! Subir tant de tribulations pour plaire à une nymphe de Paris qui devient un laideron en

Champagne, et pour faire un Ménélas de l'incomparable
Péruvien!

— Le premier projet qui me passa dans l'esprit fut
d'aller me jeter à la rivière avec une pierre au cou.

— C'était une résolution extrême. Ne m'avez-vous pas
dit qu'on se proposait de vous marier! — Et à propos,
pourquoi ne me parlez-vous pas de votre future?

— Ma foi, baronne, je n'y pensais plus.

— Tant pis! Vous étiez dans les meilleures dispositions
du monde pour l'affaire dont il est question. C'était autant
de gagné sur l'avenir. Il y a des gens sans prévoyance qui
ne s'avisent de cela que le lendemain.

— Quand mon père se fut aperçu que ma douleur commençait à se calmer, et que je me montrais dans les rues
de grand jour et le front haut, il fallut me résoudre à
faire une visite à la famille d'Henriette. C'était le nom de
la jeune personne. Comme je passais pour attendre encore
une fortune assez sortable, et que les grands parents
avaient compté sans le digne Salomon, sage intendant de
mes menus plaisirs et de mes dépenses secrètes, je fus parfaitement accueilli. Après quelques moments d'oiseux propos, entra Henriette. Elle était jolie. Je ne vous parlerai pas
de sa tournure. Vous avez vu plus d'une jeune fille à sa sortie
de pension. Elles se ressemblent toutes. Sa mère fit, pendant
quelque temps, d'inutiles efforts pour contraindre sa tête
gracieuse et modeste à se soulever verticalement sur la
perpendiculaire inflexible de son corps, qu'elle surplombait d'une manière effrayante. Cependant la curiosité s'en
mêla, et lorsque Henriette se fut suffisamment exercée à
pousser une reconnaissance aventureuse sur le parquet
jusqu'à la pointe de mes escarpins (on ne faisait pas encore de visites en bottes), elle gagna peu à peu du terrain
en hauteur, et finit par me regarder presque horizonta-
lement. Je n'ose dissimuler que je comptais beaucoup sur
cette impression qui m'a toujours été singulièrement favorable, mais je n'étais pas assez vain pour craindre que les

résultats en devinssent funestes à une femme qui me voyait pour la première fois. Cependant la contrainte indéfinissable et convulsive qu'exprimait sa physionomie me donna une sérieuse inquiétude quand je vis qu'elle était obligée de s'enfuir dans sa chambre pour me cacher le désordre où cette entrevue avait jeté ses esprits.

— On n'a jamais entendu parler d'un effet de sympathie aussi subit !

— Ne vous y trompez pas, Eugénie ! La sympathie n'était pour rien là-dedans. L'innocente Henriette avait entendu raconter mes aventures, et tous les souvenirs de mes lamentables amours venaient de lui apparaître à la fois. A peine la porte fut retombée sur elle, qu'elle se mit à son aise et qu'elle éclata sans façon.

— Pauvre petite ! il en était temps ! elle serait morte à la peine !

— Sa mère m'affirma que ces crises de folle joie auxquelles elle était sujette ne la possédaient pas longtemps ; mais je ne me trouvais pas la moindre envie de savoir positivement à quoi m'en tenir sur leur durée, et je m'évadai comme j'en avais l'habitude en pareille circonstance. — Je vous demande pardon si je me suis répété souvent dans cette circonstance de mon récit. C'est un des inconvénients du sujet.

— Vous n'épousâtes donc pas ?

— Non vraiment !

— Pas si ridicule ! Supposez que nous venons de jouer un proverbe.

— Et lequel encore ?

— A QUELQUE CHOSE MALHEUR EST BON.

FIN DES SOUVENIRS DE JEUNESSE.

MADEMOISELLE

DE MARSAN.

PREMIER ÉPISODE.

LES CARBONARI [1].

———

Le vif intérêt que je prenais aux nobles résistances des peuples contre les envahissements de Napoléon, et qui m'avait conduit à Venise à la fin de 1808, ne me faisait point oublier que j'étais Français, et que la terrible conflagration à laquelle une partie de l'Europe se préparait alors coûterait du sang à mes compatriotes. En admirant la ligue armée qui se formait dans le silence au nord de l'Italie, je m'étais promis de n'y prendre aucune part active, et je ne pensais le plus souvent qu'à poursuivre mes explorations de voyageur naturaliste sur les longues grèves de l'Illyrie, dans des contrées à peine connues des savants

[1] La vive imagination de Nodier était comme attirée par les mystères des sociétés secrètes, et il y revient souvent dans ses livres. On peut rapprocher, ne fût-ce que par curiosité littéraire, les *Carbonari* et le *Tungend-Bund* de *Mademoiselle de Marsan*, des morceaux suivants qui se trouvent dans les *Souvenirs, épisodes et portraits de la révolution et de l'empire*, à savoir : — les *compagnies de Jéhu*, — les *Maçons et les Carbonari*, — les *Philadelphes, histoire des Sociétés secrètes dans l'armée*, — les *Sociétés secrètes du Tyrol et de l'Italie sous l'empire*. Nous ajouterons que si Nodier s'est fait l'historien ou même le romancier des associations politiques les plus célèbres de notre époque, il s'est plu également, comme simple éditeur, à reproduire la *Conjuration de Fiesque* dans la « Collection des petits classiques français, dédiée à madame la duchesse de Berry. » Et de plus il a annoté, avec M. Laurentie, « *Les trois Conjurations*.»

(Note de l'éditeur.)

et des poëtes. C'était, avec le besoin de me dérober enfin aux poursuites obstinées de la police impériale, moins vigilante et moins rigoureuse dans les pays conquis que sous les yeux de son maître, le seul objet de ma récente émigration. Je ne pouvais cependant m'arracher de Venise, et on comprendra aisément pourquoi : j'étais encore une fois amoureux, quoique Amélie n'eût pas cessé d'être présente à ma mémoire depuis le jour qui nous avait séparés à jamais. Il y a des mystères incompatibles en apparence dans le faible cœur de l'homme.

Parmi les anciens émigrés qui m'avaient accueilli avec bienveillance, en considération de ma qualité de Français, de mes opinions et de mes malheurs, il en était un qui m'inspirait le plus profond sentiment de respect et d'affection, et je puis le nommer sans inconvénient, contre mon habitude, sa famille, entièrement étrangère à celle qui porte encore le même nom, étant depuis longtemps éteinte, à l'exception d'une personne qui ne me lira jamais, et qui n'entendra plus parler de moi. C'était M. de Marsan.

M. de Marsan, dont quelques vieux courtisans se souviennent peut-être, avait été un des plus brillants officiers de la maison militaire de Louis XVI. Sa belle figure, ses belles manières, son esprit, son courage, l'avaient fait remarquer dans un temps et dans une cour où ces heureuses recommandations personnelles n'étaient pas fort rares. Il leur dut un avancement rapide qui n'excita aucune réclamation, et un établissement considérable que tout le monde approuva. Sa fille, née en 1788, fut tenue sur les fonts de baptême, au nom de la reine de France, par celle des amies de cette auguste et infortunée souveraine qui jouissait du crédit le mieux affermi à Versailles. La fille de M. de Marsan s'appelait Diane.

M. de Marsan, cassé d'ailleurs par les fatigues de la guerre, était vieux en 1808 ; il s'était marié à trente-cinq ans, et avait perdu trois enfants avant que le ciel lui accordât la fille unique dans laquelle s'étaient enfin concentrées toutes ses affections. Madame de Marsan, attachée au service de Mesdames, sœurs du roi, avait peu survécu à leur établissement à Trieste. Elle les précéda au tombeau.

Le vieil émigré retirait au moins quelque profit de ses longues infortunes : il était devenu philosophe. Assez riche à son gré d'une aisance modeste, sagement préservée par des précautions prises à propos de la catastrophe universelle, il passait paisiblement le reste de sa vie entre d'agréables études et des distractions sédentaires. Le goût de l'histoire naturelle nous avait subitement rapprochés [1], et j'étais fidèle à son piquet de chaque soir. Aussi sa prédilection pour moi, entre tous les jeunes gens dont il aimait l'entretien, avait pris en peu de temps quelque chose de paternel dont Diane aurait eu le droit d'être jalouse. Je ne me suis jamais aperçu qu'il attachât beaucoup d'importance à cette vanité, réellement assez puérile, qu'on appelle le préjugé de la noblesse, et cependant je suis bien convaincu qu'il regrettait quelquefois que je ne fusse pas noble, au point de faire sur lui-même un certain effort pour l'oublier.

[1] Nodier a déjà parlé à diverses reprises, dans ce volume, de son goût pour l'histoire naturelle. C'est que dans sa jeunesse ce goût avait été très-vif en lui; et, s'il abandonna complétement les sciences pour la littérature, il garda toujours de ses premières études un souvenir attendri, parce qu'elles lui rappelaient de douces émotions et son premier succès. On sait en effet qu'il débuta, en 1798, par un mémoire intitulé : *Dissertation sur l'usage des antennes dans les insectes, et sur l'organe de l'ouïe dans ces mêmes animaux.* Besançon, an VII, in-4°, tiré à 50 exemplaires. «Ce mémoire, dit M. Mérimée, eut assez de succès pour trouver dans la suite de doctes usurpateurs; Nodier fut contraint de réclamer la priorité de sa découverte, et d'en donner des preuves irrécusables.» Nodier a publié en outre : *Bibliographie entomologique, ou catalogue raisonné des ouvrages relatifs à l'entomologie et aux insectes, avec des notes critiques et l'exposition des méthodes.* Paris, Moutardier, an IX, 1 vol. pet. in-8° de 64 pag. — On peut voir, aux *Souvenirs de la révolution*, dans le chapitre consacré à Pichegru, t. 1, p. 60, ce qu'il dit de la collection des papillons du ministre de Vindenheim, qui l'initia aux premières révélations de la science.

(Note de l'éditeur.)

— A vous, monsieur le chevalier, me disait-il un jour en me donnant des cartes.

Et je ne sais dans quelle crypte de mes souvenirs, close depuis vingt ans, je vais retrouver cette historiette frivole.

— Je ne suis pas chevalier, m'écriai-je en riant, avant de les avoir déployées.

— Sur ma foi de chrétien, reprit M. de Marsan, les gentilshommes de ma maison en ont armé plus d'un qui était moins digne de cet honneur.

— Je suppose, répondis-je en me levant pour aller à lui, que ce n'était pas sans leur donner l'accolade ! —

Et je l'embrassai de grand cœur, car j'ai toujours attaché un prix extrême à l'affection des vieillards.

Il fallait pourtant lui passer un entêtement violent et passionné sur une question qui revenait souvent dans les conversations de ce temps-là. Le nom seul de révolution lui causait une révolution véritable, et, quoiqu'il regardât le prochain rétablissement des Bourbons sur le trône de leurs pères comme un événement infaillible, il s'était promis de ne jamais retourner à Paris, dont toutes les pierres lui semblaient baignées encore dans le sang des proscriptions. Cette antipathie contre tous les mouvements politiques du même genre n'épargnait pas les conspirateurs de son propre parti, et, dans sa résignation aux décrets équitables et assurés de la Providence, il blâmait amèrement les insensés qui cherchent à en précipiter l'accomplissement, sans égard aux sages temporisations de la prudence de Dieu. L'idée dont je parle se manifestait si vite et si fréquemment dans ses discours, qu'elle m'avait détourné de bonne heure de lui communiquer tous les secrets de ma turbulente jeunesse, et bien plus encore les rapports que j'avais noués, à mon arrivée à Venise, avec les *Carbonari* et les émissaires de la *Tungend-Bund*, dont le nom ne lui inspirait pas moins d'horreur que celui des jacobins. Il faut convenir, au reste, que je commençais à me sentir quelque tendance pour son opinion, avant même de la connaître, et que je n'étais plus guère retenu dans le périlleux réseau des sociétés secrètes que par l'impossibilité de le rompre sans violence. J'avais vingt-six ans, éprouvés par des adversités presque sans exemple à mon âge, et le goût des occupations douces et des loisirs studieux me rappelait incessamment à un autre genre de vie que je n'aurais jamais dû quitter; mais il arrivait de temps en temps aussi que mes passions orageuses reprenaient le dessus, et me replongeaient dans un nouveau chaos d'agitations et de misères dont mon cœur ne pouvait se délivrer qu'en s'attachant fermement à l'espérance de quelque bonheur durable.

C'était ce bonheur que mon imagination insensée s'obstinait à chercher dans l'amour.

Diana de Marsan avait vingt ans, et ne paraissait pas moins, car son teint, vif et brillant d'ailleurs, mais un peu hâlé, comme l'est en général celui des Vénitiennes, manquait de cette fraîcheur qui est à la peau d'une femme ce qu'est aux fruits recueillis sur l'arbre le duvet fugitif qui les colore. Sa taille, grande et assez robuste, donnait à son aspect quelque chose d'imposant que relevait encore l'expression ordinaire de sa physionomie. On ne savait ce qui l'emportait dans son regard triste et fier, dans le frémissement inquiet et hautain de ses sourcils, dans le mouvement méprisant et amer de sa bouche, de l'habitude d'un chagrin caché ou d'un désabusement dédaigneux. C'est ainsi que la statuaire antique a représenté cette Diane vraiment divine, que le ciseau du sculpteur a fait la digne sœur d'Apollon, comme la mythologie; et cette impression ne m'était pas toute personnelle auprès de Diana; car le plus accrédité des poëtes de l'époque lui reprochait, à la fin d'un de ses sonnets, d'être formée d'un marbre aussi froid que celui de Velletri. Diana était d'ailleurs, de l'aveu de tout le monde, la plus belle des jeunes filles de Venise.

Le cœur de l'homme, et surtout celui des amants, s'irrite par les difficultés. J'aimai Diana avec d'autant plus d'ardeur peut-être que tout me disait en elle qu'elle ne voulait pas m'aimer. Quant aux suites de ce sentiment, elles n'avaient rien qui fût capable de m'effrayer. La fortune de Diana était trop médiocre pour tenter des prétendants redoutables, et la condition d'un vieux gentilhomme français exilé au bord des lagunes ne promettait pas plus de chances à l'ambition d'un gendre qu'à sa cupidité. Ma position à venir devait au contraire s'agrandir, selon toute apparence, par le triomphe de mon parti, dont M. de Marsan ne doutait pas. J'avais tant hasardé, j'avais tant souffert, et les rois heureux sont si reconnaissants!

Diana ne se méprit pas sur la passion qu'elle m'inspirait : les femmes ne s'y méprennent jamais. Je ne m'aperçus cependant de sa découverte qu'au rembrunissement sinistre de son regard et à la mesure de plus en plus sévère qu'elle gardait envers moi dans ses paroles. Je me serais expliqué cette rigueur toujours croissante de procédés par la différence de nos conditions, car je savais déjà ce que c'est que l'orgueil de la noblesse, et comment il peut affecter les formes de la haine, si Diana eût été informée de cette circonstance; mais j'ai déjà dit que M. de Marsan tenait avec opiniâtreté à m'anoblir, et depuis le jour mémorable où j'avais reçu de lui l'ordre de chevalerie, d'un côté à l'autre d'une table de jeu, le titre de chevalier s'était tellement identifié avec le nom honorable, mais obscur, que j'ai reçu de mes ancêtres, que les Chérin et les d'Hozier n'auraient osé me le contester. Il suffit de connaître le génie hyperbolique des Vénitiens, surtout dans la classe du peuple, pour être sûr d'avance que la politesse des domestiques ne s'était pas arrêtée à si peu de chose. J'étais comte au moins à l'antichambre, et comte illustrissime, si je n'étais que tout juste aussi bon gentilhomme qu'il le fallait au salon. J'avais fini par n'y prendre plus garde, et je subissais sans façon une métamorphose qui humiliait un peu ma franchise et ma modestie, pour ne pas blesser la vanité capricieuse, mais innocente, d'un grand seigneur dans lequel j'avais trouvé un ami.

Je m'étais bien promis de commencer avec Diana par cette explication, quand elle m'aurait donné le moindre signe de condescendance à mes sentiments ; mais elle m'en épargna l'embarras. Sa froideur passa rapidement jusqu'à la rudesse, son indifférence jusqu'au dédain. Au bout de quelques jours il n'y eut plus moyen de s'y tromper, et un homme plus convaincu que je ne le fus jamais de son ascendant sur le cœur des femmes n'aurait pas hésité à renoncer comme moi à des prétentions sans espérance. Quelques jeunes gens de Venise, mieux fondés dans leurs démarches, m'avaient déjà montré d'ailleurs l'exemple de ce sacrifice.

Je ne boudai pas. Il ne m'aurait manqué que cela pour être complétement ridicule. Je ne pleurai pas non plus. On ne pleure que lorsqu'il faut perdre l'espoir d'être uni à la femme dont on est aimé. Je m'indignai, je me révoltai contre moi-même, je me rongeai les poings de colère ; je prétextai des indispositions, des occupations, des voyages, pour expliquer la rareté de mes visites ; je jouai gros jeu, je me battis en duel, et puis je me rejetai avec frénésie dans les complots téméraires dont j'avais cru un mois plus tôt me séparer à jamais. Je me réjouis de l'idée de mourir d'une manière tragique et glorieuse, pour qu'elle eût honte de m'avoir méprisé. Je me berçai dans cette fantaisie furieuse de conspirations, de proscriptions et de supplices, comme dans un rêve d'amour et de volupté. En un mot, je redevins fou.

Nos assemblées se tenaient aux environs de Rialto, dans l'appartement le plus délabré d'un vieux palais qui était lui-même abandonné depuis longtemps, et dont je ne désignerai pas le propriétaire, que sa haute position actuelle dans une cour d'Allemagne a probablement désabusé de nos folles théories populaires. Il n'y paraissait point, mais il en avait laissé la disposition à un de nos chefs, en se

retirant dans la campagne.de Venise, et peut-être un peu
plus loin du danger. Il est presque inutile de dire de
quelle espèce d'hommes se composaient ces réunions clan-
destines. On peut le deviner sans avoir une grande habitude des trames politiques, et même sans s'être livré à une
étude approfondie de l'histoire. Cinq ou six jeunes gens
sensibles et généreux, mais aigris par les malheurs de
l'humanité et par les excès des tyrans, y tenaient tout au
plus une place imperceptible, et, peu à peu détrompés
comme moi, ils l'occupaient de jour en jour plus rarement; le reste, c'était ce qu'est partout la foule des ennemis de l'ordre établi, quel qu'il soit; une cohue d'ambitieux sans talents dont les prétentions s'accroissent et
s'irritent en raison de leur nullité; des hommes perdus de
dettes, de mœurs et de réputation, vils rebuts du pharaon
et de la débauche; et quelques misérables cent fois plus
vils encore, qui n'attendent que l'occasion de vendre au
premier pouvoir venu la liste de leurs complices ou de
leurs victimes, au prix d'un or infâme et d'une ignomi-
nieuse impunité. Ce jugement est celui que je commençais
à en porter dès lors, mais il était moins général, et surtout
moins arrêté dans mon esprit. Il faut avoir revu cela partout pendant le cours d'une trop longue vie pour être
arrivé à y croire.

On conviendra que mon ambition de mort n'était pas
tout à fait aussi vainement présomptueuse dans une pareille assemblée que mes projets d'amour auprès de Diana.
J'avais des chances, et peu d'hommes, en vérité, auraient
consenti à les courir à ma place ; car le succès, presque
étranger aux destinées de mon pays et à la mienne, ne devait pas même me procurer la faible satisfaction que nous
donne un coup de partie dans la main d'un inconnu au
jeu duquel nous nous sommes intéressés par hasard. Dans
le cas contraire, c'était différent ; le bourreau emportait
mon enjeu. Cette prodigalité insensée de la vie est l'effet
d'une passion sans nom, qui ne peut se faire comprendre

que de ceux qui l'ont éprouvée, et il n'y a pas de mal.

Les associations de l'espèce de la nôtre marchaient à découvert dans tous les pays où Napoléon n'avait pas daigné laisser en passant son administration et ses soldats. Elles y agissaient avec liberté, non publiquement avouées par les cabinets, qui n'avaient pas ce courage, mais flattées, enhardies et protégées sous main, avec plus d'astuce que d'habileté, moyennant une certaine réserve mentale dont il serait à souhaiter que le secret fût connu de tous les hommes sincères et dévoués qui engagent leur vie à la défense des couronnes, c'est-à-dire sauf l'intention lâchement préméditée de les sacrifier au besoin à une combinaison de paix. Cette organisation, cependant, aurait été incomplète si elle n'avait pas pénétré jusqu'au cœur des États déjà soumis au grand empereur par les victoires et les traités, et il n'était pas une ville où l'on ne trouvât les éléments nécessaires à son développement. Tel était le but de ces audacieuses propagandes de la liberté européenne qui soulevaient çà et là des barrières d'hommes contre l'oppresseur du monde; postes aventureux d'éclaireurs jetés au-devant de la sainte coalition des peuples dans le camp de l'ennemi, et qui auraient été si puissants s'ils avaient été plus purs. J'abuse jusqu'à un certain point des priviléges du conteur en introduisant cette page d'histoire dans un petit écrit dont la forme n'annonce qu'un roman, mais elle ne sera comptée que pour une page de roman par quiconque n'a pas vu l'histoire de près; et de tous les jugements qu'on en peut porter, c'est celui qui m'inquiète le moins.

Le but primitif du *carbonarisme* de ce temps-là, qui n'avait rien de commun avec celui dont nous voyons aujourd'hui se manifester l'œuvre informe, comme ces monstres gigantesques et hideux qui jaillirent du chaos dans les premières journées de la création, était donc certainement le plus noble qu'une conspiration pût se proposer. Il n'avait pour objet que la pieuse fédération des

patriotes de tous les pays contre les progrès d'un insatiable
despotisme qui aspirait sans déguisement à la monarchie
universelle, et cadastrait l'Europe en préfectures pour la
donner à ses capitaines. Cette pensée magnanime avait
remué profondément les esprits partout où l'indépendance
et le bonheur de la terre natale étaient encore tenus pour
quelque chose, mais plus particulièrement l'Italie et l'Allemagne. Je ne parle pas de la vertueuse et chrétienne
Pologne, que l'ascendant d'une déplorable fortune avait
donnée pour auxiliaire au conquérant, et qu'une irrésistible fatalité de position réduisait au choix d'un tyran.

Le mouvement imprimé à la pensée des peuples par ces
graves questions en avait soulevé d'autres. A force de s'occuper des garanties de l'équilibre universel, on exhumait
tous les jours quelques débris des libertés anciennes que
les usurpations progressives du pouvoir détruisent lentement, et qui sont une propriété imprescriptible pour les
nations. L'occasion était belle pour les réclamer; et c'est
alors qu'arriva ce qui n'était jamais arrivé au monde, et
ce qui n'arrivera peut-être plus : une stipulation amiable,
solennellement promise entre les populations et les rois,
jurée dans les palais, gardée dans les chaumières, et dont
les termes synallagmatiques étaient, d'une part : *Résistance
unanime aux armées de Napoléon;* et, de l'autre : *Franche
et entière reconnaissance des droits politiques ancienne-
ment écrits dans tous les États de l'alliance.* Il est possible que ce contrat ne se retrouve pas dans les documents
officiels de la diplomatie; et je ne vois pas que l'histoire
en ait beaucoup parlé jusqu'ici: mais l'histoire ne sait rien
en France, et ne dit ailleurs que ce qu'on lui fait dire,
quand on lui permet de parler. Cette combinaison acciden-
telle d'intérêts si cruellement trahis par l'événement fut,
du reste, beaucoup trop passagère pour être saisie dans
tous ses détails par les observateurs les plus soudains et les
plus avantageusement placés.

On comprend qu'elle avait donné une grande importance à la position des sociétés secrètes, devenues, pour la première fois, dans le vieux système européen, une autorité légitime, et qui n'aspiraient pas encore à remplacer toutes les autorités légitimes pour essayer de la tyrannie à leur tour.

Elles n'en profitèrent pas alors. La diffusion des égoïsmes, des ambitions et des vanités se fait sentir trop vite pour cela dans ces tristes conciliabules, empreints de tous les vices de la société mère dont ils se séparent. Deux mois ne s'étaient pas écoulés que l'unité première était brisée en quatre ou cinq fractions dans la *vendita* suprême et dans toutes celles qui en dépendaient. L'une avait pris les termes du traité dans une acception si large, qu'elle n'entendait faire servir la victoire qu'à l'émancipation absolue du peuple et au rétablissement de cette funeste démocratie dont Venise conservait un sanglant souvenir. L'autre, qui ne pouvait manquer de réunir la majorité en recrutant au moment décisif, par l'ascendant de l'intérêt, les hommes indécis et les hommes corrompus, avait fait bon marché à l'Autriche, par un pacte secret, de ces libertés du pays si vainement réservées. Quelques-uns passaient pour entretenir des intelligences mystérieuses avec le gouvernement de Napoléon, et se ménager ainsi une transaction dorée en cas de défaite. Le parti le moins nombreux, mais certainement le plus énergique et le plus pur, n'avait engagé sa coopération intrépide et sincère que sous la condition expresse de l'indépendance des États vénitiens et de la restauration de leur ancienne république. Il s'appuyait au dehors sur l'imposante coalition des montagnards, et il avait pour chef un de ces hommes résolus, à longues vues et à puissante exécution, dont le nom seul vaut tout un parti.

Ce chef s'appelait Mario Cinci, surnommé *le Doge*, et c'est à ce parti que des sympathies particulières m'avaient rattaché.

Mario Cinci descendait de cette malheureuse famille romaine dont le crime exécrable n'a cependant pas tari
pour elle toutes les sources de la pitié, et qui a fourni
l'exemple unique d'un supplice de parricides arrosé des
larmes de la religion, de la justice et du peuple. Le frère
cadet de Béatrice, banni à perpétuité des États de l'Église,
s'était réfugié dans un vieux château des bords du Tagliamente, où la tradition rapporte qu'il mourut frappé de la
foudre dans un âge assez avancé. Une fatalité vengeresse
s'était appesantie depuis de génération en génération sur
chacun de ses descendants, dont l'histoire chronologique
compose une tragédie à plusieurs actes, comme celle des
Pélopides. Le dernier était mort sur l'échafaud de la révolution italienne, et, de ce sang proscrit par les lois et par
le ciel, il ne restait sur toute la terre que Mario Cinci.

La jeunesse de Mario, commencée sous de si funèbres
auspices et privée de tout appui dans la société des
hommes, avait été violente et redoutée; il semblait même
qu'aucun sentiment doux n'en eût tempéré les emportements, car la seule pensée d'être aimées de lui était un
sujet de terreur pour les Vénitiennes, qui n'en parlaient
qu'avec un mouvement de frisson. Il ne paraissait jamais
dans les lieux publics; mais lorsqu'il parcourait une des
rues étroites de la ville, ou seul, ou tout au plus accompagné de quelques amis presque aussi mystérieux que
lui-même, les hommes les plus aguerris se retiraient de
son passage, comme pour se dérober à l'influence de ses
regards. Cependant, et ceci était propre à ce caractère
étrange, ou à je ne sais quelle sombre impression d'effroi
qu'il produisait sans le savoir, on le craignait sans le haïr,
ainsi qu'on craint des lions; et il n'y a pas loin de ce sentiment à ces admirations exaltées qui deviennent quelquefois un culte. Personne ne pouvait lui reprocher un acte
injuste ou une cruauté réfléchie, et on en racontait au
contraire une multitude d'actions généreuses, mais exé-

cutées sans tendresse et sans sympathie. Souvent il avait
sauvé des enfants de la mort en les retirant des flots, et
jamais il ne les avait embrassés.

Depuis l'âge de vingt ans, et il en avait alors vingt-
huit, sa fortune, épuisée en prodigalités aveugles et en
dissipations bizarres et solitaires, l'avait réduit à se retirer dans son triste château de la terre-ferme, avec un
seul domestique albanais qui n'avait pas voulu le quitter.
Dès lors il ne rentrait de temps en temps à Venise que depuis qu'on voyait reprendre un nouvel aspect, au moins
en espérance, aux affaires de l'Italie. On remarquait qu'il
y avait passé jusqu'à deux mois de suite, mais on ne connaissait pas sa demeure.

Quoique Mario Cinci fût le chef réel de la *vendita*, où
son empire s'accroissait même de son absence, je ne l'avais
jamais vu, ni à la *vendita* ni ailleurs; mais je connaissais
ces détails par la voix du peuple, qui est plus communi-
catif à Venise qu'en aucun autre pays.

En effet, Mario Cinci n'avait pas débarqué aux environs
de la *Piazetta*, que le peuple en était instruit de tous côtés,
le peuple amoureux de l'extraordinaire et qui se prévient
volontiers en faveur des caractères qui le dominent et qui
l'épouvantent : et il s'élevait alors dans les groupes du port
et de la place Saint-Marc des conversations presque aussi
étranges que l'homme qui en était l'objet.

— Que vient faire ici, disait l'un, ce démon de malheur
qui porte les calamités après lui partout où il se présente,
et qui n'aborde à Venise que sous le vent de la tempête ?
Annonce-t-il quelque peste qui a éclaté en Orient, ou une
nouvelle guerre sur la mer ? Je croyais qu'il avait été
foudroyé dans sa tourelle au dernier orage, comme le
bruit en a couru, car jamais un Cinci n'a échappé depuis
trois cents ans aux fléaux du ciel, au poignard ou à
l'échafaud !

— En vérité, reprenait un autre, je n'en serais pas
fâché, quoiqu'il m'ait fait plus de bien que de mal quand

il en avait le moyen, mais parce que je n'en aurais plus le
souci, et qu'il faut bien que cela lui arrive tôt ou tard,
puisque c'est sa malheureuse destinée. Dieu lui fasse miséricorde en l'autre monde!

— Eh quoi! s'écriait un troisième qui paraissait plus
instruit, et autour duquel le groupe se resserrait pour
mieux entendre, ne savez-vous pas encore ce qui l'amène!
Tout enfant, le noble Mario ne pensait qu'à ressusciter
notre vieille république avec son indépendance et son
commerce, et ses vaisseaux rois des mers et du monde,
et sa foi abandonnée par les mécréants, et la bienheureuse
assistance de saint Marc! Et comme il a plus de courage
et de génie dans son petit doigt que tout le peuple d'Italie,
c'est lui qui nous délivrera des Allemands et des Français, et qui sera notre doge. Vous savez que je ne l'aime
point, et je n'ai jamais entendu dire que Mario fût aimé de
personne; mais j'atteste Dieu que Mario Cinci sera doge
de Venise et rétablira sa prospérité!

Ces propos se répétaient tous les jours; et la populace,
qui se tenait avec soin éloignée de Mario, de crainte d'ex-
citer sa colère, criait à son retour: *Vive Mario Cinci!
vive le doge de Venise!*

Voilà pourquoi on l'avait surnommé *le Doge*, sans que
le gouvernement en prît beaucoup d'inquiétude, car
Mario ne passait que pour un misanthrope atrabilaire qui
méprisait trop l'opinion pour consentir à lui devoir la
moindre importance, et il est possible que ce jugement se
trouvât vrai.

Le jour de ma rentrée à la *vendita*, l'assemblée était
peu nombreuse, quoique la convocation, qui s'exécutait
par un moyen fort ingénieux et tout à fait impénétrable
aux investigations de la police, eût été exprimée dans cette
circonstance sous ses formules les plus rigoureuses. Je m'é-
tonnai que tant de monde y eût manqué, et que tout
le parti de Mario y fût cependant réuni, en présence de
ses adversaires les plus implacables; mais je ne tardai pas

à comprendre qu'on avait écarté à dessein les indifférents, parce qu'il s'agissait sans doute d'une lutte décisive dont nous pressentions depuis longtemps la nécessité. Il n'était en effet question dans nos débats ordinaires que des griefs imputés à Mario par les hommes de l'association que nous avions le plus de motifs de mépriser, et que j'ai assez caractérisés tout à l'heure. Alors rien n'était oublié de ce qui pouvait nous le faire regarder comme un ambitieux animé par des intérêts personnels, qui n'aspirait à une nouvelle forme de gouvernement que pour rétablir l'éclat de sa maison et venger la mort de son père, et qui couvrait d'un égal dédain ses instruments et ses ennemis. Nous ne répondions d'habitude à ces déclamations odieuses que par le cri du peuple : *Vive Mario Cinci!* et nos discussions n'allaient pas plus loin. Ce qui ne s'expliquait pas pour moi dans cette dernière occasion, c'était la confiance que le parti contraire pouvait fonder dans ses forces contre ce groupe déterminé de jeunes enthousiastes dont l'héroïsme fanatique m'avait seul soutenu dans la foi de nos entreprises. Il est probable que la même idée nous frappa tous à la fois, car, au même instant, tous nos poignards sortirent d'un tiers hors du fourreau; mais nous les laissâmes retomber en criant : *Vive Mario Cinci!* parce que nous étions en nombre presque égal avec ses accusateurs, que notre jeunesse, notre force et notre courage nous donnaient sur eux des avantages certains, et que notre opposition prononcée avec cette énergie menaçante suffisait pour rendre la délibération impossible.

—C'est Mario Cinci que vous voulez! répondit avec fureur le chef de l'accusation. Eh bien! vous aurez sa tête!

—Viens la prendre, dit une voix qui s'éleva au même instant à la porte d'entrée, pendant que l'homme qui prononçait ces paroles se hâtait de la refermer soigneusement, et d'en retirer la clef pour la glisser dans les plis de sa ceinture.

Vive Mario Cinci! répétèrent mes camarades; et nous nous pressâmes à ses côtés pour lui former un rempart si on osait l'attaquer. Je le vis alors pour la première fois,. mais je ne pourrais le peindre que bien imparfaitement pour ceux qui ne le connaissent pas, et surtout pour ceux qui l'ont connu. L'écrivain qui l'a représenté sous les traits d'un ange de lumière incarné avec toute sa beauté dans le corps d'un Titan a fait une phrase ambitieuse et rien de plus. Il y avait en lui un autre type que je ne saurais exprimer, celui d'un dompteur de monstres des temps fabuleux, ou d'un géant paladin du moyen âge. Un moment je le crus coiffé, comme Hercule, de la crinière d'un lion noir ; c'étaient ses cheveux.

Il parcourut lentement la salle en se balançant sur ses hanches avec une nonchalance sauvage, s'accouda sur la table des dignitaires en poussant un rire farouche, et répéta : — Viens la prendre ! — La voûte en retentit.

Il se retourna ensuite de notre côté, secoua la tête et croisa les bras.

— C'est que les victimaires ont tout amené, dit-il. Où sont préparées les guirlandes ? Cela ferait certainement un sacrifice agréable à l'enfer, si les pourvoyeurs des démons en étaient où ils pensent ! Donne-moi la main, cher Paolo. Bonjour, Annibal, mon Patrocle et mon Cassius ! Tout à toi, Félice ! à toi, Lucio, dignes et intrépides enfants ! Courage, mon petit Pétrovich ! ta moustache martiale s'épaissit ; la poudre la noircira. Qui est celui-ci, continua-t-il en s'arrêtant d'un pas au-devant de moi ? Je dois le reconnaître à sa grande taille, presque aussi élevée que la mienne, ainsi qu'on me l'avait dit. C'est le voyageur français que notre ami Chasteler nous a si vivement recommandé. — Quel dessein vous proposez-vous, jeune homme, dans les événements qui se préparent ?

— De vous servir contre toutes les tyrannies, et de mourir avec vous si vous êtes surpris avant l'accomplissement de votre vertueuse entreprise ; mais je dois déclarer que je briserai mon épée sur le champ de bataille le jour où les Français y seront.

— Bien, bien, reprit Mario en me regardant fixement.

Le lien qui nous unit n'aurait pas été de longue durée, si vous m'aviez répondu d'une autre manière. Nous aviserons à vous rendre utile au salut des nations, sans vous commettre avec les gens de votre pays, qui ont d'ailleurs, en résultat, le même intérêt que nous à l'affranchissement général, puisque nous ne voulons pour tous que l'indépendance de tous, et pour nous que les vieilles libertés de Venise. Mais il faudrait quitter Venise, dont les dalles brûlantes couvrent un volcan sous vos pieds, et les Français de votre âge ne passent pas quelques jours dans les murs d'une ville voluptueuse sans s'y livrer à quelques folles amours; car cette distraction de jeunes filles est votre plus grande affaire, après la gloire et les conquêtes.

— Vous me jugez mal, seigneur Mario. Je n'aspire qu'à m'éloigner de Venise pour toujours, et j'en partirais demain si je le pouvais sans lâcheté, au milieu des dangers qui vous menacent.

— Est-il vrai?... répondit-il avec un mouvement de joie. Nous en reparlerons tout à l'heure; mais il faut d'abord que je vous rassure en imposant silence au bourdonnement de ces guêpes qui m'importunent sans m'effrayer, insectes chétifs dont le venin ne fait pas de mal quand on les écrase sur la blessure.

La tempête, que l'arrivée de Mario avait un moment interrompue, venait en effet de reprendre son cours, et il paraissait jusque-là le seul qui ne s'en fût pas aperçu.

— Assez, cria-t-il, et qu'on se taise. Je me suis rendu à votre appel, parce que cela me convenait ainsi; mais ce n'est pas aujourd'hui qu'on me juge. Il me reste auparavant quelque récusation à exercer, et c'est un droit dont je ne ferai usage qu'à la face des Vénitiens, au milieu de la place Saint-Marc.

— Le jour, répliqua le plus acharné de ses ennemis, où tu monteras sur le Bucentaure, et où tu jetteras ton anneau à la mer?

— Pourquoi pas, dit Mario, si j'étais le plus digne, et si

c'est le vœu de Venise ? Mais tu t'abuses sur mon ambition, Tadeo, comme sur mon imprévoyance ! Je crains trop les rigueurs de ma justice pour l'exposer à l'épreuve du pouvoir dans une république habitée par des hommes tels que toi. Quant à épouser la mer, c'est une destinée trop illustre pour un Cinci. Le prophète de Ravenne a prédit que le dernier de tous mourrait au passage d'un torrent.

La rumeur s'était accrue aux extrémités de la salle, et nous nous mettions en défense contre une de ces attaques inopinées qui terminent à Venise toutes les altercations violentes, quand Mario éleva la voix encore une fois.

— Paix ! de par Saint-Marc et son lion, si vous ne voulez nous forcer à vous imposer un silence qui ne sera plus troublé que par la trompette du jugement dernier ! Je n'ai pas fini de parler ! — En ma qualité de grand maître de toutes les *vendite* d'Italie, je dissous la *vendita* de Venise, je romps l'alliance de ses membres comme je romps la bûchette de coudrier taillée de biseau qui nous servait de ralliement [1], et je vous interdis la communauté du toit et du pain, de l'eau et du sel de mes frères, comme à des apostats et à des parjures. — Que murmurez-vous de mes droits ? J'use de ceux que nos règlements m'ont conférés pour l'occasion maudite où la majorité d'une *vendita* se trouverait saisie en flagrant délit de trahison, et la preuve de vos trahisons est entre mes mains. La contesterez-vous ?

Au même instant, Mario déploya devant eux un papier chargé du sceau de la *vendita*, et il poursuivit :

— Regarde, Tadeo, regarde à ce cadran, où l'aiguille va marquer la vingt-quatrième heure. C'est quand elle

---

[1] Il est aisé de comprendre pourquoi je ne me suis servi d'aucun des mots consacrés du *carbonarisme*. Le petit instrument dont Mario parle ici est cependant si connu, que je l'aurais désigné par son nom, qui n'est pas un mystère, si ce nom ne m'avait pas échappé, par une rencontre assez singulière, en italien, en allemand et en français. Je ne sais si l'emblème dont ce signe est l'expression est connu dans le *carbonarisme* moderne ; mais le signe lui-même ne s'y est peut-être pas conservé.

sonnera que nous devons être livrés ici aux soldats que
tu as mandés, et qui t'apportent, en échange de notre
sang, les vils deniers auxquels tu as taxé ta lâche perfidie.
Ce sont les conventions écrites de ton marché de Judas !...
Ce marché, le voici en original. Le pacha du grand empereur n'en a que la copie, et les noms que tu signalais à
nos tyrans y sont remplacés par ceux de ces deux lâches
que je vois à tes côtés, et qui ont eu la bassesse d'y souscrire. J'ai eu pitié du reste de tes fauteurs ordinaires, qui
s'éloignent déjà de toi en rougissant, et dont la complicité
aveugle ne mérite pas d'autre sentiment. — Ne t'alarme
pas, Tadeo ! Tu n'as pas perdu les infâmes honneurs de
cette négociation ; elle porte ta signature, et ton accusation pourra conserver un certain crédit si tu parviens à
m'arracher avec la vie une pièce tout aussi importance,
l'acte par lequel tu t'es engagé, il y a trois mois, à faire
massacrer les Français dans Venise, au moment où la
guerre éclatera. Cet autre marché d'assassin, le voici en
original comme le dernier. Tu t'es étonné, n'est-il pas
vrai, qu'une proposition si avantageuse restât sans re-
ponse ; mais c'est que tu ne savais pas qu'elle eût passé
d'abord dans mes mains, et que je l'avais dérobée à tous
les yeux, par respect pour ce titre de Vénitien, dont je
m'enorgueillirais davantage si je n'avais le malheur de le
partager avec toi. Il ne te reste donc pour témoin que ton
honnête émissaire, le secrétaire fidèle de tes commandements, un homme de bien qui s'était fait courtier de dé-
lations et entremetteur de calomnies pour se dédommager
de n'être plus bourreau, un des iniques bandits qui se tra-
vestirent en juges pour égorger le vieil André Cinci ! Celui-
là, tu pourras l'attester dans la vallée des morts, si les
abîmes du golfe daignent te le rendre !

Tadeo avait fait un mouvement de rage, mais il s'était
contenu en se voyant abandonné.

— La vengeance que je prétends tirer de vous, continua
Mario, ne sera pas proportionnée à votre crime. Tadeo

sera cru sans doute sur la justification de ses complices, puisqu'on a pu croire Tadeo sur quelque chose ; et personne ici n'est tenté de vous arracher à l'ennui d'une indigne et honteuse vie. Si mes bras se plongent encore dans le sang un jour de bataille, c'est parce qu'il sera noble et pur comme le mien, et qu'il ne les salira pas. Allez donc en paix, vivez, jouissez demain comme aujourd'hui de l'air et du soleil, et que le ciel fasse une large part dans sa miséricorde à ceux qui deviendront meilleurs.

En parlant ainsi, Mario fit rentrer la clef dans la serrure, ouvrit la porte qu'ils franchirent en se précipitant les uns sur les autres, et, à leur grand étonnement sans doute, il la referma sur eux. Minuit sonnait. Nous n'avions pas fait un pas.

— Que dites-vous, amis, reprit Mario, de cette bande d'aventuriers écervelés qui s'imaginent follement que je les ai introduits dans ce vieux palais sans m'y ménager une sortie inconnue ? Il appartenait à mes pères ; j'y suis né, et je ne m'occupais qu'à en étudier les détours pendant mes heures de récréation, à l'âge où les autres écoliers s'extasient devant les marionnettes de Girolamo, ou se disputent sur la grande place une tranche de *zucca*. Je l'ai perdu d'un coup de dé, s'il m'en souvient, mais je n'avais pas joué mon secret.

Il appuya sa main sur un ressort caché entre les refends de la boiserie gothique, et une porte invisible s'ouvrit.

L'impression que cette scène avait produite en moi enchaînait mes mouvements, comme un de ces rêves fantastiques dont le sommeil est quelquefois fasciné ; et je cherchais dans mon esprit si ce n'était pas là l'occasion de mourir que j'avais désirée tant de fois. Soit résignation, soit stupeur, le bruit des coups de crosse qui ébranlaient la porte un moment plus tard ne m'avait pas fait sortir de la méditation où j'étais absorbé, quand Mario revint subitement sur ses pas, me saisit d'une main de fer, et m'en-

traîna après lui dans le passage qu'il referma de nouveau
avec précaution. Je le suivis sans résistance à travers de
longs corridors qu'éclairait à peine devant nous la lampe
de son domestique albanais. Nous descendîmes des marches
d'escaliers tortueux, nous en remontâmes d'autres, nous
parcourûmes des espaces plus larges et plus aérés, mais
toujours couverts ; nous suivîmes à plusieurs reprises des
galeries autrefois somptueuses et encore chargées de noires
dorures, mais depuis longtemps solitaires, et nous arrivâmes en quelques minutes de marche à une poterne basse
comme un guichet, qui donnait sur un canal. J'entendis
encore au loin de l'un et de l'autre côté la rame de nos
amis et le cri d'avertissement des gondoliers. Je montai
sur la gondole de Mario, et, sur sa demande, je lui répondis à voix basse : A l'auberge de la Reine-d'Angleterre.
C'était mon logement. Quand nous fûmes à l'instant de
nous quitter, il se leva près de moi à la proue de la barque,
et me prit les mains avec une émotion affectueuse qui
m'étonnait dans un homme de ce caractère, au moins
selon l'idée que je m'en faisais jusqu'alors sur la foi de la
multitude.

— Si vous ne changez pas de sentiments, dit-il, et que
rien en effet ne vous retienne à Venise, où votre liberté et
votre vie ne sont pas en sûreté, nous nous reverrons bientôt. Vous me trouverez avant deux mois, le propre jour
de sainte Honorine, à la chapelle qui lui est consacrée
dans l'église paroissiale de Codroïpo, quand le prêtre
donnera la bénédiction de la première messe.

—Il ne me faut que vingt-quatre heures pour préparer
mon départ, qui ne peut être trop rapproché au gré de
mes souhaits, répondis-je, et comme l'emploi de ces deux
mois dépend tout à fait de ma volonté, je vous jure de me
trouver fidèlement au jour, à l'heure et au lieu que vous
désignez, pour y recevoir vos ordres suprêmes, si la mort
ne porte empêchement à l'exécution de ma promesse.

—Je puis mourir aussi, reprit Mario avec une sorte

de gaîté, mais cet accident n'annulerait pas nos engagements. Prenez ce morceau de la bûchette de coudrier que j'ai rompue à la *vendita*, et suivez où elle le voudra, et quelle qu'elle soit, la personne qui vous présentera l'autre.

Ensuite il m'embrassa; je descendis sur le perron de l'hôtel, et la gondole fila sur le canal, comme une chauve-souris.

La lumière qui descendait de mes croisées m'annonça que j'étais attendu dans ma chambre. J'y montai précipitamment, et j'éprouvai une surprise qui ne le cédait à aucune de celles de ma journée, quand j'y trouvai M. de Marsan; non que cette heure avancée de la nuit fût indue à Venise, mais parce qu'il n'y avait aucune raison pour qu'un homme de cet âge et de cette qualité me fît une pareille visite.

— Assieds-toi, me dit-il pendant que je balbutiais quelques mots, et prends le temps de me répondre d'une manière calme et posée. La démarche que je fais auprès de toi, Maxime, doit t'annoncer assez que j'ai besoin de ton attention; et, si tu rends justice à mon amitié, je pense avoir aussi quelques droits à ta sincérité. Je t'ai cru occupé ou absent, parce que j'ai l'habitude de te croire, et je sais cependant que tu n'as pas quitté Venise. Apprends-moi sans hésiter quels motifs t'ont éloigné de ma maison?

Je sentis que je me troublais; je penchai ma tête sur mes mains, et je ne répondis point.

— Ne crains-tu pas, continua-t-il, que j'interprète mal ton silence? On ne cache à l'amitié que des secrets honteux.

Je tressaillis! — Non, non, m'écriai-je, rien de honteux n'a flétri mon cœur! Mais il y a une autre pudeur que celle de la vertu, et l'aveu d'une témérité absurde que j'ai dérobée à tous les yeux, et que j'aurais voulu me dérober à moi-même, peut coûter un effort pénible à ma vanité. Vous l'exigez pourtant, continuai-je sans relever les yeux vers lui. Prenez du moins pitié des illusions d'un insensé !

J'aimais Diana !

—Diana est assez belle pour être aimée, et il n'y a point de femme dont l'amour te soit interdit. Ta seule faute, Maxime, est d'avoir tenté d'intéresser son cœur dans ta passion sans que je fusse prévenu de tes vues. Mes rapports paternels avec toi demandaient peut-être plus de confiance, et je croyais avoir assez fait pour m'en rendre digne. Cette distance qui nous sépare au jugement de la société, penses-tu que j'aie épargné quelque chose pour l'effacer ?...

Dès le commencement de cette phrase, mon courage m'était revenu. J'osai regarder M. de Marsan.

—Intéresser son cœur sans vous prévenir de mes vues !... ah ! cela pouvait m'arriver auprès d'une jeune fille que le monde aurait regardée comme mon égale, avec une femme née pour moi, et dont la main serait tombée dans la mienne à la joie de ses parents ! Mais loin de moi la pensée d'émouvoir un cœur que la raison des convenances ou l'orgueil des rangs peut me refuser ! Jamais ma bouche n'a inquiété Diana d'une déclaration, d'un aveu, d'un soupir, et si elle se plaint des ennuis que lui a donnés mon amour, c'est qu'elle l'a deviné. A dire vrai, cela n'était peut-être pas difficile.

—Tu ne lui as pas dit que tu l'aimais ! Tu ne sais pas si elle aime, et si c'est toi qu'elle aime ! Oh ! si elle t'aimait ! —Écoute-moi cependant, car c'est à moi maintenant à te rendre franchise pour franchise, et je te dirai tout comme tu m'as tout dit. N'insiste pas ! j'en suis sûr !— Diana est mon seul enfant ; je l'aime, comme mon seul enfant, de toute l'affection que le cœur d'un homme peut contenir, quoique son caractère noble et bienveillant, mais sombre et austère, m'ait procuré peu de ces douces joies dont le bonheur des pères se compose. Toute ma vie s'est passée, depuis sa naissance, à rêver pour elle un établissement ho-

20*

norable; et, malgré la médiocrité de ma fortune et l'abaissement passager de ma condition, il s'en est présenté un grand nombre qui auraient fait envie aux familles les plus illustres de l'Italie. Diana les a tous repoussés. Les qualités les plus brillantes, les vertus les plus signalées, les assiduités les plus tendres, ont échoué contre l'opiniâtreté de ce caprice farouche que je ne peux m'expliquer, et qui me condamne à voir mourir en elle les espérances de ma vieillesse. Il y a là dedans, je te l'avoue, un mystère qui m'épouvante et me confond.

— Permettez, mon père, dis-je, et pardonnez-moi de vous interroger à mon tour, car il le faut absolument pour que je parvienne à éclaircir vos doutes et à dissiper vos inquiétudes : êtes-vous bien sûr que sa tendresse n'appartient pas secrètement à un homme qui a eu des raisons de ne point se faire connaître, ou dont vous avez peut-être vous-même rebuté les prétentions?

— L'idée qui te frappe n'est pas tout à fait nouvelle à mon esprit, répondit M. de Marsan d'un air soucieux; mais la circonstance que tu supposes ne s'est présentée qu'une fois, et si j'ai cru devoir la dissimuler à Diana, c'était pour lui épargner un mouvement d'indignation et d'horreur qui aurait pu devenir fatal à son repos. Tu en jugeras par le nom seul de celui qui osait prétendre...

— Je n'ai pas besoin de savoir son nom, et je sens au bouillonnement de mon sang que je ne l'apprendrais pas sans danger pour l'un de nous deux! Que diriez-vous cependant, mon noble ami, car le cœur des femmes est rempli d'énigmes impénétrables, que diriez-vous si l'indigne amant que vous avez rejeté avec tant de dédain était précisément celui qu'elle aurait choisi?

— Ce que je dirais! s'écria M. de Marsan en se levant de sa chaise avec emportement, je dirais : Fille indigne de moi, sois maudite à jamais, et que la colère et les vengeances de Dieu s'attachent à toi comme le vautour à sa proie! que le reste de tes jours s'écoule dans la solitude et dans le remords! que le pain quotidien de tous les hommes se change en gravier sous tes dents!...

Il allait continuer. J'imposai ma main sur sa bouche, et je le pressai contre moi de l'autre bras.

— Que le ciel, mon ami, intercepte cette horrible malédiction entre vous et Diana, et la fasse plutôt retomber sur ma tête, qui est dévouée dès l'enfance à toutes les épreuves et à toutes les misères. Mais il paraît que ma supposition était complétement dénuée de vraisemblance, et je regrette de l'avoir hasardée, puisqu'elle pouvait développer en vous une si vive irritation. — Il ne me reste qu'à savoir, repris-je en souriant pour le distraire de plus en plus de son émotion, quelle part vous m'avez donnée à supporter dans vos chagrins domestiques, et ce qui a pu vous résoudre à exiger d'un cœur faible, mais sans reproche, l'aveu humiliant que je vous ai fait?

M. de Marsan se rassit. — Je croyais avoir remarqué que tu aimais Diana, et tu conviens que je ne me trompais pas. Je pensais qu'elle devait t'aimer; je le pense encore, peut-être parce que je le désire, et que mon propre bonheur est intéressé dans le lien. J'attribuais ses refus au sentiment que tu lui avais inspiré; ton silence, je l'attribuais à une timidité délicate et défiante, et c'était ce vain obstacle que je me flattais de rompre d'un mot. Sois mon fils par le sang, t'aurais-je dit, comme tu l'es, ou peu s'en faut, par l'amitié que je te porte. Voilà tout ce que je voulais. Nos affaires ne me paraissent plus aussi avancées, mais je n'en désespère pas encore. Tu me parlais dans ta dernière lettre d'un projet arrêté de partir après-demain. Il n'y aura pas de mal, si je me trompe sur les dispositions de Diana, car tes peines s'aggraveraient de la déception de nos espérances; et, d'un autre côté, la société où tu vis d'habitude, au moins depuis que tu t'es éloigné de moi, n'est pas bonne par le temps qui court pour un jeune homme déjà suspect au pouvoir. Viens donc dîner demain avec moi, avec Diana. Tu lui feras cet aveu que j'autorise,

et duquel dépend notre avenir à tous trois. Qui sait si nous
ne devons pas nous réveiller le jour suivant sous un soleil plus favorable que celui qui m'éclaire depuis quelques
mois ?

— Hélas ! répondis-je, pendant qu'il prenait mon bras
pour regagner sa gondole, je n'augure pas tout à fait aussi
favorablement que vous de cette démarche ; mais si elle ne
sert qu'à me convaincre de mon infortune, j'espère au
moins inspirer assez d'estime et de confiance à mademoiselle de Marsan pour obtenir d'elle le secret qui vous
touche, et voir se rétablir en vous quittant la tranquillité
que vous avez perdue. Quant à ma propre destinée, il y a
longtemps que je n'y fonde plus d'aussi douces espérances,
et que d'autres épreuves m'ont accoutumé à la résignation.
Mais quel que soit mon sort, il ne changera rien à ma reconnaissance envers vous, et le titre de fils que vous m'avez
donné, je le garde pour toujours.

Je n'ai pas besoin de dire que cette nuit se passa dans
d'étranges agitations ; mais l'espérance eut si peu de part
à mes rêves, que j'achevais d'arrêter au point du jour
tous les arrangements de mon départ pour le jour suivant,
et que j'employai la matinée à les régler avec le calme impassible d'un homme dont les résolutions n'ont plus de vicissitudes à subir. J'arrivai enfin chez M. de Marsan, où
tout avait un air de fête, car l'excellent vieillard ne voyait
dans cette solennité d'adieux que les approches d'un heureux événement qui allait me fixer à Venise, et l'assurance
de son contentement crédule éclatait dans ses regards de
manière à m'enhardir à la fois et à me désespérer. Je cherchai ceux de Diana ; ils n'avaient pas changé d'expression,
et je me connaissais aux symptômes de l'amour, car j'avais
été aimé. Il n'est pas nécessaire d'être bien des fois malheureux pour savoir lire dans le cœur d'une femme, et la
plus habile ne m'aurait pas trompé sur ses impressions
secrètes ; mais l'antipathie ingénue de Diana avait quelque
chose de plus cruel, je ne sais quoi d'accablant et de froid

qui me pesait sur le sein comme du plomb. — On me plaça cependant auprès d'elle à table. Je frissonnai d'une émotion mêlée de crainte, et je ne la regardai plus.

Les convives étaient nombreux. La conversation fut longtemps ce qu'elle est à Venise, ce qu'elle est partout, un frivole échange de nouvelles sans importance. Le vin de Chypre l'anima.

— Qu'est-ce donc, dit un des *signori*, que cette nouvelle tentative qui a failli troubler hier la tranquillité de la ville! On dit que la garnison et les sbires ont été sur pied toute la nuit.

— Eh quoi! répondit un autre, ne le savez-vous pas? Un complot d'aventuriers, pour la plupart étrangers, qui se proposaient d'égorger les Français et de changer le gouvernement.

— En vérité, interrompit M. de Marsan, il n'y a qu'à les laisser faire; leur sagesse est éprouvée, et les nations ne peuvent pas choisir de plus dignes législateurs! Cette ivresse des peuples durera-t-elle encore longtemps?

— Heureusement, reprit le second, cela est si misérable, qu'une poignée de soldats a suffi pour les disperser, et le bruit de leur conspiration ne parviendra peut-être pas à la Judecque.

— Mais que veulent-ils encore, les malheureux? leur projet échoué ne pourrait-il pas servir de prétexte à quelque nouvelle persécution contre les serviteurs de la vieille dynastie française?

— Nullement! il ne s'agissait que de Venise et de sa république. Savez-vous que, s'ils avaient réussi, nous vivrions aujourd'hui sous le gracieux gouvernement de Mario Cinci, doge de Venise?

— Mario Cinci! dirent tous les assistants.

— Mario Cinci! répéta M. de Marsan, le poing fermé sur le manche de son couteau.

— C'est le dieu de la populace, ajouta un vieillard, et cela fait trembler pour l'avenir!

— Rassurez-vous, au nom du ciel ! les bandits s'étaient assurés de précautions si prudentes qu'on n'a pas pu en arrêter un seul ; mais on sait par des rapports certains que Mario ne se trouvait point parmi eux, car il se commet rarement aux dangers qu'il fait courir à ces misérables, dont la vie n'est dans ses mains qu'un jouet de peu de valeur. Il se renferme, pendant qu'on agit pour lui, dans sa *Torre Maladetta* du Tagliamente, à la grande épouvante des voyageurs, pour s'y livrer sans doute à la fabrication de la fausse monnaie et des poisons, comme toute sa famille de parricides.

— Malédiction ! m'écriai-je en me levant, tout cela est horriblement faux ! Quiconque vous l'a dit est un calomniateur infâme, plus coupable que l'assassin mercenaire qui vend à la haine des lâches son âme et son stylet ! Le projet de ces horribles vêpres vénitiennes dont vous parlez, c'est Mario Cinci qui l'a déjoué, ce sont ses ennemis qui l'avaient conçu. Il n'en a pas coûté de grands efforts aux soldats pour dissiper les conspirateurs ; car personne n'ignore maintenant qu'ils ont parcouru un palais désert, et comme ils sont Français, je vous jure que le bruit de leurs pas répété par un écho n'était pas capable de les épouvanter. Le gouverneur de Venise, que j'ai visité ce matin pour le prévenir de mon départ, ne voit dans ce prétendu complot que ce qui était réellement, la basse spéculation de quelques espions, qui se flattaient d'attirer sur eux des faveurs et des récompenses, la prime du mensonge et l'aumône honteuse de la police, en supposant des crimes pour faire valoir des services. Ceci est la vérité, messieurs ! — Quant à Mario Cinci, je ne sais quels torts de sa jeunesse ont pu attirer sur lui la réprobation universelle ; mais j'avoue que je ne crois pas aux folles haines de la multitude, et que je ne crois guère davantage aux aveugles colères de la fatalité. Tout ce que je connais de lui me l'a montré comme le plus généreux des hommes. L'injustice de l'opinion qui le poursuit le grandit encore à mes yeux

et je dois vous prévenir, messieurs, au moment de vous
quitter pour toujours, que cette conversation ne se prolon-
gerait pas sans porter mon cœur à des mouvements que je
voudrais éviter. La cause de Mario Cinci est la mienne; et
quel ami subirait sans transport et sans vengeance les in-
jures faites à son ami absent? Vénitiens, je vous le demande!...

— Ton ami? dit M. de Marsan. Connaissais-tu Mario ?

— Je ne l'ai vu qu'une fois; sa voix n'a pas frappé mon
oreille pendant cinq minutes, mais je suis plus prompt à
me saisir d'une affection, et mes affections ne se dé-
mentent jamais.

— Je ne t'avais jamais vu cette exaltation, continua-t-il
en se rapprochant de moi; car la conversation générale
avait fini, et les invités s'étaient distribués deux à deux
dans la grande salle, sans témoigner l'envie de s'entretenir davantage. — Et cependant je ne peux te savoir mauvais gré, ajouta M. de Marsan, des erreurs d'un cœur
follement affectueux, qui prend part sans réflexion à la
querelle des absents. L'expérience t'apprendra trop tôt
qu'il ne faut pas se fier à des apparences imposantes dans
le jugement qu'on porte du premier venu, quand il aurait, comme Mario, la taille d'Anthée, qui lutta contre
Hercule, mais qui ne reprenait de forces qu'en embrassant la boue dont il était sorti. L'imagination dupe le
cœur. Je ne t'en parlerai donc pas, quoique cette explosion passionnée ait cruellement tourmenté le mien. Il est
question d'autre chose entre nous, et l'intérêt si vif que
Diana te témoigne aujourd'hui semble m'annoncer que jamais l'occasion n'a été plus favorable et mes prévisions
plus justes. Accompagne-la chez elle, et songe que j'attends mon arrêt du tien !

En effet, et, je l'avouerai, je m'en étais à peine aperçu,
tant je me croyais désintéressé dans cette espérance, Diana,
qui avait quitté sa place aussitôt que moi, venait de lier
sa main à ma main, et, autant que j'en pouvais juger sans

l'avoir revue, sa tête se penchait vers mon épaule, presque de manière à la toucher. Je me retournai vers elle, et je vis qu'elle était pâle. Je pressai cette main qui tremblait ; je reconduisis Diana, et je la fis asseoir, plus disposé à la quitter qu'à la troubler d'une émotion inutile. J'allais m'éloigner quand elle me retint. Je m'assis. Nous gardâmes quelque temps le silence ; mais ses doigts, que tant de fois j'aurais voulu presser au prix de ma vie, s'étaient unis plus étroitement aux miens ; ils étaient humides et tièdes. Elle palpitait d'une émotion que je ne comprenais pas : je ne savais si c'était là un sujet de joie ou de désespoir, et cela dura plusieurs minutes ; ces longues minutes que vous savez, et que durent les troubles et les inquiétudes de l'amour. Elle parla enfin.

— Maxime, dit-elle, combien je vous aime !

— Prenez garde ! m'écriai-je, les mots que vous avez prononcés là sont affreux pour moi, si vous n'en prévoyez pas les conséquences. Vous ne savez peut-être pas, Diana, que je viens vous demander votre main, parce que votre père me l'a promise !.....

Elle se leva, marcha, passa devant moi les bras croisés, le front penché, le sein haletant. Elle s'arrêta ; elle appuya ses mains sur mes épaules, les croisa derrière mon cou, et me dit d'une voix qui s'éteignait sur ma joue : — Pauvre Maxime ! L'ami de Mario Cinci ne savait donc pas son secret quand il le défendait tout à l'heure ?...

Je ne répondis point : un voile se déchirait devant mes yeux ; mais je ne devinais pas tout.

— Pourquoi, sans cela, continua-t-elle, aurais-je insulté à ta tendresse de bon et digne jeune homme ? Ah ! cela serait odieux si l'on n'avait pas aimé ! mais je l'aimais, vois-tu !... mais il était mon âme et ma vie ! il en disposait à jamais, et ton amour me remplit de douleur en s'égarant vers moi, qui ne pouvais le payer de retour. Le caractère et l'aspect que je me fis pour te rebuter devaient

e rendre haïssable. Je m'en flattais amèrement, parce

qu'il fallait pour ton bonheur que je fusse haïe de toi; et comprends ce qu'il m'en coûtait, à moi, Maxime, qui t'aimai du premier jour comme un frère, et qui t'aurais donné volontiers tout un cœur si j'en avais deux!... Me pardonneras-tu?

Je restai quelque temps sans parler et sans voir; ensuite je la regardai.

Elle pleurait. Je baisai ses bras palpitants, et puis ses joues, ses yeux humectés de larmes, et je mêlai mes larmes aux siennes.

— Vous aimez Mario, Diana! c'est un digne choix! Que le ciel vous favorise!

— Je l'aime, dis-tu!... reprit-elle avec force. Mon existence est plus complète que tu ne le crois : je suis sa femme!...

— Sa femme! Et votre père, mademoiselle, avez-vous pensé à lui?...

Elle abaissa ses paupières, comme si elle avait été honteuse de me laisser lire dans son âme.

— Mon père!... mon excellent père!... Oh! qu'aux dépens de mes jours la nature prolonge les siens! qu'aux dépens de mon bonheur, elle les embellisse!... Mais quand Mario, prosterné devant lui, cherchait à vaincre son cœur : — Votre femme! dit mon père; j'aimerais mieux qu'elle fût morte! — Il l'a dit. Mon père m'aura morte comme il l'a souhaité, et Mario m'emmènera vivante.

— Votre raison se trouble, Diana!... Que dites-vous?

— Ce que je dis, l'avenir l'expliquera; mais n'accusez pas ma volonté; elle ne m'appartient plus. Conservez-moi un souvenir, un souvenir rigoureux si vous le voulez, pourvu qu'un peu d'amitié, cher Maxime, en adoucisse la sévérité...Et si ma vie vous intéresse encore, ne craignez pas que j'en dispose sans votre aveu.— Maintenant l'heure s'approche où il faut... Êtes-vous prête, Anna?...

Sa femme de chambre entra et vint se placer à côté d'elle,

21

—Mon père vous attend, Maxime; allez lui dire que vous m'accompagnez à ma gondole.

Il n'y avait qu'une porte à ouvrir. Il m'attendait les yeux fixes et ardents d'impatience; je tombai à ses pieds.

— Au nom du bonheur de Diana et du vôtre, mon ami, revenez sur vos injustes préventions contre le noble Mario Cinci! C'est l'époux que vous devez à Diana pour sauver sa vie...

— Mario Cinci! cria le vieillard en me repoussant avec dureté... Qu'elle l'épouse et qu'elle meure!... Une parricide de plus dans la famille des Cinci!... Béatrice et Diana!...

Il marchait précipitamment et il m'entraînait sur ses pas, parce que mes mains s'étaient attachées à ses genoux.

Il s'arrêta en me disant : — Va-t'en, traître!... Et ensuite il me regarda en pitié. — Va-t'en, dit-il plus doucement en passant ses deux mains sous mes bras pour m'aider à me relever, va-t'en, pauvre enfant, et que je n'entende plus parler de tout ce que j'ai aimé, car le reste de mes vieux jours a besoin de solitude et de repos.

Je me retrouvai près de Diana, je lui offris la main sans prononcer un mot, et elle ne m'interrogea pas, car j'avais laissé la porte entr'ouverte, dans le trouble de ma démarche, et il était impossible qu'elle n'eût pas entendu.

Quand je la quittai à sa gondole, j'approchai ses doigts de mes lèvres; elle les retira et se jeta dans mes bras. Un moment après, j'étais seul.

Je suivis longtemps du regard la gondole de Diana entre toutes les autres, et je la reconnaissais de loin, parce qu'elle était ce jour-là, contre l'usage, marquée d'un nœud flottant de rubans cramoisis.

Je me présentai inutilement le même soir chez M. de Marsan. Sa maison était interdite à tout le monde.

Au lever du soleil, par un jour triste et froid de janvier 1809, le petit bâtiment qui me conduisait à Trieste déboucha des lagunes dans la grande mer, qui était haute et houleuse, car la nuit avait été fort mauvaise. Notre patron héla quelques barques de mariniers, qui paraissaient occupés à relever sur la pointe d'un îlot une gondole échouée.

— Quelqu'un a-t-il péri? s'écria-t-on de notre bord...

— Selon toute apparence, répondit le maître; mais il est probable que les cadavres ont été emportés par la lame, puisqu'on ne les a pas trouvés sur les acores. Cette gondole sans chiffre et sans nom ne se distinguait d'ailleurs des autres que par ce chiffon de rubans.

Je m'en saisis, je l'attachai à ma chemise, et je défaillis. Je fus longtemps à revenir à moi.

Le lendemain j'étais à Trieste.

DEUXIÈME ÉPISODE.

LE TUNGEND-BUND.

———

Ce que je redoute le plus dans mes frivoles compositions, c'est de passer pour avoir la prétention d'inventer, et la raison en est toute simple : ce n'est pas du tout mon talent, et je m'en aperçois aussi bien que personne quand je suis obligé de travailler d'imagination. Quant à mes souvenirs, il n'en est pas de même. Ils peuvent être plus ou moins romanesques dans l'aspect, plus ou moins emphatiques dans l'expression, tenir de l'hyperbole par la parole, et du drame par l'arrangement ; mais c'est la faute de mon organisation, et non pas celle de ma sincérité. Je ne saurais trop répéter qu'il faut s'en prendre au malheur de l'artiste, qui voit noir, qui voit jaune, qui voit vert, qui voit le ciel plomb, la mer ardoise, la verdure velours, et qui copie ce qu'il voit. Ce n'est pas « bien écrire » qui est le plus beau de tous les dons de la nature, comme l'a dit Pope ; c'est « bien voir, » et je ne m'en suis jamais flatté. Du reste, il ne faut pas trop s'en rapporter au lecteur insouciant, quoique ingénieux et sensible, qui vous dit du coin de son feu : *Voici du vrai, du vraisemblable et du faux*, en parlant d'un événement éloigné ou d'une époque d'exception, qu'il aurait vue autrement lui-même à vingt-cinq ans, avec l'intérêt de sa vie et les passions de son âge. Au commencement de 1809, les hommes de ma façon n'étaient pas des spectateurs à moitié endormis sur des banquettes, qui

regardent froidement la pièce en clignant de l'œil jusqu'à
la chute du rideau. C'étaient, et le malheur en est à la nécessité des temps et des caractères, ou des acteurs très-
préoccupés de leur importance dramatique, ou des comédiens très-habiles à calculer les chances de la recette. Les
acteurs que j'aimais ont disparu; les comédiens sont là :
Plaudite, cives!

Jamais je n'ai été moins intéressé à cette explication
qu'à la tête de ce chapitre, dont mon pauvre barbet noir,
l'honnête Puck, pourrait vous rendre aussi bon compte
que moi, s'il avait joint à ses dignes facultés de chien celle
d'exprimer la pensée, et surtout s'il n'était pas mort trois
ans après sur mon oreiller, dans un petit bourg du Valais.
Pauvre Puck, que j'ai appelé dix ans mon dernier ami
avant de trouver un homme qui méritât de le remplacer
dans mon cœur!..... Je vous réponds que la plus grande
preuve des justes vengeances de Dieu contre notre folle
espèce, c'est la brièveté de la vie du chien. Il ne faut aimer
que lorsqu'on est vieux ; on a moins à regretter quand on
s'en va.

Mais ce n'était pas cela que je voulais dire; c'est que
cet épisode n'est guère plus attrayant que ce que vous
venez de lire jusqu'ici. Ce sont des faits assez vulgaires qui
ne lient les deux extrêmes de ma trilogie que par des
rapports peu visibles, mais fort essentiels, et qui ne
manqueraient pas d'un certain mérite d'artifice et de combinaison, s'il y avait de l'artifice et de la combinaison
dans ce que j'écris. Il n'y sera plus question de mon
amour extravagant dont vous savez que l'issue n'a pas été
heureuse. Les personnages avec lesquels vous aviez fait
connaissance n'y reparaîtront pas, et vous en verrez d'autres que vous connaissez tout au plus de nom, mais dont
le portrait n'est pas indigne de l'histoire, qui ne leur a
jusqu'ici accordé que de courtes et froides notices peu sa-
tisfaisantes pour un esprit curieux. C'est dans cette galerie
que je vous introduis, et je n'y ferai que l'office d'un cice-

rône exact ; le rôle fort insignifiant auquel j'ai été reduit parmi eux ne me permet pas d'autre emploi.

La seule particularité de mon premier récit qu'il soit essentiel de vous rappeler maintenant, c'est que j'avais lieu de croire, en arrivant à Trieste, que Diana de Marsan était morte victime d'un naufrage ou d'un suicide. Un billet noué d'un ruban cramoisi comme celui de sa gondole, et que le patron me remit au débarquement, me tira de cette cruelle angoisse. Il n'était pas signé, et je ne connaissais point l'écriture de Diana; mais il ne pouvait venir que d'elle. J'en rapporterai sans peine les propres expressions, car on doit imaginer que je ne l'ai pas perdu:
« Ne vous alarmez pas, Maxime, des bruits qui pourront
» vous parvenir : un cœur que vous avez pénétré de recon-
» naissance et d'amitié palpite encore pour vous. Un cœur!
» il fallait dire deux. On vous engage à n'oublier ni le
» rendez-vous, ni l'église, ni le signal, et je sens que je
» suis intéressée aussi à l'accomplissement de votre pro-
» messe par un sincère désir de vous revoir. »

Tout s'expliquait ainsi. Le rendez-vous dont il m'était parlé, c'était certainement celui qui devait me réunir à Mario Cinci, dans l'église de Codroïpo, à la chapelle de Sainte-Honorine. Mes inquiétudes s'évanouirent, et je ne songeai plus qu'à me reposer des agitations passées dans les douces émotions de l'étude, qui devenait déjà le premier de mes plaisirs.

Cela n'était pas facile à Trieste, où le parti allemand et le parti de la conquête divisaient tous les esprits et toutes les conversations; mais, par un hasard qui vaut la peine d'être remarqué, l'émigration française n'y était pas suspecte. Les hommes de cette classe qu'un heureux choix avait fixés dans ces contrées charmantes s'y naturalisaient si facilement, qu'on oubliait de jour en jour leurs titres d'origine en les voyant se livrer à d'utiles et laborieuses industries. Un de nos plus brillants marquis y avait fondé une vaste maison de commerce dont la réputa-

tion est européenne. La meilleure auberge du pays était
tenue par un chanoine, l'aimable et savant abbé Maurice-
Trophime Reyre, et il en était à peu près de même pour
tout le reste. Les opinions s'étaient identifiées comme les
mœurs, suivant les positions et les caractères; mais les
séductions de la gloire ont tant d'empire sur notre vanité
nationale, que le parti de Bonaparte dominait un peu. Il
faut l'avoir vu pour le croire. Ainsi, je le répète, il n'y
avait point de prévention exclusive contre les Français,
parce qu'il n'y avait point de simultanéité entre eux :
chacun comptait les siens.

J'arrivais déjà dans mes moments lucides à cet âge d'é-
clectisme qui est celui de la raison; mais les moments lucides étaient rares dans ma vie de jeune homme, et le vieux
levain de la ligue, comme avait dit Henri IV, fermentait
quelquefois dans mon cœur au seul nom de Napoléon :
belle et savante inimitié qui nous a menés loin, le monde
et moi — grâce pour le rapprochement! — J'en étais d'ailleurs venu au point de regarder la part obscure que je
prenais à cette opposition impuissante comme une condition imposée par la fatalité qui me dominait. Je ne croyais
plus à la possibilité de cette république du genre humain,
pour laquelle une poignée d'écoliers ingénieux, passionnés
et absurdes, avaient fait une langue, des institutions et
des lois; mais j'étais retenu à leur cause par le souvenir
même de leurs inutiles et malheureux sacrifices. Leur
sang criait dans mes oreilles et me reprochait de n'être
pas mort avec eux, si je n'étais capable de servir leur
mémoire et leurs projets, au moins par le concours des
forces qu'ils m'avaient connues et auxquelles ils s'étaient
si tendrement confiés. Je pensais souvent que nous avions
eu tort; mais aucune réflexion ne pouvait me détourner
du devoir de les suivre et de finir comme eux.

Pour le peu de temps que j'avais à passer à Trieste, il
fallait cependant me décider, parmi mes compatriotes,
entre deux sociétés bien distinctes, et que le peuple lui-
même avait signalées, celle des *Nasoni* et celle des *Gobbi*.

Ces appellations insultantes, déterminées probablement par quelque défaut physique des deux personnages les plus imposants de l'une et de l'autre opinion, séparaient d'une manière insurmontable nos voyageurs, nos réfugiés et jusqu'à nos proscrits, tant il est vrai que les hommes les plus faits pour se rapprocher trouvent partout d'excellentes raisons de se haïr. Comme je ne voulais haïr personne, je pris un parti non pas moyen, mais excentrique avec les deux opinions, et je me sauvai, sans qu'on y prît garde, à la plus simple auberge du quartier des juifs, qui n'était fréquentée ordinairement que par les petits marchands et les paysans des montagnes. Cette solitude très-réelle que l'on trouve au milieu d'une multitude indifférente m'agréait fort. Il n'y a rien de moins importun que la foule quand on n'y est pas connu.

Mon premier objet avait été de commencer de là mes excursions, si belles en espérance, aux villages poétiques des Morlaques, aux tribus toutes primitives du Monténègre, aux ruines de Salone, d'Épidaure, de Tragurium et de Macaria. Mes engagements avec Mario ne me permettaient plus ce long voyage, et d'ailleurs la petite mais brillante armée du général Marmont se répandait déjà sur le pays intermédiaire, pour aller exécuter, sous les ordres de ce brave capitaine, cette fameuse jonction de Brug, qui est une des plus belles opérations militaires des temps modernes, et qui sembla fixer éternellement à Wagram les destinées du nouvel empire. Je me bornai donc à parcourir des lieux plus rapprochés de ma station de banni, les restes d'Aquilée, les grands débris de Pola, les merveilles naturelles de Zirchnitz, les mines fantastiques d'Idria, et ces antiquités nominales qui n'ont que la tradition pour monument, le bord de la Save où restent imprimés, à ce qu'on dit, les pieds de Castor et Pollux, l'endroit où Jason fit sceller la première pierre de sa jeune ville d'Emona, le rocher d'où parlait Japix, et le cirque de Diomède.

Je passais mes jours de résidence à errer dans le *Far-*

nedo, vaste bosquet qui tenait lieu de promenade à Trieste avant que son spirituel et habile intendant, Lucien Arnault, en eût ouvert de nouvelles, plus régulières, plus élégantes, plus françaises, plus rapprochées de la ville et du port, mais qui ne me rappelleront jamais autant de douces rêveries et d'impressions délicieuses. Le *Farnedo*, c'est la forêt du naturaliste, du poëte et de l'amant. La saison n'était pas favorable à en jouir au commencement de mon séjour ; mais dès la fin elle commençait à s'embellir. Le printemps prêtait à peine au *Farnedo* ses premières grâces; mais c'était le printemps du *Farnedo*, qui a tout en naissant, des femmes, des fleurs, des papillons; qui avait cette fois-là, pour qu'il ne manquât rien à son attrait romanesque, des brigands et des dangers. Je ne sais si j'y ai été plus heureux sous la protection de nos gouverneurs, de nos régiments et de nos canons.

La table d'hôte à laquelle je m'asseyais tous les soirs, au retour, offrait peu de ressources à la conversation, et j'en étais enchanté. Les convives étaient ordinairement de très-dignes gens, fort préoccupés de leurs affaires, qui me laissaient jouir en paix du bonheur de n'en point avoir, et qui avaient d'ailleurs la complaisance, pour me mettre tout à fait à mon aise, de s'expliquer dans un des cinquante dialectes de l'esclavon, ou dans un des cinquante patois plus impénétrables à mon intelligence, du Frioul, du Tyrol et de la Bavière. Cependant le renouvellement journalier de ces rapports devait finir par établir entre quelques-uns de mes commensaux et moi une espèce d'intimité. Il s'en trouvait deux parmi eux qui parlaient d'ailleurs français avec une grande élégance, et qui étaient plus versés que moi-même dans la technologie des sciences physiques, mon principal objet d'étude et d'affection. Nous fîmes bientôt connaissance.

Le premier était connu à Trieste sous le nom du docteur Fabricius, et c'est ainsi que je le désignerai à l'avenir, quoique j'aie entendu dire qu'il s'appelait autrement.

Dans sa vie extérieure, il s'était fait une haute réputation
médicale fondée sur des théories singulières, mais extrêmement contestées par les gens qui prétendaient s'entendre à cet art d'hypothèses dont il ne faisait pas fort grand cas.

Le second était un jeune Polonais, nommé Joseph Solbioski, et non Solbieski, comme disent les biographes.
Joseph avait tout ce qu'il faut d'esprit et de cœur pour entraîner une âme moins attirable que la mienne, qui ne
demandait qu'à aimer quelqu'un. Je l'aimai tout de suite.
Il était à peu près de mon âge; ce que j'aimais, il l'aimait
aussi; ce que je savais, il le savait mieux. J'étais plus fort
et plus grand; il était plus doux, plus sage et plus beau.
On fait avec cela des sympathies indissolubles. Je ne le
croyais pas éloigné de mes opinions; mais une opinion est
si peu de chose auprès d'une affection!

Nous nous tenions tous les deux, de crainte de nous
contrarier réciproquement, dans une réserve si étroite sur
les questions politiques dont le monde était occupé, et j'at-
tachais, de mon côté, si peu d'importance à m'assurer
d'une harmonie de plus dans nos sentiments, tant il suffisait des autres pour nous unir inséparablement à jamais,
que je n'essayais pas d'en savoir davantage. Comme celui-ci
a obtenu depuis en Allemagne une réputation historique
dont le bruit n'est probablement pas venu jusqu'à vous,
vous me pardonnerez de vous le faire connaître avec plus
de détails au commencement d'un récit où il ne me quittera
presque plus. Nous commencerons cependant par l'autre.

Le docteur Fabricius avait près de soixante-dix ans; mais
c'était un de ces septuagénaires, adolescents d'âme et d'imagination, qui imposent à l'esprit des jeunes par leur verve
et leur vivacité. Ce qui frappait le plus dans sa singulière
physionomie, c'est un type fort prononcé qui n'avait rien
d'allemand, et dont le galbe mince, effilé, saillant, tenait
plutôt quelque chose de l'Andaloux ou du Maure. Sa mai-
greur brune et osseuse, qui laissait presque à nu le jeu actif
et passionné de ses muscles; l'*acutesse* pénétrante de ses

yeux ardents et mobiles, dont le disque était un charbon et le regard une flèche; l'étrange propriété de ses cheveux encore noirs, qui se hérissaient comme spontanément au moindre pli de son front, tout cet ensemble extraordinaire lui donnait quelque chose de l'aspect d'un aigle. J'ai entendu peu d'hommes plus abondants en paroles; mais son abondance, pleine, soutenue, éloquente, même quand elle était diffuse, ne se répandait en épisodes et en figures que par excès de richesses, et s'y complaisait sans s'y perdre. Un homme ainsi organisé ne pouvait pas être entièrement étranger aux grandes pensées qui émouvaient alors l'Europe; mais il s'abstenait avec une sorte d'affectation de tous les entretiens dans lesquels le mouvement naturel des esprits faisait rentrer ces idées en dépit de nous. La préoccupation qui le dominait semblait être un spiritualisme exalté, une théorie spéculative combinée des principes de Swedenborg, de Saint-Martin et peut-être de Weissaupt; mais son enthousiasme très-expansif pour les livres d'Arndt, et de quelques autres philosophes *tungend-bundistes*, révélait en lui un profond sentiment de la liberté.

Le docteur ne s'était arrêté à Trieste que pour y régler quelques affaires d'intérêt avec des régisseurs chargés de l'administration de ses biens dans un rayon assez étendu, car on le disait fort riche, ce qu'on n'aurait deviné d'ailleurs ni à la modestie de ses dépenses, ni à la simplicité de ses mœurs. Il n'y avait donc rien de surprenant à le voir souvent en rapport avec des voyageurs venus pour lui, et qui ne résidaient pas. Si je les avais devinés alors, j'aurais eu cependant assez de temps pour les observer, et j'en conserverais un souvenir assez présent pour les peindre; mais j'ai déjà dit qu'il n'existait aucune espèce de contact politique entre mes nouveaux amis et moi. Ces étrangers qui se succédaient chaque jour, c'était Kolb, c'était Marberg, les Pélopidas, les Trasybules du Tyrol; c'étaient les braves frères Woodel, fusillés depuis à Wesel, le 18 septembre de la même année; c'était l'aubergiste André

Hofer, que je remarquai davantage, parce que je l'avais entendu nommer souvent chez le marquis de Chasteler, à l'occasion des événements de 1808; et celui-là est si connu, que les impressions qu'il m'a laissées n'apprendraient rien à personne, si elles ne différaient un peu de celles que mes lecteurs ont pu prendre dans l'histoire. La célébrité des uns et des autres n'atteignit d'ailleurs à son apogée qu'un mois après le passage d'André Hofer à Trieste, c'est-à-dire à cette mémorable victoire des paysans, dont le Tyrol marque le glorieux anniversaire au 29 février.

J'avais bien formé quelques conjectures sur l'apparition du Samson de Passeyer dans notre méchante hôtellerie de *l'Ours*, mais sans y donner de suite. Il était tout naturel qu'André Hofer, qui, en vertu de sa profession, exerçait une agence d'affaires fort étendue, suivant l'usage du Tyrol, eût des intérêts à démêler avec un propriétaire opulent comme le docteur Fabricius. Quant à la part très-active que Joseph Solbioski prenait à leurs négociations secrètes, elle n'était pas plus difficile à expliquer, Joseph étant destiné à devenir le gendre du docteur à une époque assez rapprochée, car *on attendait la future*. J'ai compris depuis que cette expression, qui couvrait un sens mystique dans notre *zergo* des sociétés secrètes, pouvait bien m'avoir caché quelque double sens ; mais je suis si peu curieux, et j'étais déjà si porté d'ailleurs à me déprendre de ces mystères, qu'il ne m'est pas arrivé une seule fois d'y saisir autre chose que sa valeur littérale.

Il n'y a guère d'hommes de ces derniers temps dont les Allemands se soient plus passionnément occupés que d'André Hofer, et il n'y a certainement point d'homme qui ait plus dignement justifié leur enthousiasme : les vertus et la piété d'André Hofer l'avaient fait surnommer *le Saint du Tyrol*, comme Cathelineau avait été surnommé, quinze ans auparavant, *le Saint de l'Anjou;* et nul homme n'a mieux répondu qu'André Hofer, parmi tous

ceux que j'ai vus, à l'idée que je m'étais faite de Cathelineau. Il faut cependant que j'accorde d'abord un point
important à la critique ; c'est que cette opinion ne s'est
composée que depuis sur des impressions très-légères et
très-fugitives ; car je n'ai vu André Hofer que pendant
deux jours, et je ne lui ai pas adressé la parole, par
l'excellente raison qu'il savait infiniment peu d'italien, et
qu'il ne savait pas un mot de français. L'impression récente de son premier rôle historique m'intéressait cependant à le voir, et celui qu'il joua quelque temps après
dans les événements de l'Allemagne força mon esprit à
s'en refaire le type physique et moral avec autant de vivacité peut-être que si je n'avais pas perdu un moment de
vue le modèle, de sorte que je crois le connaître aussi
bien que ceux qui l'ont peint ; mais comme je ne me sens
pas doué de l'aptitude assez rare qu'exige l'*appréhension*
d'un personnage complet, je ne m'exposerai point au reproche que m'attirerait ma présomption, si j'essayais de
reproduire encore une fois, après tant d'autres, cette
forte et naïve figure. Je ne ferai donc que rectifier très-
humblement ce que l'on a dit de lui, d'après mes propres
sensations et mes intimes souvenirs.

Il est presque convenu entre les Allemands de la génération actuelle qu'André Hofer avait la taille démesurée
d'un demi-dieu. C'est le propre des peuples poëtes de
figurer ainsi les héros, et l'Allemagne a encore toute la
poésie d'un peuple primitif, comme elle en a toute la
grandeur. Oh ! c'est une sublime nation ! — André Hofer
était grand, mais sans excéder de beaucoup la taille ordinaire des montagnards. Seulement l'extrême développement de ses muscles et de ses os lui donnait, comme on
l'a dit, quelque chose d'athlétique. Toute sa constitution
physique était prise dans des proportions si fortes, qu'elle
en pouvait paraître immense. Il touchait alors tout au plus
à l'âge culminant de la vigueur dans les hommes sobres,
chastes et bien organisés, s'il n'avait en effet qu'une qua-

rantaine d'années; mais il paraissait plus vieux, et ce n'était pas l'effet de cette lassitude que produit la continuité des émotions passionnées et des violentes contentions d'esprit; car il ne s'est peut-être jamais vu de physionomie plus calme et plus reposée que la sienne. On a écrit dans nos dictionnaires historiques et dans nos *Revues* qu'il était très-courbé, ce qu'on y attribue à l'habitude des Tyroliens de porter péniblement de lourds fardeaux dans des montées ardues et rapides. André Hofer, dont le père était assez riche, et qui avait augmenté lui-même sa fortune par d'honnêtes industries, ne devait avoir porté en sa vie qu'autant de fardeaux qu'il lui plaisait d'en charger sur ses vastes et robustes épaules. *Courbé est*, selon toute apparence, une petite faute de traduction. Il était *voûté* à la manière des paysans alpins, et laissait retomber, ainsi qu'eux, son énorme tête sur la poitrine, sans égard à la noble perpendicularité qui caractérise notre espèce. On a remarqué que ce genre de conformation était propre aux races belliqueuses et aux grands hommes de guerre. Alexandre, Charlemagne, Henri IV, le maréchal de Saxe, Napoléon, Pichegru, étaient *voûtés*. Cathelineau, le ménechme moral d'André Hofer, était *voûté* comme lui.

André Hofer n'avait pas non plus, quand je le vis, cette longue barbe dont on le gratifie, et qu'il avait conservée par défi, pour contrarier au moins en quelque chose la volonté de sa femme, dont l'empire était d'ailleurs absolu sur lui, circonstance ingénue et touchante qu'on a eu tort d'oublier dans son histoire. S'il l'a reprise depuis, c'est à l'abri des rochers et au milieu des précipices qui lui servirent quelque temps d'asile, jusqu'au jour où il en fut arraché, en 1810, pour aller mourir à la porte Cesena de Mantoue, une vingtaine de pas au-dessous du bastion.

Ce qui l'a distingué dans la guerre comme dans d'administration, c'est un profond sentiment moral, poussé, au dire des hommes d'Etat, jusqu'à la puérilité. C'est une philanthropie si douce, qu'il n'avait pas à se reprocher

une goutte de sang répandu dans les batailles, où il se portait toujours le premier. Personne ne lui avait vu manier
une arme offensive. Dans le monde, c'était une créature
simple, bienveillante, riante, aussi affectueuse que peut
l'être un géant qui caresse des nains, un vieillard qui se
fait enfant avec les enfants. Pour la multitude, André
Hofer n'était réellement qu'un bon homme, et il ne serait
encore que cela pour moi s'il n'avait été André Hofer.

J'arrive à Joseph Solbioski, dont le nom me rappelle, ainsi
que je l'ai dit, des sentiments plus personnels, et qu'un
mois de rapports affectueux m'avait presque donné pour
frère. Fils d'un des nobles et malheureux guerriers qui
tombèrent dans les guerres de la liberté de Pologne, en
1794, sous les drapeaux de Kosciusko, il avait été adopté,
à dix ans, par le docteur Fabricius, et cette alliance, probablement fondée sur quelque sympathie politique entre
les pères, suffit pour expliquer la forte direction qui avait
été imprimée à ses études, sous les yeux d'un des hommes
les plus éclairés de l'Allemagne. Solbioski s'exprimait avec
une facilité souvent éloquente dans la plupart des langues
de l'Europe, et possédait à un degré rare, même parmi les
savants de profession, la doctrine et les nomenclatures des
sciences physiques et philosophiques, auxquelles l'analyse
et la méthode venaient de faire faire de si grandes conquêtes, dans ce pays d'invention et de perfectionnement
qui a seul le droit de croire encore à la marche progressive de l'esprit humain. Il était certainement redevable de
ces richesses d'instruction à l'heureuse tutelle sous laquelle
le hasard l'avait placé, et il en rapportait religieusement
les résultats à son père d'adoption ; car la tendresse de son
âme ne cédait en rien à l'élévation de son esprit. Ce dévoûment reconnaissant et pieux contient sans doute le
principal secret de sa vie. Son amour pour une des filles
du docteur, qui en avait trois, devait faire le reste ; mais
on sait déjà que je n'étais entré que par hasard dans ces
confidences. Le temps seul m'a depuis appris que Joseph

Solbioski avait été, dans la campagne de 1808, l'âme des
généreuses entreprises d'André Hofer, dont l'intelligence
droite et saine, mais peu développée, n'aurait pu suffire
à la complication des affaires dans lesquelles l'engageait
sa nouvelle fortune, quand il devint, par la force des
événements, le chef militaire et politique, le comman-
dant et le législateur du Tyrol ; époque presque unique
entre toutes les époques, où un homme du peuple, sans
lettres et sans ambition, se trouva dépositaire de l'autorité sans l'avoir voulue, et en usa sans en abuser. On
n'ignore pas que l'administration d'André Hofer fut com-
parée alors à celle de Sancho dans l'île de Barataria, et
je doute qu'on puisse en faire un éloge plus magnifique et
plus complet, car les peuples ne peuvent avoir de meilleur
arbitre que le bon sens d'un homme naturel et moral. La
pensée sourit sans doute à quelques-unes de ces lois de
circonstance, improvisées par un pauvre aubergiste de
village qui a été investi par la guerre, et au milieu d'une
ceinture de bataillons ennemis, des droits du suprême pouvoir ; mais il se mêle des larmes d'attendrissement à ce
sourire, quand on a lu comme nous le texte de ces procla-
mations paternelles inspirées par un si profond amour de
l'humanité. Ce qu'il recommande à ses frères, à ses enfants, traqués dans leurs rochers comme des bêtes fauves,
ce qu'il les supplie d'accorder à son amour, car il n'or-
donne jamais qu'au nom de l'affection, c'est d'épargner
l'effusion du sang étranger hors du cas légitime de leur
défense personnelle ; et puis, c'est de sanctifier leurs
armes par la prière, par les bonnes œuvres et par les
bonnes mœurs. Il y en a une, datée d'Inspruck, où il
venait d'entrer vainqueur des Bavarois, à la tête de vingt
mille paysans, dans laquelle ce géant de quarante ans,
que la nature avait organisé comme un autre pour les
passions, s'adresse à la piété des femmes, les rappelle à la
pudeur antique, et les conjure de cacher leur sein et leurs
bras, suivant le chaste usage de leurs mères. Cela est fort

ridicule peut-être ; mais cela serait sublime dans Plutarque, à la vie de Scipion, d'Aratus ou de Philopœmen.

Je n'ai pas perdu de vue Solbioski dans cette digression,
puisqu'il était, à l'époque où j'ai remonté, secrétaire
d'André Hofer. Il y avait entre ces deux nobles créatures
une sorte d'identité. C'était un corps et une âme. Qu'on
juge par là de Joseph !... Au premier aspect, son teint
frais et pur, son regard plein de douceur, son rire toujours affable, quoique souvent amer et mélancolique, ses
cheveux longs, blonds et bouclés, n'annonçaient pas le
héros des temps difficiles ; et cependant l'effet singulier
de ses cils, de ses sourcils et de ses moustaches brunes, lui
permettait d'animer quelquefois sa physionomie d'une
manière imposante. Il acquérait alors cet air de résolution
et de fierté qui révèle un grand caractère ; mais il aurait
fallu plus d'expérience et de perspicacité que je ne me suis
jamais piqué d'en avoir, pour deviner un conspirateur dans
cet ange aux yeux bleus.

Nous ne parlions donc entre nous qu'amitié, amour,
poésie, beautés de la nature réveillée, charmes de la campagne printanière, et tout ce qui enchante un cœur
jeune que le malheur n'a pas encore entièrement dessé-
ché. Cela ne dura pas longtemps. Les affaires du docteur,
qui paraissaient se compliquer tous les jours, le forçaient
à s'absenter souvent. L'acquisition d'un vieux château dans
le voisinage du Tagliamente le retint éloigné près d'une
semaine, et il s'en fallait d'autant que le terme de mon
rendez-vous fût échu, quand il arriva pour repartir avec
Joseph ; car il était cette fois accompagné de sa fille, qui
descendit avec lui chez un ami. Nos adieux furent tristes,
et cependant je cherchais à les prolonger. Il m'en souvient,
Joseph et moi nous avions peine à nous quitter, quoiqu'il
sourît avec une sorte de malice à l'idée de notre séparation
éternelle, et nous marchions encore bien tard, les bras
entrelacés, à la lueur des flambeaux qui éclairaient la place
et le péristyle du théâtre, parce que c'était pour le peuple

22*

un jour d'ivresse joyeuse et de bruyante gaîté, ce jour du
carnaval qui a conservé longtemps tout son attrait dans
les États vénitiens. Je me doutais à peine de ce spectacle,
moi, pauvre jeune homme que dix verrous tenaient reclus
à Paris pendant ces fêtes éblouissantes des riches et des
heureux de la cour impériale, que madame la duchesse
d'Abrantès a décrites avec tant de naturel et de grâces;
mais il devait avoir un aspect particulier à Trieste, où il
faisait foisonner sous les colonnades et à travers les illu-
minations cette partie casanière de la population qui est
aussi un spectacle : les Grecs, les Albanois, les Turcs,
dans leurs vêtements si variés et si pittoresques; les jolies
filles juives qui percent d'œillades si ardentes et si acérées
les anneaux coquets de leur noire chevelure ; celles d'Istrie
qui s'enveloppent presque tout entières dans leurs longs
voiles blancs, et le paysan du littoral lui-même, avec ses
rubans flottants et sa toilette d'opéra, que la saison permettait ce jour-là, car la soirée était aussi tiède qu'une des plus
belles du mois de mai. Je n'ai pas besoin de le dire à ceux
qui se souviennent comme moi du carnaval de Trieste en
1809, si quelqu'un s'en s'ouvient : c'était une féerie.

Une femme en domino s'était emparée de ma main, et
c'était une femme, car j'avais touché la sienne. J'oserais
dire qu'elle devait être fort jolie : on sait si bien cela !
Joseph, qui s'était entretenu un moment avec nous, avait
profité de ce moment de préoccupation pour s'éloigner, et
je n'en étais véritablement pas fâché, car le dernier mot de
cette dernière entrevue me coûtait beaucoup à lui dire. La
conversation de cette inconnue absorba bientôt d'ailleurs
toutes mes pensées. Un mystère incompréhensible l'avait
fait lire dans ma vie. Le *moi* qu'elle connaissait ne pouvait
être connu que d'elle dans ce pays, où j'étais presque
étranger à tout le monde, et mon cœur palpita de plus
d'étonnement que de frayeur quand elle me dit *adieu* sous
mon nom, qui ne pouvait être arrivé, même à Venise, que
par la correspondance de mes amis les plus secrets. J'étais

sûr que Diana ne l'avait jamais entendu prononcer, — à
moins que ce ne fût par...— mais Diana était plus grande.

Elle s'échappait; je la retins. La fascination du masque,
de la tournure, de la voix, s'était augmentée en un moment
de tout ce qu'il y a de saisissant et d'extraordinaire dans
une apparition, dans un rêve!

— Je vous suivrai partout, m'écriai-je, ou bien je vous
retrouverai si vous essayez de me fuir!

Elle s'arrêta.

— Pourquoi pas, dit-elle en riant; mais ce serait un
peu loin peut-être, et ce ne serait qu'un seul jour. Êtes-
vous décidé à me rejoindre partout où je serai..... le jour
de Sainte-Honorine?

— Attendez, attendez, madame! le jour de Sainte-
Honorine? Oh! cela n'est pas possible! mon honneur y est
engagé!

— Adieu donc, reprit-elle en dégageant ses doigts des
miens; allez où votre honneur vous appelle!...

— J'irai! mais ne pourrais-je savoir au moins où je
vous reverrais ce jour-là, s'il m'était permis de vous y
chercher?

— Où vous me reverriez?..... je le veux bien. Dans la
chapelle placée sous l'invocation de ma sainte patronne, à
l'église de Codroïpo, quand le prêtre aura donné la bénédiction de la première messe.

Lorsque je revins à moi, elle s'était cachée dans la
foule. Ce rendez-vous, c'était celui que j'avais reçu de
Mario Cinci.

Quelques jours s'écoulèrent en nouvelles et solitaires
promenades; mais, le jour de Sainte-Honorine, j'étais déjà
depuis longtemps arrêté devant la façade de l'église de
Codroïpo, quand les portes s'ouvrirent.

Le soleil se levait à peine; la nef était encore humide et
noire; quelques lampes qui avaient veillé toute la nuit indiquaient seules la chapelle de la sainte; le sacristain achevait de l'illuminer.

Je n'étais pas dévot, mais j'étais pieux, et jamais une aventure de galanterie, un caprice de volupté, ne m'aurait distrait dans un temple de la profonde émotion que m'inspire la maison de Dieu, surtout quand elle est vide, et que l'âme s'y trouve recueillie en présence de son Créateur et de son maître. J'avais d'ailleurs interprété d'une autre manière qu'on n'est porté à le faire en Italie ce second ajournement. J'étais placé sous l'empire d'une association immense, qui pouvait compter des femmes au nombre de ses affidés les plus intelligents et les plus actifs, et ressaisir à propos un adepte tiède ou découragé par les illusions les mieux appropriées à son âge et à son caractère. Je dois dire à mon honneur que je n'en avais pas douté un moment.

J'entrai donc dans la chapelle sans y porter d'autre dessein que de prier et d'y offrir au ciel le sacrifice de mon aveugle dévoûment pour je ne sais quelle parole qui m'avait lié par des sentiments généreux à la cause de la vieille foi et des vieilles libertés. Mes yeux eurent bientôt parcouru l'étroite enceinte. J'étais seul; le sacristain était sorti, le prêtre n'était pas venu, mais le tableau de l'autel resplendissait déjà de son éclat de fête; c'était une heure imposante, un lieu solennel, un beau spectacle pour un chrétien; et toutes les fois que le malheur s'est appesanti sur moi, ou que la solitude m'a rendu à moi-même, je me suis retrouvé aussi sincèrement chrétien que dans les bras de ma mère, quand elle me passait avec orgueil une longue veste de toile d'argent, à compartiments de verroterie rouge et bleue, pour aller recevoir la première fois le bienfait de l'eucharistie, à la paroisse de Saint-Marcellin. — Cette effusion finie, je regardai le tableau; sainte Honorine condamnée à mourir de faim dans un cachot, pâle, échevelée, palpitante, offrant dans ses traits le mélange de la douleur humaine et d'une divine résignation, mais tendant vers moi des bras suppliants, comme pour implorer un secours. Ses yeux avaient des regards, ses lèvres des mouvements! Qu'elle était touchante et sublime!...

Ce qui me frappa davantage cependant, c'est une de ces ressemblances qu'on est si porté à trouver quand on aime, une ressemblance poignante et mortelle dans la situation où elle avait été saisie, le portrait de Diana ! Heureusement cette image merveilleuse n'était que le chef-d'œuvre de Pordenone.

J'avais froid ; je souffrais de cette émotion, vive comme la réalité. Je me levai ; je marchai sans projet dans la chapelle, dans l'église, où les rayons du jour commençaient à percer les vitraux et à tremblotter sur les murailles. Personne ne se mouvait ni en dedans ni en dehors. Le seul bruit qui troublât le silence des voûtes, c'était celui de mes pas qui retentissaient sur les pavés. Je cherchai à gagner la porte ; je m'appuyai en grelottant sur un baptistaire qui est placé à l'entrée. J'écoutai, je crus entendre, j'entendis des gémissements, sans savoir s'ils venaient de la chapelle ou du parvis ; mais je crus un instant que c'était encore la sainte qui pleurait d'angoisse et de faim. Impatient de m'affranchir de ce prestige qui troublait ma raison, je franchis les degrés d'un élan. Les pleurs, les gémissements me poursuivirent dans la rue, déjà entièrement éclairée par le soleil ; je me retournai vers le portail, où j'avais été devancé par mon fidèle Puck, qu'un sentiment de compassion plus qu'humain appelait, caressant et consolant, partout où il entendait des plaintes. Je vous ai parlé de Puck.

Je vis alors une petite fille de treize à quatorze ans, fraîche et jolie comme une rose, et dont les yeux devaient avoir un charme incomparable, quand ils n'étaient pas noyés par des larmes. Elle était assise au haut du grand escalier, près de la porte où je venais de passer, et, le menton appuyé sur sa main, le coude sur son genou, ses cheveux blonds abandonnés à l'air, la pauvre enfant sanglotait amèrement en regardant un petit éventaire déposé devant elle, et que recouvrait un linge plus blanc que la neige.

— Pauvre Onorina ! disait-elle...

Au bruit que fit mon chien en s'élançant à son côté, elle changea d'attitude, et, la vue arrêtée sur moi, elle s'écria subitement :

—Achetez, monsieur, achetez ma belle lazagne! étrennez, étrennez la petite marchande.

Je remontai deux ou trois degrés, et je m'assis un peu au-dessus d'elle.

— Qu'avez-vous donc à pleurer, chère petite, puisque votre corbeille est pleine, et qu'il ne paraît pas qu'il lui soit arrivé d'accident?

— Achetez, monsieur, achetez ma belle lazagne? Il n'y a pas de meilleure lazagne à Venise!

Et elle essuyait ses yeux du bout de ses jolis doigts, pour paraître plus engageante.

— Je vous demandais, mon enfant, la cause de votre chagrin, et ce qui pourrait le soulager? Répondez-moi avec confiance.

— Oh! du chagrin, monsieur, j'en ai beaucoup! — Achetez, monsieur, achetez ma belle lazagne! — Il faut vous dire que c'est aujourd'hui la fête de sainte Honorine, ma patronne, et que toutes les jeunes filles de Codroïpo, dans leurs plus beaux habits de fête, vont accompagner sa châsse à la procession... une châsse superbe, garnie de longs rubans, et chacune d'elles en tient un qui est assorti par sa couleur aux rubans de sa parure. Ah! cela est bien beau à voir! — Achetez, monsieur, achetez ma belle laza- gne! — Ensuite il y en a quatre qui portent deux à deux de grands paniers pleins jusqu'au bord de violettes, de primevères, et de toutes les fleurs de la saison, et qui s'ar- rêtent de loin en loin pour en jeter par poignées sur la châsse de sainte Honorine. — Et ce sont les plus sages, les plus jolies, et celles qu'on regarde le plus. J'étais une des quatre l'année passée, et je n'ai mis que ce jour-là ma belle robe de toile de Perse à bouquets. — Achetez, mon- sieur, achetez ma bonne lazagne!

— Mais la cérémonie va commencer, Onorina! Et pourquoi ne mettez-vous pas aujourd'hui votre belle robe de toile de Perse à bouquets?

— Pourquoi, monsieur, pourquoi? C'est pour cela que je pleure. Mon père s'est remarié, et ma belle-mère m'a dit ce matin, quand je lui ai demandé ma robe : « Il vous sied » bien, petite effrontée, de vouloir vous parer comme la » châsse de sainte Honorine avant d'avoir commencé » votre journée! On vous donnera la robe que vous de-» mandez, si vous avez vendu votre lazagne à l'heure de la » procession. » — Achetez, monsieur, achetez ma bonne lazagne.

Et elle recommença de pleurer.

— Calmez-vous, mon enfant, il y a des remèdes à tout, et vous avez encore le temps d'aller prendre votre place de l'année passée auprès d'un de ces grands paniers qui sont pleins jusqu'au bord de violettes, de primevères et de toutes les fleurs de la saison. Je vous jure que vous y serez.

— Ah! vraiment, je n'en aurais pas été en peine, re-prit-elle, du temps du seigneur Mario Cinci. Il venait tous les mois depuis longtemps s'approvisionner à Codroïpo pour sa maison et pour ses pauvres, et depuis deux mois il y venait jusqu'à deux fois par semaine; il emportait toute ma lazagne, et ne s'en allait jamais sans me laisser quelque bague, quelque épingle, quelque petit bijou, et sans me dire, en me frappant doucement la joue : « Sois » sage, Nina, sois sage, ma belle, et tu feras un jour quel-» que bon mariage, car tu es vraiment aussi gentille que ta » pauvre mère. »

— Eh bien! chère Onorina, vous avez maintenant deux raisons de vous consoler et de vous réjouir, puisque Mario Cinci va arriver.

— Comment arriverait-il, s'écria-t-elle, puisqu'il est mort?...

— Mario est mort!

— Vous le connaissez et vous ne le savez pas? Il y a quinze jours, il était là où vous êtes, et, contre son ordi-

naire, il avait passé la nuit à Codroïpo chez son ami le
riche docteur Fabricius, pour faire ses dévotions le matin.
Je lui vendis toute ma lazagne. — Achetez, monsieur,
achetez ma bonne lazagne.

— Elle est achetée.— Continuez, Nina, je vous en prie,
et je ne vous retiendrai plus.

Ses yeux s'éclaircirent; ils rayonnèrent. Le contraste
que faisait avec la nature de son récit cette innocente joie
de jeune fille, si heureuse de remettre une robe de toile de
Perse à bouquets, me serra vivement le cœur. Je déposai un
sequin sur son éventaire, et je l'écoutai depuis sans la
regarder.

— Vous me donnez beaucoup trop, monsieur, et je ne
saurais comment changer.....

— Je vous donne trop peu, Onorina, mais continuez,
continuez seulement!...

— La nuit avait été bien mauvaise; qu'importe! Rien
ne pouvait arrêter le seigneur Mario quand il avait mis
quelque chose dans son esprit. « Il faut que je traverse le
» torrent quelque temps qu'il fasse, dit-il au docteur, j'ai
» des raisons pour cela; d'ailleurs je reviendrai bientôt, et,
» si j'étais retenu, les renseignements que je vous ai don-
» nés vous permettent de vous passer de moi. » Hélas! il
ne revint pas, et il ne reviendra jamais!

— Et encore, apprenez-moi du moins, Onorina, comment cela est arrivé.....

— Je vous dirai, monsieur, ce que j'en ai entendu dire.
Tous les jours avaient été très-doux jusqu'à cet orage; il
faisait si beau dans le carnaval! les neiges s'étaient fondues
aux montagnes; les rivières s'étaient grossies, de manière
que le Tagliamente, augmenté par la pluie de la veille,
était large et houleux comme un bras de mer. Le batelier
ne voulut pas s'exposer à passer, mais le seigneur Mario se
mit à la rame avec son Albanais, je ne sais si vous le connaissez, et ils allèrent longtemps, longtemps, bien loin,
bien loin, sans malheur; mais ils ne furent pas plutôt ar-

rivés au milieu du courant, où est l'endroit dangereux, que voilà la vague qui monte tout à coup à perte de vue, et qui passe sur le bateau, et le bateau qui disparaît. Le seigneur Mario, qui nageait comme un poisson, ne s'en inquiétait guère; mais l'Albanais, qui était un homme vieux de près de quarante ans, se débattait inutilement contre le flot. Les gens qui regardaient de la rive droite disent que c'était une chose terrible; car le seigneur Mario avait à peine fendu l'eau de quelques brasses, qu'il était forcé à retourner pour ressaisir son domestique et pour le ramener avec lui, parce qu'il était si bon et si courageux, le brave homme, qu'il aurait hasardé cent fois sa vie pour celle d'un paysan! — Il y avait une heure que cela durait, et toutes les barques s'étaient avancées aussi près que possible du courant sans y entrer pour leur porter du secours. Alors on vit distinctement l'Albanais s'arracher des bras de son maître, et plonger dans le gouffre à dessein de mourir seul. Oh! le noble Mario était bien capable de gagner le rivage, s'il l'avait voulu, mais il plongeait toujours après l'Albanais, qui s'obstinait à se renoyer toujours, en lui criant des choses qu'on n'entendait pas. Il le ramenait sur le fleuve, il redescendait avec lui, remontait et reparaissait encore, — et enfin on ne les vit plus ni l'un ni l'autre, et jamais leurs cadavres ne se sont retrouvés. On assure dans le pays que cela avait été prédit par le prophète de Ravenne, ou par un autre.

Je laissai pendre ma tête sur mes genoux, et je ne parlai pas, je ne pensai pas.

Onorina me tira doucement par le pan de mon habit : — Voilà l'heure de la procession qui sonne. — Achetez, monsieur, achetez ma belle lazagne; il n'y a pas de meilleure lazagne à Venise!...

— Es-tu encore là, petite, et ne t'ai-je pas payée? Va mettre ta robe de toile de Perse et tes rubans avant qu'on ait pris ta place.

— Alors, dit-elle, prenez votre lazagne, monseigneur; car

si je reparaissais devant ma belle-mère avec la corbeille et l'argent, elle supposerait, tant elle est méchante, que j'ai gagné ma journée à quelque œuvre de péché.

Et pendant ce temps-là elle introduisait dans la longue poche de ma redingote de voyage un sac copieux de lazagne.

— Que veux-tu que je fasse de ta lazagne? lui dis-je en riant malgré moi ; je n'en ai pas besoin.

— Et les pauvres, répondit-elle, et les affamés?... Madame sainte Honorine mourut à défaut d'un sac de lazagne !

Cette idée me frappa : le tableau du Pordenone se représenta devant mes yeux comme je venais de le voir. J'éprouvai un invincible désir de le revoir encore : je me levai. Onorina n'y était plus.

La première messe était assez avancée ; je m'agenouillai au fond de la chapelle. Après quelques instants de recueillement, je promenai mes yeux sur les fidèles : une poignée de pauvres gens du peuple qui venaient là implorer l'intercession de la sainte et les grâces de Dieu, avant de reprendre leurs labeurs quotidiens ; dignes et pieuses familles de l'indigent qui travaille, qui croit, qui prie et qui aime, et auquel le royaume des cieux est assuré, selon mon cœur comme selon l'Evangile. Une seule femme, qui se confondait avec la foule par sa ferveur et son humilité, s'en distinguait par une sorte d'élégance d'ajustement : une cape de soie noire à petites dentelles d'argent. Elle passa devant moi quand l'office fut fini, en soulevant négligemment un coin de son voile, et s'arrêta vers la porte après avoir laissé tomber dans chaque tronc une aumône qu'elle cachait de la main.

— Honorine? dis-je à basse voix en m'approchant d'elle pour l'accompagner, comme l'autorise la politesse italienne.

—Honorine Fabricius, répondit-elle gaîment quand nous fûmes arrivés au parvis ; et pour mieux me recommander au tendre et touchant intérêt que vous portez à toutes les dames, la fiancée de votre ami Joseph Solbioski. Je vous laisse à deviner les occupations qui le retiennent ce matin aux environs de Codroïpo; mais il vous attend demain matin aux bateaux du Tagliamente, une heure avant le jour, et ce signe singulier qu'il m'a chargé de vous remettre ne vous permettra aucun doute, suivant lui, sur l'autorité de ma mission. Promettez donc, et ne me suivez pas!

Le signe, c'était le fragment de la bûchette mystique que Mario avait rompue à la *vendita*; il était lié, comme la lettre de Diana, d'un petit ruban cramoisi, à la livrée de sa gondole.

Je protestai de mon exactitude par une inclination respectueuse, et Honorine disparut sans peine au milieu de la multitude qui couvrait l'escalier et qui encombrait les rues; car la procession arrivait avec toutes ses magnificences pour venir prendre la châsse. Je cherchai autour des paniers de fleurs la petite Onorina. Elle y était déjà, et superbement vêtue de sa belle robe de toile de Perse à bouquets, et si préoccupée, l'heureuse fille, de sa parure et de sa beauté, que je ne fus pas étonné du tout qu'elle ne prît pas garde à moi; elle avait bien d'autres pensées!...

Je n'étais pas encore arrivé, la nuit suivante, à l'endroit du rendez-vous, que je m'entendis nommer dans l'obscurité par une voix connue. Je m'arrêtai aussitôt et j'embrassai Solbioski.

— Tu ne verras personne ce matin de la famille du docteur, me dit-il; elle est partie hier pour Saint-Veit, sur la rive où nous allons aborder, et M. Fabricius doit seul nous rejoindre demain au château de notre malheureux ami Mario, dont tu ne peux ignorer la destinée. Il a cru devoir faire l'acquisition de ces ruines, dont le séjour serait, dit-on, trop sévère pour des femmes. N'impute donc pas notre séparation à quelques insultantes précautions de la jalousie, quoique tu m'aies donné lieu d'en concevoir un peu. Dans peu de jours, mon Honorine recevra de toi un baiser de frère, et la mobilité de ton cœur me promet que tu oublieras facilement un amour contracté sous le masque.

J'allais me justifier. Il m'embrassa de nouveau en riant.
— Écoute des explications plus essentielles, reprit-il, et commence par me pardonner de ne t'avoir pas ouvert toute mon âme dans nos entretiens. Livré par le malheur de ma destinée à ces idées qui ont failli perdre irréparablement la tienne, je te voyais avec plaisir t'en distraire et t'en éloigner pour des études pleines de charmes auxquelles tu es appelé par tous les souvenirs de ton éducation et par tous les penchants de ton caractère. Mon père apprit cependant de Mario que tu lui appartenais par un serment; il l'apprit dans une occasion solennelle. C'était la veille du tragique accident qui a ravi à la liberté son épée d'Italie. Ce dernier malheur nous aurait détournés plus que jamais de t'entraîner avec nous dans nos travaux et dans nos dangers, si quelques mots échappés à Mario ne nous portaient à croire que la *Torre Maladetta* cache quelques secrets qui ne sont connus que de toi. Les signaux qu'il t'envoyait, ce bâton rompu, ce ruban, ces couleurs, tout cela est un mystère qui nous reste celé si tu ne nous le découvres, et qui compromettrait peut-être la vie d'une multitude de nos frères, si les recherches auxquelles nous allons nous livrer n'étaient éclairées que par le hasard. C'est ce qui a décidé M. Fabricius à prendre possession du vieux castel des Cinci, où tu ne resteras d'ailleurs qu'autant qu'il le faut pour nous diriger, dans le cas où tu ne répugnerais pas à m'y suivre.

— Te suivre en enfer, s'il le faut, répondis-je; mais ce mystère est impénétrable à ma pensée comme à la tienne. Mario l'a emporté dans le torrent. Il ne me reste, comme à toi, qu'à le deviner. — Auparavant je te dirai tout ce que je sais.

Et je lui dis tout ce que je savais.

— J'ai entendu parler de cet événement, dit Solbioski

après un moment de réflexion. Une femme enlevée! On n'a jamais enlevé femme à Venise depuis dix ans, qu'on ne soit venu la chercher à la *Torre Maladetta*, mais toujours sans succès. Mario devait ce tribut à sa réputation romanesque, et, je pense, un peu fantastique. On y a cherché Diana, qui n'y était point, et on a profité de cette occasion pour visiter les recoins les plus cachés d'une retraite si justement suspecte à nos ennemis. Il n'y a pas deux opinions aujourd'hui sur cette déplorable histoire. La commémoration même des couleurs de Diana dans le dernier message de Mario ne prouve rien. Ce n'était qu'un appel de plus à ton souvenir. Mademoiselle de Marsan périt en effet le jour de son départ de Venise, après avoir écrit le billet que tu en as reçu à Trieste, et je suis persuadé que son père en avait acquis de tristes preuves, puisqu'il lui a survécu si peu de jours.

— Son père aussi, m'écriai-je, le père de Diana aussi! M. de Marsan serait mort!...

— Eh bien! que fais-tu donc? reprit Solbioski en passant son bras autour de mon corps. Tout doit mourir autour de nous, et avant nous les vieillards, si nous ne dérobons au temps une généreuse mort. Retourne à Codroïpo, mon frère, ou viens avec moi à la *Torre Maladetta*, et crois que nous serons bien malheureux s'il lui reste ce soir un secret pour nous. Il en est peut-être quelques-uns qui intéressent le sort de nos amis et celui du genre humain.

Je lui répondis en m'élançant sur le bateau; car nous étions parvenus, en causant, jusqu'à la grève roulante et penchée que l'aube blanchissait déjà.

— Bon courage! cria le batelier. La passe sera forte ce soir, et monseigneur Mario ne serait pas mort s'il s'y était pris, comme ces nobles seigneurs, avant l'heure où le soleil échauffe et fond les glaçons. Ah! que c'est une saison dangereuse pour le pauvre voyageur! Mais il s'en souciait bien, lui qui se serait colleté avec le démon, si le démon avait osé se trouver en face de lui sur la terre! Aussi le

23*

démon n'avait garde. Il l'attendait au piége où il l'a pris
pour le malheur des pauvres gens de la contrée. —Voyez,
voyez, comme le courant donne déjà ! Ces gros bouillons
sont d'un mauvais présage à la soirée. En avant, batelier,
en avant !

Et il chanta. Les vagues commençaient en effet à se rouler autour de la rame en flocons écumants. Les nuages se
débrouillaient de plus en plus, et, quand nous fûmes sortis
du courant pour rentrer dans les eaux mortes, le soleil
luisait déjà gaîment à leur surface, en les marbrant devant
nous de larges losanges d'un vert foncé, encadrés de filets
tremblants d'un jaune d'or. Quelques oiseaux de mer, qui
remontent jusque-là au temps des grandes eaux, les ra-
saient de leurs ailes, et le lieu du débarquement se
déployait triste, sévère, profond, sous la lumière hori-
zontale qui gagnait graduellement le rivage. Solbioski,
accablé de veilles, s'était assoupi contre moi, et j'étais
seul à jouir de ce spectacle, quand un nouvel incident le
changea. La barque tourna subitement sa proue sur un
point que je n'avais pas encore remarqué. L'horizon y était
fermé par un roc immense en forme de cube, que surmontait un donjon très-élevé, mais dont le sommet ruineux
s'inclinait comme la tête d'un géant blessé à mort. Les
vastes murailles qui l'avaient appuyé autrefois, dégradées
par le temps, par la foudre et par le canon, ne se sou-
daient plus que par quelques pierres à ses épaules inégales,
et s'étendaient de part et d'autre comme des bras fatigués qui allaient reposer leurs larges mains sur les angles
de la montagne. Ce qui me frappa le plus, c'est qu'un balcon arrondi, seul vestige de sa plate-forme qui fût resté
suspendu sur l'abîme, paraissait avoir été adapté à ce séjour de terreur dans des années de paix et de joie. J'en
étais assez près alors pour distinguer tous ces détails, et
pour comprendre que ces bâtiments et leur base devaient
s'isoler du monde entier, à toutes les crues du Tagliamente. Nous débarquions alors, et nous n'avions pas plus

de vingt toises à parcourir avant de gagner les degrés taillés dans le roc qui conduisaient au château. Le batelier
reprit brusquement le large, après nous avoir quittés.

Le sol se composait d'énormes galets roulés, ovales ou
ronds, qui noircissent là depuis des siècles sous l'action
alternative de l'air et des eaux, mais dont un grand nombre sont relevés de taches hideuses par des lichens couleur
de sang. Le pied a peine à s'y affermir, car il n'y a point
de route tracée, et la crainte des invasions quelquefois subites du Tagliamente dans ce long défilé entre la rivière et
la montagne en éloigne moins les paysans riverains que
d'anciennes et formidables superstitions. Le domestique de
Solbioski, chargé de notre mince bagage, ne s'y engageait
qu'avec une sorte de terreur. Puck ne m'y précédait pas à
son ordinaire ; il m'y suivait en hurlant.

Le silence de Solbioski me fit penser qu'il n'était pas
tout à fait dégagé de ce sommeil du matin qui venait de le
ressaisir, à la suite, sans doute, de bien des jours de fatigues et d'émotions.

— Où allons-nous, mon ami, dis-je en le prenant par
le bras pour assurer mutuellement notre marche ?

— Me le demandes-tu ? dit-il en tournant sur moi un
regard abattu, car il n'avait pas tardé à partager mon impression. Nous allons à la *Torre Maladetta*, et la *Torre
Maladetta*, la voilà !

LA TORRE MALADETTA,

OU LA FAMINE.

Depuis l'acquisition que le docteur avait faite de la *Torre Maladetta*, elle était occupée par un de ses régisseurs que j'avais vu à Trieste, homme petit de taille et de capacité, fort claudicant de la jambe droite et du jugement, singulièrement exagéré en doctrines politiques, — c'est le propre des sots, — extraordinairement méticuleux en exécution, mais plus retors dans les affaires d'intérêt qu'on n'aurait pu l'attendre de son intelligence. Je n'aurai guère d'occasion d'en parler, et il suffira de savoir qu'il s'appelait Bartolotti.

A notre arrivée, M. Bartolotti n'était point au château. La peur l'en avait délogé depuis trois jours.

— La peur, signora Barbarina, dit Solbioski à la vieille et inamovible concierge, en apprenant cette nouvelle de sa bouche, la peur, dites-vous ! Et quelle peur peut-on éprouver à la *Torre Maladetta*, si ce n'est celle d'être un jour écrasé dans sa chute ? Mais elle dure depuis si longtemps, menaçant de tomber toujours, et tant de générations sont couchées à ses pieds, qu'il faut espérer qu'elle restera debout au moins aussi longtemps que nous.

— Ce n'est pas tout à fait cela, répondit la vieille après nous avoir fait asseoir dans le vaste parloir du rez-de-chaussée : il y a bien d'autres choses à dire sur cette noble habitation à laquelle je suis accoutumée depuis l'enfance ; car mes pères ont toujours vécu ici, et le premier y était venu de Rome avec le premier Cinci. Maintenant m'y voilà restée seule, décrépite et penchée comme la tour, et sans laisser personne qui prenne le soin de jeter un pauvre drap de mort sur mes os ! Le Tagliamente nous recouvrira, la tour et moi, et tout sera fini. Que le ciel fasse paix à ceux qui ont, comme nous, une bonne conscience ! Mais je ne me rappelle plus ce que je vous disais tout à l'heure ? Ah ! j'ai vu bien des événements dans la *Torre Maladetta*, si ce n'est de ces derniers temps, que je suis devenue infirme et cassée, et qu'il me reste à peine la force de marcher du parloir à la porte, et de revenir de la porte au parloir, tant je suis accablée d'âge et d'ennuis. Depuis quelques années, je n'étais plus rien au château ; l'Albanais de monseigneur entrait toujours le premier, me prenait brutalement les clefs, car il était impérieux et téméraire comme son maître, et, me soutenant de la main pour hâter ma marche, il me renfermait ici à double tour, en me criant de sa grosse voix : — Bonne nuit, Barbarina ! les femmes de votre âge ne sont plus bonnes qu'à dormir ! — Je vous demande, messeigneurs, si c'est ainsi qu'on traite une vieille domestique, née de pur sang romain, qui nous a veillé au berceau, et qui nous a porté si souvent dans ses bras jusque sur les créneaux pour voir les étoiles de plus près. C'était l'idée qui tourmentait le sommeil de monseigneur quand il était petit, et sa mère, la pauvre signora, déjà bien malade au lit, me criait : Que faites-vous donc, Barbarina, que vous ne portez pas Mario sur les créneaux pour voir les étoiles? Voulez-vous le laisser mourir de sa crampe et de sa colère? Alors je l'enveloppais de son drap, et je le recouvrais de ma cape ou du manteau de son père, et je

montais, je montais jusqu'au donjon ; mais il y a plus de
vingt ans qu'on n'y monte plus. Et c'était un contentement
quand il voyait les étoiles ! Il ne parlait pas encore, mais
il avait des cris pour les nommer toutes. Hélas ! ce n'est
pas de la terre qu'il les voit aujourd'hui, mon malheureux
enfant !

— Voilà qui est bien, Barbarina ; mais ceci s'éloigne un
peu de notre sujet. Nous jugions d'abord, par le commencement de votre récit, que vous aviez eu à vous plaindre
des procédés de Mario.

— Me plaindre de monseigneur Mario ! O mon Dieu !
ai-je dit cela ! Ce n'est pas sa faute s'il était devenu triste
et sauvage ! Mais il ne me disait plus ses chagrins comme du
temps qu'il était tout jeune. Il n'avait de confiance que dans
son Albanais. Quand je lui en faisais reproche, il s'arrêtait
devant moi et croisait les bras en riant, et cela me faisait
plaisir de le voir rire. « Brava, brava, Barbarina ! Je n'a-
» girai plus sans vous consulter : mais c'est à condition
» que vous ne vous laisserez manquer de rien, que vous
» vivrez ici comme une châtelaine, et que vous vous cou-
» cherez de bonne heure. Quant à vous enfermer chez vous,
» c'est une précaution qui regarde votre sûreté et la
» mienne. » Et là-dessus il me baisait sur le front en riant
encore, et il me prenait sous les deux bras pour m'asseoir
dans mon fauteuil.

— Arrivons donc, Barbarina, au sujet de la peur de
M. Bartolotti !...

— Eh bien ! répondit Barbarina, ne croyez-vous pas qu'il
y ait de quoi, quand on n'en a pas l'habitude ? Vraiment,
pour moi, je n'y prends plus garde ! Mais ces bruits sourds
qu'on entend sous les voûtes, comme si on voulait les renverser ; mais ces cris plaintifs qui partent de tous les côtés
des ruines, tantôt ici, tantôt là ; mais ces deux dames
noires qui déploient, en signe de désolation, des écharpes
rouges et blanches sur le balcon de l'ancienne plate-forme,

avec des gémissements à fendre le cœur!—Vous n'êtes pas sans savoir, messieurs, le nom de la signora Lucrezia et de la signora Béatrice Cinci?

—Oui, oui; nous connaissons cette histoire; mais elles sont mortes depuis plus de deux siècles.

—Mortes en effet, et c'est pour cela qu'elles reviennent où ne pourraient venir des vivants; car aucun être vivant ne parviendrait maintenant, ni du dedans ni du dehors, au balcon de la plate-forme, s'il n'avait les ailes d'un oiseau. Je les avais bien entendues deux fois déjà dans ma trop longue vie, quand Felippino Cinci, le grand-père de Mario, fut tué à coups de stylet sur la place Saint-Marc, et puis quand son père André eut la tête coupée par arrêt de justice, en face de l'arsenal; mais jamais leurs gémissements n'avaient été plus douloureux, à ce qu'on assure, que depuis la mort de mon très-digne seigneur, le noble Mario, et cela est bien naturel, puisqu'il est le dernier de leur race. Enfin, Dieu soit loué d'avoir épuisé sa colère! Ces pauvres âmes n'auront plus rien à pleurer!

—Il suffit, dis-je à Barbarina; nous savons, ma chère dame, tout ce que nous voulions savoir. Un de ces enfants qui nous ont guidés ira chercher M. Bartolotti au village voisin, où il s'est réfugié. Ton domestique, ajoutai-je en me retournant vers Solbioski, prendra soin de nous préparer des lits, s'il est possible, dans la chambre que cette bonne femme lui indiquera, et de s'assurer aux environs de provisions suffisantes avant l'invasion totale du Tagliamente. Nous enfin, nous profiterons du jour, si tu m'en crois, pour tout parcourir et pour tout voir. Ou je me trompe étrangement, ou ceci en vaut la peine.

La distribution de l'intérieur ne nous offrit rien qui méritât d'être remarqué. De vieilles parois, de vieilles boiseries, des meubles caducs, des tapisseries en lambeaux, tout l'aspect délabré d'une vieille maison qui s'écroule faute de soins ou d'argent; pas un endroit où cacher un crime ou une bonne action! Puck, qui furetait avec plus d'habileté que moi, se coucha en bâillant.

Quand cette perquisition inutile fut terminée, nous re-descendîmes sur le rocher.

— Maintenant fais le tour de cette enceinte, dis-je à Solbioski, pour reconnaître les points les plus accessibles, car c'est de l'extérieur que doivent venir les auteurs mysté-rieux de ces épouvantes, si elles sont fondées sur quelque chose de réel. Pendant ce temps-là, je visiterai soigneuse-ment ces murailles, et je saurai s'il y a effectivement moyen d'y pénétrer.

Leur approche était fort difficile à la base, à cause des nombreuses dégradations qu'elles avaient souffertes, et des énormes amas de décombres qui s'y étaient accumulés; mais à l'endroit où leur déclivité ruineuse, augmentée de siècle en siècle, faisait pendre les deux pans latéraux vers le sol, on les gravissait presque aussi aisément qu'une échelle inégale et hasardeuse prolongée entre deux abîmes. C'était un jeu pour mes habitudes de naturaliste, mon pied de montagnard, et mes yeux exercés à sonder les précipices les plus effrayants sans crainte de vertige. Ainsi je m'en-gageai dans cette route extraordinaire sans regarder der-rière moi, et sans prendre garde au croulement, jusqu'au lieu d'où s'élevait le donjon, sur un entablement plus com-mode et mieux conservé que le reste. Je n'avais pas oublié que cette partie de la tour penchait beaucoup à la vue de-puis le Tagliamente, et je profitai de cette inclinaison pour en atteindre le sommet, en introduisant successive-ment mes mains et mes pieds dans tous les endroits où la chute d'une pierre avait laissé un espace vide. Je fus bientôt debout sur le front chancelant de ce colosse que j'avais mesuré avec effroi le matin.

Le spectacle qu'on embrassait de cette hauteur était si large et si profond, que, malgré toute mon assurance, je sentis ma tête prête à tourner. Je m'étais trouvé souvent sur des sommets plus élevés, mais solides au pied, et tout au plus perpendiculaires au regard. Celui-ci tremblait presque sous mon poids, et il surplombait d'une manière horrible la vallée du Tagliamente. Je m'assis sur un tas de pierres formé des débris du parapet, que le temps y avait amassés confusément, et je détournai les épais moellons un à un, dans l'intention d'affermir mes pas sur une surface plus unie. Quand j'en eus relevé un assez grand nombre à mes côtés, j'essayai de marcher pour découvrir de là dans tout son ensemble immense le tableau qui se développait devant moi. J'entendis résonner sous le fer de mes bottes une sorte de bruit métallique, et je me baissai avec empressement, afin de savoir d'où il pouvait provenir. J'écartai de la main quelques pierres qui m'embarrassaient encore : c'était une trappe. Je me rassis pour continuer à déblayer et pour dégager entièrement cette trappe dont je voyais déjà deux côtés. Il me semblait important de m'assurer si elle était retenue à l'intérieur, ou seulement arrêtée par sa propre pesanteur dans l'encadrement de dalles où l'ouverture qu'elle fermait avait été ménagée. Je comprenais cependant que l'inclinaison progressive de la tour, en la surchargeant d'un fardeau énorme sur le côté même où ses charnières devaient se fixer, en avait probablement rendu le jeu impossible ou très-difficile, et le long temps depuis lequel son simple mécanisme était resté sans exercice, au moins selon toutes les apparences, avait nécessairement contribué aussi à la souder dans son champ. Je l'eus bientôt tout à fait découverte, mais je ne portais d'autre outil que le ciseau et le marteau du minéralogiste, qui ne quittaient jamais ma ceinture. J'introduisis mon ciseau dans la fente que je jugeai opposée aux ferrures, et je produisis sans trop d'efforts, à ma grande satisfaction, un déplacement de quelques lignes. Il n'en fallait pas davantage pour me convaincre que la trappe n'était fixée en dedans ni par gonds ni par verrous, et que ce moyen de nous introduire dans la tour serait infaillible, s'il pouvait jamais nous devenir nécessaire. Ensuite je redescendis lentement, en assurant mes pieds avec précaution sur chacun des degrés accidentels de cette ruine, pour contempler d'espace en espace les modifications que le moindre chan-

gement apportait au tableau général, à mesure que je
tournais le front du donjon ; suivant quelquefois du regard
le long ruban du Tagliamente, qui bouillonnait toujours,
bleu, moiré de vagues blanches, rapide et sonore, mais
encore éloigné des bases du rocher ; tantôt le reposant sur
la tour brune, solitaire et carrée de Saint-Veit, sœur plé-
béienne de la noble tour de Saint-Marc; tantôt l'égarant
au loin sur les lagunes aux canaux d'un vert mat et vitreux,
comme ceux dont les bimbelotiers ornent les paysages en
relief qu'on donne aux enfants, à travers d'innombrables
îlots tout rougissants de bourgeons printaniers.

Mon absence fut assez longue pour donner des inquiétudes, car Solbioski était revenu sur ses pas de son voyage
circulaire, en s'arrêtant à l'endroit où il lui devenait impossible de le continuer, et M. Bartolotti rentrait au château. Puck, qui avait retrouvé ma trace, gémissait lamen-
tablement sur la dernière pierre des murailles inférieures,
et regardait la tour en pleurant.

J'arrivai. J'échangeai rapidement quelques détails avec Solbioski. La découverte de la trappe du donjon le préoccupa
sérieusement. Nous convînmes d'envoyer son domestique
en observation sur le seul point pénétrable qu'il eût remarqué, pour nous mettre à l'abri d'une incursion inattendue, et nous nous rendîmes dans la salle commune au
banquet fort modeste que nous avions fait préparer. La
nuit commençait à tomber, mais la lune était superbe.

M. Bartolotti paraissait si inquiet, si gêné, si péniblement attentif sur la chaise longue où nous l'avions placé par
honneur, que le commencement du repas se ressentit
malgré nous de sa tristesse. Au bout de quelque temps,
cependant, nous nous regardâmes, Solbioski et moi,
comme pour nous demander si nous sympathisions aux
dispositions mélancoliques de son esprit, et nous partîmes
d'un éclat de rire. Cette boutade nous détourna des idées
noires qu'inspirait assez naturellement ce triste séjour, et
auxquelles semblait se conformer l'appareil d'une salle

incommensurable où nos trois lits étaient disposés de
distance en distance comme des couches funèbres, imparfaitement éclairées par les deux minces flambeaux de la
table où nous étions assis. Toutefois notre conversation
retomba d'elle-même, comme c'est l'usage, sur les idées
que nous avions le plus à cœur d'éviter, mais en se soutenant sur ce ton badin qui est la bravoure des esprits
forts.

Solbioski se leva enfin, et, me tendant son verre avec
solennité pour le choquer contre le mien : « Je bois,
» dit-il, à l'éternel repos de la famille des Cinci, et de
» tous les morts qui ont jamais habité ces redoutables
» murailles! Que le ciel s'ouvre un jour à leurs mânes
» tragiques, et qu'en attendant la terre des tombeaux leur
» soit légère! »

J'allais répondre à sa provocation, car c'était le moment de nous coucher, et les fatigues de la journée nous
en faisaient sentir le besoin, quand un choc violent
ébranla les voûtes sous nos pieds. Nous restâmes un instant sans parler.

— Ce n'est rien, reprit Solbioski; le Tagliamente monte
sans doute, et vient frapper les fondements de la tour par
une voie souterraine qu'il s'est faite.

— Cela est probable, répondis-je en me dirigeant du
côté de la fenêtre; — mais il était visible que le Tagliamente n'avait pas pris le moindre accroissement. Je le
vis blanchir à la même distance qu'auparavant contre les
mêmes rochers.

Pendant ce temps-là, le même bruit s'était renouvelé
plusieurs fois, suivi de gémissements semblables à la
plainte d'un agonisant. Puck en arrêt, l'œil en feu, les
oreilles dressées, l'accompagnait à chaque reprise d'a-
boiements douloureux. M. Bartolotti, pâle comme un
spectre, se choquait les dents d'épouvante.

— Il y a certainement ici, et non loin de nous, repris-
je alors, quelque chose d'extraordinaire qu'il nous im-

porte de connaître. Cette pièce est de toutes parts enceinte
par les murailles, mais sur quoi repose-t-elle ? Si je ne me
trompe, le bruit vient d'en bas.

Au même instant, je soulevai le vieux tapis qui couvrait le sol, et je ne découvris sur les quatre coins qu'un
enduit de pouzzolane fermement cimenté, dont j'eus
peine à faire voler quelques éclats en le frappant de mon
ciseau à coups de marteau redoublés. Je le pénétrai
enfin dans toute son épaisseur, et je ne m'arrêtai qu'au
roc nu.

— Le rocher ! m'écriai-je, le rocher ! Plus rien que le
rocher ! Oh ! ce mystère est horrible !

Solbioski se rapprocha de moi, me saisit fortement les
bras et m'entraîna dans l'embrasure de la croisée.

— Ce mystère, dit-il, l'humanité nous fait un devoir
de l'approfondir ; mais nous n'en trouverons l'explication
que dans la tour. J'ai remarqué ici tout ce qui peut nous
être utile pour tirer parti de la découverte que tu as faite
ce matin, et je t'attends à minuit pour cette expédition,
au pied des ruines par lesquelles tu es parvenu au donjon.
Songe seulement que nous ne pourrions mettre cet homme
faible dans le secret de notre entreprise sans achever de
le briser de terreur, et qu'il conviendrait mieux de le rassurer par une insouciance affectée !

— Nous sommes bien fous, continua-t-il en venant se
remettre à table, de nous laisser émouvoir par de fausses
apparences qui s'éclaircissent assez d'elles-mêmes. Le
docteur Fabricius, qui fréquente depuis longtemps ce
château, et qui en connaît les détours les plus cachés, a
jugé à propos d'exercer notre résolution par une épreuve
d'un genre nouveau, comme c'est l'usage dans le *Tungend-
Bund*, parce qu'il nous réserve probablement pour cette
nuit les honneurs de la haute initiation à laquelle aucun
de nous trois n'est encore parvenu, si M. Bartolotti n'est
toutefois de la confidence ; et je serais assez porté à le
croire un des acteurs essentiels de cette scène, au talent

parfait avec lequel il vient de jouer les émotions de la
peur, si difficile à contrefaire pour un brave tel que lui.
Heureusement, des cœurs comme les nôtres ne se laissent
pas vaincre à des prestiges de roman, et nous portons défi
de ce verre de Sebenico, préparé pour un toast, à tous les
périls qui peuvent alarmer une âme d'homme.

Bartolotti, flatté et fier d'être flatté, comme le sont ordinairement les gens de peu de cœur et de peu d'esprit,
avait repris en effet assez d'assurance pour présenter son
verre sans trembler au flacon de Solbioski, et pour le
laisser arroser d'un rouge-bord horizontal dont il ne tomba
pas une goutte.

J'avouerai que l'hypothèse rencontrée si à propos par
Solbioski n'était pas dépourvue pour moi de toute vraisemblance, et qu'elle me faisait comprendre assez distinctement l'absence extraordinaire du docteur, au moment
où la crue du Tagliamento pouvait rendre la *Torre Maladetta* inaccessible pendant plusieurs jours. Nous arrivâmes donc à rivaliser de bravades, comme si tous les
synodes et toutes les *vendite* de l'Allemagne et de l'Italie
nous avaient entendus, au point de couvrir tous les bruits
qui se seraient élevés sous nos pieds, et nous nous jetâmes
au lit plus ou moins tranquilles; mais avec cette différence que Solbioski et moi, qui ne destinions pas cette
nuit au sommeil, nous ne quittâmes point nos vêtements.

Quand le silence se fut rétabli, j'écoutai plus attentivement que je n'avais encore fait. Le choc retentissant avait
cessé de se faire entendre; mais je saisissais de temps à
autre une plainte lamentable comme le glas d'une cloche
éloignée, et Puck, à demi endormi, traînait sur ce murmure le murmure douloureux d'un chien qui rêve.

Solbioski sortit enfin le premier, ainsi que nous en
étions convenus, pour se munir du levier et des autres
instruments qu'il jugeait nécessaires à notre investigation
nocturne. Peu de temps après, je me glissai au dehors en
retirant doucement la porte sur moi, pour que Puck ne

se hasardât pas à me suivre dans une route interdite à
son courage et à sa fidélité. Je gagnai la pente des murailles et je n'attendis qu'un moment. Joseph me rejoi-
gnit avec tout l'équipage nécessaire à de pareilles aventures, contenu dans un sac de chasseur. Nos ceintures
étaient garnies chacune de deux pistolets, et la mienne
d'un bon poignard, outre le ciseau et le marteau accoutumés. Je marchais devant, la lanterne sourde au poing.
Joseph, moins aguerri à de tels chemins, s'appuyait derrière moi sur la forte barre de fer qui devait nous servir
à soulever la trappe. L'accès du donjon, qui était, en apparence, la partie la plus périlleuse de notre voyage,
offrait cependant peu de difficultés sous la lumière pleine
et pure de cette nuit resplendissante.

Après quelques efforts, notre marche, enhardie par
les premiers obstacles, se ralentit un peu. J'entendais
moins distinctement les pas de Joseph à la suite des
miens. Je me retournai et je vis qu'il reprenait haleine.
J'ai dit que nous étions déjà fatigués par les courses du
matin. Je l'encourageai de la voix : il monta ; mais je
m'arrêtai bientôt à mon tour. Nous ne gagnions pas trois
ou quatre toises sur la hauteur, que l'espace ne s'appro-
fondît en apparence, à droite et à gauche, dans une proportion qui n'avait plus de rapport avec nos progrès réels.
Je n'étais pas accoutumé au vague de ces clartés de la
nuit qui dérangent tous les calculs de la vue en changeant
la forme, la couleur et la distance des objets de comparaison. Les fossés n'avaient plus de fond, et la tour dressée sur nos têtes n'avait plus de sommet. Les moindres
renfoncements étaient redoutables à voir, les moindres
inégalités périlleuses, et les débris que nous laissions çà
et là derrière nous avaient l'air de se dresser à notre
poursuite comme des têtes menaçantes. A mesure que
l'horizon devenait plus large et plus clair, le penchant que
nous gravissions semblait devenir plus sombre et plus
étroit ; la région inférieure que nous venions de quitter,

inondée du jour lunaire, paraissait infinie et vide comme
le ciel; et la voix furieuse du Tagliamente, toujours
croissant, qui mordait ses rivages en criant, parvenait
seule à nos oreilles de tous les bruits de la terre. C'était
affreux comme une vision.

Nous fûmes heureux, je l'avouerai, de nous asseoir sur
le petit ressaut du donjon, quoiqu'il n'eût pas plus de
saillie qu'il n'en fallait pour nous appuyer commodément
contre la tour, à cent cinquante pieds au-dessus du sol. Il
était temps; la dernière pierre sur laquelle Joseph eût appuyé son pied s'ébranla, roula, en entraîna cent autres
dans sa chute. Elles arrivèrent en bas avec un fracas de
tonnerre.

— Voilà notre chemin détruit, me dit-il en se pressant
soudainement contre moi.

— Le voilà renouvelé, repris-je, et beaucoup plus aisé
à parcourir au retour. Tu sais mieux que moi, mon frère,
que toutes les constructions coniques ou pyramidales qui
s'éboulent sous l'action du temps ou les efforts de l'homme
ne font qu'étendre leur pente et qu'élargir leur base. Ce
sont des accidents pareils qui nous ont permis de monter
jusqu'ici.

— Tu as raison, répondit Solbioski; mais la tour, cette
horrible tour, comprends-tu un moyen de t'y élever?

J'étais à vingt pieds au-dessus de lui avant de lui avoir
répondu, et il me suivait alternativement, de vide en vide
ou de degré en degré, selon que la tour présentait des
intervalles ou des reliefs à la clarté de ma lanterne tournée sur la muraille, en glissant ses mains dans tous les
endroits que mes pieds abandonnaient, ou en les appuyant sur toutes les saillies où ils s'étaient reposés. Parvenu près du sommet, je le débarrassai de son levier et
du reste de ses ferrements, et je les jetai dans l'intérieur
du donjon, où il arriva presque aussitôt que moi, quoiqu'il ne se fût pas exercé comme moi le matin aux difficultés de cette ascension extravagante.

La retraite n'était peut-être pas aisée, mais nous n'y

pensâmes guère. Nous étions au-dessus de la *Torre Maladetta*, et nous nous embrassâmes en riant sur ce donjon,
où il est permis de croire que personne n'avait jamais ri.
Nous nous trouvions si bien au milieu de cet air élastique
et frais qui jouait dans nos cheveux! Il faisait si beau! la
nuit était si douce! le serein si suave et si caressant! et lui,
mon Joseph, il ouvrait son cœur à un si bel avenir! Ce
fut une courte mais délicieuse causerie entre la terre et le
firmament, comme celle de deux enfants du ciel, j'osai le
penser, qui se seraient posés en volant sur la *Torre Maladetta*.

— Pardonne, dit-il, si je t'ai affligé de ma joie; Honorine est là, continua-t-il en me montrant Saint-Veit, dont
la tour se dessinait à l'horizon sous nos pieds, comme une
frêle colonne de basalte noire, et j'oubliais que si Diana
était restée au nombre des vivants, elle ne t'appartien-
drait pas.

— Viens, lui répondis-je en l'embrassant encore, et
laissons là mes faiblesses et mes douleurs. Quelqu'un
souffre dans cette tour.

Nous introduisîmes facilement le levier sous la trappe à
l'aide de mon ciseau. Bientôt, et qui pourrait exprimer
notre joie, nous entendîmes les charnières gémir sous
leur axe rouillé. La lourde porte se souleva et s'appuya
presque verticalement contre les pierres dont je l'avais
débarrassée dans mon premier voyage au donjon. Ma lanterne, plongée dans la crypte, au moyen d'une ficelle à laquelle je me hâtai de la suspendre, s'arrêta sur un terrain
solide, à six pieds de profondeur.

Je descendis; je promenai la lumière sur tous les points,
sous tous les côtés rentrants de l'entablement, et je finis par
me trouver placé au-dessus d'un escalier en hélice, beaucoup moins dégradé que l'extérieur.

— Attends, attends, criai-je à Solbioski, nous arrive-
rons, ou je me trompe étrangement, à connaître ce que
nous avons tant d'intérêt à savoir.

Il aurait inutilement tenté de me suivre, car je dus disparaître en achevant de parler. La tige de la volute était si serrée dans son tambour, qu'on ne découvrait nulle part plus de deux degrés à la fois de sa profonde spirale, et qu'à force de tourner sur elle je sentis mon cœur défaillir et mes yeux se troubler. Je me laissai tomber, étourdi à demi, sur le dernier pas, à une espèce de parvis qui surmontait un escalier plus large et parfaitement direct, où trois hommes auraient pu passer de front. Je fus frappé alors, en le suivant de l'œil jusqu'en bas, d'une lueur inattendue, que je regardai d'abord comme un reste d'éblouissement. Un peu remis, je fis passer ma lanterne derrière la longue colonne de la vis, et je regardai de nouveau. Ce n'était plus une illusion ; c'était le ciel, le ciel avec le bleu velouté de la lune, si magnifique et si doux au milieu des ténèbres de cet affreux édifice !

— La lune et le ciel, dis-je en remontant avec empressement, la lune et le ciel ! une issue ! une issue ! la tour est ouverte !

— Une issue ! répondit Joseph ; oh ! pourrions-nous sortir d'ici sans redescendre ces murailles !

Au même instant il s'élança ; mais il était à peine à mes côtés, que la trappe de fer retomba sur nous, en ébranlant de l'épouvantable commotion de sa chute la ruine chancelante du donjon, qui en retentit dans toute sa hauteur.

— Qu'ai-je fait ! dit-il, nous voilà prisonniers, et pour jamais, dans la *Torre Maladetta;* car tous les instruments qui pourraient servir à notre salut, je les ai laissés en dehors.

— Mais ne t'ai-je pas annoncé, Joseph, que j'avais trouvé une issue, une issue facile et sûre que tu n'as pas remarquée ce matin ?

— J'ai vu, reprit Solbioski d'un ton soucieux, tout ce que l'homme peut découvrir de l'extérieur de cette tour, et si elle a quelque entrée ruineuse et inaccessible sur les rives du Tagliamente, oses-tu espérer que le Tagliamente ne soit pas débordé ?

—Viens, viens, m'écriai-je en l'entraînant, et ne t'abandonne pas à des inquiétudes inutiles. En quelques moments nous serons sortis. Vois plutôt, regarde, regarde...

— Ah! dit Solbioski, c'est le ciel! c'est le côté de Saint-Veit! et la plage était haute encore!

Nous descendîmes une douzaine de degrés du nouvel escalier en nous tenant embrassés, en haletant d'espérance, car il n'y avait plus de crainte. Je voulais arriver plus vite encore; je courais.

— Arrête! cria Joseph, et il me saisit de toute sa force; ne vois-tu pas, malheureux, que l'escalier est rompu?

Nous nous assîmes alors. Je laissai filer avec précaution deux brasses de la ficelle qui soutenait ma lanterne.

— Bon, bon, repartis-je, rompu! dis plutôt interrompu à dessein, car le mur de revêtement qui a remplacé les degrés paraît d'une construction bien plus nouvelle que le reste du bâtiment. Mario s'en est sans doute avisé pour empêcher les communications du dehors avec l'intérieur de son château. C'est au reste une sotte précaution, car un enfant descendrait d'ici sans danger, et tu vois que les degrés ne cessent pas de se prolonger au delà de ce court intervalle. Ils descendent jusqu'à cette porte de lumière qui nous rend à la liberté.

— Un enfant descendrait d'ici, répondit Solbioski, mais le mur est neuf, comme tu le disais tout à l'heure, et un homme n'y monterait pas. — Reviens, Maxime, reviens. Quatre bras vigoureux peuvent soulever cette trappe..... nous ne l'avons pas essayé. Demain nous nous ferons suivre de Frédéric, que j'ai mal à propos éloigné, et qui est entreprenant et robuste. Nous nous assurerons mieux de nos précautions et de nos ressources; nous indiquerons notre itinéraire à quelques voisins courageux que nous attirerons au château à force d'argent, si le débordement ne nous en a pas encore séparés, et nous n'exposerons pas notre vie à des périls sans remède, et peut-être sans utilité.

Nous n'avions calculé ni l'un ni l'autre l'effet d'une ac-

tion produite par les quatre bras vigoureux dont parlait
Solbioski, à une toise de notre point d'appui commun.
La trappe s'ébranlait sous nos efforts, mais il aurait fallu
d'autres bras au bout des nôtres pour la soulever et pour la
replacer d'aplomb auprès des pierres contre lesquelles
nous l'avions d'abord appuyée. Mon ciseau ne nous prêtait
qu'un secours de peu de valeur, et nous n'avions pas tenté
deux ou trois essais que, brisé près du manche, il tomba
inutile à nos pieds. Je me gardai bien de hasarder à cette
entreprise impuissante la pointe de mon poignard; elle
pouvait nous servir à quelque chose.

Nous redescendîmes sans nous parler, et nous étions un
moment après au bas de la muraille qui coupait si brusquement l'escalier. Je m'assurai qu'il serait impossible
d'atteindre des mains à cette hauteur, si nous étions forcés
à revenir; mais la lune brillait toujours, et sa lumière, plus
vive encore et plus étendue à mesure qu'elle approchait
de son coucher, inondait tous les bas degrés au point qu'on
les aurait comptés facilement. L'espace extérieur était sans
bornes.

Il y avait là une vingtaine de pas que nous descendîmes
avec une insouciance presque joyeuse. Mais là aussi la
route était fermée, et la hauteur de la coupure aurait été
effrayánte, si le poids des constructions supérieures ne lui
eût donné un peu de penchant.

— Presque rien, mon ami, presque rien, je te le jure!
quinze ou dix-huit pieds tout au plus, et nous allons être
libres! et nous n'avons plus d'autre moyen de sortir vivants
de la *Torre Maladetta;* car le retour est impossible. Vois
le ciel! vois le jour qui va naître! On n'entend pas même
d'ici le bruit du Tagliamente, et c'est le côté de Saint-
Veit!

Je lui disais déjà cela du pied de la muraille. Il tomba
près de moi et courut à la lumière.

— O! mon Dieu! s'écria-t-il, perdus, perdus à jamais!
Ceci n'est pas une issue, ou c'est l'issue de la vie à la mort!

c'est le balcon de la plate-forme détruite, ce balcon où apparaissent Lucrèce et Béatrix, et dont Barbarina nous disait ce matin ou hier que nul être vivant ne peut y parvenir s'il n'a des ailes!..... Et il faudrait en effet des ailes pour remonter cette tour ou pour en descendre! Maxime, nous sommes perdus!

Je m'avançai, je me penchai sur le balcon : son élévation était immense, parce qu'elle dominait à pic sur le côté le plus profond de la grève. Pour comble de malheur, le Tagliamente ne s'était pas arrêté dans sa crue; il montait, montait toujours. Je m'assis sur les dalles et je reposai ma tête dans mes mains.

Après un moment de réflexion je revins à moi; car, si je cède au découragement avec facilité, je ne tarde pas non plus à trouver de bonnes raisons pour reprendre confiance dans ma destinée. Solbioski n'était pas sorti de son abattement.

— Notre position est fâcheuse, repris-je; elle est périlleuse, si tu veux; mais il s'en faut de beaucoup qu'elle soit désespérée.

— Et qui pourrait nous en tirer, malheureux que nous sommes! As-tu des ailes?

— Calme-toi, et ne me refuse pas un moment d'attention. Notre disparition presque fantastique de la salle où nous étions couchés portera sans doute au dernier degré les épouvantes de Bartolotti; mais l'imagination de cet homme n'est pas de celles qui accordent un grand empire au merveilleux. J'ai observé que la nature de ses craintes était plus positive, et je suis sûr qu'il attribuera une cause naturelle à notre absence. Il n'agira pas, à la vérité, je n'y compte pas plus que toi, mais il parlera. Les portes ne tarderont pas à s'ouvrir, car le jour va se lever, et l'on ne sortira du château que pour venir à notre recherche. Puck m'a suivi hier, le pauvre animal, autant qu'il a pu me suivre, jusque vers la base du donjon; il indiquera le chemin que nous avons tenu, et qu'un éboulement récent

fera aisément reconnaître; car plus d'une de ces pierres
noires et moussues, qui ont croulé sous nos pas, présentera au soleil alors une de ses faces qui n'en avait jamais
été frappée. M. Fabricius sera probablement arrivé; il a
un vif intérêt à nous rejoindre; et les progrès du torrent
qui s'augmente à vue d'œil le décideront sans doute à
partir de bonne heure de Saint-Veit, avant d'être séparé
de nous pour plusieurs jours. Tu connais son activité, sa
résolution et son courage. D'une autre part, le bon Frédéric, que tu avais placé en observation au delà des parties
basses que les eaux menacent d'envahir, n'attendra pas
leur irruption pour nous rejoindre; il l'aura calculée avec
sa pénétration ordinaire, et il ne sera pas resté en sentinelle perdue à un poste qui n'a plus besoin d'être gardé,
quand la *Torre Maladetta* va être enfermée par l'inonda-
tion. Il arrivera au sommet du donjon tout aussi aisément
que nous; les degrés y sont marqués si visiblement, que je
les ai retrouvés de nuit. La découverte de notre levier, de
notre sac et de nos instruments abandonnés près d'une
trappe mobile, achèvera de le diriger. Il ne lui manquera
pour nous délivrer d'ici, à lui tout seul, que deux ou trois
brasses de corde qu'il se procurera sans peine au château,
et nous reverrons, à midi, de la grande salle de compagnie, le soleil qui commence à gravir l'horizon, car notre
trajet a été plus long que je ne l'avais pensé. Rassure-toi
donc, mon ami, et ne crains pas que la Providence nous
abandonne.

— Ainsi tu comptes donc, reprit Solbioski en hochant la
tête, sur l'arrivée de M. Fabricius, parce que le Tagliamente n'est pas débordé, et sur l'arrivée de Frédéric,
parce que le Tagliamente déborde!

Je sentis la portée de cette objection. — Je compte,
Joseph, sur l'une, — ou sur l'autre.

Et puis, dis-je en reprenant brusquement ma lanterne,
rien ne prouve jusqu'ici que ce reste d'esplanade ne com-
munique pas à quelque chose. Ce n'était pas du haut de

la tour qu'on amenait les dames à ce balcon merveilleux
que l'art d'un architecte du moyen âge avait ouvert pour
le plaisir des yeux, en face d'une des plus belles pages
de la nature pittoresque. Je garantis qu'avec un peu
d'attention..... — Et tiens plutôt! cette embrasure est
étroite comme une meurtrière, mais elle est ouverte et
praticable.

Ouverte en effet pour le passage d'un homme de profil,
et si étroite dans sa longueur, que je sentis mon cœur
battre violemment à la pensée que le moindre tassement
des ruines pouvait nous fermer à jamais l'entrée de ce
trou, pendant que nous en cherchions la sortie. Nous y
avions déjà fait plus de cinquante pas, quand tout à coup
les pavés solitaires qui composaient un à un toute sa largeur descendirent en pente glissante et rapide, où j'avais
peine à affermir mes pieds. La lanterne étendue du bras
droit, je fixais un regard inquiet et oblique sur le court
espace qu'elle éclairait à mon côté. Je m'arrêtai brusquement à une ouverture cylindrique où se terminait cette
voie mystérieuse avec ses murailles latérales qui achevaient
de se refermer derrière dans un angle impénétrable. C'était
une hélice du même genre que celle que nous avions par-
courue, mais qui n'était propre qu'à recevoir le corps d'un
homme. Il n'y avait pas lieu d'hésiter, et j'y engageai un
de mes pieds avec précaution ; il se fixa sur un degré solide, et nous nous plongeâmes dans cet abîme en frémis-
sant de rencontrer un obstacle, car le mouvement de retour
aurait été difficile à exécuter.

Nous parvînmes enfin à une vaste salle assez régulièrement bâtie, dont nous nous empressâmes de toucher les
parois. Les parties inférieures étaient prises dans le roc vif.
Nous étions, à n'en pas douter, dans les souterrains du
château, et à peu de toises, suivant nos conjectures, au-
dessous des constructions habitables.

Cette pièce, d'un aspect imposant et sombre, n'offrait
de remarquable d'ailleurs qu'un puits creusé dans son

centre, et qui avait dû coûter d'incroyables travaux pour être prolongé jusqu'au niveau des eaux de la plaine. Un seau vide, mais humide encore, était appuyé sur le rebord ; la corde qui le soutenait à sa poulie n'était pas entièrement desséchée à l'endroit où elle se renouait à son anse de fer.

— Quelle preuve te faut-il de plus, dis-je à Solbioski, que ce lieu est habité ?

— Je n'en doutais pas à mon départ, répondit-il tristement, mais ce n'est pas sans inquiétude que je m'attends à rencontrer ses habitants.

Pendant que nous disions cela, j'avais détourné une vieille portière de drap noir, qui était suspendue à la muraille au moyen d'une tringle appuyée sur des crampons ; elle fermait une salle plus spacieuse encore que celle par laquelle nous avions pénétré dans ces horribles cachots.

Là tout annonçait en effet la demeure d'une famille....., ou le repaire d'une bande qui le négligeait depuis longtemps. Ses quatre côtés étaient garnis de fauteuils à l'antique d'une grande proportion ; une cheminée assez difforme, dont le canal paraissait aboutir au-dessus des grèves du Tagliamente, à la base des murailles, était surmontée d'une glace de Venise, dont le reflet m'effraya, tant l'aspect de l'homme est redoutable pour l'homme isolé qui manque de l'appui des institutions et de la société. Une découverte plus rassurante pour moi fut celle des doubles girandoles de bronze qui garnissaient les deux montants, et qui étaient encore chargées de bougies intactes, mais noircies par l'humidité et par le temps. Cet appareil, si extraordinaire dans un tel endroit, me remplit d'une joie d'enfant qui s'augmenta de beaucoup lorsque j'eus regardé la lanterne sourde. Elle n'avait qu'un moment à luire, et tant de troubles différents que nous venions d'éprouver nous avaient fait oublier le plus sérieux de nos dangers. Nos torches et nos briquets étaient restés

dans le sac abandonné sur le donjon. La mèche, penchée
sur un enduit de cire qui s'était amassé autour de la bo-
bèche, ne jetait plus que de petites aigrettes blanches et
bleues, qui dansaient sur elle comme si elles allaient la
quitter, et ne la ressaisissaient que par une sorte de fantaisie. Je m'emparai de deux bougies, et avec quel soin je
fis rouler sur sa brochette la vitre de cristal bombée qui
celait notre trésor, pour que l'agitation de l'air n'achevât
pas de nous le ravir! Avec quelle tremblante anxiété je
rapprochai le coton de ce faible reste de flamme prêt à
s'évanouir! Avec quelle volupté je le vis s'incendier d'une
large lumière, et la communiquer de bougie en bougie!
car j'allumai tout pour m'assurer que le jour au moins ne
nous manquerait pas. Tout brillait, tout resplendissait
autour de moi; mais les coins éloignés de la salle, où la
clarté ne se faisait de moins en moins sentir que pour
s'éteindre tout à fait dans les ténèbres, en paraissaient encore plus obscurs et plus formidables. J'y plongeais la vue
avec horreur, quand un cri déchirant partit derrière moi.
Je me retournai, et Solbioski tomba le front sur ma poitrine, en liant ses mains tremblantes à mon cou.

— Là, là, me dit-il en me montrant du doigt tourné
derrière lui la partie de la salle qui nous était opposée,
c'est là!

— Eh! quoi encore, mon ami?... Tu ne m'as pas même
dit ce que tu crois avoir vu.

—Un cadavre! un cadavre! le corps d'une femme assas-
sinée! —

Je pris une des lumières. — C'était un cadavre en effet,
une femme en robe noire, étendue sur une couche basse,
et dont les bras traînaient sur la pierre. Je les relevai, je
la replaçai dans son lit sanglant, sans remarquer cependant sur elle d'autres blessures que celles de ses
poignts mutilés, qu'on aurait crus broyés à demi sous les
dents d'une bête féroce. J'exprimai cette conjecture tout
haut.

— Vois, Maxime, vois, reprit Solbioski en déployant un des rideaux blancs qui tombaient sur elle, et en m'y montrant l'empreinte de cinq doigts teints de sang..... les bêtes féroces de la *Torre Maladetta* ont des mains !

— Joseph, lui dis-je avec autant de calme que pouvait m'en permettre cette scène de terreur, — et pardonnez-moi si je suis forcé d'en prolonger encore les angoisses, — Joseph, ce n'est point ici l'infortunée créature dont nous avons entendu les cris hier au soir, il n'y a guère plus de douze heures. Tout l'aspect du cadavre annonce que la vie n'en est pas retirée depuis moins de trois jours. Il y avait d'ailleurs deux dames noires sur la plate-forme, et il n'y en a qu'une là. Selon toute apparence, nous avons une victime à sauver.

— Mais en quel endroit te promets-tu de la découvrir, puisque tout est parcouru ?

— Tout jusqu'ici. — Elle est derrière cette autre portière qui avoisine la cheminée, et que j'ai remarqué en éclairant cette pièce.

Nous armâmes nos pistolets, nous détournâmes la portière ; nous entrâmes dans une troisième salle.

Celle-ci différait beaucoup des précédentes par sa décoration. Le roc à hauteur d'appui et la muraille qui le surmontait y avaient été revêtus avec soin d'un stuc frais et brillant encore, dont l'application ne pouvait pas être antérieure aux plus belles années de la jeunesse de Mario. D'espace en espace, de longs pans d'étoffes veloutées ou de papiers peints variaient à la manière vénitienne la monotonie du fond. Cinq ou six petits tableaux de bons maîtres, placés entre des porte-flambeaux en bronze agréablement ciselés, relevaient encore l'apparence de ce triste séjour, qu'on avait du moins cherché à rendre aimable. Quelques instruments de musique à l'usage des femmes et un complet mobilier de toilette, chargé de livres d'imagination et de poésie épars au milieu des rubans, des dentelles et des parfums, indiquaient assez sa destination.

L'alcôve était garnie d'un lit élégant qu'on avait négligé de refaire, et dont le froissement annonçait qu'il devait avoir été récemment occupé.

La cheminée était large et haute, suivant l'usage ancien, mais travaillée avec art et assez richement ornée. Le pendule de l'horloge et l'aiguille du cadran étaient immobiles. Déjà, depuis quelques jours sans doute, on avait oublié, dans ce lieu de douleur, de mesurer le temps. Les quatre candélabres qui garnissaient les deux extrémités de de la tablette ne portaient point de lumières, mais, dans la moitié, les bougies avaient fini de mourir ; dans l'autre, elles n'avaient pas été allumées. Cette précaution m'avertit de la nécessité de ménager celles qui restaient à ce souterrain, dans lequel nul rayon du jour ne pouvait jamais pénétrer, et où la nuit absolue devait être horrible. J'allumai deux bougies des candélabres, j'en conservai une dans ma main, et je me hâtai d'éteindre toutes celles que j'avais imprudemment enflammées en traversant la chambre de la morte. Je revins ensuite prendre part aux explorations inquiètes de Solbioski, dont aucune circonstance rassurante n'avait détourné les funestes pressentiments. Il était plongé en silence dans un fauteuil au coin du foyer, où les débris de quelques tisons, depuis longtemps refroidis peut-être, avaient noirci dans les cendres.

— Il n'y a plus rien, me dit-il, plus rien que le cabinet exhaussé où l'on parvient par ces degrés, et que j'ai visité d'un coup d'œil. C'est là probablement que cette malheureuse prisonnière rangeait ses provisions ; mais elles sont si complétement épuisées, qu'il ne reste pas une indication qui puisse faire connaître l'endroit où elle déposait son pain. Le bûcher seul est garni.

— Le bûcher ! répondis-je en courant à l'escalier. Eh bien ! du feu, du feu ! Le froid, la fatigue, le sommeil, ont tellement abattu mes sens, que je ne saurais, sans un moment de repos, retrouver ma présence d'esprit et ma fermeté. Du feu, Joseph, un grand feu, et nous rêverons quelque moyen de salut, car la nuit m'a toujours porté conseil!

J'avais déjà passé dans ses mains je ne sais combien de tronçons d'un pin résineux qui ne demandait qu'à pétiller, quand, en soulevant brusquement une bûche de plus, je frappai de son extrémité, par mégarde, le plafond de cette soupente; il rendit un son métallique dont le retentissement extraordinaire me surprit, et nous nous regardâmes Solbioski et moi, comme pour nous consulter mutuellement.

— Oui, oui, me dit-il en répondant à ma pensée; tu ne t'es pas trompé. Nous avons déjà entendu ce bruit; c'est celui qui s'est renouvelé hier à plusieurs reprises sous la grande salle du château.

Je m'élançai sur la pile de bois, et je frappai de mon marteau à la même place : le bruit se répéta plus intense et plus facile à reconnaître.

— Ceci est évident! m'écriai-je. Regarde, on n'a pas même pris la peine de déguiser aux yeux l'enchâssement de cette trappe, et c'est par là que cette malheureuse femme est descendue; car il n'y a certainement point d'autre issue au pied de la tour. L'âge qu'elle annonce d'ailleurs, autant que j'ai pu en juger par le regard d'effroi que j'ai jeté sur elle, ne lui aurait pas permis d'escalader les murailles, et si nous ne savions de Barbarina elle-même que, depuis vingt ans, on n'est pas monté au donjon, l'état dans lequel j'ai trouvé les ruines que j'ai visitées le premier ne me laisserait pas la possibilité d'en douter. Seulement, il ne s'agit plus ici d'une trappe mobile comme celle à laquelle nous devons la funeste connaissance de ces mystères. Celle-ci est solidement fermée en dehors sous ce tapis qui couvre un revêtement de pouzzolane, au moyen duquel on est parvenu à la dissimuler habilement. C'est sur ce point qu'il faut agir, car c'est de là que doit arriver notre délivrance, et ne doute pas qu'on nous entendra!

— Qui nous entendra? dit Joseph en me regardant douloureusement. Bartolotti qui s'est enfui, Frédéric qui n'est pas revenu, M. Fabricius à qui le Tagliamente a fermé le passage? Barbarina peut-être? Tu ne t'es pas avisé toi-même de soulever ce tapis dans toute son étendue, et tu veux qu'on s'en avise!

Pourtant nous attaquâmes la trappe de manière à ébranler la tour jusqu'à son sommet, et rien ne nous répondit.

Nous redescendîmes; nous attisâmes un feu large et ardent; nous nous mîmes à disposer les matelas du lit aux deux côtés du foyer, et cela sans nous parler. Seulement nous remontions de temps à autre pour renouveler nos efforts contre cette voûte sonore, mais inébranlable, où toutes nos percussions inutiles grondaient sur nous comme une menace et comme un arrêt de mort. Dans le silence que nous gardions après chaque tentative, je crus saisir un murmure de plainte ou une voix d'agonie. Je me baissai, car cela était parti de mes pieds; je vis quelque chose alors qui ressemblait à un second cadavre. J'y touchai en frissonnant : c'était une femme étendue sur la face à l'extrémité du bûcher, avec une pièce de bois dans ses mains. Je la soulevai, je l'emportai entre mes bras, je la déposai sur une des couches que nous avions préparée, j'écartai les longs cheveux qui recouvraient son visage pour m'assurer qu'elle existait encore; mais ses yeux étaient fermés, et le peu de vie qui restait à ses lèvres convulsives était aussi affreux à voir que la mort.…. Et quand Solbioski eut rapproché de nous la lumière, je sentis que ma vie elle-même allait s'échapper : mes sens se troublèrent, mes jambes défaillirent, mon âme fut près de s'anéantir. Cette femme mourante ou morte, c'était Diana!

— Diana! Diana! m'écriai-je en tombant à genoux auprès d'elle et en portant sa froide main à ma bouche.

— Tout s'explique maintenant, dit Solbioski : Mario, ustement soupçonné de l'enlèvement de mademoiselle de Marsan, n'avait trouvé d'autre moyen de la soustraire aux recherches que de la cacher jusqu'à nouvel ordre dans ces souterrains avec sa femme de compagnie. Comme des approvisionnements inaccoutumés auraient décelé son secret, il avait multiplié, pour y suppléer, ses petits voyages à Codroïpo. Il est mort au retour, et ces deux infortunées sont mortes de faim dans cette prison, où nous allons mourir !...

— Mortes ! repris-je. Diana n'est pas morte ! Elle vit ! elle ne mourra pas ! La chaleur de ce foyer commence à la ranimer !

— Tant pis ! répondit amèrement Solbioski. Hélas ! il vaudrait mieux qu'elle fût morte ; nous ne pouvons que prolonger sa triste agonie par des secours cruels. Avec quoi la nourriras-tu ?...

— Malédiction du ciel ! dis-je en me relevant et en parcourant la salle à pas précipités dans un accès de frénésie et d'horreur. La Providence est donc sourde comme le néant ! Point de salut pour Diana !

— Et point de salut pour nous ! répéta Solbioski, dont la voix lugubre retentissait sur la mienne comme le répons mélancolique du trappiste : Frère, il faut mourir !

Mes mains se crispaient, pendantes sur mon habit ; c'était ma redingote de voyage : une des poches repoussa ma main.

— Ah ! criai-je avec ivresse, elle ne mourra pas !... J'ai bien dit qu'elle ne pouvait pas mourir ! Grâces te soient rendues, Onorina ! Pauvre Onorina, que le ciel te protége ! Mon Dieu, pardonnez-moi ! — Sainte Honorine, priez pour nous !...

— Que dis-tu, mon ami ? Le désespoir trouble ta raison ! Ta tête s'égare ! Calme-toi !...

— Sainte Honorine, priez pour nous ! Diana ne mourra pas ! Voilà de l'eau, du feu, des vases — et de la lazagne.

Ce qui suivit immédiatement n'a pas besoin d'être raconté. Notre étonnement religieux et reconnaissant, nos élans d'amour pour la Providence un instant méconnue, qui nous envoyait ce bienfait miraculeux; notre empressement à secourir Diana, nos précautions pour la ramener à la vie par des transitions habilement ménagées et qui n'eussent rien de dangereux, tout cela se comprend bien mieux que cela ne pourrait jamais s'écrire. — Au bout d'une heure, son pouls battait avec lenteur, mais avec régularité; le sang, ranimé dans ses veines, était remonté à ses lèvres pâles; sa bouche respirait, son cœur palpitait sous ma main, ses yeux s'ouvrirent; elle les promena vaguement sur toute l'enceinte, les arrêta un moment sur moi sans montrer de surprise, et les referma en soupirant.

Je ne devinais que trop ce qu'elle avait cherché, et je tremblais de deviner ce qu'elle avait compris.

Nos soins se continuèrent autant qu'il le fallait pour nous rassurer sur son existence, et nous oubliâmes alors quelles faibles espérances nous restaient d'entretenir ce souffle fugitif que nous venions de ranimer. L'âme de l'homme se laisse relever dans les circonstances les plus extrêmes par de si trompeuses joies! Elle a si grand besoin de croire à un lendemain, de se ressaisir d'une illusion, et c'est cela qui fait vivre!

Diana, depuis sa résurrection, avait paru cependant incapable d'articuler une parole. Son regard fixe et morne, qui s'était à demi dégagé des ténèbres de la mort sans perdre cette expression, n'avait pas même réfléchi une pensée, une émotion intérieure. Une seule fois elle pressa ma main en détournant sa bouche des aliments dont elle ne sentait plus le besoin, ferma les yeux de nouveau, mais sans témoigner de douleur, et puis elle s'endormit.

Après avoir regarni le foyer et renouvelé les flambeaux, nous cédâmes aussi au sommeil; il dura longtemps.

Je m'éveillai le premier, et il le fallait, car tout allait s'éteindre. Diana reposait dans un calme profond et qui

paraissait doux. Je m'en approchai autant que cela était
nécessaire pour entendre sa respiration et sentir la tiédeur de son haleine. Je plaçai ensuite à sa portée, sur un
petit meuble éclairé de deux lumières, ce qui restait
de lazagne, et, muni de ma lanterne, je regagnai en
silence l'escalier du balcon. Je ne pouvais m'imaginer
qu'on n'eût fait aucune démarche pour nous retrouver,
et je craignais seulement que les perquisitions ne se fussent arrêtées à cette galerie étroite où il n'était effectivement pas naturel de chercher un passage.

Rien ne répondit à mes conjectures. Il n'y avait point
de changement : on n'était pas venu.

Le soleil avait déjà passé le point du ciel qu'il occupe
à midi. La journée de la veille, dont nous n'avions vu
que l'aube, devait avoir été belle. La fonte des neiges continuait. Le Tagliamente inondait ses rivages; il remontait
en vagues blanches et retombait en vapeur contre le pied
du rocher. La campagne qui nous séparait de Saint-Veit
disparaissait tout entière sous un lac immense au milieu
duquel sa tour se dressait comme un mât immobile.
Je pensai que M. Fabricius n'avait pas pu se mettre en
chemin.

Solbioski ne s'informa pas des motifs de mon absence,
et je ne lui en parlai point. Il avait le temps d'apprendre
que notre espoir le mieux fondé s'était évanoui.

— Malheur, malheur! dit-il en s'asseyant sur sa couche. La nuit t'a-t-elle porté conseil, comme tu l'espérais?

Elle m'a conseillé, mon ami, de ne compter que sur
nous. La trappe de ce cabinet ne peut s'ouvrir, et, si elle
cédait sous nos efforts, elle nous laisserait une nouvelle
difficulté à vaincre, car l'ouvrage de maçonnerie qui pèse
sur elle cache dans sa construction quelque artifice que nous
ne pouvons pénétrer. — Le chemin le plus court, c'est le
plus long. — Il faut regravir cet escalier de désespoir, et
pour cela il faut une échelle que nous aurons bientôt
fabriquée. Il y a dans les dossiers de ces fauteuils que nous

avons remarqués en entrant; il y a dans leurs traverses
des montants et des échelons qui n'ont besoin que d'être
ajustés assez solidement pour nous porter tour à tour. Les
instruments que Mario a recueillis en désordre dans les
coins du bûcher, pour le service de son foyer, suffisent à
ce travail, auquel suffiraient la pointe et le tranchant de
mon poignard, le superflu de la ficelle qui soutient notre
lanterne, et peut-être nos bras, nos bras seuls! Quant à
la trappe, nous la soulèverons sans peine. J'ai observé
qu'un des barreaux du balcon ne demandait qu'un effort
pour être déchâssé de sa soudure, et un trait de cette
petite scie à main qui est pendue à la cheminée réduira
notre échelle à la proportion nécessaire pour nous élever
jusqu'à la porte rebelle qui n'a résisté à nos efforts que
parce que nous l'attaquions de trop bas. Du courage seulement, car il n'y a point de temps à perdre.

— En effet, dit-il, cette ressource est la dernière,
l'unique ressource qui nous reste, si le Tagliamente est
débordé...

Ensuite il s'assit sur son lit, essuya son front, pâlit et
me dit : J'ai faim.

— Ces premières irritations du besoin restent longtemps
sans se renouveler quand on les a vaincues la première
fois; c'est une grâce d'État pour les prisonniers et les
acteurs des guerres civiles. Pense que dans quelques
heures nous pouvons être délivrés.

Et je me hâtai de distribuer entre nous les différentes
parties de notre travail.

Oh! ce travail fut bien long! Nous étions également
inexpérimentés à la besogne, et la rigueur de notre appren-
tissage s'augmentait de notre affaiblissement toujours
croissant. Indépendamment des distractions nécessaires
que nous donnaient de temps en temps les légers repas de
Diana, dont j'avais divisé en très-petites portions la lazagne
presque épuisée, nous étions pris alternativement de langueurs et de défaillances qui faisaient tomber nos outils

de nos mains. Nous en vînmes enfin à bout, s'il est permis
de regarder comme un ouvrage terminé les objets informes
et grossiers que nous avions si peu solidement ébauchés.
Nous nous trouvâmes heureux cependant !

Après cela, nous disposâmes tout dans l'appartement
pour le temps que devait, selon nous, durer notre absence,
et nous gagnâmes le balcon avec des difficultés que multi-
pliaient à chaque pas les embarras de notre équipage.

Qui le croirait? Les heures qui avaient paru si longues
à mon impatience étaient plus nombreuses encore que je
ne l'aurais pensé. L'ouverture de la plate-forme était
éclairée par le jour, par un jour nouveau, par le soleil du
troisième midi. Je m'étonnai d'avoir tant souffert et d'avoir
mesuré si mal la longueur de mes souffrances. La douleur
marche vite.

Solbioski se hâta de courir au balcon. Je n'avais plus
rien à y apprendre, et je m'arrêtai derrière lui.

— Le Tagliamente est débordé, dit-il en laissant retomber sa tête sur sa poitrine.

— Qu'importent le Tagliamente et ses débordements !
répondis-je. Nous allons au donjon et non au rivage !

Et alors je tentai d'ébranler le barreau que j'avais senti
vaciller, que j'aurais probablement détaché la veille, si
je l'avais voulu. Il résista. Mon sang se figea dans mes
veines; car, sans le secours d'un levier, tous les autres
préparatifs de notre entreprise devenaient inutiles. Comme
j'en cherchais un qui fût plus mal affermi, comme je le
cherchais sans le trouver, et sans faire connaître à Solbioski le sujet de mon inquiétude, un corps long, dur et
arrondi roula sous mes pieds; c'était un barreau qui était
tombé de lui-même aux secousses de l'orage ou à la suite
des dégradations du temps. Je m'en emparai et je le traînai
après moi de degré en degré, parce qu'il était lourd. Nous
montâmes lentement, à pas tardifs, à stations multipliées ;
car le courage nous manquait, même pour nous délivrer.
Nous nous reposâmes un moment au-dessous des degrés

qui aboutissaient à l'escalier à vis, pour scier notre échelle à la hauteur de la trappe. Nous laissâmes le reste, qui en était la plus longue partie, sur le terre-plein de la dernière muraille, et nous arrivâmes au sommet.

Nous nous assîmes encore; nous nous embrassâmes; nous échangeâmes quelques paroles d'encouragement: nous en avions besoin.

Enfin, le dos tourné à une paroi d'où notre levier pouvait agir dans tous les sens avec facilité, nous nous affermîmes de commun sur les bâtons de notre courte échelette, que nous avions eu soin de choisir robustes et solides, parmi les mieux enclavés dans leurs mortaises. Nous courbâmes nos épaules sous la porte de fer qui nous séparait du ciel et de la vie, et, introduisant peu à peu la pointe de notre barre aiguë au point où les rebords de la trappe s'appuyaient mal hermétiquement sur son cadre, nous fîmes peser à son extrémité opposée l'effort de nos quatre mains réunies, avec le peu de vigueur que nous prêtait l'espérance — ou le désespoir.

Les charnières crièrent comme la première fois; la trappe bâilla et s'ouvrit à laisser passer un homme; la pleine lumière du matin pénétra dans la tour par gerbes éblouissantes, avec l'air pur et vif de cette région élevée.

—Nous sommes sauvés! m'écriai-je. Un moment encore, et nous sommes sauvés!

Au même instant, toutes les pierres qui entouraient la trappe, ébranlées par son mouvement, se précipitèrent sur elle avec un épouvantable fracas; elle retomba comme la foudre, et nous chassa violemment au loin sur les dalles.

— Nous ne sommes pas sauvés, répondit Solbioski en m'entourant de ses bras; je te l'avais bien dit : nous sommes perdus!

Nous restâmes quelque temps en silence au bruit des ruines qui continuaient à s'amasser sur notre tête, car l'ébranlement s'était communiqué aux parties les plus chancelantes du parapet du côté où il s'inclinait sur le

front penchant du donjon, et les pierres qui le couron-
naient tombaient et roulaient toujours.

Je pensai, sans le craindre, qu'il allait crouler tout entier et nous anéantir.—Mais le bruit cessa enfin, pendant
que les profondeurs du bâtiment le répétaient encore dans
leurs échos. La tour vibra un moment comme un peu-
plier dont le tonnerre a frappé la cime, ou comme un
pendule chassé par le doigt qui retrécit peu à peu l'arc de
ses oscillations. Et puis tout fut muet et immobile.

Notre lanterne, heureusement close, n'avait pas été
éteinte par la commotion. Je la repris avec une apparence de sécurité sur laquelle j'avais peine à me faire illusion à moi-même, et saisissant la main de Solbioski :

—Viens, lui dis-je, rien n'est désespéré encore. Cette
catastrophe se sera fait ressentir jusque dans la cour du
château, où des fragments des murailles seront tombés du
sommet. Leur direction naturelle est de ce côté. L'accident
qui nous accable fera deviner nos efforts, notre position,
nos dangers. Sois assuré qu'au moment où je te parle, la
trappe inférieure est ouverte. Viens, au nom du ciel qui
ne nous abandonnera pas.

Solbioski arrêta sur moi un regard où se confondaient
une incrédulité douloureuse et une triste dérision.

Je détournai les yeux, et je l'entraînai sur mes pas dans
l'escalier tournant.

Nous descendîmes sans nous parler. Notre échelle s'a-
justa facilement à la première muraille, malgré la diminution que nous lui avions fait subir pour en soustraire
l'échelette que nous venions de laisser au sommet. A la
seconde coupure de l'escalier direct, elle se trouva beaucoup trop courte. C'était un inconvénient facile à prévoir,
si nous avions prévu que nous devions revenir. Je n'y
avais pas pensé. Nous eûmes peine à y atteindre, en nous
suspendant à nos mains affaiblies et tremblantes, après de
longues et timides précautions. Enfin nous arrivâmes,

comme à un lieu de refuge , au balcon inaccessible du Tagliamente.

Il était nuit. La lune, épaissement voilée, ne jetait
qu'une faible clarté sur le torrent, mais il se rapprochait
visiblement de son lit ; le vent de *Bora* qui soufflait avait
refroidi la température, et tari pour quelques jours l'urne
des débordements. Les nuées rapides et sifflantes fouet-
taient autour de nous un givre piquant. J'osai m'en réjouir
avec toute l'expansion qui me restait pour exprimer un
sentiment d'espérance.

— Il fait froid, dis-je ; les neiges ne fondront plus ; le
Tagliamente s'éloigne ; la grève est libre. Si le docteur
Fabricius n'est pas arrivé aujourd'hui à la *Torre Mala-
detta*, il y arrivera certainement demain.

— Et qu'importe à notre salut qu'il y arrive demain ? dit
Solbioski en s'évanouissant dans mes bras.

Je fis d'abord des efforts impuissants pour le rappeler à
la vie, qui paraissait l'avoir tout à fait quitté. Enfin il se
ranima de lui-même un instant, et un instant après dé-
faillit de nouveau. Peu à peu ces deux états devinrent
alternatifs et mesurés par des périodes presque égales. Je
compris que le même symptôme menaçait de m'atteindre
à mon tour, et qu'il était temps d'arriver à l'appartement
encore si éloigné de Diana. J'en calculai la distance avec
épouvante. La lumière était d'ailleurs près de sa fin, car
je n'avais pas imaginé le matin qu'il fût nécessaire de me
précautionner pour le retour, dont je n'aurais pas même
compris la possibilité. Des études physiologiques, faites
d'ailleurs avec assez de soin sous des maîtres illustres, ne
m'avaient laissé, chose étrange, aucune notion positive
sur le temps pendant lequel l'homme peut se passer d'a-
liments. Je m'étonnais de vivre encore.

Hélas ! il m'est facile de vous épargner les détails de cet
interminable trajet ; mais j'essayerais inutilement de vous
soustraire à la douleur de les deviner. Vous vous rappelez

ce corridor étranglé qui paraissait plutôt avoir été pratiqué pour des couleuvres que pour des hommes. Vous vous rappelez ce puits étroit et profond, antre spiral qui ne promettait qu'un tombeau. C'est là que vous suivrez sans moi de la pensée deux mourants qui se traînent à lentes reprises à travers des espaces presque impénétrables à l'agilité, à la force et à la patience. Combien cela dura, qui pourrait le dire ! Combien de fois, accablés d'une fatigue sans but et sans espérance, nous répétâmes-nous : « C'est assez. Il est aussi bon de mourir ici ! » — Combien de fois, ranimés par je ne sais quelle vigueur de l'âme que donne l'amour de la vie, redoublâmes-nous d'efforts pour atteindre inutilement le seuil d'un autre sépulcre ! Nous étions parvenus, tantôt marchant, tantôt rampant, à la chambre de la morte, quand notre lumière jeta subitement un éclat plus vif, et s'éteignit.

— Sommes-nous arrivés ? me dit Solbioski en se couchant sur le rocher. Pourquoi ne vois-je plus rien ?

— Nous ne sommes pas arrivés, répondis-je, et nous n'avons plus de feu ; mais la seconde portière sera facile à trouver, si je ne me trompe, en suivant de la main le tour des murailles. Attends-moi, mon frère, attends-moi.

Je me glissai alors en chancelant le long des froides parois, me reposant de temps à autre sur mes genoux pour reprendre haleine.

Un meuble en saillie me détourna. Incapable de le suivre dans toute sa longueur sans être appuyé, j'étendis mes mains pour retrouver le mur, qui ne pouvait pas être éloigné ; je le cherchais sans y atteindre. Une idée horrible traversa mon esprit ; le pied me manqua, et je tombai sur le cadavre.

— Est-ce là ? cria Solbioski ; as-tu laissé retomber la portière ? Pourquoi ne vois-je pas ?

— Ce n'est pas encore ici, répondis-je en grelottant de terreur ; attends-moi, Joseph, attends-moi.

Je repris mon affreuse route dans cette épouvantable

obscurité, dont aucune des nuits de la terre ne peut
donner l'idée. Après bien du temps, la portière céda sous
mes doigts ; je la tirai brusquement. Tous les feux étaient
éteints.

— Pourquoi as-tu fermé la portière sur moi ? dit Solbioski. Tu es arrivé et je ne vois pas. Hélas ! m'aban-
donnes-tu ?

Je ne prononçai pas une parole. Une minute de délai
pouvait achever de nous perdre. Je me dirigeai vers le
foyer en me soutenant à droite et à gauche sur les couches
où nous avions reposé le second jour ; je le fouillai de
mes mains.

— O bonheur ! m'écriai-je avec une sorte d'extase ; encore, encore cela !...

— La trappe est-elle ouverte ? reprit Solbioski. La
trappe est ouverte ! Maxime, ne m'abandonne pas !

— Une étincelle, mon ami, une étincelle et des charbons ! — Et la chambre s'éclaira.

Je crus retourner à la vie ; je conduisis ou plutôt je
traînai sur son lit mon pauvre Joseph, dont l'agonie était
plus hâtive que la mienne.

J'allai ensuite à Diana ; ses yeux étaient ouverts et fixes
comme à l'ordinaire, mais plus brillants, plus ardents,
plus météoriques ; son teint était enflammé ; son pouls
battait avec désordre et précipitation.

— A-t-elle tout mangé ? dit Solbioski en se soulevant
péniblement sur ses mains.

— Oui, lui répondis-je, tout mangé ! mais la fièvre
préserve de la faim : le peuple dit qu'elle nourrit.

Il se laissa retomber.

Je voulais tenter un dernier moyen de frapper l'attention des habitants du château, — s'il lui en restait encore.
Mais je craignais qu'il ne produisît sur Diana, réveillée
à l'improviste, une émotion mortelle, et je lui fis part à
haute voix, de manière à être entendu distinctement de
Solbioski, de toutes les particularités de notre situation,

en lui laissant à deviner le nom des amis absents dont nous attendions notre délivrance, pour qu'elle pût se consoler au moins dans la pensée que Mario vivait encore. Elle me regardait fixement et immobile à ma voix, comme si elle m'avait écouté avec une attention réfléchie. Je le pensai d'abord. Quand j'eus fini de parler, elle ne me répondit pas du moindre signe ; elle se retourna du côté opposé et parut s'endormir.

Je dégageai de la ceinture de Solbioski les deux pistolets dont il était armé. Je remontai sous la trappe sonore du cabinet, et je fis double feu. Après un moment d'interruption, je renouvelai l'explosion des deux miens', et je prêtai l'oreille aux bruits extérieurs. Il me sembla que j'entendais un murmure confus, comme un bruit de trépignements et de voix ; mais depuis deux ou trois jours ces bruissements sans cause offusquaient si souvent mon ouïe et mon cerveau, que je n'étais plus capable de distinguer de la réalité les illusions de mes sens malades.

Je voulais cependant profiter de cette chance d'être entendu, — c'était la dernière. — Je soulevai un tronçon de pin pour en frapper la trappe encore une fois ; je l'exhaussai de quelques pieds au-dessus du sol, et je le laissai retomber. Je me baissai pour le reprendre et le soulever encore, et je ne le soulevai plus.

Je descendis alors à pas incertains vers la cheminée pour ranimer le foyer et renouveler notre luminaire funèbre. J'y employai tout ce qui restait à ma portée de bois et de bougies ; je savais qu'il ne nous en fallait pas désormais davantage. Une heure, des heures peut-être se passèrent à ce travail, et j'en mis une encore à me glisser dans le suaire qu'aucune main ne devait recoudre sur moi. — C'était fini pour jamais.

Solbioski se retourna de mon côté, et me dit d'une voix qui s'éteignait : — Quel jour est-il ?

Je pensais que ce devait être le commencement du cinquième, mais je ne répondis pas.

Le temps se partagea dès lors.entre d'incroyables souffrances et des langueurs anéantissantes où je croyais que ma vie allait m'échapper. Il y avait des moments de prestige où tous les objets prenaient un aspect fantastique et capricieux, comme la décoration d'un spectacle ou les apparitions du sommeil. Les ombres des murailles éloignées se mouvaient, se détachaient, se mêlaient avec des formes étranges et gigantesques, s'embrassaient, se liaient les unes aux autres et tournaient autour de moi, pressées, confuses et hurlantes. Les flammes des bougies bondissaient si haut sur les flambeaux, que j'avais peine à les suivre. Des voix connues s'introduisaient dans mon oreille comme un souffle, ou retentissaient au-dessus de ma tête avec un rire moqueur et insultant. Si je fermais les yeux pour me dérober à ces fascinations, la dernière perception qu'une liaison inexplicable d'idées avait portée à mon esprit se prolongeait d'une manière indéfinie dans ma pensée. C'était un chant borné, un refrain monotone, un vers grec ou latin à l'assourdissante mélopée, la reprise d'un virelai ou d'une redondille, dont l'obstination importune semblait s'attacher à moi pour l'éternité, comme cette terrible mouche hippobosque qui revient toujours avec une précision infaillible à l'endroit d'où on l'a chassée.

Quelquefois je passais d'un évanouissement délirant au sommeil, et la scène changeait alors d'une manière étrange. Il y avait dans mes rêves de l'air, du soleil, des femmes et des fleurs. Je me trouvais tout à coup dans des assemblées joyeuses, où l'on ne s'occupait que de plaisirs et de festins. Des tables splendides se chargeaient de mets délicats, que j'essayais d'atteindre, et qui se convertissaient dans ma bouche en sable insipide ou amer. Onorina revenait partout avec son petit éventaire comblé de lazagne appétissante. — Achetez, monsieur, disait-elle, achetez ma bonne lazagne et mon fin vermicelle de Padoue! cela peut servir dans l'occasion, et il n'y en a pas

de meilleure à Codroïpo. — Mais quand je voulais me précipiter sur sa lazagne, mes mains ne pouvaient s'étendre
pour la saisir, ni mes dents spongieuses s'affermir pour
la broyer...

Puis je sortais en sursaut de mes songes, au bruit d'une
plainte déchirante qui se traînait encore longtemps sur
mon réveil.

— Qu'est-ce donc que cela! criai-je une fois de toute
la force qui me restait.

— Rien, répondit Solbioski. C'est probablement mademoiselle de Marsan qui meurt.

— Mon Dieu, repris-je, prenez pitié de moi! Sainte
Honorine, priez pour nous!

Ce temps-là ne peut pas se calculer; car quelquefois
aussi mon sommeil était morne et long. Je me rappelle
qu'il arriva un moment où, en ouvrant les yeux, je n'a-
perçus plus de clarté. C'était cette nuit finale, cette nuit
éternelle, que j'avais prévue avec tant d'horreur, et re-
tardée avec tant de soin, le jour précédent, ou la veille,
ou un autre jour encore auparavant. C'étaient mes dernières ténèbres. — J'entrepris de me lever. — Je ne pus
pas!

— Voilà qui est bien, dis-je à part moi. Tout est fini.
Ceci est la mort!

Et je me rajustai pour mourir; mais, en essayant d'étendre mon bras pour y reposer ma tête, je l'appuyai sur un
bras froid.

— Qui est là? murmurai-je en frissonnant, comme si
la rencontre d'un assassin avait pu m'effrayer. Un assassin, hélas! un assassin! Il n'y en avait point de si cruel qui
n'eût rompu son pain avec moi!

— C'est moi, répondit Solbioski, dont la force plus
promptement abattue que la mienne s'était plus longtemps
conservée. Ne tremble pas! n'aie pas peur! Je ne veux pas
te faire de mal. Je n'ai besoin que de ton poignard.

— Que peut-on faire ici d'un poignard? Croirais-tu qu'il

y eût des hommes cachés dans les souterrains de la tour?

—Non. Il n'y a que des cadavres; mais il y en a un dont l'obstination à vivre me fatigue, et dont j'ai le droit de me débarrasser. Donne, donne ton poignard, et bois mon sang; on dit que cela soutient la vie. Qui sait? Le Tagliamente est peut-être redescendu entre ses rivages. M. Fabricius est peut-être revenu.

Je jetai mon poignard aussi loin que j'en fus capable. J'étais bien sûr que nous n'irions pas l'y chercher. Cette pensée, je l'avais eue.

— Mon frère, dis-je en pleurant, tu es couché sur le roc; viens, viens jusqu'à moi. Joseph, ne me quitte pas! Mon Dieu! ayez pitié de nous!

Je ne sais si je l'attirai à moi ou si je me rapprochai de lui, mais nous finîmes par nous toucher.

—Honorine! s'écria-t-il, pauvre Honorine! la jeune fiancée qui prépare ses rubans et ses bouquets! Honorine qui était si bonne et si belle! Et toi, Maxime, que j'aimais et que je ne verrai plus! Oh! si le jour seulement nous avait encore éclairés une fois! Mais il y a trop loin d'ici, et le balcon est trop élevé... Jamais! jamais!

J'étais frappé d'un vertige accablant. Quand Joseph ne parla plus, je cherchai à me pencher vers lui pour m'assurer qu'il respirait encore. Il se détourna de moi avec un affreux gémissement. J'entendais des bruits vagues; je les perdais comme s'ils n'avaient pas été. J'essayais de les ressaisir. Enfin ma pensée m'échappa tout à fait. Je retombai dans le vague de mes rêves. Je revis ces festins que j'avais quittés, et la petite Onorina criant sa lazagne, et sainte Honorine me tendant des bras consolateurs du fond du tableau fantastique du Pordenone.

Cependant les bruits revenaient toujours. C'était le pic, c'était la sape, c'était le Tagliamente qui passait, en gémissant, sur la tour; c'était la mine qui la faisait sauter; c'était Onorina tout en larmes, au seuil de l'église, qui ne cessait de répéter : Achetez, monsieur, achetez ma bonne lazagne! Il n'y en a pas de meilleure à Codroïpo! — Je dormais.

Lorsque je revenais à moi, je disais à Solbioski : — Dors-tu ? — et il ne me répondait point.

Ma stupeur devint peu à peu plus profonde. Je perdis le souvenir des temps, et des lieux, et de moi-même. Je me demandais vaguement : Où suis-je? et ma mémoire était un abîme où je ne pouvais me retrouver.

Je finis par ne plus penser. L'ouïe seule m'apportait encore des sensations incomplètes et confuses, des cris, des lamentations, un fracas de cataractes et de tempêtes. J'essayais d'y répondre par des lamentations et par des cris, pour me mettre à l'unisson de cette nature souffrante qui allait mourir, et la voix me manquait.

L'horloge de l'éternité ne suffirait pas à mesurer de pareilles heures. Quand elles furent passées, je me retrouvai quelque part, dans un endroit où le jour venait du ciel. C'était peut-être un matin. Je refermai les yeux aussitôt que je les eus ouverts, parce que le soleil les blessa. Ma bouche était moins ardente, mes organes moins languissants. Quelques sucs savoureux récréaient mon palais, et je les goûtais encore. Je sentais au moins mes souffrances. Je m'imaginai que je vivais.

— Ceci vaut mieux, dis-je en moi-même. Il faudrait rester et mourir comme cela.

Je regardai de nouveau, parce qu'un nouveau breuvage doux et substantiel avait encore ranimé ma vie. C'était là un spectacle bien étrange! Une salle si vaste et où je ne m'étais jamais éveillé, qui n'était pas de la maison de mon père, qui n'était pas de mon auberge, qui n'était pas de ma caserne, qui n'était pas de ma prison! Le sol surtout m'étonnait. Il était profondément remué et couvert de laves éparses. Il y avait seulement au milieu une large ouverture carrée qui semblait communiquer à un caveau.

La Torre Maladetta! criai-je, *la Torre Maladetta!* la trappe est ouverte! Diana, Joseph, Anna, venez à moi,

venez! j'ai trouvé un chemin! Oh! ne tardez pas à venir,
il y en a déjà tant de morts!

— Personne n'est mort qu'Anna, me répondit le docteur
Fabricius, qui était appuyé sur le chevet de mon lit. Il
était trop tard.

— Fabricius! mon ami, mon père, dis-je en saisissant
sa main. — Et Diana! et Joseph!

—Ils sont vivants! — Mais te voilà mieux maintenant,
continua-t-il, et je puis m'expliquer avec toi. Il le faut,
car le temps nous presse. Tu connaîtras plus tard les obstacles qui ont retardé ta délivrance. Aujourd'hui ce récit
nous ferait perdre des instants trop précieux. Les espérances
du monde se sont anéanties en peu de jours. Des succès
brillants ont enivré les partisans et les armées de Napoléon.
La cause de l'indépendance des peuples n'est pas perdue :
elle ne le sera jamais sans doute ; mais il n'est peut-être
pas réservé à ma vieillesse de jouir de son triomphe. Ma
tête et celle de Joseph sont menacées — mises à prix. A la
première lueur de salut que j'ai reconnue pour lui, je me
suis hâté de le faire transporter dans un lieu sûr d'où il
regagnera notre Allemagne. Elle n'appartient pas encore
tout entière au tyran. La *Torre Maladetta* ne peut manquer d'être incessamment investie ; je ne devais pas la
quitter tant que je ne t'avais pas rappelé à la vie. Le moment de nous séparer aussi est venu. Te sens-tu la force de
partir?

—Joseph! mon cher Joseph! il m'avait dit que nous ne
nous reverrions jamais!..... Diana, mon ami, où est-elle?
—Diana vivra. Le temps, plus puissant que mes secours,
la fera probablement sortir de l'état de mutisme et d'aliénation où elle est restée plongée jusqu'ici. Aucun mot ne s'est
échappé de sa bouche, aucune émotion ne s'est peinte sur
son visage, même quand la nouvelle femme de chambre
que je lui ai donnée lui a présenté ce matin la robe de deuil
qu'elle doit porter comme veuve et comme orpheline. Je
comptais sur cette secousse ; je m'y étais confié en déses-

poir de tous les remèdes. Seulement, sur la proposition
que je lui ai faite de se retirer jusqu'à nouvel ordre à l'*Annunziata* de Venise, où elle a des compatriotes, et, je crois,
des parentes, elle a paru me répondre par un signe de
consentement; et, depuis, son agitation inquiète et empres-
sée a manifesté souvent le besoin qu'elle éprouve de quitter cette tour qui doit lui rappeler de si affreux souvenirs.
— J'arrive à ce qui te concerne personnellement. Le désir
que Mario témoignait de te revoir ici s'explique facilement
par un récit que Soïbioski tenait de toi-même, et qu'il m'a
communiqué hier. Le spectacle de ce qu'il appelait son
bonheur, l'infortuné jeune homme, était le moindre prix
dont il pût reconnaître ta généreuse amitié. Un autre motif
était venu se joindre à celui-là, si j'en juge par cette lettre
de Chasteler qui le charge de te faire savoir que ton man-
dat d'arrêt est levé en France, et que l'avis a dû en parvenir aux autorités vénitiennes. Aucun fait nouveau n'a pu
te compromettre dès lors, et rien ne s'oppose à ce que tu
retournes enfin dans les bras de ton père. Ta sûreté l'exige
comme ton bonheur; car si tu étais surpris dans la *Torre
Maladetta*, où des circonstances si cruelles ont dissimulé
ton séjour, tu ne saurais échapper à la proscription qui
frappe ses derniers habitants. — Je sais ce que tu veux me
dire, mais cette preuve aveugle d'un dévoûment inutile ne
ferait qu'embarrasser notre malheur d'un malheureux de
plus. Tu as d'ailleurs une mission plus sacrée à remplir
aujourd'hui. L'état de Diana ne permet pas qu'elle soit
abandonnée à elle-même pour gagner sa dernière retraite,
et où pourrais-je, au milieu des tristes soucis que m'inspire
ma propre famille, lui trouver un ami plus fidèle et plus
sûr que toi? Cherche donc à reprendre des forces dans un
repas plus abondant et plus solide, et dispose-toi à partir
ce soir avec elle quand le soleil sera couché, pour que rien
n'indique à la vigilance de nos espions l'endroit d'où tu
seras sorti. Tu trouveras un bâtiment tout préparé à Porto-
Gruaro, et Diana est attendue au couvent.

27

Maintenant, continua-t-il en me pressant dans ses bras,
va, mon fils, et souffre que je m'occupe de mes pressantes
dispositions sans attendrir notre séparation par de plus
longs adieux. Tout vieux que je sois, je ne renonce pas à
te voir encore ; mais, quoi qu'il arrive, conserve ton cœur
à tes amis et ta vie à la liberté.

Aussitôt que la nuit fut entièrement tombée, et elle était
obscure, car la lune ne brillait plus, un domestique du
docteur vint m'avertir que la voiture était prête, et me
dirigea vers l'endroit où je devais la prendre. J'y montai,
et je m'assis en face de deux femmes que je ne vis point.
Deux heures après, nous étions à Porto-Gruaro ; quelques
minutes encore, et nous voguions sur les lagunes. J'avais
offert ma main à Diana pour monter sur le bateau ; et sa
main, fortement liée à la mienne, ne l'avait point
abandonnée. Elle ne parlait pas, mais elle soupirait,
rêvait, et se rapprochait quelquefois de moi en tressaillant,
comme si elle avait été saisie d'une peur subite. Cette
scène est vague à ma mémoire, et cependant je ne me la
rappelle jamais sans frissonner. Elle avait quelque chose
du trajet de deux ombres sur la barque des enfers, mais
de deux ombres qu'un arrêt anticipé condamne à deux
destinées différentes, et qui vont se séparer pour l'éternité.
Je m'étais endormi toutefois enfin au bruit monotone de
la rame, qui battait les flots en cadence, et au chant mélancolique des bateliers.

Je ne m'éveillai qu'au mouvement des vagues qui annonçait la pleine mer. Le soleil était plus beau que je
ne l'eusse vu jamais, le soleil que j'avais cru ne jamais
revoir. L'azur du golfe se déroulait sous lui comme un
autre ciel, et Venise, avec ses hauts frontons, ses tours,
ses dômes et ses clochers, rayonnait à son aspect comme
si elle avait été son palais. La plaine immense des eaux
était comme un grand parvis de lapis au-devant de la cité
miraculeuse. Je croyais sommeiller encore, car j'avais
presque oublié de vivre et de jouir de ma vie. La main de

Diana reposait toujours dans la mienne; je me retournai
vers elle pour savoir si elle partageait mon enchantement,
et si elle renaissait ainsi que moi à cette brillante résurrection de la nature. Son regard sans mouvement n'exprimait que le désespoir silencieux que j'y avais lu dans la
Torre Maladetta. Je me rappelai que, parmi ces faîtes
pompeux qui s'éclairaient tour à tour en passant du rose
le plus tendre au vermillon le plus vif, et de cette nuance
à celle du feu, illuminés comme pour un jour de joie,
elle pouvait reconnaître celui de la demeure de son père.
Je me rappelai que, moins de trois mois auparavant, le
même bâtiment peut-être avait sillé sur les mêmes flots,
en la transportant éperdue d'amour sur le cœur de Cinci.
Tout cela se représenta vivement à ma pensée; je contins
ma folle expansion; je cessai d'être heureux et ravi, je
retombai avec une angoisse inexprimable dans les tristesses
du monde réel.

Ma main s'était relâchée, car je ne comprenais pas
qu'elle eût été si longtemps entrelacée à ses doigts. Je ne
sais si Diana m'entendit. Pourquoi pas? Il y a tant de
choses dans ce langage! Mais elle me retint. Je la regardai,
et je crus voir passer un sourire douloureux sur ses lèvres,
comme un éclair sur un nuage.

Nous débarquâmes au milieu du peuple agissant et
tumultueux des gens de mer.

—Hélas! dit un *nicolotto* [1] qui était debout sur le rivage
en attendant un fardeau,—c'est la galiote du brave Cinci,
celle qu'il a donnée de ses deniers aux pauvres mariniers
de Gruaro. Mais le brave Cinci n'y est plus!

—Tais-toi, lui dis-je de manière à couvrir sa voix, et
en glissant un sequin dans sa main. Prends les paquets
qu'on va te donner et porte-les à l'*Annunziata*, mais ne
parle pas, sur ta tête.

---

[1] On appelle *Nicolotti* les habitants d'un quartier de Venise occupé par les
gens de peine; c'est notre faubourg Saint-Marceau.

Heureusement la vague attention de Diana était distraite alors par les soins empressés de deux converses qui l'attendaient depuis le point du jour, et qui n'avaient tari, les dignes filles, de glorifications sur sa piété et sur la sainteté de leur couvent, que depuis qu'elles avaient cru comprendre que Diana était folle et qu'elle était muette.

Elles marchèrent devant nous en faisant rouler sous leurs doigts agiles les grains polis du rosaire jusqu'au seuil de la sainte maison. La porte s'ouvrit, et on nous introduisit cérémonieusement dans le parloir.

L'abbesse était Française. Elle avait été belle, parmi toutes les belles et jeunes femmes de l'émigration, et son nom, qui n'est plus écrit que sur une tombe, pauvre Claire!... suffirait seul à sa gloire mondaine, si de telles vertus avaient encore quelque chose de commun avec le monde. Elle me prit les mains avec abandon, avec tendresse, quoiqu'il y eût d'autres sœurs présentes, parce que nous nous étions connus enfants.

— Je sais, cher Maxime, dit-elle, tout ce dont notre sœur bien-aimée vous est redevable. Vous aurez un jour votre récompense, mon fils, si vous la cherchez dans le ciel. — Adieu!

Pendant ce temps-là, Diana m'avait regardé avec plus d'attention, comme si elle apprenait seulement à me reconnaître, et puis elle s'était replongée dans sa pensée. Je m'éloignai lentement.

— Maxime! Maxime! s'écria-t-elle enfin d'une voix nette et forte, adieu, Maxime! adieu pour jamais!

Au même instant, deux portes se fermèrent : celle qui la cloîtrait dans cette maison d'asile et de paix, et celle qui me rejetait pour y périr au milieu des troubles et des anxiétés de la vie.

Je marchais sous un soleil ardent, sans but et presque sans pensée. Mon front brûlait. Des idées confuses s'entrechoquaient dans mon esprit; mes jambes mal affermies se dérobaient sous moi. Quand j'arrivai à mon hôtel ordinaire, je tombai d'accablement et de douleur, et je perdis connaissance.

Je passai les trois mois suivants dans les alternatives de délire et d'inertie morale d'une fièvre ataxique. Je n'ai su que depuis et par le rapprochement des dates combien cela devait avoir duré. Je ne me rappelle rien.

Je me trouvai enfin en état de partir de Venise le 16 juillet. Mes forces étaient loin d'être rétablies; mais j'avais hâte de me soustraire aux cruelles impressions que tous les objets dont j'étais entouré renouvelaient incessamment dans mon âme. Je sortis à dix heures, quoique l'embarcation ne dût être prête qu'à midi.

Je m'assis, selon mon ancien usage, au-devant du café Florian, dans la galerie de la tour, et je demandai du chocolat.

Il y avait foule à mes côtés; on lisait les journaux avec empressement, et toute l'insouciance que pouvait m'inspirer le profond affaiblissement de mes facultés ne m'empêcha pas de prêter à ce qui se passait une vague attention. Depuis plus de cent jours, à cette époque mémorable où tous les jours fournissaient une page à l'histoire, j'étais aussi étranger aux événements de la terre que si la trappe de la *Torre Maladetta* ne se fût pas rouverte sur moi. Je savais tout au plus, par quelques paroles du docteur Fabricius, que les espérances de la liberté étaient à peu près perdues pour l'Allemagne comme pour la France, et je m'en souvenais par hasard.

Je jetai donc un regard sur la feuille : c'était *le Courrier de Trieste* de l'abbé Coletti.

On se rapprochait à l'envi pour entendre les dernières lignes du *Bulletin*. J'écoutai.

« La victoire remportée le 6 courant à Wagram par les » armes de l'empereur, dit le lecteur italien avec son » accentuation pittoresque et sa déclamation mimique, » a détruit pour toujours l'espoir des ennemis de la France » et du genre humain.

» Jamais la magnanimité de S. M. I. et R. ne s'est ma-

» nifestée avec plus d'éclat que dans cette occasion ; elle
» a couvert de son indulgence les égarements des peuples.
» Les lois ne frapperont que les factieux.

» Le château où se rassemblaient les conspirateurs, et
» qui appartenait à Cinci dit Marius, et surnommé *le*
» *Doge de Venise*, a été rasé. On a trouvé dans les sou-
» terrains une multitude de cadavres.

» Un infâme agent d'intrigues nommé Fabricius, mais
» dans lequel on croit reconnaître l'illuminé Hoosch-
» mann, complice d'Arndt, de Palm et de Chasteler,
» est parvenu à s'échapper jusqu'ici. On est à sa pour-
» suite.

» La tête du lâche et hypocrite André Hofer est mise
» à prix. Ce monstre, couvert de crimes, ne se dérobera
» pas au châtiment qui lui est dû.

» Son secrétaire, Joseph Solbiesky, aventurier bohé-
» mien, se disant Polonais, a déjà été saisi. Solbiesky est
» un bandit rusé, féroce et d'une force peu commune :
» il en sera fait prompte justice.»

— Solbioski, dis-je en moi-même, Solbioski féroce et
rusé ! et les misérables ne savent pas même son nom !

Je me mordais les poings de rage et de désespoir.
Oh ! pourquoi n'étais-je pas mort à la *Torre Mala-*
detta !

— Attendez, attendez, messieurs, dit le lecteur en
souriant ; il y a un petit *post-scriptum* du rédacteur :

« Ce matin 13 juillet, à dix heures et demie précises,
» au bout de la pointe Saint-André, le traître Joseph
» Solbiesky a été fusillé en présence d'une population in-
» nombrable ; ce misérable a montré quelque courage.»

FIN DE MADEMOISELLE DE MARSAN.

LA NEUVAINE

DE

LA CHANDELEUR.

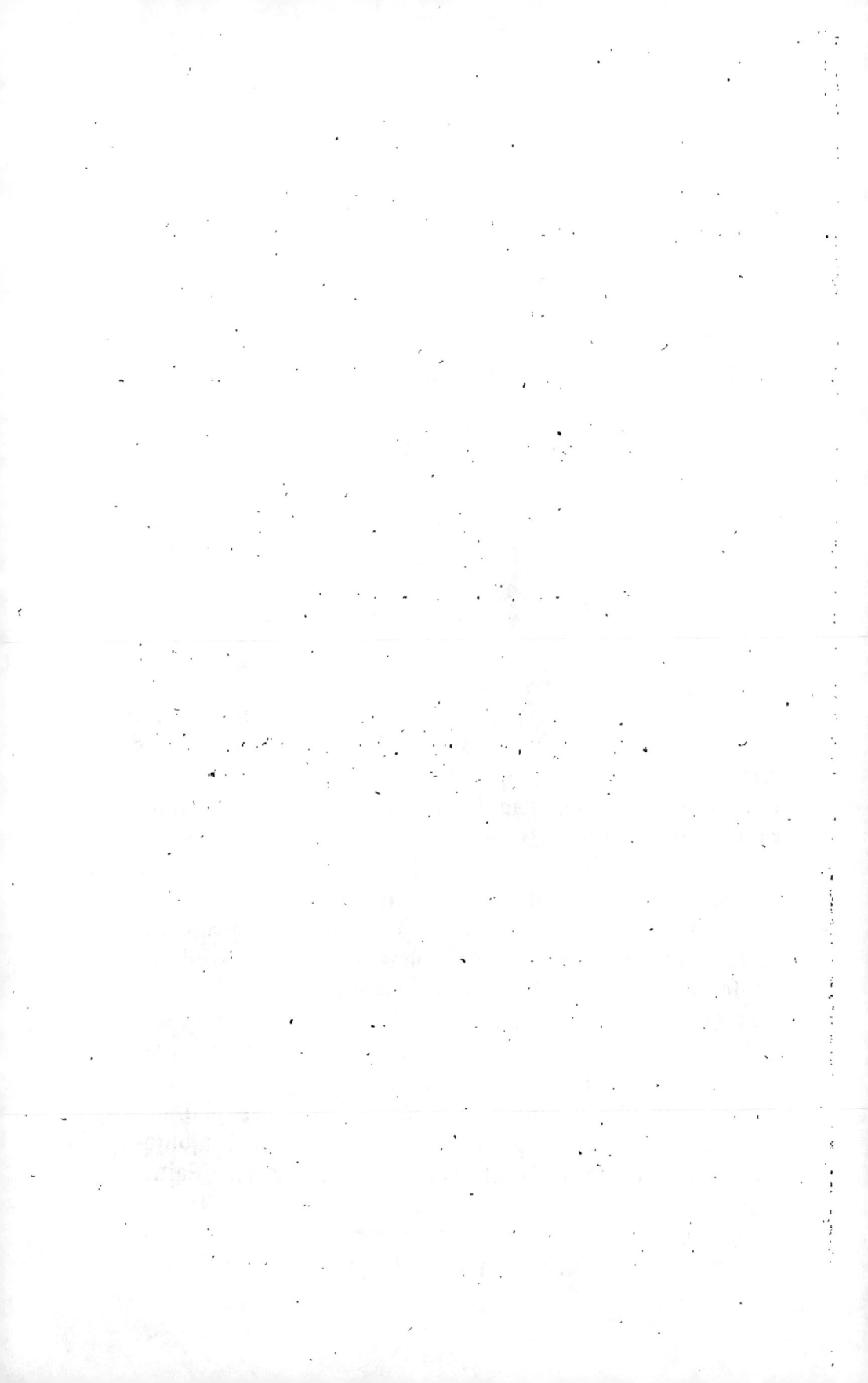

DE LA CHANDELEUR.

————

I.

La vie intime de la province a un charme dont on ne
conçoit aucune idée à Paris, et qui se fait surtout sentir
dans les premières années de la vie. On peut aimer le
séjour de Paris dans l'âge de l'activité, des passions, du
besoin des émotions et des succès ; mais c'est en province
qu'il faut être enfant, qu'il faut être adolescent, qu'il faut
goûter les sentiments d'une âme qui commence à se révéler et à se connaître. Ce n'est pas à Paris qu'on éprouvera
jamais ces émotions incompréhensibles que réveillent
au fond du cœur le son d'une certaine cloche, l'aspect
d'un arbre, d'un buisson, le jeu d'un rayon du soleil sur
la ferblanterie d'un petit toit solitaire. Ces doux mystères
du souvenir n'appartiennent qu'au village. J'entendais
l'autre jour une femme de beaucoup d'esprit se plaindre
amèrement de n'avoir point de patrie : « Hélas ! ajouta-
t-elle en soupirant, je suis née sur la paroisse Saint-
Roch. »

Dieu me garde de faire un reproche à Paris de cette
légère imperfection. C'est moins un vice qu'un malheur.

la grande métropole de la civilisation a d'ailleurs, pour
se consoler, tout ce qu'il est possible d'imaginer de séductions et d'amusements : l'Opéra, le bal Musard, la Bourse,
l'association des gens de lettres, l'homœopathie, la phré-
nologie, et le gouvernement représentatif. Je pense seulement que le lot de la province vaut mieux, mais je le
pense avec mon esprit de tolérance accoutumé. Il ne faut
pas disputer des goûts.

La réminiscence même de ces jeunes et tendres impressions, qui ne se remplacent jamais, conserve encore une
partie de sa puissance, même quand on s'est éloigné par
infortune ou par choix des lieux où on les a reçues, et
cela se remarque aisément dans les écrivains qui ont un
style et une couleur. La prose de Rousseau se ressent de
la majesté des Alpes et de la fraîcheur de leurs vallées.
On devinerait que Bernardin de Saint-Pierre a vu le jour
sur des rives toutes fleuries, et qu'il a été bercé au bruit
des brises de l'Océan. Sous le langage magnifique de Châteaubriand, il y a souvent quelque chose de calme et de
champêtre, comme le murmure de son lac et le doux
frémissement de ses ombrages. J'ai quelquefois pensé que
Virgile ne serait peut-être pas Virgile, s'il n'était né dans
un hameau.

A la province elle seule, à la petite ville, aux champs,
ces charmantes impressions qui deviennent un jour la gracieuse consolation des ennuis de la vieillesse, et ces pures
amours qui ont toute l'innocence des premières amours
de l'homme dans son paradis natal, et ces chaudes amitiés qui valent presque l'amour ! Avec un cœur sensible et
une imagination mobile, on rêve tous ces biens à Paris[1].

---

[1] Il est facile de voir, par plusieurs passages de Ch. Nodier, que, malgré
ses goûts littéraires, il ne se laissa jamais prendre aux séductions de la vie
artificielle de Paris, et que l'Institut ne lui faisait point oublier ses montagnes.
Ce gracieux début de *la Neuvaine de la Chandeleur* nous rappelle une autre
page, écrite dans un ton différent, mais qui se rattache au même ordre
d'idées, et qui montre ce que notre auteur pensait des grandes villes. Cette

On ne les y goûte jamais. Le Dieu qui parlait à Adam a beau vous crier : « Où es-tu? » il n'y a plus de voix dans le cœur de l'homme qui lui réponde.

En province, tous les berceaux se touchent, comme des nids placés sur les mêmes rameaux, comme des fleurs écloses sur la même tige, quand, au premier rayon du soleil, tous les gazouillements, tous les parfums se confondent. On naît sous les mêmes regards, on se développe sous les mêmes soins, on grandit ensemble, on se voit tous les jours, à tous les moments ; on s'aime, on se le dit, et il n'y a point de raison pour qu'on finisse de s'aimer et de se le dire. La différence même des sexes, qui nous impose ici une réserve prudente et nécessaire, mais sévère et sérieuse, n'exclut que bien tard ces intimités ingénues, ces délicieuses sympathies qui n'ont pas encore changé d'objet. Ce sont les passions qui marquent cette différence, et l'enfant n'en a point. L'abandon familier

page, perdue dans un article de journal sur la colonie de Sierra-Leone, trouverait difficilement place dans le recueil des *OEuvres*, et nous croyons faire plaisir au lecteur en la transcrivant ici : « Les révolutions hâtent les siècles; mais elles n'en tiennent pas tout à fait lieu, et le sceptre du monde social appartient encore, pour des siècles sans nombre, à l'heureux Paris Qu'ils se consolent, les esprits chagrins que l'amour de la gloire nationale tourmente d'inquiétudes si ingénieuses sur notre suprématie politique. Cette suprématie, ce n'est jamais la force des armes qui la donne; c'est bien moins encore la sagesse des institutions, la parfaite convenance des lois, la jouissance des idées religieuses et morales. Vingt gouvernements, dont l'histoire n'a pas conservé le nom, étaient contemporains de la ville de Tibère et de Caligula, dont la renommée plane sur les âges. Chaque fois qu'une ville immense rassemblera en elle toutes les aberrations de la raison humaine, toutes les folies de la fausse politique, le mépris des vérités saintes, la fureur des nouveautés spécieuses, l'égoïsme à découvert, et plus de sophistes, de poëtes et de bateleurs qu'il n'en faudrait à dix générations corrompues, elle sera nécessairement sans rivales la reine des cités. Rome n'avait plus ni ses consuls, ni son sénat, ni ses orateurs, ni ses guerriers, lors des fréquentes irruptions du Nord. Elle n'opposait aux barbares que des mimes, des courtisanes, des gladiateurs, les restes hideux d'une civilisation excessive et dépravée qui sortait de tous les égouts, et Rome demeura la capitale du monde. »

(Note de l'éditeur,

des premiers rapports de la vie se prolonge sans danger
jusques au delà de cet âge où le moindre abandon devient
dangereux, où la moindre familiarité devient suspecte
entre les jeunes filles et les jeunes garçons des grandes
villes. Les affections les plus ardentes continuent à se ressentir de la tendresse du frère et de la sœur, et celle-ci est
mêlée de trop d'égards et de pudeur pour que les mœurs
aient rien à en redouter. Bien plus, l'adolescent qui commence à deviner le secret de ses sens exerce encore une
espèce de tutelle sur cette faible enfant qu'il aime, et que
la nature et l'amour semblent confier à sa garde. Plus il
apprend dans la funeste science des passions, plus il se
rend attentif à protéger la douce et timide créature dans
laquelle il met son bonheur ou ses espérances. Il ne se
contente pas de la défendre contre des inspirations étrangères ; il la défend contre lui-même, dans l'intérêt d'un
avenir qui leur sera commun. Il la respecte, il la craint.

Et combien de voluptés impossibles à décrire cet amour
délicat d'une âme qui vient de se connaître ne laisse-t-il
pas à désirer à l'âge qui le suit ? Oh ! le premier signe de
la préférence de cet ange de la pensée, le premier regard
expressif que la petite amie adresse à son ami entre les
deux battants d'une porte qui se ferme, la première arti-
culation de sa voix pénétrante, qui s'est émue, qui s'est
attendrie en passant entre ses lèvres, la première impression d'une main livrée à la main qui l'a saisie, la tiède
moiteur de son toucher, le frais parfum de son haleine !...
et, bien moins que cela ! une fleur tombée de ses cheveux, une épingle tombée de son corset, le bruit, le seul
bruit de la robe dont elle vous effleure en courant, c'est
cela qui est l'amour, c'est cela qui est le bonheur ! Je sais
le reste, ou à peu près ; mais c'est cela que je voudrais
recommencer, si on recommençait.

On ne recommence plus ; mais se souvenir, c'est presque recommencer.

On goûte à Paris les doux loisirs de l'enfance ; on y connaît la valeur de ses jeux ; on y jouit de ces délicieuses soirées de rien faire qui suivent les jours laborieux de l'étude ; mais ce n'est qu'en province qu'une heureuse ha‑ bitude prolonge ces innocents plaisirs, sous l'œil attentif des mères, jusque dans l'ardente saison de l'adolescence. On est homme déjà par la pensée, qu'on est encore enfant par les goûts ; on commence à éprouver d'étranges et tur‑ bulentes émotions, qu'on subit toujours, à certaines heu‑ res d'oubli, des sentiments pleins de grâce et de naïveté. On se demande quelquefois ce qu'il y a de vrai entre le passé que l'on quitte et l'avenir que l'on commence ; mais on devine, en y plongeant un regard inquiet, que l'avenir ne vaudra pas le passé. Il se trouve même des esprits sim‑ ples et tendres qui seraient volontiers tentés de ne pas aller plus loin, et qui sacrifieraient sans hésiter les volup‑ tés incertaines du lendemain aux pures jouissances de la veille. A dix-huit ans, j'aurais fait ce marché bizarre avec l'ange familier qui préside aux changeantes destinées de l'homme, s'il s'était communiqué à mes prières ; et nous y aurions gagné tous les deux, car j'imagine que mon éman‑ cipation insensée pourrait bien lui avoir donné quelque chagrin.

Le 24 janvier 1802, je n'en étais pas encore là. J'aimais ces belles jeunes filles, parmi lesquelles je passais les heures les plus douces de la journée, de toute la force d'un cœur accoutumé à les aimer, mais sans fièvre, sans inquiétude et presque sans préférence. Je me trouvais bien parmi elles ; je me trouvais mieux tout seul, parce que mon imagination commençait à se former, dans la soli‑ tude, un type qui ne ressemblait à aucune femme, et au‑ quel une seule femme devait complétement ressembler, quoique j'aie cru le retrouver cent fois. C'était mon rêve chéri, et, dans le vague immense où il m'était apparu, il me donnait une idée plus distincte du bonheur que toutes les réalités de la vie. Cependant je ne faisais que l'entre‑ voir à travers mille formes douteuses ; mais je le cher‑

28

chais toujours, et le délicieux fantôme ne manquait
jamais à mes rêveries. Tantôt il venait me tirer de ma
mélancolie en frappant mon oreille de rires malins, et en
balançant sur mon front les noirs anneaux de sa chevelure ; tantôt il s'appuyait sur le pied de ma couche d'écolier, en me regardant d'un œil triste, et en cachant sous une
touffe de cheveux blonds une larme prête à couler ; et mon
cœur gonflé s'élançait vers lui avec des battements à me
rompre la poitrine ; car je savais que toute ma félicité consistait dans la possession de cette image insaisissable qui
me refusait jusqu'à son nom.

Le 24 janvier 1802, nous étions donc réunis, comme
à l'ordinaire, avant l'heure du souper, car on soupait encore, et nous causions en tumulte autour de nos mères,
qui causaient plus gravement de matières non moins frivoles : notre conversation roulait sur le choix d'un jeu,
question fort indifférente au fond, l'intérêt d'un jeu reposant tout entier dans *la pénitence ;* et qui ne sait que *la
pénitence* est l'accomplissement du devoir qui rachète un
gage ? C'est le moment des aveux, des reproches, des secrets dits à l'oreille, et surtout des baisers. C'est le moment de la soirée pour lequel on vit tout le jour, et celui
de tous les moments de la vie qui laisse le moins d'amertume après lui, parce que les sentiments auxquels on
commence à s'exercer ne sont pas encore pris au sérieux ;
quand on est sorti de là une fois avec une de ces idées
orageuses qui tourmentent le cœur, c'est qu'on en est sorti
pour la dernière fois ; le plaisir n'y est plus.

— Nous ne serions pas si embarrassés, dit la brune Thérèse, si Claire était arrivée. Claire connaît tous les jeux
qu'on a inventés, et, quand par hasard elle ne s'en rappelle aucun, elle en invente un sur-le-champ.

— Elle a bien assez d'imagination pour cela, remarqua
Émilie en se mordant les lèvres et en baissant les yeux
pour se donner l'air de circonspection dont elle accompagnait toujours une petite médisance. On craint même

qu'elle n'en ait trop, et j'ai entendu dire qu'elle donnait de temps en temps des marques de folie. Ce serait un grand malheur pour sa famille et pour ses amies.

— Claire ne viendra pas, s'écria Marianne d'un ton de voix pétulant qui annonçait qu'elle ne répondait qu'à sa propre pensée, et qu'elle n'avait pas entendu l'observation désobligeante d'Emilie ; elle ne viendra pas, j'en suis sûre ! elle commence aujourd'hui la neuvaine de la Chandeleur.

— La neuvaine de la Chandeleur ! dis-je à mon tour ; et à quel propos ? je ne la savais pas si dévote.

— Ce n'est pas par dévotion, reprit Émilie avec une gravité méprisante ; c'est par superstition ou par ostentation.

J'avais oublié de dire qu'Émilie était philosophe. Tout le monde se mêlait alors de philosophie, jusqu'aux petites filles.

— Par superstition, répéta Marianne, qui ne saisissait jamais qu'un mot de la conversation la mieux suivie. Par superstition, en effet ; la superstition la plus capricieuse, la plus bizarre, la plus extraordinaire, la plus extravagante...

— Mais encore ? interrompis-je en riant. Tu excites notre curiosité sans la satisfaire.

— Bon ! répondit Marianne en me regardant avec une expression marquée d'ironie, cela est trop stupide pour un savant de votre espèce ! Quant à ces demoiselles, elles n'ignorent pas, j'imagine, que la neuvaine de la Chandeleur est une dévotion particulière des jeunes personnes du peuple, qui a pour objet... Comment dirai-je cela ?

— Qui a pour objet ?... murmurèrent une douzaine de petites voix, pendant que douze jolies têtes se penchaient vers Marianne.

— Qui a pour objet, reprit Marianne, de connaître d'avance le mari qu'elles auront.

— Le mari qu'elles auront ! répétèrent encore les douze

voix sur le mode varié d'inflexions que devaient leur fournir douze organisations différentes. Et quel rapport le mari
qu'on aura peut-il avoir avec un acte de dévotion comme
la neuvaine de la Chandeleur?

—Voilà la question, pensai-je tout bas, et je voudrais
bien le savoir ; mais si Marianne le sait, elle le dira.

—Vous sentez bien que je ne le crois pas, continua-
t-elle, et, si je le croyais, je ne m'en soucierais pas davantage. Que m'importe, à moi, le mari que j'aurai, pourvu
qu'il soit honnête homme, qu'il soit aristocrate et qu'il
soit riche? Mes parents ne m'en donneront pas un autre.
Beau ou laid, jeune ou vieux, aimable ou bourru d'ailleurs, il ne pourra pas se dispenser de me conduire dans
les sociétés, dans les bals, dans les spectacles, et de fournir,
selon ma fortune, aux dépenses de ma toilette. Le mariage, c'est cela, j'imagine? Et puis, je ne m'en inquiète
pas de si loin.

—Ni moi non plus, dit Thérèse en rapprochant sa
chaise de celle de Marianne. Mais le moyen?

L'impatience était à son comble, et celle de Marianne
ne le cédait pas à la nôtre, car elle prenait plus de plaisir
à parler vite et longtemps que personne au monde n'en prit
jamais à écouter. Elle promena donc sur cet auditoire empressé un regard de satisfaction, qu'elle cherchait à rendre
modeste, et elle reprit la parole en ces termes :

—Vous saurez, dit-elle, qu'il n'y a point de dévotion
plus agréable à la sainte Vierge que la neuvaine de la
Chandeleur, et c'est pour cela qu'on s'est persuadé qu'elle
récompensait par une faveur singulière les personnes qui
lui rendaient cet hommage. Quant à moi, je ne le crois
pas, et je ne le croirai jamais ; mais Claire le croit fermement, parce qu'elle croit tout ce qu'on veut. Elle est si
bonne! Seulement il y a beaucoup de cérémonies et de
façons à cette expérience, et j'ai peur de m'embrouiller, si
Émilie ne m'aide un peu. Elle était près de nous le jour
où Claire m'en a parlé.

—Moi? repartit dédaigneusement Émilie. Je ne me mêle pas de vos conversations.

—Je ne dis pas que tu t'en mêles, poursuivit Marianne, mais tu les écoutes. — Il faut donc, ajouta-t-elle après avoir un peu rongé ses jolis doigts, commencer la neuvaine ce soir, à la prière de huit heures, dans la chapelle de la Sainte-Vierge. Il faut ensuite y entendre la première messe tous les jours, et y retourner à la prière tous les soirs jusqu'au 1er février, avec une piété qui ne se soit pas ralentie, avec une foi qui ne se soit pas ébranlée. C'est terriblement difficile. Et puis, le 1er février, c'est bien autre chose, vraiment. Il faut entendre toutes les messes de la chapelle, depuis la première jusqu'à la dernière; il faut entendre toutes les prières et toutes les instructions du soir sans en manquer une seule. Attendez, attendez! j'allais oublier qu'il faut aussi s'être confessée ce jour-là, et que si, par malheur, on n'avait pas reçu l'absolution, tout le reste serait peine perdue, car la condition essentielle du succès est de rentrer dans sa chambre en état de grâce. Alors...

— Alors on y trouve un mari! s'écria Thérèse.

— Tu es bien pressée, répliqua froidement Marianne. Je n'en suis pas encore à la moitié de mes instructions. — Alors on recommence à prier ; on s'enferme pour accomplir toutes les conditions d'une retraite sévère ; on jeûne, et cependant on dispose tout pour un banquet, mais pour un banquet, à dire vrai, auquel la gourmandise n'a aucune part. La table doit être dressée pour deux personnes, et garnie de deux services complets, aux couteaux près, qu'il faut éviter avec grand soin. Ceci mérite une extrême attention, car il y a des exemples affreux des malheurs auxquels on s'expose en oubliant cette règle. Je vous les raconterai, si vous voulez, tout à l'heure. Je n'ai pas besoin de vous dire que ce couvert exige un linge parfaitement blanc, aussi propre, aussi fin, aussi neuf qu'on puisse se le procurer, et que le bon ordre et le bon goût du petit appar-

tement ne sauraient trop répondre à la bonne mine du
festin, car ce sont des choses qu'on a coutume d'observer
quand on reçoit une personne de considération...

— Tu nous parles banquets et festins, interrompit une
des jeunes filles, et je n'ai pas encore vu le moindre pré-
paratif de cuisine.

— Je ne peux pas tout dire à la fois, reprit Marianne.
Je vous ai prévenues que le repas serait fort simple. Il se
compose de deux morceaux de pain bénit qu'on a rappor-
tés du dernier office, et de deux doigts de vin pur répartis
entre les deux couverts, qui occupent, comme de raison,
les deux côtés de la table. Seulement, le milieu du service est garni d'un plat de porcelaine ou d'argent, s'il est
possible.

— Nous y voilà donc enfin! dit la petite fille.

— Et qui renferme, continua Marianne, deux brins soigneusement bénits de myrte, de romarin ou de toute autre
plante verte, le buis excepté, placés l'un à côté de l'autre,
et non en croix. C'est encore un point qu'il est très-essen-
tiel d'observer.

— Ensuite? demanda Thérèse.

Et le cercle tout entier répéta sa question comme un écho.

— Ensuite, répondit Marianne, on rouvre sa porte pour
faire passage au convive attendu, on prend place à table,
on se recommande bien dévotement à la sainte Vierge, et
on s'endort en attendant les effets de sa protection, qui ne
manquent jamais de se manifester, suivant la personne
qui les implore. Alors commencent d'étranges et admirables visions. Celles pour qui le Seigneur a préparé sur
la terre quelque sympathie inconnue voient apparaître
l'homme qui les aimera, s'il les trouve, qui les aurait
aimées, du moins, s'il les avait trouvées; le mari que l'on
aurait, si des circonstances favorables le rapprochaient de
nous; et heureuses celles qui le rencontrent! Ce qu'il y a
de rassurant, c'est qu'on prétend qu'un privilége particulier de la neuvaine est de procurer le même rêve au jeune

homme dont on rêve, et de lui inspirer la même impatience de se rejoindre à cette moitié de lui-même qu'un songe lui a fait connaître. C'est là le beau côté de l'expérience. Mais malheur aux jeunes filles curieuses dont le ciel ne s'est pas occupé dans la distribution des maris, car elles sont tourmentées par des pronostics effrayants. Les unes, destinées au couvent, voient, dit-on, défiler lentement une longue procession de religieuses, chantant les hymnes de l'Église; les autres, que la mort doit frapper avant le temps, et cela glace le sang dans les veines, assistent vivantes à leurs propres funérailles. Elles se réveillent en sursaut à la clarté des torches funèbres et au bruit des sanglots de leur mère et de leurs amies, qui pleurent sur un cercueil drapé de blanc.

—Je prends Dieu à témoin, dit Thérèse en se retirant un peu, que je ne m'exposerai jamais à de pareilles terreurs. On tremble seulement d'y penser.

—Tu pourrais cependant t'y exposer sans crainte, répliqua Émilie. Je suis caution que tu dormirais jusqu'au matin d'un bon sommeil, et qu'il faudrait t'éveiller, comme à l'ordinaire, pour prendre ta leçon d'italien.

—C'est mon avis, reprit Marianne, et je serais bien étonnée si ce n'était pas aussi celui de Maxime, qui paraît abîmé dans ses réflexions, comme s'il cherchait à expliquer un passage difficile de quelque auteur grec ou latin.

—Je ne sais, répondis-je en revenant à moi, et vous me permettrez de ne pas me prononcer si vite sur une croyance appuyée du témoignage du peuple, qui se fonde presque toujours lui-même sur l'expérience. La question vaut bien, selon moi, la peine d'être étudiée : mais, pardonne, chère Marianne, continuai-je en lui adressant la parole, si les détails que tu viens de nous donner avec ta grâce accoutumée ont laissé quelque chose à désirer à mon esprit? Tu n'as mis en scène, dans ton récit, qu'une jeune fille inquiète de son avenir; et tu conviendras sans peine que le même doute peut tourmenter l'imagination d'un jeune homme. Penses-tu que la neuvaine de la Chandeleur ne produise son effet que pour les femmes, et que la sainte Vierge n'accorde pas les mêmes grâces aux prières des garçons?

— Nullement, s'écria Marianne, et je te demande pardon de ma distraction. La neuvaine de la Chandeleur, accomplie dans ce dessein, a la même efficacité pour toutes les personnes à marier, et le sexe n'y fait rien. Aurais-tu l'envie étrange de t'en assurer?...

— Vraiment, dit Émilie en relevant de côté ses lèvres pincées, il ferait beau voir un jeune homme raisonnable, qui recherche la société des gens éclairés, et dont le père était l'ami de M. de Voltaire, donner, comme Claire, comme un enfant honnête, mais sans instruction, dans ces honteuses folies!

Je ne répliquai pas, et je n'aurais pas eu beau jeu contre Émilie, qui n'avait pas lu Voltaire, mais qui le citait avec d'autant plus d'autorité que personne entre nous ne l'avait lu. Je me levai doucement, sous l'apparence de quelque préoccupation subite; je me glissai peu à peu derrière le banc des mères, je m'emparai de mon chapeau, et je courus à la chapelle de la Sainte-Vierge, pour y commencer la neuvaine de la Chandeleur.

Je n'étais pas fort dévot; je ne pouvais l'être ni par habitude d'imitation, ni par l'effet d'une conviction raisonnée; mais je trouvais la religion belle, je la croyais bonne, je respectais ses pratiques sans les suivre, j'admirais ses dévoûments sans les imiter; j'avais la foi du sentiment, qui est peut-être la plus sûre, et je professais dès lors une haine instinctive contre cet esprit d'examen qui a tout détruit, ou qui détruira infailliblement tout ce qu'il n'a pas détruit encore. Je ne connaissais, en vérité, aucune objection plausible contre la neuvaine de la Chandeleur.

— Pourquoi cela ne serait-il pas ainsi? me demandai-je à moi-même quand j'eus fait quelques pas vers l'église. La nature a vingt mystères plus merveilleux que celui-là,

et qu'il n'est jamais arrivé à personne de mettre en doute.
Des corps grossiers, et insensibles en apparence, ont entre eux
des affinités qui les appellent les uns vers les autres à travers un espace incalculable ; l'aiguille aimantée, consultée
sous l'équateur, sait de là reconnaître le pôle ; un papillon
qui vient d'éclore vole, sans se tromper, à sa femelle inconnue ; le pollen du palmier se livre aux vents du désert,
et va féconder sur leurs ailes une fleur solitaire qui l'attend.
A l'homme seul, si privilégié d'ailleurs entre tous les
êtres créés, il serait interdit de pressentir sa destinée, et
de se joindre à cette partie essentielle de lui-même que
Dieu a mise en réserve pour lui dans les trésors de sa
Providence ! Ce serait calomnier la puissance et la bonté
du Père commun, que de croire à cet oubli. Mais, si
l'homme avait perdu cet avantage par une faute dont l'ex-
piation est imposée à toute sa race, repris-je avec inquiétude !.... — Eh bien, l'intercession de Marie, implorée
avec confiance, ne suffit-elle pas à le relever de sa condamnation ? A qui appartient-il mieux qu'à la pure et
douce Marie de protéger les chastes amours et les penchants
vertueux ! N'est-ce pas là sa plus belle mission dans le ciel ?
O ! si le mythe merveilleux qui est caché sous cette croyance
du peuple n'est pas vrai comme je le crois vrai, il faut
convenir qu'il devrait l'être !

Les esprits froids qui ne comprennent pas le charme
de la dévotion pratique m'ont toujours beaucoup étonné ;
le dédain des œuvres pieuses me paraît encore plus incompréhensible dans ces âmes vives et passionnées pour lesquelles la vie positive n'a pas de sensations assez fortes, et
qui sont obligées d'en demander incessamment de nouvelles
à l'imagination et au sentiment. Que sont, grand Dieu !
les hypothèses de la philosophie et des sciences, le prestige
des arts et les inventions de la poésie, auprès de cette
poésie du cœur qui s'éveille aux inspirations de la religion, et qui transporte la pensée dans une région d'idées
sublimes où tout est prodige, et où, cependant, tout est

vérité? Il faut croire, sans doute ; mais ce qu'il faut croire
est mille fois plus probable, mille fois plus facile à croire,
s'il est permis de comparer des choses si étrangères, que
tout ce qu'il est nécessaire de croire dans les rapports
communs de la vie sociale, pour la supporter sans amertume et sans dégoût. Examinons au bout de quelques années
les sensations dont nous avons joui avec le plus d'ivresse,
et nous n'en trouverons peut-être pas une qui ne soit une
erreur et un mensonge ; les illusions que nous avons goûtées, tout en les prenant pour des illusions, n'étaient pas
plus fausses, hélas ! que celles que nous avons prises pour
des réalités. Et nous dédaignons la religion, si féconde en
joies ineffables, en consolations, en espérances, la religion qui serait encore le bonheur le plus pur et le plus
complet de l'humanité, si elle n'était qu'une illusion !
celle-là au moins n'aurait pas les angoisses du désabusement et du regret. On n'en est pas détrompé sur la
terre !

J'avais donc rempli, avec une joie nouvelle pour moi,
toutes les obligations de la neuvaine ; et comme si l'habitude de ces exercices avait élevé ma raison elle-même à
une hauteur qu'elle n'avait jamais pu atteindre auparavant, je me faisais quelque reproche de m'y être livré
dans le seul objet de satisfaire à une curiosité puérile.
C'était, en effet, ma confiance aveugle pour de misérables
contes d'enfants qui m'avait inspiré tant d'actes de soumission et de foi dont une piété plus sincère et plus désintéressée se serait fait un devoir, et dont j'osais attendre
la récompense, comme si je ne l'avais pas trouvée dans la
satisfaction de mon propre cœur. Ce remords me saisit
surtout au moment où, mes préparatifs achevés et ma
porte ouverte à l'apparition prochaine, je me disposais à
proférer ma dernière prière. Il est probable que j'y exprimai plus de regrets que de vœux, et je ne sais si cette réparation fut agréée, mais je pus du moins m'en flatter, à la
douce sérénité qui rentra dans mes sens et qui calma en

un moment toutes les agitations de mon esprit ; j'eus à peine regagné mon fauteuil, que j'y fus surpris du sommeil le plus profond.

Je ne sais combien il dura, ni comment s'éclaircirent les ténèbres dans lesquelles il m'avait plongé ; mais il me sembla tout à coup que j'avais cessé de dormir ; ma chambre reprit son aspect accoutumé, à la lueur vacillante de mes bougies. Je discernai tous les objets, j'entendis tous les bruits, ces bruits faibles, indéterminés, sans origine sensible, qui semblent ne s'élever un moment que pour rassurer l'âme contre l'envahissement du silence éternel. Le parquet extérieur ne criait pas, mais il rendait un petit murmure, comme s'il avait été caressé d'une touffe de plumes ou d'un bouquet de fleurs. Je tournai les yeux vers ma porte, et j'y vis une femme ; je voulus m'élancer pour aller la recevoir, et une puissance invincible me retint à ma place. J'essayai de parler, et les paroles restèrent clouées à ma langue. Ma raison ne se perdit pas dans ce mystère ; elle comprit que c'était un mystère, et que les prières de ma neuvaine étaient exaucées.

L'inconnue s'approcha lentement, sans m'apercevoir peut-être, comme si elle avait obéi à une sorte d'instinct, d'impulsion irrésistible. Elle arriva au fauteuil que je lui avais préparé, s'assit, et resta ainsi exposée à ma curiosité dont rien ne réprimait l'impatience, car elle avait toujours les yeux baissés. J'attachai sur elle des regards enhardis par son immobilité, par son silence. Je ne l'avais certainement jamais vue, et j'éprouvai cependant, au milieu de la conscience vague d'un songe, la conviction que cette existence, étrangère à tous mes souvenirs, n'en était pas moins réelle et vivante. L'imagination même de mon âme, épurée par le recueillement et par la prière, ne devait rien produire qui approchât de ce rêve. Il appartenait à un ordre d'inspirations auquel l'homme ne saurait s'élever de lui-même, et que cette science délicate et choisie de la sensation qu'on appelle aujourd'hui l'esthétique est incapable de contrefaire. Ma métaphysique d'écolier philosophe veillait encore dans mon sommeil, mais elle s'humiliait devant l'œuvre de la puissance de Dieu. Je comprenais qu'une création aussi pure et aussi parfaite ne pouvait pas être mon ouvrage.

Je ne parlerai pas de la beauté de cette jeune fille ; on ne fait pas de portraits avec des mots ; j'ai douté quelquefois qu'on pût en faire avec des traits et avec des couleurs. Il y a dans l'ensemble de toutes les formes d'un être animé je ne sais quel jeu de passion et de vie qui ne se reproduit guère mieux sous le pinceau que sous la plume, et ce qui n'est pas moins sûr, c'est que la signification de cet ensemble n'est pas également intelligible pour tout le monde. Chacun la lit selon son aptitude à en démêler les caractères, à en pénétrer le sens, à s'en approprier l'esprit. Quand elle est montée au ton d'une parfaite harmonie avec l'intelligence et la sensibilité de celui qui regarde, elle se sent mille fois mieux qu'elle ne s'analyse, et l'effet en est trop saisissant, trop simultané, pour laisser la moindre place à l'observation des détails. J'imagine qu'il faut être déjà un peu blasé sur les impressions de l'amour pour s'arrêter à l'effet piquant d'un pli de la lèvre ou du sourcil, d'une dent qui se soulève presque imperceptiblement sur son clavier d'émail, d'une petite boucle de cheveux rebelles, échappée à l'arrangement de la coiffure. Les sympathies puissantes qui décident de la vie tout entière procèdent d'une manière plus soudaine, et on se rappelle que l'apparition de la Chandeleur ne s'accomplit qu'en raison d'une sympathie complète et absolue entre les personnes qu'elle met en rapport. Je ne me demandai pas pourquoi j'aimais cette femme, je ne me demandai pas même si je l'aimais ; je sus que je l'aimais ; je me dis ce que dut se dire Adam quand Dieu combla le bienfait de la création en lui donnant une épouse : J'achève d'être ; je suis !

L'étrangère paraissait habillée, comme moi, pour un festin de fiançailles ; mais ses vêtements n'étaient pas familiers aux nouvelles mariées de ma province. Ils me rappelaient ceux que j'avais remarqués plusieurs fois, en pareille circonstance, dans une ville peu éloignée que l'invasion de nos armes et de nos doctrines venait d'attacher à la République. C'était le costume piquant et gracieux de Montbéliard, que la société la plus élevée du pays conservait encore par tradition dans certaines cérémonies solennelles, et qui est probablement abandonné aujourd'hui par le peuple lui-même. Elle avait déposé à côté d'elle, sur la table, un de ces petits sacs à mailles d'acier poli dans lesquels les jeunes femmes renfermaient alors ces légers chiffons qu'il leur plaisait d'appeler leur ouvrage, et je n'avais pas tardé à m'apercevoir que sa plaque était décorée de deux lettres relevées en clouterie d'acier, qui devaient être les initiales des deux noms de ma future, mais j'aurais mieux aimé les apprendre tout entiers de sa bouche. Malheureusement le charme qui m'avait interdit la parole n'était pas rompu, et toutes les facultés, toutes les puissances de mon âme avaient passé dans mes yeux, car ils venaient de rencontrer les siens. La fascination de ce regard céleste aurait suffi d'ailleurs pour me rendre muet. Je concevais à peine la possibilité d'en supporter l'expression sans mourir, et je ne devais sans doute la force de résister à une émotion si vive qu'au privilége de la neuvaine, dont mon esprit n'oubliait point le mystère. C'est que jamais le feu d'une tendresse innocente n'anima des yeux plus doux et ne révéla mieux ces secrets ineffables du pur amour, pour lesquels aucune voix humaine ne saurait trouver de paroles. Cependant un nuage étrange obscurcit tout à coup ses paupières. Il sembla qu'une notion confuse de l'avenir qui venait d'éclore dans sa pensée s'y manifestait peu à peu sous une forme plus sensible, et l'accablait d'une horrible certitude. Son sein palpita, ses cils s'humectèrent de quelques pleurs qu'elle cherchait à retenir; elle repoussa doucement de la main le pain et le vin que j'avais placés devant elle, se saisit avec ardeur d'un des brins de myrte bénit, et le fit passer sous un des nœuds de son bouquet. Ensuite elle se leva et reprit le chemin par où elle était venue. Je triomphai alors de l'horrible contrainte qui m'enchaînait à ma place, et je m'élançai sur ses pas pour en obtenir un mot de consolation et d'espérance. — Oh! qui que vous soyez, m'écriai-je, ne m'abandonnez pas à l'horrible regret de vous avoir vue et de ne pouvoir vous retrouver ! Songez que mon avenir dépend de vous, et ne faites pas un malheur éternel du plus doux moment de ma vie ! Apprenez-moi du moins si je pourrai presser une fois encore cette main que je couvre de larmes, si je pourrai vous voir encore une fois !...

—Une fois encore, répondit-elle, ou jamais !... Jamais ! répéta-t-elle avec un cri douloureux.

En parlant ainsi, elle s'échappa. Je sentis mes forces me manquer et mes jambes défaillir. Je cherchai un point d'appui ; je m'y fixai, je m'y abandonnai sans résistance. Le plus obscur des voiles du sommeil avait remplacé sur mes yeux le voile transparent des songes. Je ne fus réveillé qu'au grand jour, par les éclats de rire d'un domestique qui enlevait les apprêts de ma collation nocturne, et qui attribuait cet appareil à des fantaisies de somnambule, auxquelles j'étais en effet sujet. Je ne m'en défendis pas, mais j'oubliai de m'assurer, dans mon trouble et dans ma confusion, si les deux brins de myrte avaient été retrouvés : c'était la seule circonstance qui pût donner à mon rêve une espèce de réalité positive, ou la lui faire perdre. Dans le doute, un esprit plus grave que le mien se serait abstenu ; il aurait regardé l'étrange illusion de la nuit précédente comme l'effet d'une longue préoccupation, de l'imagination, du jeûne, et on est libre de croire que ce n'était pas autre chose. Mais un amoureux de vingt ans, qui aime pour la première fois, n'est pas capable de tant de raisonnements. Et j'aimais de toute la puissance de mon cœur, avec ivresse, avec frénésie, cette jeune fille inconnue qui peut-être n'existait pas.

Je n'étais pas d'un caractère qui se déprît facilement des idées dont il s'était fortement occupé une fois. Celle-là devint mon idée fixe, l'unique pensée de ma vie, le seul but de ma destinée. J'abandonnai tout à fait ce monde innocent et doux dans lequel s'étaient renfermés jusque-là mes habitudes et mes plaisirs; je cherchai la solitude, parce que la solitude était la seule manière d'être où je pusse m'entretenir librement avec moi-même de mes vœux et de mes espérances. A quelle docile amitié, à quelle crédulité complaisante aurais-je osé les confier? Il me semblait, dans mon délire, qu'une circonstance prochaine, presque aussi imprévue que celle qui m'avait montré ma fiancée inimaginaire, ne tarderait pas à la ramener sous mes yeux; je l'attendais, je croyais la rencontrer dans toutes les femmes inconnues que le hasard me faisait apercevoir de loin, et partout elle m'échappait comme dans le rêve où je l'avais vue. Cette succession perpétuelle d'illusions et de désabusements finit par prendre un ascendant funeste sur mon esprit; elle était devenue une manie assidue, invincible, inexorable. Ma raison et ma santé cédèrent à la fois, et la médecine, vainement appelée à mon lit de douleur, renonça en peu de jours à l'espoir de me guérir. La médecine ne pouvait deviner la cause de mon mal, et une juste pudeur m'empêchait de l'avouer.

Je n'avais cependant négligé aucun moyen de découvrir ma mystérieuse amie. Les initiales du sac en filet d'acier n'étaient pas sorties de ma mémoire, et je les avais fait connaître, sous la réserve d'un profond secret, à un de mes jeunes camarades d'étude qui habitait Montbéliard, en y joignant le portrait le plus circonstancié de la jeune fille dont elles devaient exprimer le nom. La description ne pouvait pas manquer de ressemblance : les traits, hélas! en étaient trop profondément empreints dans mon cœur, où je sens qu'ils vivent encore. Quant au danger de l'exagération, rien n'était moins à craindre : quelle expression, quel langage paraîtrait exagéré à ceux qui l'auraient vue?

La réponse avait tardé longtemps. Elle vint tout à coup ranimer mon cœur dans un de ces moments d'angoisse extrême où mes forces épuisées ne semblaient plus capables de lutter avec la mort. L'être idéal que j'avais rêvé dans la nuit de la Chandeleur existait réellement; la ressemblance était parfaite. On avait reconnu la personne que je désignais avec tant de soin, à tous les traits de ce signalement fidèle, et même à un petit signe empreint derrière le cou, qu'elle m'avait laissé apercevoir dans sa fuite. Elle s'appelait Cécile Savernier, et ces noms commençaient par les deux lettres que je me souvenais si bien d'avoir lues sur le sac en mailles d'acier. Elle habitait ordinairement, seule avec son père, une maison située à quelque distance de la ville, et c'était cette particularité qui avait rendu les informations plus difficiles et plus lentes. Depuis quelque temps ils étaient rentrés à Montbéliard, où les grâces et la beauté de Cécile faisaient l'objet de toutes les conversations. Mon officieux condisciple, qui regardait ces renseignements comme les préliminaires d'une demande en mariage dans laquelle j'avais consenti à servir d'intermédiaire, se croyait obligé d'insister sur les qualités incomparables de mademoiselle Savernier; mais il finissait par ajouter, non sans exprimer quelque regret, qu'elle avait peu de fortune. Cette circonstance ne me fut pas moins agréable que les autres; car ma fortune ne me permettait pas d'aspirer à un mariage opulent, et il n'y avait d'ailleurs rien de plus éloigné de ma manière de comprendre le mariage.

Je n'avais plus rêvé. Mon illusion prenait un corps, ma chimère devenait une réalité. C'était Cécile Savernier que j'aimais, et Cécile n'était plus l'enfant capricieux de mes songes. Elle existait à quelques lieues de moi; je pouvais, je devais la trouver, et passer près d'elle, avec elle, une vie tout entière, douce comme la première pensée de l'amour. Ma langueur disparut avec mes inquiétudes; ma santé se raffermit; il ne me resta de mon mal qu'un peu de trouble et de faiblesse, et mon père consolé, plus heureux de jour en jour, se réjouit enfin de l'espoir assuré de ma guérison. Un jour qu'il pressait ma main avec tendresse, appuyé sur le lit que je n'avais pas encore quitté : « Dieu soit loué! me dit-il, tu as su triompher de ta douleur, et tu me rendras mon fils! je t'en remercie.

— Ma douleur, répondis-je en me rapprochant de lui pour l'embrasser, croyez-vous en avoir le secret?...

— Oh! reprit-il en souriant, tous les chagrins de ton âge viennent de l'amour, je les ai connus comme toi. Je vois aujourd'hui d'assez loin ceux qui ont tourmenté ma jeunesse pour n'y penser qu'avec dédain; mais je sais qu'ils peuvent être mortels. Aussi n'aurais-je pas hésité à voler au-devant de tes vœux s'ils avaient pu être remplis. Je te félicite d'avoir pris ton parti contre un malheur inévitable que l'avenir ne tardera pas à réparer, et que tu compteras gaîment un jour parmi les folles déceptions d'une imagination de dix-huit ans. Promets-moi seulement de me mettre le premier dans ta confidence, quand un nouveau sentiment surprendra ton cœur. Nous en parlerons sérieusement ensemble, comme deux amis, dont l'un a sur l'autre l'avantage de l'expérience, et je m'engage, si tu persistes, à ne rien épargner pour te rendre heureux! Dis-moi sincèrement, cher enfant, si cet arrangement te convient.

Je saisis la main de mon père, et je la portai à mes lèvres.

— Vous êtes le meilleur des pères, répliquai-je, et votre fils ne l'a pas oublié un moment; mais êtes-vous bien sûr de ne pas vous tromper sur la cause de ma maladie? Je ne comprendrais pas que vous l'eussiez devinée!...

— Cela n'était pas si difficile que tu te l'imagines, dit mon père avec un nouveau sourire. C'était l'amour, et tes regards ou ton silence me l'ont dix fois avoué. Il ne s'agissait plus que d'en chercher l'objet parmi les jeunes filles qui font partie de notre société habituelle. Ce n'était pas Thérèse; elle est trop légère et d'un esprit trop super-

ficiel pour t'occuper. Ce n'était pas Marianne, dont le babil-
lage t'amuse, mais qui n'a ni solidité dans l'esprit, ni
tendresse réfléchie dans l'âme, et qui n'est bonne que par
instinct. Ce n'était pas Émilie, qui est froide, pincée,
raisonneuse, et qui a appris à lire dans le baron d'Hol-
bach. Ce ne pouvait être que ta cousine Claire, qui est
jolie, qui est simple, qui est modeste, et dont l'exaltation
naïve s'accorde assez bien avec le tour de ton esprit.
Crois-tu que je m'entende si mal à deviner?

— Claire! m'écriai-je dans une sorte d'élan qui put
tromper mon père, car il était bien loin d'en connaître le
sujet!...

C'était précisément cette jeune fille qui avait fait la neuvaine de la *Chandeleur* en même temps que moi, et dont
l'exemple m'avait suggéré cette idée.

— En vérité, continuai-je après un moment de réflexion,
vous avez eu raison de supposer que je préférais Claire à
toutes les autres. J'aime Claire comme amie, comme
parente, comme une personne excellente qui sera, j'espère, une digne femme et une digne mère; mais je n'ai
jamais pensé à la faire ma femme et la mère de mes
enfants!... Croyez, je vous prie, à la sincérité de mes
paroles!...

Mon père me regarda d'un air étonné.

— Je n'ai aucune raison pour en douter, me dit-il,
mais ta réponse a trompé mes conjectures. Ce n'est donc
pas le mariage de Claire qui t'a réduit à cet état de mélancolie auquel je t'ai vu près de succomber, et qui m'a causé
tant d'affreux soucis?...

— Claire se marie? repartis-je en me soulevant sur mon
lit... Claire se marie! dites-vous... Oh! rassurez-vous,
mon ami! je ne vous ai pas trompé. Ce transport n'est que
de la joie; puisse ce mariage être conforme aux intentions
du ciel, et la combler d'un parfait bonheur!...

— Je le souhaite, reprit mon père, et j'aime à l'espérer, quoiqu'il ait quelque chose de fort extraordinaire.

Claire avait refusé cette année trois établissements très-avantageux, et sa mère la croyait disposée à embrasser la vie religieuse, dont elle suivait les pratiques avec une singulière ardeur, quand un jeune homme inconnu, presque arrivé de la veille, a obtenu son consentement dès le premier entretien. Les renseignements ont été favorables, et les deux familles se sont promptement trouvées d'accord. Claire se trouve heureuse de cette union, que la sainte Vierge lui prépare, dit-elle, depuis le jour de la *Chandeleur*. Tu reconnais là cette imagination mystique et romanesque à la fois, qui m'avait fait croire à quelque sympathie entre vous.

— Je vous proteste, mon ami, que je comprends à merveille le mariage de Claire, et que je ne pense pas qu'elle en eût jamais pu faire un meilleur.

—A la bonne heure, répliqua-t-il en éclatant de rire, et cela dépend de votre manière de voir à tous deux. Mais nous ne parlons pas du tien?

— Pensez-vous qu'il soit déjà temps de s'en occuper. Je n'ai pas vingt ans!

— Entre nous, c'est une affaire qui te regarde; mais pourquoi pas? Je me suis marié trop tard, ou les années ont coulé trop vite, et je laisserais à goûter les plus douces joies de la vie si je mourais sans avoir été aimé d'une fille que tu m'aurais donnée, sans avoir joué avec des enfants, sans confier le souvenir de mes traits et celui de ma tendresse à la mémoire d'une génération nouvelle qui sera sortie de moi. C'est là, mon ami, l'immortalité matérielle de l'homme, la seule que la faiblesse de nos organes et de notre intelligence nous permette de pressentir clairement. L'autre est un grand mystère que la religion et la philosophie s'abstiennent prudemment d'expliquer. Ton mariage, à toi, est donc devenu l'objet principal de mes pensées, de mes espérances, et je te dirai franchement que je m'en suis beaucoup occupé depuis la *Chandeleur* dernière...

— Depuis la *Chandeleur*, mon père!...

— Depuis la *Chandeleur*, répliqua-t-il en témoignant un peu de surprise et en me regardant fixement. C'est le temps où les idées de mariage commencent à fermenter, avec la jeune saison, dans le cœur des jeunes gens, et viennent éveiller la sollicitude des pères, car il y a entre les uns et les autres de secrètes harmonies d'instinct et de prévoyance ; mais je me rappelle que cette date a pu te remettre en mémoire la folle préoccupation de notre pauvre Claire. Ce qu'il y a de certain, c'est que j'ai conçu le même projet pour toi à la même époque, et selon toute apparence à l'insu de la sainte Vierge. Si j'ai négligé de t'en parler, tu en connais les raisons. Alors commençait pour toi cette longue période de maladie dont tu es à peine sorti, et qui m'a fait craindre pour ta vie. Si l'amour n'est pour rien dans tes souffrances, nous sommes encore à temps aujourd'hui pour parler de mes vues, mais sans qu'elles puissent tirer à conséquence le moins du monde, au cas où elles auraient le malheur de contrarier les tiennes ; car j'entends expressément que ton choix et ton établissement restent libres, et je ne me départirai jamais de cette promesse.

— Vous me comblez de reconnaissance et de joie, m'écriai-je en m'asseyant sur mon lit, et en rajustant mes habits, car je sentais mes forces se raffermir avec l'espoir de retrouver et d'obtenir Cécile. J'attends de votre tendresse que vous ne m'imposerez point un engagement auquel je ne puis souscrire, et que je ne saurais contracter sans violer les plus saintes obligations. Je vous jure de mon côté, mon unique et parfait ami, que je n'aurai jamais de secret pour votre cœur, et que je ne ferai entrer de ma vie dans votre maison une fille que vous n'aurez pas adoptée d'avance.

— Comme tu voudras, dit mon père ; et cependant cette idée, dont il faut bien que je te fasse le sacrifice, était le plus doux des rêves de ma vieillesse. Laisse-moi du moins t'en parler pour la dernière fois. Je n'ai peut-

être jamais prononcé devant toi le nom d'un de ces amis
d'enfance dont le souvenir rappelle un jour les seules
amitiés réelles que l'on ait goûtées dans la vie, les amitiés
sincères et désintéressées du collége. Celui-là n'était pourtant pas sorti de ma mémoire ; mais une grande différence
de vocation, d'habitudes et de domicile semblait nous
avoir séparés pour toujours. Il était devenu colonel d'artillerie ; il émigra, et cette dernière circonstance rendit
notre éloignement plus irrévocable ; car j'avais suivi,
comme tant d'autres, le mouvement de la révolution,
quand j'étais loin d'en prévoir encore le but et les résultats. Heureusement cette direction passagère d'un esprit
trompé par les apparences m'avait valu un crédit politique que j'ai eu la consolation de voir quelquefois utile.
Mon ami, désabusé à son tour d'un autre genre d'erreurs,
regrettait le séjour de la patrie, toujours si chère au cœurs
bien nés. Je parvins à obtenir sa radiation, et à lui rendre
ses foyers, le champ paternel et l'air natal. Nous ne nous
sommes pas revus depuis ; mais ses lettres ne cessent de
me témoigner une tendre reconnaissance qui récompense
bien doucement mes efforts. Des confidences réciproques
nous ont mis au fait des plus petits détails de notre intérieur et de notre fortune. Mon vieil ami Gilbert sait que
j'ai un fils sur lequel repose tout mon avenir, et que des
rapports multipliés lui ont fait connaître, dit-il, sous le
point de vue le plus avantageux ; il a une fille de seize ans
dont l'éloge est dans toutes les bouches, et qui fera certainement le bonheur de son mari comme elle a fait celui
de son père. Je ne te cache point que nous avions vu dans
cette union projetée un agréable moyen de nous réunir
pour le reste de nos jours, chacun de nous deux étant bien
décidé à ne pas quitter son unique enfant. C'était une vie
d'élection que nous nous étions préparée dans notre folle
confiance, tant il est vrai qu'on s'abuse à tout âge, et que
la vieillesse, mûrie par l'expérience des choses, ne se
laisse pas moins entraîner à ses illusions que l'adolescence

elle-même. Cette perspective était délicieuse, il faut y renoncer !

— Pardon, mon père, mille fois pardon! Pourquoi le ciel m'a-t-il condamné à si mal reconnaître votre tendresse ?...

— Rassure-toi, me dit-il, j'oublierai facilement quelque joie que je m'étais promise à voir mes espérances réalisées, pour ne plus penser qu'aux tiennes. — Et c'est vraiment dommage, car Cécile Savernier passe pour la plus jolie fille d'un pays où l'on a le droit d'être difficile.

— Cécile Savernier! m'écriai-je en m'élançant de mon lit, Cécile Savernier! O mon père, vous ai-je bien entendu ?...

— A merveille, répondit-il; Cécile Savernier, fille de Gilbert Savernier, ancien colonel d'artillerie, demeurant à Montbéliard, département du Mont-Terrible. C'est d'elle que je te parlais.

Je tombai aux pieds de mon père dans un état d'agitation impossible à décrire; je m'emparai de ses mains; je les couvris de mes baisers, de mes larmes; je restai longtemps sans retrouver la parole ni la voix. Mon père, inquiet, me releva, me pressa contre son cœur, m'interrogea dix fois avant que j'eusse la force de me faire entendre.

— Cécile Savernier! C'est elle, c'est elle, mon père, criai-je enfin d'une voix étouffée! C'est elle que je vous demandais à genoux !

— En vérité? répliqua-t-il. Alors tes vœux seront facilement exaucés, puisque l'affaire est presque toute faite; mais te crois-tu bien assuré de cette résolution? Sur quoi est-elle fondée? Où peux-tu avoir vu Cécile? Où peut-elle t'avoir connu? Montbéliard est la seule ville de France où elle ait paru depuis son retour de l'étranger, et, quand tu traversais ce pays, il y a deux ans, je suis positivement certain qu'elle n'y était pas encore.

Je rougis. Cette question touchait de trop près à un se-

cret que je n'avais pas la force de révéler, et dans lequel
mon père pouvait ne voir qu'une illusion ou un mensonge.

— Croyez, lui répondis-je, que j'ai vu Cécile, et que je
suis autorisé à penser qu'elle ne repoussera pas mon amour.
Sur les circonstances ou l'événement qui nous ont rapprochés un instant, soyez assez bon, je vous prie, pour ne pas
m'en demander davantage.

— Dieu m'en garde, reprit-il en m'embrassant. Je respecte trop ce genre de mystère pour t'enlever le mérite de
la discrétion. *Il est des nœuds secrets, il est des sympathies* qui ne sont connues que des amants, et qu'on devine
mal à mon âge. Celle-ci répond si bien à mes désirs, que
je n'ai aucun intérêt à m'informer de son origine. Pourquoi, d'ailleurs, ajouta-t-il en riant, la sainte influence qui
se fait sentir depuis quelque temps dans les affaires de
ma famille n'y aurait-elle pas ménagé deux mariages au
lieu d'un ? Occupons-nous seulement du tien, qui s'accomplira sans remise aussitôt que tu seras gradué. — Ce
délai paraît t'effrayer, mais il n'est pas si long que tu
l'imagines. Tes succès dans les écoles font depuis plusieurs
années mon bonheur et ma gloire, et le temps que ta maladie t'a fait perdre sera promptement regagné. Tu conçois
qu'il te conviendrait mal de te présenter à l'acte le plus
solennel de la vie sans y porter en dot un titre honorable
et sérieux. Ne t'alarme pas, au reste, des rigueurs d'une
séparation dont j'éloigne un peu le terme, et qui rendra
ta félicité plus parfaite ; car le bonheur qu'on espère est le
bonheur le plus sûr de la vie. Il est d'ailleurs tout à fait
conforme aux bienséances que tu voies ta future et son père
avant de pousser plus loin les choses, et que tu obtiennes
un aveu plus positif encore que celui dont nous nous flattons
tous les deux. Puisque voilà ta convalescence en bon train,
j'espère qu'un mois de séjour à Montbéliard ne peut que
l'affermir, et tu assisteras à la noce de Claire en passant,
car elle se fait à moitié chemin, dans sa jolie maison du

bois d'Arcey. Qu'en dis-tu ? Cet arrangement te con-
vient-il ?

Je me jetai dans ses bras ; il me baisa sur le front, rentra dans son cabinet, et en sortit bientôt avec une lettre à
l'adresse du colonel Savernier.

Je partis le lendemain pour Montbéliard, plus heureux
qu'on ne peut le dire. — Qu'est-ce, mon Dieu, que les
joies de l'homme ?

II.

J'ai dit que l'étrange illusion qui remplissait toute ma
vie, qui absorbait toutes mes pensées, depuis la nuit de
la *Chandeleur*, était devenue équivalente pour moi aux
vérités les plus positives. Le résultat de mes recherches lui
avait donné une extrême vraisemblance. Le concours inattendu des projets de mon père avec l'époque et les circonstances de mon rêve, le faisait sortir de la classe des rêves
ordinaires. Ce n'était plus un rêve, c'était une révélation ;
Dieu lui-même, touché de la soumission de mes prières,
m'avait choisi l'épouse que j'allais chercher. Cette idée
augmentait mon bonheur de toute la sécurité dont le bonheur passager des hommes a besoin pour être réellement
quelque chose. Disposé par caractère à recevoir facilement
l'impression du merveilleux, je m'abandonnai sans résistance à celle-là. Les cœurs qui ressemblent au mien n'auront pas de peine à me comprendre.

J'embrassais pour la première fois la pensée d'un bonheur dont rien ne paraissait devoir troubler la sérénité ; je
volais vers Cécile dans toute la confiance, dans tout l'a-
bandon de mon cœur ; et, par une singulière rencontre,
qui me semblait faite exprès pour moi, la fin de ce doux

hiver avait pris tout à coup les grâces et jusqu'à la parure du printemps. Les frimas avaient disparu de la base à la cime des montagnes ; un air tiède et embaumé circulait à travers les massifs toujours verts des sapins ; les pousses précoces des autres arbres commençaient à se colorer de ces nuances d'un rouge vermeil qui peignent les bourgeons pressés d'éclore ; et de petites fleurs, inconnues de la saison, émaillaient la mousse comme une semence de perles. Nous n'étions cependant qu'à la fin de janvier, et je fus frappé d'un étrange saisissement quand je remarquai que le jour de la noce de Claire était précisément le jour de *la Chandeleur*. J'arrivai à temps pour assister à la célébration : une joie modeste et religieuse, sans mélange d'aucune inquiétude, remplissait tous les esprits ; la physionomie des mariés exprimait un contentement parfait, mais céleste, car il était calme et recueilli. Le jeune homme était beau, plein de tendresse et de prévenances, et toutefois sérieux, de sorte qu'on l'aurait moins pris pour l'heureux fiancé de la veille que pour un ange envoyé, comme témoin, par le Seigneur, au mariage d'une chrétienne. Lorsque la cérémonie fut achevée, je m'approchai de ma cousine, et je lui dis doucement, en portant sa main à mes lèvres : J'aime à croire, petite amie, que cet époux est celui qui t'a été annoncé dans la veillée de *la Chandeleur* ? — Claire éleva les yeux sur moi en rougissant, avec un regard qui semblait dire : Comment savez-vous cela ?... — et puis elle me répondit en me pressant la main : « Je n'en aurais pas épousé un autre. » — Oh ! non, sans doute, car elle savait bien que cette destinée de sa vie, c'était Dieu qui la lui avait faite ? Je me sentis agité d'une émotion délicieuse et impossible à décrire, en songeant qu'une pareille félicité m'était promise.

Pendant que les fêtes du mariage de Claire me retenaient au bois d'Arcey un peu plus longtemps que je n'aurais voulu, mon excellent père avait prévenu le colonel Savernier sur ma visite, dont celui-ci, curieux de me connaître d'abord, n'avait pas jugé à propos d'avertir Cécile. Lorsque j'eus présenté ma lettre au colonel, il se contenta d'y jeter un regard et un sourire, et venant à moi les bras ouverts : — Je n'ai pas besoin, me dit-il avec une tendre cordialité, de m'informer de ton nom; tu ressembles tellement à l'ami de ma jeunesse, qu'il me semble le voir encore quand toutes les matinées rappelaient un de nous deux auprès de l'autre. Tu es seulement un peu plus grand. Sois le bienvenu, mon garçon, comme un ami, comme un fils, si ton cœur parvient à se faire entendre, ainsi que je l'espère, de celui de ma Cécile. Et puis, maintenant, assieds-toi et repose-toi, pendant que je lirai la lettre de ton père, et que je te considérerai plus à mon aise. —

. La douceur de cet accueil fit venir à mes paupières quelques douces larmes, que je cherchai à réprimer en promenant ma vue sur l'intérieur de l'appartement : un chapeau de paille, garni d'un frais ruban bleu de ciel, était pendu à un clou; c'était celui de Cécile. Une harpe était placée dans un des angles du salon; c'était la harpe de Cécile. Un sac à mailles d'acier avait été abandonné négligemment sur un fauteuil voisin du mien, et j'y distinguais aisément le chiffre en clouterie qui m'avait frappé dans la nuit de ma vision; c'était le chiffre de Cécile..... — Et cependant, si ce n'avait pas été Cécile!... Cette idée, qui ne m'était pas encore venue, surprit tout à coup mes esprits, et me glaça de terreur. Je me trouvais engagé de la manière la plus sacrée, la plus irrévocable, par les vœux que j'avais exprimés à mon père, par la démarche que je faisais auprès de M. Savernier, et mon aveugle précipitation n'aboutirait peut-être qu'à me séparer pour toujours de l'épouse qui m'était promise. Un frisson mortel parcourait mes membres, quand j'aperçus loin de moi un portrait de jeune femme coiffée d'un chapeau de paille; je recueillis toutes mes forces pour y courir, persuadé que la maladresse même d'un peintre de village ne serait pas parvenue à me dissimuler entièrement des traits

si bien empreints dans mon cœur. J'arrivai, je restai pé-
trifié de désespoir; la foudre, tombée sur ma tête, ne
m'aurait pas accablé d'un coup plus cruel. C'était le portrait d'une femme charmante, dont la physionomie avait
quelque rapport avec celle de ma Cécile imaginaire. Ce
n'était pas elle.

Mes jambes fléchissaient sous moi, quand le bras de
M. Savernier, passé autour de mon corps, me soutint : —
Hélas! me dit-il en essuyant une larme, tu ne verras plus
celle-là! c'est Lidy, ma belle et douce Lidy! c'est la mère
de notre Cécile! Puisses-tu ne jamais éprouver comme moi
l'horrible douleur de survivre à ce que tu aimes!... —

Je me retournai vers lui, je m'appuyai sur son sein, et
je baignai ses joues de mes pleurs, mais sans démêler,
dans mon émotion, s'ils étaient produits par l'attendrissement ou par la joie. Il n'y avait plus rien qui démentît
mes espérances, il n'y avait plus rien qui ne parût les
confirmer. Mon effroi s'évanouit.

— Oui, tu seras mon fils, reprit M. Savernier d'un ton
de résolution solennelle, tu seras mon fils, car tu as une
âme! Tu seras l'époux de Cécile, si elle y consent. Et pourquoi n'y consentirait-elle pas? ajouta-t-il en me regardant
avec complaisance et en m'embrassant encore. Je n'avais
réellement pas encore remarqué que tu fusses si bien.

— Causons maintenant, continua-t-il en me faisant
asseoir et en prenant ma main dans la sienne. Les bienséances ne permettaient pas que tu logeasses chez moi,
mais nous nous y verrons tous les jours, pendant le temps
que tu as à passer à Montbéliard avant d'aller reprendre tes
études. La douce intimité qui doit précéder un engagement
sérieux et inviolable s'établira d'elle-même. Il ne faut pas
procéder légèrement dans les affaires de la vie entière et
de l'éternité. Cette époque d'épreuves a d'ailleurs un
charme que le bonheur lui-même fait quelquefois regretter,
et j'imagine que ton père te l'a dit comme moi; et puis elles
ne seront ni longues ni rigoureuses, car les vieillards ont

encore de meilleures raisons que les jeunes gens, pour se hâter d'être heureux. Je te parle en tout ceci comme si je n'avais point de doute à former sur un consentement réciproque entre la jeune fille et toi, et Dieu me garde de me tromper! Mais j'y suis autorisé par les communications que ton père m'a faites, et dont il résulte, à mon grand étonnement, que tu aimes déjà ma Cécile. Ce qu'il y a de plus étrange, s'il est possible, c'est que son cœur naïf, qui ne m'a jamais rien caché, se sent entraîné vers toi du même penchant, quoique vous ne vous soyez jamais vus... à moins pourtant que ma vigilance n'ait été déjouée par quelqu'un de ces artifices que la jeunesse pratique d'instinct et que la vieillesse oublie. Ah! je te le déclare, c'est là un point sur lequel je désire avec ardeur des éclaircissements, et ma bonne et franche amitié pour toi me donne quelque droit à les obtenir!...

Le colonel me regardait fixement, et le trouble où sa question me plongeait ne pouvait pas lui échapper. Je baissai les yeux, j'hésitai, je cherchai une réponse, et je ne la trouvai pas.

—Je jure sur l'honneur, monsieur, répondis-je enfin, que je n'ai jamais vu Cécile, que je n'ai jamais vu son portrait, que je n'ai jamais eu l'audace de lui écrire, que son nom m'était connu depuis deux jours à peine, quand mon père l'a prononcé devant moi. Cependant je l'aime depuis près d'un an, je l'aime pour toute ma vie! Je l'aime plus encore que je ne me croyais capable d'aimer, du moment où vous avez daigné m'apprendre que nos âmes s'étaient entendues! Voilà la vérité, monsieur! Le reste est pour moi-même un incompréhensible mystère!

—Incompréhensible, en effet, reprit M. Savernier d'un air soucieux, tout à fait incompréhensible, car je ne suppose pas que tu puisses mentir!... Et cependant!...

—Et cependant je ne vous ai rien déguisé : j'en prends à témoin la puissance inconnue qui m'a ménagé tant de félicités, et qui a jeté dans mon sein l'amour dont je viens demander le prix. N'est-il donc point d'exemple de ces sympathies qui s'emparent de nous à l'insu de nous-mêmes, et qui nous entraînent avec toute la véhémence d'une passion? La Providence, qui veille au bonheur à venir des familles, n'a-t-elle jamais préparé, dans le trésor de ses grâces, de semblables rapprochements? Ce qu'elle a fait pour tous les êtres créés, ne l'a-t-elle jamais fait pour l'homme? C'est ce que j'ignore profondément, et c'est pourtant ce qu'il faut que je croie, car je n'ai point d'autre explication à vous donner.

— Bon! bon! reprit le colonel. C'est qu'on jugerait qu'ils se sont concertés; ne faudra-t-il pas croire maintenant qu'ils se sont vus et aimés en rêve? Si le secret de ce genre de rendez-vous vient à se répandre, c'en est fait pour toujours de la surveillance paternelle. Je la mets bien au défi d'aller jusque-là. Qu'importe, au reste, ajouta-t-il, pourvu que vous vous aimiez, puisque je ne souhaite pas autre chose? Voilà ce que nous saurons tous avant peu d'une manière plus positive, car tu dîneras avec Cécile... demain.

— Demain! m'écriai-je. Et je ne tardai pas à regretter cette expansion indiscrète; mais je m'étais flatté de l'espoir de la voir plus tôt.

— Demain, dit-il en souriant. C'est plus tard que tu ne voudrais, mais ce délai n'est pas assez long pour te causer une véritable affliction. Ce demain, si redoutable pour les amants, n'est l'éternité que pour les morts. Je n'avais pas voulu prévenir Cécile de ton arrivée; je m'étais réservé le plaisir de découvrir, à votre première entrevue, quand je te connaîtrais déjà un peu, ce qu'il y a de réel dans votre sympathie, et j'ai saisi volontiers l'occasion de tenir ma fille éloignée à l'instant où je t'attendais. Une nombreuse famille catholique du pays dans laquelle Cécile ne compte pas moins de six amies, toutes sœurs, solennise aujourd'hui l'anniversaire de naissance d'une bonne aïeule qui est ma vieille amie, à moi. Comme les longues retraites de la *Chandeleur* sont finies, et que le temps qui nous reste à passer d'ici au carême est consacré, par un usage immémorial, à des divertissements plus ou moins innocents, mais que la piété même ne s'interdit pas, on dansera, on se réjouira, on se déguisera, je crois même qu'on sera masqué. Ne t'effraye pas, mon garçon : le programme de la fête n'admet que les femmes, et aucun homme n'y sera reçu, mari, père ou frère, avant l'heure où il convient que les douces brebis rentrent au bercail. En attendant, nous allons dîner tête à tête, car voilà Dorothée qui nous appelle...

Notre petit repas fut aussi agréable et aussi gai qu'il pouvait l'être sans Cécile, car M. Savernier était d'un caractère cordial et enjoué, comme la plupart des hommes d'un certain âge dont la vie a été bonne et honnête. Lorsque nous fûmes près de quitter la table :

— Sais-tu, me dit-il tout à coup, qu'il me vient une idée dont tu me sauras probablement quelque gré, car ton impatience s'est trahie tout à l'heure par un mouvement sur lequel je ne me suis pas mépris Nous essayerons au moins de la tromper jusqu'à demain, puisque demain te paraît si loin, et en voici le moyen. J'ai dû te rassurer sur la composition de la petite société dont ma fille fait aujourd'hui partie, en t'affirmant que les parents seuls y sont reçus, et cela est exactement vrai; mais cette règle n'est pas si rigoureuse que je ne puisse la faire fléchir en ta faveur. J'entrerais seul d'abord, et en quelques mots d'entretien j'aurais sans doute aplani toutes les difficultés. Un domestique, aposté d'avance, attendrait de moi le signal convenu pour t'introduire, et tu serais accueilli, sans autre éclaircissement, en ami de la maison. Il est bien convenu que nous jouerions notre rôle avec toute l'adresse dont nous sommes capables, et que nous aurions soin de paraître entièrement étrangers l'un à l'autre. De cette manière je pourrai apprécier ce qu'il y a de réel dans ces merveilleuses sympathies dont tu me parlais tantôt; car rien ne t'empêchera, sinon de voir Cécile, au moins de l'entretenir avec liberté, et j'espère que tu n'auras pas beaucoup de peine à la reconnaître sous son déguisement de fiancée de Montbéliard.

— Elle est déguisée en fiancée de Montbéliard, dites-vous ? En fiancée de Montbéliard ! serait-il possible !

— Eh bien ! oui, en fiancée de Montbéliard, continua-t-il sans prendre garde à mon agitation, dont il ne soupçonnait pas le motif. Cela est de bon augure, n'est-il pas vrai ? Mais ce costume est si gracieux, il a tant d'attrait pour les jeunes filles, que plus d'une de ses compagnes pourrait l'avoir choisi comme elle. Dans ce cas, tu la distingueras des autres à un petit rameau de myrte séparé de son bouquet qu'il lui a pris fantaisie d'attacher sur son sein, et auquel je dois la reconnaître moi-même.

Cette seconde circonstance, qui me rappelait si vivement une des particularités de mon songe, me causa une nouvelle émotion ; mais je parvins à m'en rendre maître, et je ne répondis à la proposition de M. Savernier que par les témoignages de la plus tendre reconnaissance. Une heure après, il avait exécuté son projet dans tous ses points, et j'étais auprès de Cécile. Je la distinguai aisément aux indices que son père m'avait donnés. Il me sembla même que je l'aurais reconnue sans cela. De son côté, elle avait manifesté quelque émotion à mon approche, et, quand j'eus obtenu la permission de prendre une place qui était restée libre auprès d'elle, je crus m'apercevoir qu'elle tremblait.

— Excusez, lui dis-je, une témérité que le masque et le déguisement expliquent au moins un peu. Étranger ici à tout le monde, je vous importune probablement du voisinage d'un inconnu, et je doute beaucoup que mes traits vous rappellent un de ces souvenirs qui donnent matière aux entretiens malicieux du bal masqué.

— Je ne comprends pas ce genre de plaisir, répondit-elle, et je n'imagine aucune circonstance qui puisse m'inspirer la fantaisie de m'y livrer. Dans tous les cas, vous n'auriez pas à redouter de moi ces petites contrariétés qui occupent ici tout le monde, et qu'on paraît trouver amusantes, car je ne crois pas, en effet, avoir jamais eu l'honneur de vous voir.

— Jamais, lui dis-je, en vérité?...

— Jamais, interrompit-elle avec un rire forcé, si ce n'est peut-être en rêve; et vous pouvez croire à ma parole, car je suis incapable de feindre; je n'ai pas même entrepris de déguiser ma voix.

C'était sa voix, en effet, la voix que j'avais entendue plus d'une année auparavant, mais qui n'avait cessé depuis de retentir dans mon cœur.

— Permettez-moi donc, répliquai-je avec chaleur, de chercher entre nous quelque motif de rapprochement qui puisse suppléer aux douces habitudes d'une connaissance déjà faite; mon nom, ou plutôt celui de mon père, a dû être prononcé plus d'une fois devant vous par le vôtre, et je n'ignore point que c'est à la fille de M. Savernier que je parle. Ce nom serait-il assez malheureux pour n'éveiller dans votre âme aucune espèce de sympathie? Je m'appelle Maxime....

Et j'avais à peine prononcé deux syllabes de plus, que Cécile tressaillit en tournant sur moi des regards qui semblaient exprimer un mélange d'attendrissement et d'effroi.

— Oui, oui, s'écria-t-elle d'un son de voix altéré, votre nom m'est bien connu. Il est cher à mon père — et à moi aussi — parce qu'il nous rappelle des souvenirs qui ne s'effacent jamais d'un cœur honnête, ceux de la reconnaissance!... — Il est donc vrai, continua Cécile en s'entretenant avec elle-même, comme si elle avait subitement oublié ma présence, mais de manière à ne pas me laisser perdre une de ses paroles. — Ce n'était point une illusion! tout s'est accompli jusqu'ici; tout s'accomplira sans doute.
— Que la volonté de Dieu soit faite!

Et elle tomba dans un sombre abattement où toutes ses idées parurent s'anéantir.

Une de ses mains touchait presque à ma main. Je m'en emparai sans qu'elle fît le moindre effort pour me la dérober. Seulement elle me regarda d'un œil plus attentif.

—C'est lui! dit-elle.

—Oh! ma vue ne doit pas vous causer d'alarmes, repris-je en pressant sa main dans les miennes. Le sentiment qui m'a conduit auprès de vous est pur comme votre cœur, et il a l'aveu d'un père dont votre bonheur est l'unique pensée. Vous êtes libre, Cécile, et notre destinée à venir ne dépend que de vous.

— Notre destinée à venir ne dépend que de Dieu, répondit-elle en penchant sa tête sur son sein avec un soupir profond.—Mais vous avez parlé de mon père. Vous l'avez déjà vu sans doute. Il sait qu'à cette heure de la nuit j'éprouve depuis quelque temps un mal inexprimable qui m'étouffe et qui me tue. Je souhaitais si vivement d'en prévenir l'excès! Comment mon père n'est-il pas venu?...

Quoique le colonel m'eût dit quelque chose de cet accident qui n'inspirait aucune crainte, l'expression de souffrance qui accompagnait ces paroles me glaça le sang. Le père de Cécile s'était d'ailleurs arrêté devant nous au moment même où elle paraissait le chercher dans la salle d'un regard inquiet. Je m'étonnai qu'elle ne l'eût pas vu.

— Je suis près de toi, dit-il en l'enveloppant d'un bras qui la soutint, car elle allait défaillir.

Elle s'appuya sur son sein et y passa un de ces instants d'angoisse qui sont si longs pour la douleur. Une de ses mains, que je n'avais pas abandonnée, s'était d'abord crispée sous mes doigts, et puis elle s'était relâchée et refroidie, comme si elle eût été gagnée par la mort. Je poussai un cri de terreur.

Les amies de Cécile s'étaient empressées autour d'elle; et, dans les soins qu'elles lui prodiguaient, elles avaient dérangé son masque. Hélas! tous mes doutes étaient dissipés, mais une pâleur effrayante couvrait ces traits si chers à ma mémoire. Je sentais la vie prête à m'échapper aussi, quand Cécile respira, releva son front et fixa ses regards sur les personnes qui l'entouraient.

— Ah! dit-elle, c'est bien : je suis mieux, je vis, je ne souffre plus. Je vous demande pardon à tous, et je vous remercie. Cette crise n'est jamais longue, mais j'aurais voulu vous en épargner le souci. Il fallait ne pas venir, ou partir plus tôt.—Et cependant, ajouta-t-elle en se tournant à demi de mon côté — cependant je regretterais de n'être pas venue ou d'être trop tôt partie. Je n'interromps pas plus longtemps vos plaisirs; l'air et la marche vont achever ma guérison.

Nous partîmes peu de temps après, et M. Savernier, rassuré, me confia le bras de sa fille. Elle était près de moi, près de mon cœur. Je communiquais librement avec sa pensée; je respirais son haleine; je possédais les dix minutes de vie pleine et heureuse que Dieu m'avait réservées sur la terre, et j'en jouissais avec délices, car aucun souci n'en altérait la pureté. Cécile ne souffrait plus; elle l'avait dit, elle le répétait à chaque pas. Elle marchait d'un pied sûr et léger; elle paraissait heureuse; elle riait en parlant de ce mal capricieux, qui ne la saisissait que pour l'effrayer de l'incertitude et de la rapidité de nos plaisirs. Son père, un bras passé autour d'elle, se félicitait de la trouver si bien, et de pouvoir attribuer le malaise passager qu'elle venait d'éprouver aux fatigues de la danse, ou à quelque soudaine émotion dont il se refusait gaîment à pénétrer le mystère. L'espace que nous avions à parcourir était fort court, et je ne savais pas si je devais désirer qu'il se prolongeât sans fin pour éterniser la pure félicité que je goûtais, ou que le terme en fût atteint plus vite pour rendre plus tôt à Cécile le repos dont elle avait besoin. Nous étions arrivés; la main de Cécile se dégageait de la mienne, et je ne sais quoi me disait que cette nuit serait trop longue. Je ressaisis cette main qui m'échappait, et je n'osai la porter à mes lèvres ; mais je la pressai peut-être avec plus d'amour, et je crois que la main de Cécile me répondit... La porte s'était ouverte.

— A demain, dit le colonel, à demain ! Demain, le plus beau jour de notre vie à tous, si mes espérances ne sont pas trompées... Mais la nuit est à demi passée ; ce beau demain doit déjà toucher à sa deuxième heure, et Cécile a besoin de dormir longtemps, car sa santé nous a un peu inquiétés aujourd'hui. A quatre heures du soir, continua-t-il en m'embrassant, et cette fois-là nous serons tous trois à table, en attendant mieux. Bien des occupations pourront abréger pour toi le temps qui nous reste à n'être pas ensemble : le sommeil, la toilette et l'espérance.

Ils entrèrent ; la porte retourna lentement sur ses gonds, et Cécile me jeta d'une voix émue un adieu que j'entends encore.

Le sommeil que mon vieil ami m'avait promis ne m'accorda pas ses douceurs, et je l'attendis inutilement jusqu'au lever du soleil, dans une insomnie inquiète et fiévreuse dont je ne m'expliquais point les alarmes. Il ne me surprit plus tard que pour me faire changer de supplice. Je voyais Cécile cependant, mais je la voyais comme elle m'était un moment apparue, pâle, défaillante, le front couvert des ombres de la mort ; ou bien elle penchait vers mon oreille sa tête voilée de cheveux épars, en me répétant cet adieu sinistre qu'elle m'avait adressé quelques heures auparavant. Je me retournais alors de son côté pour la retenir, et mes mains ne saisissaient qu'un vain fantôme. Quelquefois je sentais ma face comme effleurée par le vol d'un oiseau nocturne, et quand je m'efforçais de suivre du regard l'objet inconnu de mes craintes, j'apercevais Cécile encore qui s'enfuyait sur des ailes de feu en m'appelant à sa suite. « Ne viendras-tu pas ? me criait-elle avec un long gémissement. Pourquoi m'as-tu laissée partir la première ? Que deviendrai-je dans ces déserts, si je n'y suis accompagnée de quelqu'un qui m'aime et qui me protége ? — Me voilà ! répondis-je enfin ; » et l'éclat de ma voix me réveilla. Le jour était fort avancé. Cette nuit sans fin s'était prolongée de toutes les heures de la matinée. C'était un dimanche ; on sonnait le dernier office à la chapelle catholique.

Je m'étais déjà quelquefois vaguement reproché de n'avoir pas encore reconnu par un seul témoignage de piété le bienfait de ma divine protectrice. Je me hâtai de gagner l'église, et de m'y mêler au petit nombre des fidèles. J'arrivai au moment où le prêtre se rendait à la chaire. C'était un homme à cheveux blancs, dont la noble figure portait l'empreinte d'un chagrin profond, tempéré par la résignation et par la foi. Il s'arrêta un instant devant moi, et me regarda fixement, comme s'il avait été surpris par l'aspect d'un chrétien étranger à son auditoire ordinaire, ou comme s'il eût été préoccupé, au moment de me voir, d'une impression que je venais retracer à son esprit. Il soupira, passa, monta à sa chaire, y donna quelques minutes à un acte d'adoration auquel je m'associai par de ferventes prières, se recueillit et parla. Son discours avait pour objet les vaines espérances des hommes qui ont placé leur avenir dans les choses de la terre, et qui ont compté, pour régler leur vie, sans les décrets éternels de la Providence. Il déplorait l'aveugle présomption de la créature, dont la faible intelligence ne peut comprendre ni les causes ni les motifs des événements les plus simples ; qui ne sait rien du passé, qui ne sait rien du futur, qui ne sait rien de ce qui touche à ses seuls intérêts véritables, aux intérêts de son âme immortelle, et qui se révolte jusqu'au désespoir contre de misérables déconvenues de cette vie fugitive, parce qu'elle est incapable de pénétrer dans les vues secrètes de Dieu. « Et cependant, ajoutait-il, qu'est-ce donc que cette vie qui occupe toutes vos pensées, pour qu'on attache la moindre importance à ses plus sérieuses vicissitudes? Qu'est-ce que la pauvreté? qu'est-ce que le mal-

heur? qu'est-ce que la mort, sinon d'imperceptibles accidents de position et de forme dans l'immensité des siècles
qui vous appartiennent? Épreuves nécessaires d'une âme
mal affermie, ou conditions irrévocables de l'ordre universel, ces accidents qui indignent votre orgueil et qui
brisent votre constance, doivent concourir peut-être, dans
le plan sublime de la création, à l'ensemble de sa merveilleuse harmonie. Ce qui est, c'est ce qui doit être, puisque
Dieu l'a permis. Vous ne savez pas pourquoi il l'a permis,
et vous ne pouvez pas le savoir; mais ce que vous ne savez
pas, Dieu le sait!... »

Le langage de ce prêtre vénérable était nouveau pour
mon esprit. Les méditations dans lesquelles il m'avait
plongé absorbèrent tellement mes facultés, que je m'aperçus à peine de ma solitude au milieu de l'église, à l'instant
où l'on éteignait les dernières lumières du sanctuaire.
C'était l'heure que m'avait indiquée le colonel, l'heure si
impatiemment attendue, l'heure si lente à venir où je
devais enfin voir Cécile! — Cécile dont je pouvais me
croire aimé, Cécile que j'adorais! — Je la nommai à haute
voix, comme si elle pouvait déjà m'entendre, et toutes
mes idées, toutes les inexplicables inquiétudes dont j'étais
tourmenté depuis la veille, vinrent s'anéantir dans le sentiment de mon bonheur. Il me semblait si bien savoir
qu'elle était à moi, et qu'elle était à moi pour toujours!

La rue que je parcourais, et que j'avais vue presque
déserte la veille, était alors remplie de monde. J'attribuai
d'abord cette différence à la solennité du dimanche, mais
je ne pus pas m'expliquer pourquoi cette foule, que
devaient appeler en des sens différents les loisirs d'un jour
de fête, se tenait au contraire immobile, ou se bornait à
se former çà et là en groupes silencieux. Comme j'avais
hâte d'arriver, je me frayais rapidement un passage au
travers de ces petits attroupements, et je n'y saisissais
qu'au hasard quelques paroles confuses, dont la plupart
ne composaient point de sens suivi. —

« Un anévrisme, disait-on, on ne meurt point d'un anévrisme à cet âge. — On meurt quand l'heure de mourir est
venue, répondait l'interlocuteur. » Un peu plus loin,
c'était un jeune homme qui paraissait me porter envie.
« Que ne suis-je à la place de cet étranger, disait-il : du
moins il ne l'a pas connue! » — Plus loin encore, une
petite fille parée et voilée, qu'une de ses compagnes écou-
tait en pleurant : « A deux heures et demie, en sortant du
bal... Elle avait bien dit qu'elle ne serait jamais fiancée! »
— Une horrible lumière éclaira ma pensée. Je n'étais plus
qu'à vingt pas de la maison; je courus... — Mon Dieu!
tant d'années écoulées n'ont pu affaiblir l'impression de
cet affreux moment.

La porte était drapée de blanc; dans l'allée il y avait
un cercueil drapé de blanc. Quelques flambeaux l'entouraient.

— Qui est mort! qui est mort dans cette maison! m'é-
criai-je en saisissant violemment par le bras un homme
qui paraissait veiller à cet appareil.

— Mademoiselle Cécile Savernier.

Je tombai sans connaissance sur le pavé, et quand je
revins à moi, par rares intervalles, ma raison m'avait
abandonné. Je ne sais combien de jours cela dura.

Cependant mes yeux se rouvrirent tout à fait à la lumière, mais je restai longtemps sans pensée, sans réflexion,
sans souvenir. Je venais d'acquérir ou de retrouver le sentiment que j'étais, mais sans savoir encore ce que j'étais :
il faudrait rester comme cela.

Quelque mouvement qui se faisait près de moi, le bruit
d'un soupir, d'un sanglot peut-être, attira enfin mon attention. Debout à mon côté, je reconnus le vieux prêtre
dont j'avais un jour entendu les puissantes et sévères
paroles; il me regardait de l'air impassible d'un juge qui
n'attendait plus qu'un mot de ma bouche pour m'absoudre
ou me condamner. Plus loin, vers le pied de mon lit, un
autre vieillard venait de se lever de sa place, et se pré-

cipitait vers moi, en me tendant des bras tremblants.

— Mon père, m'écriai-je en cherchant ses mains pour les porter sur mes lèvres, mon père, est-ce vous?....

— Il m'a donc reconnu! dit-il; vous voyez bien qu'il m'a reconnu! J'ai encore un fils. Mon fils est sauvé!...

Mes idées commençaient à s'éclaircir, le passé se dégageait lentement de la nuit de mes songes.

— M. Savernier, dis-je à mon père, M. Savernier? Où est-il?

— Il est parti, répondit mon père; il est retourné aux extrémités de l'Europe; mais le temps affaiblira peut-être sa résolution, et j'espère le revoir encore.

— Et Cécile, Cécile! repris-je avec exaltation. Cécile est-elle partie aussi? Cécile, qu'en a-t-on fait? continuai-je en retenant mon père par la main. O mon ami, je vous en prie! répondez-moi sans déguisement, car je me sens du calme et de la force. Ne trompez pas mon cœur que vous n'avez jamais trompé : il y avait ici une jeune fille qu'on appelait Cécile, je l'ai vue hier au bal, je lui ai parlé, j'ai pressé sa main de cette main qui presse la vôtre. — Serait-il vrai qu'elle fût morte?...

Mon père se détourna en fondant en larmes, et alla se jeter dans un fauteuil à l'autre bout de la chambre.

— Elle est morte, dit le prêtre; le Seigneur n'a pas permis que l'union à laquelle vous aspiriez pût s'accomplir sur la terre. Il a voulu la rendre plus pure, plus douce, plus durable, immortelle comme lui-même, en la retardant de quelques minutes fugitives qui ne méritent pas de compter dans l'éternité. Votre fiancée vous attend au ciel.

— Eh quoi! repartis-je en le regardant fixement, vous croyez que le ciel n'est pas fermé à la tendresse des amants et des époux? Vous croyez que l'amour aussi ressuscitera pour un avenir sans fin, que deux âmes séparées par la mort pourront voler l'une vers l'autre devant le Dieu qui les avait formées, sans offenser sa puissance, et que je retrouverai Cécile?...

— Je crois fermement, répondit-il, que, dans la vie de l'homme, la mort ne met un terme qu'aux erreurs et aux misères de la vie; je crois que l'âme, c'est la bienveillance, la charité, l'amour; je crois que tous les sentiments tendres et vertueux que Dieu avait placés dans nos cœurs participeront de notre immortalité, qu'ils en composeront le bonheur immuable et sans mélange, et qu'ils se confondront, sans se perdre, dans l'amour de Dieu qui les embrasse tous.

— Oh! l'amour du Dieu que vous me faites comprendre, dis-je en mouillant ses mains de mes larmes, est le plus naturel des sentiments de la créature, comme le premier de ses devoirs. Mais, pourquoi m'a-t-il enlevé Cécile?

— De quel droit, jeune homme, s'écria-t-il, demandez-vous compte à Dieu de ses volontés? Savez-vous si, dans le coup qui vous a frappé, il n'a pas eu en vue votre félicité même, et si sa prescience infaillible ne vous a pas ménagé un bonheur qui ne doit cesser jamais, au prix d'un bonheur bientôt écoulé? Connaissez-vous tous les écueils qui pouvaient briser vos espérances, tous les poisons qui pouvaient corrompre votre miel, tous les événements qui pouvaient relâcher ou dissoudre vos liens, s'il ne les avait pas mis à l'abri des périls de cette vie passagère? A compter d'aujourd'hui seulement, la possession de Cécile vous est acquise sans inquiétude et sans trouble, car c'est Dieu qui vous la garde! Oserez-vous le blâmer d'avoir veillé sur vos intérêts plus attentivement que vous, et de s'être réservé votre avenir tout entier, pour vous le rendre en échange d'une faible et incertaine portion de cet avenir infini, qui vous aurait peut-être fait perdre le reste? Quand votre père exigea de vous qu'une année s'accomplît entre le moment où il accédait à vos vœux et celui où la main de Cécile semblait devoir les combler, ne vous rendîtes-vous pas sans efforts aux conseils de sa prudence? et pourtant une année est un long terme dans la vie de l'homme, un délai plus effrayant encore quand on le compare à la brièveté de la jeunesse, au cours presque insaisissable de cet âge que le temps emporte si vite. Voici maintenant qu'un autre père, qui est le père commun de tous, vous impose un délai de quelques années de plus, de quelques mois, de quelques jours peut-être, car la mesure de votre existence n'est connue que de lui; et ce ne sont pas des années, ce ne sont pas des mois et des jours qui payeront ce faible sacrifice; plus prodigue envers vous, parce qu'il est plus puissant, il vous donne tous les temps qui ne finiront pas. S'il ajourne un instant votre bonheur temporel, c'est pour le perpétuer à travers ces myriades de siècles qui sont à peine les minutes de l'éternité. Tel est le marché que vous venez de contracter, sans le savoir, avec la Providence, et dont une pieuse soumission à ses décrets doit un jour vous faire recueillir le fruit. — Subissez les jugements de Dieu, mon fils, et ne l'accusez pas!...

— Je saurai me conformer à sa volonté, répondis-je d'une voix ferme, et j'en hâterai l'accomplissement par tous les moyens qu'il a laissés en mon pouvoir! Oui, mon père, j'aime à penser que Dieu avait béni ce mariage, et je crois l'avoir appris de Dieu lui-même! je crois qu'il ne m'a séparé de Cécile que pour me la rendre, et qu'il ne nous a pas permis d'être heureux sur la terre, parce qu'il nous réservait pour lui! J'irai vers lui, mon père, j'irai tout à l'heure. Je lui demanderai Cécile, et il me la redonnera!...

— Que dis-tu, malheureux? cria mon père en courant à moi; n'es-tu pas aussi à ton père, et veux-tu le quitter?...

J'avais, hélas! oublié, dans mon égarement, que mon père était là!

— Calmez-vous, dit le vieux prêtre en l'éloignant de la main. Ne craignez pas que sa pensée s'arrête à ces résolutions forcenées de l'athéisme et du crime. Le suicide qui désespère de la bonté de Dieu calomnie Dieu. Il fait plus que de le nier. Il proteste contre son âme en lui cherchant le néant pour refuge; et il ne trouvera pas le néant, car l'âme ne peut mourir. Tout ce que Dieu a créé vivra toujours, et si Dieu pouvait lui-même rendre au néant l'être qu'il anima de son souffle, c'est le néant qui serait le châtiment du suicide; mais le suicide en aura un autre : il saura ce qu'il perd, il comprendra les biens que la patience et la résignation lui auraient acquis, et il n'espérera plus. Les méchants, peut-être, attendront quelque rémission dans l'éternité; il n'y aura point de rémission pour le suicide, il vivra toujours, toujours, dans un monde fermé qui n'aura plus d'avenir; il a rompu avec l'avenir, et son pacte ne se résoudra jamais. Entre Cécile et l'époux que son père lui avait donné, il n'y a qu'un petit nombre d'instants qui se succèdent et qui s'effacent l'un l'autre. Il y a l'infini entre Cécile et le suicide...

— Arrêtez, arrêtez, mon père! m'écriai-je en m'appuyant sur son sein. Je vivrai puisqu'il le faut!...

Et voilà pourquoi j'ai vécu.

FIN DE LA NEUVAINE DE LA CHANDELEUR
ET DU VOLUME.

TABLE DE CE VOLUME.

www.ingramcontent.com/pod-product-compliance
Lightning Source LLC
Chambersburg PA
CBHW071626270326
41928CB00010B/1797